CHUANBO BAOXIAN

船舶保险

王海明 ◎ 编著

首都经济贸易大学出版社
Capital University of Economics and Business Press
·北京·

图书在版编目(CIP)数据

船舶保险/王海明编著. -- 北京:首都经济贸易大学出版社,2017.1
ISBN 978 - 7 - 5638 - 2429 - 8

Ⅰ.①船… Ⅱ.①王… Ⅲ.①海上运输保险 Ⅳ.①F840.63

中国版本图书馆 CIP 数据核字(2015)第 232112 号

船舶保险
王海明　编著

责任编辑	彭伽佳
封面设计	砚祥志远·激光照排　TEL:010-65976003
出版发行	首都经济贸易大学出版社
地　　址	北京市朝阳区红庙（邮编 100026）
电　　话	(010)65976483　65065761　65071505(传真)
网　　址	http://www.sjmcb.com
E - mail	publish@cueb.edu.cn
经　　销	全国新华书店
照　　排	北京砚祥志远激光照排技术有限公司
印　　刷	北京九州迅驰传媒文化有限公司
开　　本	787 毫米×1092 毫米　1/16
字　　数	435 千字
印　　张	17
版　　次	2017 年 1 月第 1 版　2023 年 1 月第 3 次印刷
书　　号	ISBN 978 - 7 - 5638 - 2429 - 8
定　　价	46.00 元

图书印装若有质量问题,本社负责调换
版权所有　侵权必究

前　言

　　《船舶保险》一书是为保险从业人员进行在岗或岗前培训而编写的,是作者继2005年所著《船舶保险理论实务与经营管理》(大连海事大学出版社)一书后,以教材形式公开出版的第二部保险专业书籍。本书以突出《船舶保险理论实务与经营管理》一书专业技术部分的内容为主线,兼顾理论和其他方面编写(以作者为中国人民财产保险股份有限公司所编著的、内部发行的《船舶保险》培训教材为蓝本)。船舶保险涉及的范围和研究的问题较为广泛,因此,本书在写作时尽量将所涉及的问题要点阐述清楚,并删除了有争议的问题,并将学习要点及思考题列明在章后,目的在于读者能在理论和实务上对船舶保险有一个整体的了解和正确的认识,而从事保险和学习研究船舶保险的人则能够重温保险理论并能在此基础上提升或拓展研究水平;对培训保险上岗或在岗人员来说,便于他们在实务上尽快找到入门的路径,少走弯路,快速符合岗位工作的具体要求;便于在岗工作人员滤清含混的概念,拓展思路,提升自身的业务技能与管理水平,达到胜任岗位职能的要求;更便于保险从业人员培训后的考核。

　　本书在写作过程中力求理论无误,专业术语准确,实务程序完整,尽量回避海上保险中已有定论而又难以解决的问题,以做到符合教学和实践的需要。需要说明的是,为确保理论的准确性,本书在写作中,对专业理论术语的定义,是采用英国《1906年海上保险法》中的定义并结合作者多年研究与实践体会和经验来阐述的,必要之处略以我国的《保险法》与《海商法》加以解释,便于读者了解不同国家对保险理论的认识,并进行深入的探讨与研究。

　　目前,我国保险法律环境正处于不断完善的过程中。现行法律依据有《保险法》和《海商法》两部。由于这两部法律属于行业立法(其中,《保险法》经过两次修订),必然受到各行业间种种利益因素及客观环境的影响,造成现行法律中的法条仍存在一些缺失和问题,给保险监管部门对市场的业务监管和保险公司的业务经营都带来一些实际困难。参加过《海商法》起草和审定的专家学者都知道,现行的《海商法》既是大陆法体系和惯例法体系相结合的产物,又是我国各部门、各行业利益、权力相互碰撞和协商的产物,虽然运行起来基本与国际接轨,但尚有许多问题需要修改完善。尽管《海商法》的修订工作已在进行,但尚需时日。仅就保险而言,这两部法律对保险赖以生存的四大原则(最大诚信原则、损失补偿原则、保险利益原则、近因原则)在法条中均体现得不够充份,在法律上还没有完全确定保险与普通商品交换的不同性质,在实务中将保险人与被保险人之间的关系基本等同于普通商品交换的买卖关系。作者曾就"保险与正常的商品交换是否有区别"的问题求教过国内几位知名的经济学教授,得到的答复都是"没多大区别"。由此可以看出,保险在我国经济学范畴内虽然占有一席之地,但在理论研究上还没有真正引起经济学界的注意,仍处于偏于一隅的境地。要使保险这门独特的经济类学科真正得到经济学界的关注,对保险界来说仍然任重道远,因此,根据保险原理,完善保险的法律环境是必要的,接地气地走入千家万户并普及保险知识也是必要的。这样才能还原保险的本来面目,回归其运行逻辑,既有利于保险行业的健康发展,也有利于保险诚信平台的建设。同时伴随保险从业人员素质的提高和人们对保险进一步的正确认识,还有助于有效化解与消除骗保、赚保、理赔难以及非议保险等问题。

"他山之石可以攻玉。"现代保险是舶来品,主要源于以英国为代表的欧洲市场。保险理论的研究也诞生于欧洲,我国保险业在20世纪90年代中期以前均是以欧洲市场的理论结合我国社会主义的理论认识和践行保险的。20世纪90年代末期,随着我国逐渐引入国外以MBA为代表的工商管理理论的影响,我国保险市场对传统保险理论的认识也发生了剧烈的变革,产生了许多新的理念,尤其是在保险的职能作用、产品创新、运营管理与监管模式方面,都有很大程度的变化,但是在这令人鼓舞的发展过程中也要清醒地看到,有些理念是否正确以及对保险的发展是否有负面影响,还需进行深入细致的科学研究。因此,本书在编写过程中仍以国际上对保险统一的定义与概念为基础阐述各种理论与实务,其目的是要正本清源保险的基本理论,为我国保险业在新时期的发展做些力所能及的工作。

船舶保险是众多保险当中一个古老的险种,有现代保险鼻祖之称。由于它涉及面之广,研究问题之深,政策性之强,尤其是它的国际性决定其变动能与时俱进地伴随国际与国内法律的更改而变动,因此它业已成为学习与从事保险的人员首先要学习的必修险种,也是为各大专院校讲授保险的必修、必研课程。可以说,从事财产保险专业的人员,一旦在理论和实务上熟识了船舶保险,财产保险中的各种险种也基本上知其实质与内涵,只是具体的保险标的、费率、操作流程有所不同而已。有人曾说:"只要把船舶保险搞清楚了,保险公司经营的其他险种也就基本弄明白了",虽然这句话有一定的狭隘性,但表明船舶保险在保险界的特殊地位。纵观海内外保险界乃至涉及保险的航运界、法律界、律师界、学术界的专家和知名学者,无不知晓船舶保险,并认真地关注与研究它。因此,作者希望此书能给从事船舶保险专业的上岗和在岗人员以及学习、研究船舶保险各界人士起到实实在在的辅导作用,为我国保险文化的建设和保险知识的普及增添正能量,同时也希望中国的保险事业在现实多变的市场经济活动中,在党的关怀和支持下,在政府的有效监管下,能够有正确的理论引导和完善的法律可依,"不忘初心、继续前进",使这个惠及民生的行业发扬光大。对于因作者的能力和学识的局限,书中出现的疏漏与差错的地方,敬请读者给予批评与斧正。

王海明
2016年8月10日

作者简介

　　王海明先生,高级经济师,EMBA 硕士研究生,2012 年退休前任中国人民保险股份有限公司资深专家。现为中国海商法协会顾问、中国贸易促进委员会和海事仲裁委员会仲裁员和专家委员会委员、贸易仲裁委员会仲裁员。

　　王海明先生 1978 年毕业于北京外国语学院(现北京外国语大学)英文系,而后进入中国人民保险公司一直从事海上保险(水险)工作,历任副处长、处长、国际部副总经理、船舶保险部总经理、船舶货物运输部总经理、公司总核保师;同时兼任中国海商法协会常务理事、中国海商法协会海上保险委员会主任、中国船级社协会常务理事和中国船级社船舶入级委员会委员、英国西英船东保赔协会董事等职,曾被大连海事大学聘为客座教授。

　　王海明先生几十年来经手处理的各种海上保险疑难(水险)案件有上千件,并在《中国保险》、《远洋运输》、《中国海商法年刊》与《中国海商法通讯》的等刊物发表过数篇有关共同海损、船舶碰撞、最大诚信原则等文章,1982 年以专家身份参加过联合国贸发会召开的"关于统一国际船舶险条款"第九届立法工作会,参加过我国《海商法》的出台审订会议。1985 年起草主持修订了 1986 年《中国人民保险公司船舶保险条款》。该条款经受住了以后连续出台的中国《保险法》《海商法》,以及后来英国船舶保险条款几次修订的检验,至今仍能被我国保险界、航运界作为标准的远洋船舶保险条款使用。

　　此外,王海明先生于 1998 年主持编写了中国人民保险有限公司船舶保险部《船舶保险实务》(沿海内河部分),填补了国内船舶保险长期缺乏指导性文献的空白;而后分别于 2001、2011 年主编了由中国金融出版社出版的中国人民保险公司岗位培训教材《船舶保险》,编著了由首都经贸大学出版的中国人民财产保险股份有限公司《船舶保险》培训教材。2005 年,其专著《船舶保险理论实务与经营管理》由大连海事大学出版社于 2006 年出版,该书补充与完善了保险界人士对海上保险的理论研究,并全面阐述了海上保险与《海商法》其他主要相关章节的内在联系及其在实务中的运用。

目录 CONTENTS

第一章 船舶(海上)保险的发展史	1
第一节 船舶(海上)保险产生的思想基础	1
第二节 船舶(海上)保险的诞生与法律制度的建立	4
第三节 保险经济理论和技术理论的形成	5
第四节 英国的船舶保险单和条款	7
第二章 我国船舶保险的诞生与发展	11
第一节 我国船舶保险发展的历史	11
第二节 我国船舶保险条款的诞生与修订	14
第三章 船舶保险概述	17
第一节 船舶保险的特征	17
第二节 船舶保险合同的特征	19
第三节 船舶保险的作用	22
第四章 海上保险原则	25
第一节 保险补偿(赔偿)的原则	25
第二节 保险的最大诚信原则	28
第三节 保险的保险利益原则	33
第四节 保险的近因原则	36
第五章 船舶概论	40
第一节 船舶的概念	40
第二节 船舶的分类	41
第三节 船舶的构造	45
第四节 船舶吨位、载重线和船级	48
第五节 船舶登记	52
第六节 船舶性质	56
第七节 保险船舶的适航性	57
第六章 解读《远洋船舶保险条款》	61
第七章 我国船舶保险与英国协会船舶(定期)保险条款的区别	89
第八章 解读船舶战争、罢工险条款	95
第一节 船舶战争、罢工险条款概述	95
第二节 解读船舶战争、罢工险条款	96

第三节　船舶战争险航行区域的划分及费率的厘定 …………………… 100
　　第四节　《86 船舶战争、罢工险条款》与
《协会战争、罢工险条款》的主要区别 …………………………………… 101
第九章　其他船舶保险条款及简介 …………………………………………… 103
　　第一节　船舶建造险保险 ……………………………………………… 103
　　第二节　船舶费用增值保险 …………………………………………… 106
　　第三节　船舶运费保险 ………………………………………………… 108
　　第四节　船舶港口保险 ………………………………………………… 109
　　第五节　渔船保险 ……………………………………………………… 109
　　第六节　集装箱保险 …………………………………………………… 110
第十章　沿海内河船舶保险 …………………………………………………… 114
　　第一节　沿海船舶保险条款 …………………………………………… 114
　　第二节　内河船舶保险条款 …………………………………………… 118
第十一章　沿海和内河船舶保险附加险条款 ………………………………… 121
　　第一节　《沿海条款》的附加险条款 …………………………………… 121
　　第二节　内河船舶保险的附加险 ……………………………………… 128
第十二章　沿海内河船舶保险其他险种简介 ………………………………… 129
　　第一节　沿海内河船舶建造保险条款 ………………………………… 129
　　第二节　沿海内河渔船保险条款 ……………………………………… 131
第十三章　船舶保险实务 ……………………………………………………… 133
　　第一节　展业 …………………………………………………………… 133
　　第二节　承保 …………………………………………………………… 136
　　第三节　理赔与追偿 …………………………………………………… 140
第十四章　船舶保险的经营管理 ……………………………………………… 145
　　第一节　经营要符合自身逻辑 ………………………………………… 145
　　第二节　管理思路要科学 ……………………………………………… 146
　　第三节　管控要"有的放矢" …………………………………………… 148
　　第四节　做好防灾防损工作 …………………………………………… 149
　　第五节　做好风险管理 ………………………………………………… 150
第十五章　碰撞责任 …………………………………………………………… 154
　　第一节　船舶碰撞概述 ………………………………………………… 154
　　第二节　触碰与触碰责任的概念和定义 ……………………………… 155
　　第三节　保险人的赔偿责任 …………………………………………… 156
　　第四节　碰撞和触碰过失责任的划分依据 …………………………… 157
　　第五节　碰撞和触碰过失责任的赔偿 ………………………………… 159
　　第六节　保险处理碰撞事故应注意的问题 …………………………… 162
第十六章　共同海损 …………………………………………………………… 166
　　第一节　共同海损的由来 ……………………………………………… 166
　　第二节　共同海损的理算 ……………………………………………… 169
　　第三节　船舶保险与共同海损 ………………………………………… 174

  第四节 如何审理共同海损案件 …………………………………… 176
  第五节 共同海损损失的主要项目 ………………………………… 178
第十七章 海上救助 ……………………………………………………… 180
  第一节 海上救助的概念 …………………………………………… 180
  第二节 海上救助合同 ……………………………………………… 185
  第三节 海上救助报酬 ……………………………………………… 186
  第四节 劳合社救助合同 …………………………………………… 187
  第五节 救助担保与仲裁 …………………………………………… 191
  第六节 保险人如何应对救助案件 ………………………………… 193
  第七节 海上救助公约 ……………………………………………… 196
第十八章 船东责任限制 ………………………………………………… 200
  第一节 船东责任限制制度建立的原因 …………………………… 200
  第二节 船东责任限制的主要内容 ………………………………… 201
  第三节 船东责任限制的限额计算方法 …………………………… 203
  第四节 我国《海商法》船东限制责任规定与国际公约的主要差别 …… 207
  第五节 船舶保险与船东责任限制 ………………………………… 208
第十九章 船东保赔保险 ………………………………………………… 211
  第一节 船东保赔保险的历史 ……………………………………… 211
  第二节 我国的保赔保险及市场现状 ……………………………… 213
  第三节 保赔保险承保的风险 ……………………………………… 215
  第四节 保赔保险的除外责任和赔偿限制 ………………………… 218
  第五节 保赔保险实务 ……………………………………………… 219
  第六节 保赔协会的业务管理 ……………………………………… 224
  第七节 保赔协会集团和保赔协会集团协议 ……………………… 226
第二十章 劳合社保险市场 …………………………………………… 231
  第一节 劳合社保险市场的由来 …………………………………… 231
  第二节 劳合社保险的承保模式 …………………………………… 234
  第三节 劳合社在我国建立的子公司 ……………………………… 237
第二十一章 与船舶保险、保赔保险相关的法律法规 ………………… 239
  第一节 与远洋船舶保险相关的法律法规 ………………………… 239
  第二节 与内河船舶保险相关的法律法规 ………………………… 242
  第三节 与保赔保险相关的知识及法律 …………………………… 244
第二十二章 相关条款、诉讼名词解释 ………………………………… 254
  第一节 相关条款解释 ……………………………………………… 254
  第二节 相关诉讼名词解释 ………………………………………… 256

第一章

船舶（海上）保险的发展史

船舶保险属于财产保险(property insurance)的范畴,是海上保险的一个险种。在现代商业保险中,船舶保险是最早以保险单作为保险合同文件确立保险人与被保险人之间保险法律关系的险种,因此,船舶保险有现代保险鼻祖之称。

船舶保险承保的风险比陆上财产险承保的风险要广泛得多,案件的处理也较陆上财产险复杂,既涉及保险合同本身的义务与责任,又涉及国内外的航运、贸易、法律及政治,因此,正常的财产保险合同项下的经济关系在海上保险活动的框架下基本都可以体现,同时,由于船舶保险与国内外航运、贸易、法律的关系非常密切,决定了它必须紧跟国内外法律调整的步伐,不断修订自己,以保持与时代的相适应性。

正因为船舶保险具有历史悠久,与航运、贸易、法律关系密切,以及与时俱进的特点,因此,船舶保险的发展史既是海上保险的发展史,也是现代保险发展至今一部完整的发展史。

现代保险历史发展的演变过程是从船舶保险开始的,因此,船舶保险也最能体现现代保险的内涵,揭示了现代保险文化和保险制度的实质。从事保险行业的人士和研究保险的学者对船舶保险的发展史不仅要有所了解,而且要从它的发展过程中认识到商业保险制度的建立是从原始的公平合理地共担损失的补偿开始,发展到当今以合同形式聚集社会资金力量来发挥其特有的补偿职能,起到社会经济发展"助推器"与"稳定器"的作用;同时也要认识到,研究商业保险理论不能仅限于合同的研究,更要从宏观经济的角度,跳出保险看保险,才能较为科学地得出保险在社会生活中的真实定位。

第一节 船舶（海上）保险产生的思想基础

人们在研究保险的过程中会发现,尽管世界之大,尽管东西方文化有差异,但人们在生产生活实践中对防范客观风险的认识与对灾后需要得到补偿的渴望有其必然的共性,进而就会得出这样的结论:防范风险的要求与灾后能够得到补偿的渴望是保险诞生的催生剂,也是保险发展的原动力。应该说,保险的诞生是人类在与自然界争取生存与维系财富权利的斗争中创造出的一种可持续发展的普世价值,是人类智慧的结晶。

现代海上保险是西方的舶来品,因此,研究和探讨海上保险,首先要研究与探讨保险在西方产生的历史根源、内涵与发展过程;其次,要结合中国特色社会主义条件下的保险及与其相关的法律的诞生与发展进行研究与探讨,才能科学地挖掘现代海上保险的真实内涵,深刻理解商业保险在我国社会中的主要职能与作用。

一、共同海损是海上保险产生的萌芽

西方保险研究学者普遍认为,海上保险起源于公元前 2000 年前后地中海航运中遵循的"一人为众、众人为一"(one for all,all for one)的共同海损思想。[①] 实际上,保险产生的思想基础可以引经据典地追溯到公元前 3000 年的古巴比伦和古埃及,也可以追溯到我国约 2500 年前的五帝时代。西方"一人为众、众人为一"的共同海损思想在我国公元前 1700 年的商汤时代也有体现,例如,我国从事长江运输的米商们为分散因江水湍急造成船翻货物全损的危险,每人都将自己的货物与他人的货物交叉分装在不同的船上,一旦一船受难,每个人都只受到一小部分损失。

西方保险研究学者普遍认为,共同海损(general average)与海上保险有着密切的联系,它是海上保险产生的萌芽。共同海损源于公元前 2000 年前后地中海沿岸广泛的海上贸易活动。当时船舶的构造与航海设备十分简陋,抵御海上危险的能力很弱,因此,一旦遭遇海难,为摆脱危险,避免船、货两空,有时不得不将船上的物料、部分货物或船舶的桅杆抛弃海中。由于当时的海上贸易与运输关系较为简单,船长就是船东,押运货物的人即是货主,船舶遭遇海难时同处一条船上,因此,在决定先抛弃谁的物品问题上,船、货双方往往发生争执,毕竟谁都不愿意以自己的损失去换取别人的安全。但最终人们认识到,无休止的争执会延误施救时间,不能及时解除船、货所面临的共同危险,因而在双方的不断妥协中,逐渐产生了抛弃船上任何物品的损失由船上受益各方共同分摊的思想,即所谓"一人为众、众人为一"的思想理念,这一理念成为共同海损分摊原则建立的基础,并演变为一种规范海上活动的法律制度。

从法律上认定共同海损分摊原则的,首先是由当时生活在地中海东部、爱琴海东南的罗德岛的腓尼基人。腓尼基人是历史上一个古老的民族。在世界史上,腓尼基人不仅是精明的商人,也是勇敢的航海家,曾以善于航海和经商著称于世。公元前 10 世纪至公元前 8 世纪是腓尼基城邦(当时腓尼基国家的称谓)的繁荣时期,在地中海沿岸的每个港口都能见到腓尼基商人的踪影。腓尼基人踏波地中海,穿行直布罗陀海峡,冒着海上风险出没于大西洋从事海上贸易。长期受海上风险威胁的航海贸易使腓尼基人逐步认识与吸收了共同海损分摊的原则,并将其纳入公元前 916 年的《罗地安法》(Rhodian Law)。该法规定,如果为了减轻船舶负担,将所载货物抛弃入海,则为全体利益抛弃的损失应由全体受益方共同分摊。这一规定仅将抛弃货物作为共同海损的损失。到公元 6 世纪罗马皇帝查士丁尼时代,罗马法典把因抢救船、货而砍断船上桅杆或锚链的损失也列入分摊的范围,使共同海损的损失范围得以扩大,内容也有了新的变化。后来,伴随着 12 世纪英国《奥列隆判例卷》和 16 世纪法国《海上指导》的颁布,共同海损原则才得以完善。

从共同海损的发展过程来看,共同海损与海上保险风马牛不相及,也未被以后诞生的海上保险所替代,共同海损已成为海上运输活动中一种固有的制度,其理算也形成了一种专门的行业。西方学者之所以将共同海损称为海上保险思想的萌芽,并认定其是海上保险的起源,主要是因为共同海损相互救济、共担损失的分摊原则具有类似保险的经济补偿功能。

[①] 共同海损的详细内容介绍请见本书第十六章共同海损。

二、早期的船舶无偿抵押贷款是海上保险的催化剂

西方保险研究学者在研究中发现,西方早期的船舶抵押贷款(bottomry loans)行为与海上保险有着密切的联系,并认定它是产生海上保险的理论基础之一。

公元前6,7世纪的古巴比伦和腓尼基时代,海上贸易盛行,商人要得到资本人的借款,经常要以物品抵押才行,尤其是从事航运业的船东,往往需要以船舶或所运货物作为抵押取得借款来维持船舶航运所需的资金。这种借款方式在当时被称为"一般借贷"。到公元前200多年,这种抵押借贷方式被希腊人发展成为"冒险借贷"。冒险借贷规定:船舶与货物的所有者接受放款商人的资金融通,是以船舶与货物安全到达目的地时必须偿还本金及利息为条件,若中途船货蒙受损失,则可依其程度,免除借贷关系中债务的一部分或全部。由于冒险借贷方式下债权人所冒风险极大,因而索取的利息也很高,常常达到本金的1/4或1/3。

从冒险借贷的规定中可以看出,冒险借贷与一般借贷不同。首先,一般借贷方式的债权债务关系是确定的,而冒险借贷中的债权债务关系是以海上危险发生与否为前提条件的;其次,冒险借贷方式的利息要远远高于一般借贷方式的利息。从理论研究的角度出发,高出的部分实际上是由债权人承担海上危险的代价转化而来的。此外,冒险借贷对贷款人来说虽然风险很大,但具有巨大的融资功能;对借款人来说,冒险借贷虽然支付的利息很高,但可以转移海上航运风险,与仅有融资功能的一般借贷相比,利大于弊。

为此,西方保险研究学者普遍认为,冒险借贷已具有了保险的某些基本特征,具体表现为:贷款人相当于保险人,借款人相当于被保险人,冒险借款利息高出一般借款利息的部分实质上已带有保险费的性质。贷款人对借款人免除债务的一部分或全部,相当于保险的赔偿金。冒险借贷与保险的不同之处在于,保险要求被保险人先支付保险费,以后如发生保险事故损失才支付赔偿;冒险借贷则相反,借款人是先得到借款,在船舶安全抵达目的港后,才按签合同时的规定倒算账,还本付息。

冒险借款虽然利息高,但它具有保险承担风险的特点,因此被当时的船东和贸易商们普遍接受,并促进了当时海上贸易的发展。但是,冒险借贷过高的贷款利息引起当时教会保守势力的强烈反对。13世纪初,罗马教皇格雷戈里(Gregory)颁布利息禁止令,严厉禁止冒险借贷形式的存在。后来,为了解决取消冒险借贷给海上贸易带来的问题,并缓解与教会的矛盾,商人们将被取缔的冒险借贷转化为"无偿借贷(虚假借贷)"形式。"无偿借贷"是在船舶开航前,由资本所有人以借款人的名义向船长或货主借一笔款,条件是:如果船舶或货物安全抵达目的港,资本所有人不用偿还"借款";反之,如果船舶和货物中途沉没或毁损,资本所有人则负有还款责任。这与上述船舶抵押和冒险借贷的顺序正好相反。

西方保险研究学者在研究保险的过程中认为,"冒险借贷"已体现了人们在海上贸易活动中寻求海上风险保障的思想理念,是产生海上保险的理论基础;而"无偿借贷"的含义及表象与海上保险最为接近。在研究过程中,值得注意的是,抵押贷款的发展最后是由银行办理的贷款业务所延续,并未被保险替代,而"无偿贷款"既与银行贷款有重大区别,也在保险诞生以后消失了。"无偿贷款"是否就是海上保险的前身,到目前为止,西方保险研究学者仍没有定论,仍缺乏有力证据。因此,如果说"冒险借贷"是海上保险的理论基础,不如说"无偿借贷"是海上保险形成的催化剂更为贴切。

第二节 船舶(海上)保险的诞生与法律制度的建立

一、船舶(海上)保险的诞生

船舶(海上)保险是海上保险最早诞生的险种。经西方学者长期考证,截至目前,并没有得出是哪位先哲提出保险的倡议与理念的结论。由于海上活动面临的客观风险与人们对风险保障需求的渴望两个因素的存在,保险必然会在经济活动中悄然诞生。

经考证,世界上第一张海上保险单是1347年10月23日由意大利商人乔治·勒克维伦签发的由热那亚到马乔卡的船舶航程保险单。第一张海上保险单的内容十分简单,类似早期的"无偿借贷",也正因为如此,西方保险研究学者认为,海上保险是由"无偿借贷"转化而来。这种保险单一直延续到1397年意大利佛罗伦萨的保险单上出现有承保"海上灾害、天灾、火灾、抛弃、捕捉"等风险字样时,海上保险单才开始具有现代保单的模式。这张船舶保险单的签出意味着人们对风险的认识有了质的飞跃,使自然风险的必然王国已走向自由王国,将人们对风险保障的需求转变成商业活动中的一种保险合同形式,对人类的生存与发展有着十分重要的贡献。也正由于第一张海上保险单是船舶保险单,意味着船舶保险的诞生自然确立了其作为商业保险鼻祖的地位。

1424年,世界上第一家海上保险公司在意大利热那亚成立。由于第一张保险单是由意大利商人在意大利签发的,且第一家保险公司也成立在意大利,因此,意大利被认定为海上保险的发源地。而后,意大利在整个14世纪独步于欧洲海上保险市场,这种状态一直延续到15世纪。

15世纪末16世纪初,随着海上贸易中心的转移,产生于意大利的海上保险经葡萄牙、西班牙传至英国、德国、荷兰等欧洲国家。

二、海上保险法律制度的建立

英国在现代海上保险发展中起到了非常重要的作用。1906年,英国制定了世界上第一部《海上保险法》(The Marine Insurance Act 1906,以下称《1906年海上保险法》),建立了较为完整的海上保险法律制度。英国《1906海上保险法》的出台为后来世界各国的保险立法起到非常重要的引导与借鉴作用,标志着经过几个世纪发展的保险开始进入现代保险阶段。

在16世纪以前,对外贸易和海上保险的经营先后控制在意大利及意大利北部的汉萨(Hanseatic)商人和伦巴第(Lombard)商人手中。1554年,英国商人从国王那里获得了组建贸易公司经营海外业务的特许权,英国商人开始自己经营对外贸易及海上保险,并相继制定了一些海上保险法令,着手建立海上保险法律制度。

1575年,经英国女王伊丽莎白一世特许,伦敦皇家交易所内设立了保险商会,开始对所有的保险单进行登记。1601年,英国通过了《议会法》(The Act of Parliament of 1601)。根据该法,英国曾在保险商会内设立特别商业法庭(即保险单法院,Court of Policy of Insurance)解决保险合同争议。这个法庭类似于仲裁庭,据《欧梅与海上保险》一书介绍,"保险单法院由一个海事法官、伦敦市首席法官、两个民法博士、两个普通法的律师及八名商人组成,其中任何五人均可被授权庭审和裁决在伦敦产生的争议。"[①]但是,按当时的英国法,保险单法院的

[①] 郭国订等译:《欧梅与海上保险》,法律出版社2002年版,第2页。

判决并不能阻止整个争议提交普通法院重审,最后保险单法院废弃,被仲裁所替代。17世纪以前,因缺少一个大家共同遵循的保险法律制度,英国对海上保险案件的判决,法官的主观意志与自由心证起着决定性作用。

1756年,曼斯菲尔德勋爵受命任王座法院院长。他主张"商法的所有问题都应全部得到解决与明确,其重要性要大于判决的解决和确定"①。也就是说,商法的实体规则要制定得详细、明确,比通过判决来明确重要得多。他的这一观点对英国商法的完善和后来的保险立法起到了积极作用。此外,他在保险诉讼的实践中引入了合并规则,约束了同一保险单项下保险人受法院对其中任何一个保险人的判决。他运用商法的一些原则和传统的普通法概念来解决各种保险争议。曼斯菲尔德在1756至1788年出任王座法院院长期间审理了许多海上保险案件,许多判决都被用来解释1779年1月12日诞生的劳合社S.G.保险单,同时对《1906年海上保险法》的诞生也起到了促进作用。鉴于曼斯菲尔德勋爵早期对商法创始和发展的贡献,英国法学界称其为英国"国家商法的奠基人"。

英国海上保险制度建立的标志是《1906年海上保险法》的出台。英国《1906年海上保险法》是由查尔莫斯爵士起草的。查尔莫斯爵士在1894年完成起草工作后,草案提交贵族律院、专家委员会(由律师、船东、保险制度人和理算人组成)讨论;1900年获上议院通过,但在众议院受阻;直至1906年,由同时兼任众议院议长的Lorebunrn大法官提议并获得通过,最终在1906年12月31日才获得英国女皇的批准。《1906年海上保险法》对海上保险的定义、基本原则和赔偿标准等做了详细的解释和规定。《1906海上保险法》的出台标志着英国海上保险制度已初步建成,开辟了保险的新纪元,使保险走上了有法可依、有章可循的现代保险之路。

第三节 保险经济理论和技术理论的形成

一、保险经济理论的注入

保险进入商业领域后,活跃的欧洲资本经济从16世纪就开始对保险进行理论研究并寻求其在经济领域中的位置。由于海上保险是保险的鼻祖,因此,早期的保险学理论研究也是从海上保险开始,但主要是从合同的角度对海上保险进行法律方面的研究。16世纪中叶,欧洲先后出版了一些有关海上保险的专著,如1552年彼德鲁斯·圣泰尔那的《保险管理与贸易契约》、1569年邦旺纽蒂·斯托拉萨的《保险》、1781年约翰·威斯盖脱的《保险理论、实践和法规汇编》等。

到19世纪末,德国的保险事业有了新发展,不仅有海上保险、人寿保险、财产保险,还创办了社会保险,把保险与国家利益联系在一起,开始从整个国民经济发展的角度对保险事业进行综合性研究,强调保险是一门综合性科学。而后,各国学者开始"总体保险学"的研究,使保险同经济、社会相联系,探讨保险与外界环境的关系,开始从危险的集中、分散与控制出发,研究保险对人类活动、经济与社会的影响问题,使保险学与经济学相结合,开拓了保险研究的新视野与新领域。在这些理论研究方面,西方主要流行"二元""损失""非损失"等学说。②

---

① 郭国订等译:《欧梅与海上保险》,法律出版社2002年版,第2项。
② 有关学说的内容主要引自魏原杰、吴申元主编:《中国保险百科全书》,中国发展出版社1992年版,第4~5页。

(一)二元学说

二元学说的主要观点是,财产保险和人身保险不能做统一的解释,其主要原因是,人作为保险标的是无法用价值来衡量与界定的。他们主张把财产保险和人身保险分别给予不同的定义。这种学说仅对保险本身的内涵做了界定,未对保险的社会经济活动做出定位,这一学说对指导后来人身保险与财产保险分开的实践有着重大意义。

(二)保险损失学说

保险损失学说的主要代表人物有英国的马歇尔(S. Marshall)和德国的马休斯(E. A. Masius)。保险损失赔偿说最早产生于英国,是海上保险产生以后逐渐形成的一种学说,该学说主要从法律的角度阐述保险是一种损失赔偿合同,但它忽视了保险在经济理论方面的研究。这种学说一直是法律学者们研究保险的理论基础,影响非常广泛,我国现行的立法活动中基本也是以此学说为基调。

(三)保险非损失学说

保险非损失学说认为,"保险损失学说"不能概述保险在各领域的属性,应摆脱损失的概念,寻找另一种能全面解释保险概念的立法依据,于是就产生了许多非损失学说。非损失学说的分支主要有保险技术说、欲望满足说、相互金融学说等。保险非损失学说抛开了合同,单一地从经济理论的角度来论证保险的属性,等于完全置身于保险之外研究保险,因而它不足以说明商业保险的实质特征。

(四)损失分担学说

上述各种学说都是从不同的角度阐述保险的概念,都有其正确与不足之处,而真正将保险概念从理论上说得较为清楚的是保险损失学说中的损失分担学说。损失分担学说是保险损失学说的一个分支,其主要代表人物是19世纪末、20世纪初德国经济学家、柏林大学教授瓦格纳(A. Wagner)。他强调保险损失赔偿是多数人互助合作的结果,是多数人互助合作的关系,因而应把损失分担这一概念看成保险的性质。他主张以经济学知识为基础,从经济学角度来认识保险。他认为,从经济学意义上讲,保险是把个别人由于未来特定的、偶然的、不可预测的事故在财产上所受的不利结果,使处于同一危险之中但未遭遇事故的多数人予以分担,以排除或减轻灾害的一种经济补偿制度。他认为,保险的"这个定义,既能适用于任何组织、任何险种、任何部门的保险,也适用于财产保险、人身保险,甚至还适用于自保"[①]。

按照瓦格纳的说法,保险不仅是保险合同当事人双方之间的关系,而且是把损失分担给多数人来赔偿的一种经济补偿制度。人类在社会生活中面临着各种危险,对个人来说,要完全防止危险的发生是不可能的,但对危险造成的个人损失做一种由多数人来承担的事先准备却是可行的。商业保险就是一种纽带和渠道,它能使处于同样危险中的众多人互助合作,共同分担少数不幸者的损失。简单地讲,瓦格纳的主要思想就是,保险制度是一个"千家万户保一家"的相互补偿制度。瓦格纳的这种思想对后世很有影响,20世纪以后,美国、日本的保险学者开始从保险与国民经济、企业经济之间的关系出发,从事保险学的研究。

损失分担说是在合同行为基础上从保险本身的社会职能角度来阐明保险是一种具有社会性质的经济补偿制度,该学说不局限于原有的法律上的解释,而是融入了经济学理论并指

---

① 自保在现代保险中不能称为保险。

出保险的性质是多数被保险人之间的相互关系。

从上面的各种学说中可以看出,损失分担学说的科学性要高于其他学说,它不仅阐明了合同当事人之间的法律关系,还从经济学理论方面指明了保险的实质特征与内涵。从保险的历史发展来看,只有当人们认识到保险是"千家万户保一家"的社会保障制度时,才能真正体现其最大诚信的一面。如把它作为纯商品经济来认识,保险就会如同其他买卖一样,充满狡诈,从根本上与最大诚信相悖,不能将其称为保障制度,而且会演变成种种投机行为。因此,尽管目前世界经济和我国经济的发展与当时瓦格纳先生所处的时代有各种差异,但其对保险的认识是值得推崇的,尤其对我们这样一个长期具有共同富裕思想的社会主义国家,在保险制度建设与理论研究方面更具借鉴意义,且容易被国民所接受,既有利于保险的社会文化建设,也有利于推进保险的健康发展。

二、保险技术理论的注入

"大数法则"是保险内在的科学依据。17世纪,英国成为世界贸易和保险中心。英国人在保险业实践中,除了沿袭地中海时代的传统继续发展海上保险研究外,对人身保险和火灾保险的经营也出现了不少论述,使保险理论的研究有了新的发展。17世纪末、18世纪初概率论和统计学问世后,很快被保险业引入生命表和保险费率的计算中。英国人哈雷(A. Hally)在1693年应用概率论和统计学原理制成第一张生命死亡表,为人身保险计算提供了科学依据,确定了人身保险经营的数学和技术基础,不仅使英、法等国建立了在概率论和统计学基础上的人身保险业,也因此诞生了保险精算学,由此建立了保险数学和保险统计学,使保险注入了科学的数学理论,即保险业常常讲的"大数法则"。

由于大数法则理论的引入,使保险费率的测算与厘定进入了科学合理的轨道,而后,美国和澳大利亚等国将概率论和统计学作为精算制度运用于财产保险公司提留各种未决赔款准备金和厘定费率的制度上,使其成为保险市场整体相关监管制度建立与保险事业发展的理论基础。随着时间的推移,美、澳的做法影响了欧盟各国,但一直遭到欧洲各国保险公司的抵制,至今仅就公司提留未决赔款准备金方面做精算。我国20世纪初正式在财产保险中引入精算制度,包括未决赔款准备金和费率厘定等的精算。

大数法则是经营任何保险的基础技术理论,对船舶保险尤为重要,因为船舶保险赔款案件复杂,赔款时间滞后,往往在测算盈亏点时,时间段要比其他当年即可测定的险种的时间段要长。保险人在经营管理中如何计算保险费率、确保稳定经营都要依据这个基本技术理论,即使没有精算制度的引入,也要设定3~5年的赔付记录作为保险费率测算与定价基础以及核算经营盈亏点等。

第四节 英国的船舶保险单和条款

由于英国在15世纪末和16世纪初就开始对海上保险制度进行研究,因此,17世纪英国成为世界贸易中心时,它们的海上保险也得到了长足发展,特别是英国在1871年通过了"劳合社"法案以后,英国以"劳合社"为代表的保险市场在世界水险市场的地位与日俱增,越来越具有权威性。

说到"劳合社",不得不提到英国商人爱德华·劳埃德(Edward Lloyd)。大约在1688年,爱德华·劳埃德利用当时伦敦商人经常在喝咖啡时交易的习惯,在离泰晤士河口不远的城堡街开了一家劳埃德咖啡馆。由于咖啡馆离英国各航海部门都不远,爱德华·劳埃德经常派人到码头去了解船舶进出港及海难的消息,为顾客传递相关信息,给海上保险商和经纪人办理保险业务提供了极大方便,使这些商人在这个咖啡馆喝咖啡的过程中开始经办保险业务。这种活动发展得越来越大,咖啡馆已不能再作为咖啡馆经营了,而演变成为保险社团组织——劳合社,成为人们公认的海上保险交易场所。

1871年,英国议院通过了"劳合社"法案,使"劳合社"成为一个正式的保险社团,并成为英国保险市场的代名词。"劳合社"法案规定,劳合社的成员只限于经营海上保险业务。到1911年,英国议会取消了这个限制,批准劳合社成员可以经营包括水险在内的一切保险业务。

由于"劳合社"在海上保险市场早期的历史地位和英国《1906年海上保险法》的出台,决定了(英国)劳合社市场的海上保险单与条款对世界各国的海上保险产生了巨大的影响力,具有话语权。1982年以前,劳合社市场承保水险业务有两种保险单,一种是古老而著名的劳合社《S.G.保险单》(Lloyd's S.G. Policy);一种是伦敦承保人协会(the Institute of London Underwriters)的《公司水险保单》(Company Marine Policy)。

一、劳合社保险单及其条款

劳合社保险单与条款,业内称为《S.G.保险单》。S.G.是Ship and Goods的缩写。《S.G.保险单》是由劳合社委员会批准印制的一种仅由劳合社保险人使用(劳合社法规定)的标准保单格式。《S.G.保险单》由保单和条款构成。该保单格式诞生于1779年1月12日,"涅槃"于1982年,在保险市场上有200多年的历史,对国际保险业具有很大的影响力。《S.G.保险单》既可用来承保船舶保险,也可以用来承保货运保险,只要在保单的保险标的一栏中注明是船舶还是货物就行了。英国《1906年海上保险法》将其作为附件附在法律条文后面作为标准的保险单格式,供参照使用。过去,从事保险的人要是不知道《S.G.保险单》的内容,会被视为根本不懂什么是保险。20世纪80年代之前从事保险培训,不论国内、国外,还是国内外交流,都要从《S.G.保险单》的内容谈起。《S.G.保险单》包括承保责任、施救费用、放弃、保险标的定值和附注(主要注明货物运输险在哪种情况下有哪些单独海损不赔)等十几项内容的条款。

按现在的观点来看,《S.G.保险单》上的条款是较奇怪的合同条款,说它是一个完整的合同条款,它又不详尽;说它不完整,又被当时保险双方所接受,一直使用到英国《1906年海上保险法》出台,将其依附于法律,人们才认为它是具有完整性的合同。实际上,这种完整性得益于法律中使用的"凡保险单另有规定外,均适用本法规定"的字样,使它的缺欠得到了充分的弥补。由于法律给予其强有力的依托,才使它在海上保险发展的200年历史长河中,截至1982年以前一直未做大的改动。实践中,人们必须先研究《1906年海上保险法》,才能搞清《S.G.保险单》的整体内容,因此,它有意或无意地给海上保险增加了不必要的神秘色彩,也给被保险人带来了很多麻烦,不利于海上保险的发展。因为,被保险人不是保险专家,不可能看了保险单还查阅《1906年海上保险法》的规定,即使查了,也会因法律条文冗长,不可能一下就搞清到底怎么一回事,让人无法理解海上保险,对被保险人来说是不公平的。

实际上,被保险人对《S.G.保险单》的这种情况早就不满,但苦于劳合社在海上保险市场的地位,加上英国为维护其市场权威,不想修订其内容,才使《S.G.保险单》得以长期存在。

随着科技的进步,世界经济已向透明化发展,任何保守与落后的观念都将被进步的、先进的科学思想所替代,保险也不例外。由于要求修改《S.G.保险单》的呼声越来越高,越来越强烈,促使联合国贸易和发展委员会(以下简称联合国贸发会)对各国海上保险条款及法律进行了研究,形成了一份《海上保险——海上保险合同的法律和文件问题》的报告,并于1975年5月在联合国贸发会会议上提出。该报告承认海上保险的发展主要是受英国法律背景的影响,也尖锐地批评了《S.G.保险单》存在的问题。此后,英国保险市场经过6年的反省,劳合社废弃了既古老又晦涩难懂的《S.G.保险单》条款,自1982年后开始使用新的劳合社保险单。而后,伦敦承保人协会也出台了1983年协会船舶保险条款。

新的《S.G.保险单》仍旧既可以承保船舶保险,又可以承保货运保险,但这个保险单中仅有关于约束劳合社内部辛迪加的条款,保险单中的保险标的、保险金额以及批注或更改等内容则在保险单格式中填写,较过去简单,是名副其实的保险单格式。保单使用的保险条款则可以印制在保险单上或贴附在保险单上,但条款基本采用了1983年协会船舶保险条款。

可以说,《S.G.保险单》的这种改变是世界各国保险界人士不断反对的结果,也是英国为维护其海上保险权威地位而不得不妥协的结果①。

二、伦敦承保人协会保单及其条款

(一)《伦敦承保人协会保单》

《伦敦承保人协会保单》是由伦敦承保人协会制定的。伦敦承保人协会(The Institute of London Underwriters,ILU,)1884年成立于伦敦,是由20多家保险公司发起成立的,其宗旨是拟定英国市场通用的海上保险条款,研究承保技术,增进保险项下的各方利益,后于1998年与伦敦国际再保险市场协会(The London International Insurance and Reinsurance Market Association,LIRMA)合并成为伦敦国际承保人协会(The International Underwriting Association of London,IUA)。

原伦敦承保人协会下设3个委员会:技术和条款委员会、船舶共同委员会及货物共同委员会,其中,技术和条款委员会是负责拟定和颁布海上保险条款的部门。由于劳合社法规定,《S.G.保单》不能被劳合社以外的保险人使用,为此,该协会也制定了一个保险单——《伦敦承保人协会保单》。该保险单从一开始就与劳合社保险单格式相区别,较劳合社保险单格式简单,纯属于一种格式保险单,仅有一个承保人说明,使用时既可在保险单上印制保险条款,也可以加贴协会保险条款。因此,当世界各国自办海上保险,在制定保险单时基本都参照该格式,所使用的条款则是由各国根据协会条款修订的条款或者直接使用协会条款,因此,绝大多数国家的海上保险单条款与协会条款基本保持一致。1982年以后,随着《S.G.保险单》的修订和协会对船舶、货运保险条款的修订,该保险单格式改为"公司水险保险单"格式并延续至今。

(二)伦敦承保人协会海上保险条款

英国伦敦承保人协会制定的海上保险条款习惯上称为"协会条款"。据考证,最早的协会条款见于1888年。目前,英国海上保险使用的条款主要分为4类:协会船舶保险条款、协

---

① 在1978年年底到1985年年初的时间里,联合国贸发会所设的航运立法工作委员会一直在召开会议并做统一海上船舶(货物)保险条款的工作。英国为维护其技术权威,先于联合国贸易和发展委员会1985年3月正式条款出台前,于1982年和1983年先后修订了协会货运条款和协会船舶险条款。英国修订的条款改变了以往的架构,增添了许多新的内容,可以相对脱离英国海上保险法而单独在合同中使用。

会货物运输保险条款、协会运费保险条款和协会各种附加险条款。

1. 协会船舶保险条款。该条款包括船舶定期(time)险条款(简称ITC)、船舶航次(voyage)险条款、船舶港口(port)险条款、船舶战争和罢工险条款、船舶建造保险条款等。船舶定期险条款又分一切险(all risks)、全损险(total loss only)、单独海损绝对不赔险、损坏绝对不赔险4个条款。每种险别有各自单独完整的条款。

2. 协会货物运输保险条款。1982年以前,货物运输保险包括协会货物运输一切险(all risks)、协会货物运输水渍险(with average)、协会货物运输平安险(free from particular average)、协会货物运输战争和罢工险等条款。1982年以后,伦敦承保人协会为了适应国际保险市场的需要,完善其承保制度,将货运险条款修订为A,B,C三个条款,分别代替一切险、水渍险和平安险。

3. 协会运费保险条款。协会运费保险条款与协会船舶保险类似,也分为定期、航次、战争和罢工险等条款。

4. 协会各种附加险条款。除了伦敦承保人协会的主要条款外,伦敦承保人协会还制定了许多附加险条款作为主要条款的补充。这些附加险条款是根据市场情况的客观变化和被保险人的要求制定的。例如,协会船舶保险附加的封锁险条款和协会核动力污染条款在以前是没有的,由于1967年埃及和以色列爆发战争,发生苏伊士运河封闭事件,以及核动力船出现后,协会才制定承保这两种风险的附加险条款。从另一个角度来看,只要协会附加险增加到一定程度,意味着主条款将进行修订,因为一些附加险承保的风险不可能长期游离于主条款之外。

思考题

1. 为什么说船舶保险是现代保险的鼻祖?
2. 为什么说共同海损是海上保险的萌芽?
3. 现代海上保险制度的建立以什么为标志?为什么?
4. 你赞成瓦格纳(A. Wagner)教授的观点吗?
5. 你认为保险的社会职能是什么?

第二章

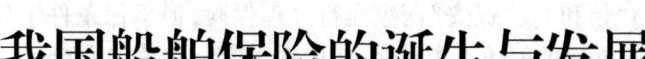

我国船舶保险的诞生与发展

第一节　我国船舶保险发展的历史

　　曾任美国船舶保险组合主席的阿伦·艾·舒彻尔先生说过:"一个健全的独立的海上保险制度对国内和国际贸易都是必要的。"海上保险传入我国很早,但由于旧中国封建体制的长期延续,采取闭关锁国的经济政策,加之鸦片战争后帝国主义侵略我国实施的殖民政策,而后又因国民党政府的腐败,抗日战争与解放战争战火不断,尽管当时我国保险业已有所发展,但我国海上保险制度因当时进出口贸易和远洋船舶规模与数量寥寥无几而受到极大的制约。史料记载,新中国成立以前,在保险制度的建设上,国民政府曾在1929年12月明令公布了一部保险法,而后于1937年1月11日又正式颁布了《保险法》《保险业法》和《保险业法实施法》,但由于这几部法律屡遭当时在华的外资保险公司反对而未实际实施过。

　　1949年新中国成立以后,我国开始着手建立中国的海上保险制度,但因种种原因,中国的海上保险建成为较为系统、完善的制度一直拖延到1992年新中国第一部《海商法》的出台。《海商法》对海上保险各个方面都做了明确界定,使中国的海上保险活动有了法律支持和保障。在建立海上保险制度的过程中,我国的海上保险一直在外贸和航运业中发挥着积极的保险保障作用,并促进了它们的发展。1995年,新中国第一部《保险法》出台,之后又于2002年和2009年做了修订,基本构成了我国商业保险的基本行为规范和国家保险监管制度的主体框架。就中国船舶保险业而言,可以分为两个性质截然不同的发展时期,即旧中国半殖民地半封建保险时期和新中国社会主义保险时期。

一、旧中国保险业的发展

　　我国现代意义上的保险是随着帝国主义的入侵而诞出的。早在1805年,英籍法国人比尔·麦戈尼亚伙同英国和印度的私商在广州成立了"广州保险社"(Canton Insurance Society),即众多书籍所称的"广州谏当保安行",成为外商在中国开设的第一家保险公司。该公司主要经营与英商贸易相关的海上保险业务。实际上,当时我国与英国并没有多少贸易往来,它的海上保险业务主要是为贩卖鸦片的走私商人提供便利。1840年鸦片战争爆发后,英国的炮舰打开了我国大门,经济侵略也随即开始。1848年上海英租界划定后,上海便成为帝国主义侵略我国的经济中心。以英国人为主的外商争先恐后由广州、香港率先来到上海,设立了"杨子""保安"等保险公司,垄断了中国的保险市场,一切条款、费率都由他们决定。帝国主义政治和经济的入侵激起了我国人民的强烈反抗,尤其是在经济方面,新兴的民族资产阶级为同外国资本家相抗衡,提出了"商战"的口号,要求清政府保护和发展民族工商业,迫使清政府对民族经济的生存与发展给予重视，从而也为中国民族保险业的兴起奠定了基础。1865年5月25日，中国第一家民族资本的保险公司——义和公司保险行在上海成立，但其经营规模甚小，对社会的影响甚微。

海上保险的发展主要依附于海上贸易与海上航运的发展。当时中国海上贸易最大的企业是清政府洋务派筹创、成立于1872年的官督商办的招商局。招商局成立之初，将其所属的船舶、货物向英商"怡和"及"保安"两家洋行办理保险，但承保条件十分苛刻，规定：①不是外国制造或购买自外国的船舶不予承保；②保额为实际价值的六成；③保险费率为10%。鉴于此，招商局于1874年开始采取自保办法，将未能保的四成，按照保险费率自担保险费。

对英商的恶劣态度，有人向清政府北洋大臣李鸿章等人建议，招商局"自设公司自办保险，否则其付出的保险费'数年积累，亦成巨款，尽流洋人之手'。促成自办保险的另一个导火索是'福星'号轮事件。1875年3月，轮船发生首起海损事故，（招商局的）'福星'轮在黑水洋附近被怡和洋行的'澳顺'轮撞沉，溺死63人，损失漕米7 000余石及其他物资，经上海道台与英领事会判定，应由'澳顺'轮赔偿白银1.1万两，但由于船主逃走，招商局不仅未追回赔款，反而倒贴抚恤费白银2.4万两，直到两年后才追赔到1千英镑（合白银3千两）"①。

经李鸿章批准，招商局总局于1875年12月28日集资20万两白银在上海成立了保险招商局。保险招商局的成立标志着中国保险业的真正开始。1876年又增股金25万两白银创办了仁和水险公司，并将以前向洋行投保招商局所属轮船的业务全部收回归其办理。自此，中国海上保险业正式建立，中国的船舶保险诞生。1878年3月，招商局又筹银20万两，在上海设立济和船栈保险局，经营码头、栈房和货物的保险，后增银30万两扩办为济和水火险公司。由于1883年的中法战争，上海金融市场严重恐慌，为摆脱经营困境，1886年1月，"仁和""济和"合并为"仁济和水火保险公司"。合并后的"仁济和水火保险公司"资本金为白银100万两，负责承保招商局所有船舶、货栈和运输货物。

随着"五四"运动的兴起，中国人的民族意识开始觉醒，为我国保险业的发展准备了条件。尤其是1914年至1918年第一次世界大战期间，由于帝国主义各国忙于欧洲战事，放缓了对中国的经济侵略，使当时的中国民族工商业和金融业得到了喘息的机会，并有了较快的发展。但是，第一次世界大战结束后，帝国主义各国又回过头来加紧对中国的剥削，使中国民族工商业重新回到受外国资本压迫的局面。由于中国民族工商业和金融业坚韧不拔、不屈不挠的抗争与奋斗，使中国的民族保险业在反侵略、反剥削、反内战的战火中仍有所发展。1926年以后，中国的银行资本家纷纷投资于保险业，由于银行信誉卓著并有较多的业务网点，使中国的民族保险业得到了一定程度的发展。据1935年《保险年鉴》记载，当时中国的民族保险公司已设立有30多家。其中，经营船舶保险业务的有：华安、太平、永安等9家。以后，这9家保险公司又联合成立了中国船舶保险集团，但终究因当时中国的远洋船队、进出口贸易规模和海上保险业务规模较小，难以建立独立的海上保险制度，中国的船舶保险业因此难以独立于国际市场。

二、新中国保险业的发展

新中国的成立彻底摧毁了帝国主义对中国保险市场的垄断。早在1949年8月，负责政府财经工作的陈云同志在上海主持召开的第一次全国财经会议上，建议创立中国人民保险

---

① 参见魏原杰、吴申元主编：《中国保险百科全书》，中国发展出版社1992年版，第674页。

公司,并获中央人民政府政务院财政经济委员会批准。在对旧中国一百多家保险公司进行接管和整顿的基础上,国有全资的保险公司——中国人民保险公司正式在北京成立。中国人民保险公司(以下简称人保公司)为配合迅速恢复国民经济、保障贸易运输的需要,在对旧的保险制度做了一系列改革后,陆续开办了船舶保险和海上货物运输险等海上保险业务,为粉碎帝国主义对我国进行的经济封锁、打开对外海上贸易的大门、促进与发展沿海内河地区物资交流起到了极大的促进作用。

1951年4月24日,国家颁布了《船舶强制保险条例》,规定国营单位和县以上合作社所有的船舶均应向中国人民保险公司投保。后由于经营亏损,在1953年,以老旧船多、流动性复杂、不好管理为由,人保公司停止了沿海内河船舶的强制保险,并迫于市场需求改为自愿原则。1951年6月15日,中国政府和波兰政府合资的中国—波兰轮船公司成立,人保公司正式开始办理远洋船舶保险。

1958年,在"左"的思潮的影响下,国家决定终止办理一切国内保险业务,停办了沿海内河船舶保险,保留了以海上保险为主要内容的涉外保险业务,使远洋船舶保险幸运地被保留下来。也正因为有此保留,使我国1961年建造的第一艘万吨远洋货轮"跃进"号在日本海触礁沉没后得到了保险赔偿。但在"文化大革命"时期,远洋船舶保险并未逃出停办的厄运。在当时极"左"思潮的影响下,国际再保险被认为是"帝修反之间的利益再分配",办理国际再保险被指责为是依靠外国人的"洋奴治学",是"外汇挂帅"的修正主义路线的具体体现。远洋船舶保险由于风险高、责任大,对公司经营来讲,需要办理国际再保险。在当时的环境下,远洋船舶保险办理的国际再保险就被扣上了"帮外国人忙"的帽子,并指责是"不相信广大船员政治责任感"的行为。鉴于此,中国人民银行总行军事代表业务组和交通部军事管制委员会生产指挥部联合向国务院呈题为《关于停保自营远洋船舶保险的请示报告》的文件,后经国务院同意,远洋船舶保险从1969年1月1日起停止办理。

除此之外,进出口货物运输险也受到波及。当时我国的进出口贸易还在继续进行,由于进出口贸易价格报价中有时涉及进出口货物运输险保险费,因此,进出口货物运输险也勉强继续开展,但"罢工险"因为对工人运动和工人阶级反对资产阶级的革命行动有着诬蔑和诋毁的含义而停止承保。实际上,从1968年到1971年的几年里,中国人民保险公司已处于瘫痪状态,仅留存了13个人作为守摊和收摊的工作组维持工作,进出口货物运输险的存在也是有名无实。

当人们还在继续争论保险姓"社"还是姓"资"的时候,无情的风险显示出保险的重要性。1969年上半年,我国空运进口的手表和铂金连续发生丢失案件,由于没有保险,得不到赔偿,损失巨大。对此,周恩来总理在追查有关责任时,对"砸烂保险"的错误言论给予了严厉批评,并指出"保险还是要办"。因此,中国人民保险公司开始恢复组织架构,首先全面恢复了进出口货物运输险,而后,在1972年又重新恢复了中断3年的远洋船舶保险。可以说,没有客观风险的及时显现,我国海上保险的全面恢复还会向后延续几年。

1972年以前,人保公司在海上保险方面所使用的条款是冠以人保公司名义的伦敦承保人协会的条款。1972年以后,人保公司制定了自己的1972年《远洋船舶保险条款》和《海上货运险条款》,自此,中国的海上保险暨船舶保险业务开始走上了自主发展和不断完善的道路。

1978年以后,我国远洋船队得到快速发展,尤其是党的十一届三中全会以后,我国远洋船队总体规模已达500多艘,人保公司经营了全部远洋保险业务,保费收入已达2 500多万美元。与此同时,人保公司自1981年又陆续开办了船舶建造保险、集装箱保险、船舶租赁保险和船东保赔保险等业务。1979年4月,国务院决定恢复办理国内财产保险,人保公司恢复办理国内船舶保险业务。同年4月,人保公司参照当时的《远洋船舶保险条款》制定了《81年国内船舶保险条款》,开始承保我国沿海和内河船舶,使我国的远洋与沿海、内河船舶均有了可投保的保险保障。1984年,中国船东保赔协会成立。可以说,截至1984年,我国船舶相关的保险机制基本趋于完善,也标志着我国船舶保险市场基本建立。

由于人保公司具有国有企业背景并能长期优质地服务于远洋事业,赢得了欧洲与亚洲地区各保险公司的信任,只要是人保公司承保的船舶,在世界主要地区发生保险事故,人保公司基本可以与对方保险人直接交换担保函;也由于所创出的良好信誉,使人保公司与国际再保险市场建立了较为稳固与稳定的再保险关系。这种信誉一直持续到20世纪末。

就船舶保险本身而言,人保公司在改革开放以后,于1986年重新修订了远洋船舶保险条款。该条款不仅彻底解决了72年条款长期得不到国际主流再保险接受人认可的问题,同时也针对英国S.G.保单存在的问题,结合我国的实际,在确立人保公司原有特色的基础上,修订成一个完整的保险合同文本,得到我国航运企业和国际保险市场的认可。至此可以说,中国的船舶保险已经在世界保险市场中自主地站起来了。就船舶保险市场而言,1989年以后,随着国内其他保险公司的成立,社会主义计划经济体制下由人保公司垄断保险市场的局面被打破,船舶保险的市场竞争也愈演愈烈。由于船舶保险所具有的特殊性,使其成为市场竞争中的亮点。1992年,新中国第一部《海商法》出台,对海上保险的各个方面都做了明确界定,使中国的海上保险活动有了较为系统、完善的法律制度做支撑。目前,仍由前身是中国人民保险公司的中国人民财产保险股份公司作为我国船舶保险市场的主要承保人,太平洋保险公司次之。

1995年6月30日,第八届全国人民代表大会常务理事会第十四次会议通过新中国第一部《保险法》,并于同年10月1日起实施。新中国第一部《保险法》的出台使中国保险业在组织架构与经营活动方面有了明确界定,整顿了市场,规范了秩序,极大地促进了我国保险业的发展。在建立我国保险制度的过程中,海上保险不仅一直在国家的外贸和航运业中发挥着积极的保险保障作用,并促进了它们的发展,而且一直为建立保险制度做出了积极贡献。例如,《海商法》中海上保险一章的条文就有引自船舶保险与货运险条款的条文,而《保险法》中的条文就有引自《海商法》的条文。2002年,根据我国加入世界贸易组织对保险业承诺的要求,《保险法》做了第一次修订,2009年《保险法》再次进行修订。2009年《保险法》的修订主要是基于保险业改革发展中积累的经验,进一步完善商业保险的基本行为规范和国家保险监管制度的主体框架。

随着我国国民经济的快速发展、城市化建设的推进以及改革开放的深入,我国人口众多与强盛的内在消费需求优势必将加速我国国际贸易的发展,进而促进和带动我国航运业、造船业的发展。有理由相信,为航运提供保险保障服务的船舶保险一定会在我国航运事业不断发展、不断完善的进程中创造更为繁荣的局面。

第二节 我国船舶保险条款的诞生与修订

一、远洋船舶保险条款

1972年以前,人保公司没有自己的船舶保险条款,承保时所用的条款是冠以人保公司名义的伦敦承保人协会的条款。1972年以后,人保公司决定走自己的路,制定了1972年《远洋船舶保险条款》(简称《72 船舶保险条款》)。该条款的出台标志着我国有了自己的船舶保险条款,该条款摈弃了 S.G. 保险单的烦琐问题,但该条款的条文过于简单,而且由于当时的历史环境,"文化大革命"极左思想还影响着人们的思维,因此,该条款中的战争、罢工险条款对国际上所认定的"五大国"交战风险要自动终止的主张,也从政治角度给予删掉,致使该条款受到国际再保险市场的抵触,仅得到少数保险公司的认可,使人保公司的分保渠道受到了一定限制。但该条款所界定的我国船险承保的"4/4 碰撞责任"和"碰撞固定建筑物"引起的赔偿责任得到了国际市场的普遍认可,改变了英国长期以来仅承保"3/4 碰撞责任"和不承保"碰撞固定建筑物"赔偿责任的习惯做法,使人保公司成为亚洲保险市场上唯一能承保"4/4 碰撞责任"的保险公司。当时世界上承保"4/4 碰撞责任"的保险公司只有一两家,但承保碰撞固定建筑物赔偿责任的只有人保公司一家。可以说,承保"4/4 碰撞责任"和"碰撞固定建筑物"赔偿责任是我国船舶保险条款有别于国际船险市场的唯一特色,也是《72 船舶保险条款》的最大贡献。该条款实行了 14 年,期间未做修订,由于最初几年每年都印刷一次,每印一次都变更年份,截至 1976 年,条款出现 1976 年修订的字样,之后尽管又多次印刷,但未再有修订的字样,因此出现了《76 船舶保险条款》。

1986 年 1 月 1 日,人保公司参照联合国贸易和发展委员会制定的《统一国际船舶保险条款》以及英国 1983 年《定期船舶保险条款》、挪威《海上保险计划》(Norwegian Marine Insurance Plan)、美国《船舶条款》等,对 1972 年的《远洋船舶保险条款》进行了修订并正式使用。随着中国保险市场的建立,保险行业由独家经营走上多家经营的道路,该条款经国家保险管理机构的认定,已成为目前我国船舶保险市场的法定标准性条款(以下简称《86 船舶保险条款》)。

鉴于国际船险市场环境的变化与《76 船舶保险条款》中存在的问题,人保公司于 1985 年初,参照联合国贸易和发展委员会制定的《统一国际船舶保险条款》、伦敦《83 协会条款》、挪威《海上保险计划》和美国《船舶条款》等,对《76 船舶保险条款》进行了全面删改、增补和修订。在"险别"的称谓上,将原来的"综合险"改为"一切险",与联合国贸易和发展委员会及伦敦承保人协会的条款称谓保持一致;保留了承保"4/4 碰撞责任"和"碰撞固定建筑物"赔偿责任;将战争险自动终止的"五大国"定义修订为"联合国常任理事国",以此摆脱政治上的问题,与国际条款完全对接,解决了我们以前一直不承认是"大国"而引起再保险市场对此条款的抵触。修订后的条款称为《86 船舶保险条款》,于 1986 年 1 月 1 日起正式使用,同时废除了《76 船舶保险条款》。1989 年以后,中国保险市场由人保公司独家经营走上多家经营的道路,《86 船舶保险条款》经国家保险管理机构的认定,成为我国船舶保险市场的法定标准性条款。该条款共使用了 23 年,一直使用到 2009 年年底。在这 23 年中,尤其是在 1991 年以后,正是我国航运和进出口贸易迅猛发展、海商活动最为活跃的阶段,也是我国海商法律法规建设重要的起步与发展时期,因此,在研究海上保险的法律法规时要以该条款为基础。可以说,《86 船舶保险条款》不仅为我国的航运船队提供了可靠的风险保障,充分发挥了保险在国民经济发展中的地位,也为我国海商法建设做出了积极贡献。1980 年以后先后出台了《远洋渔船保险条款》《船舶建造保险条款》《集装箱保险条款》《集装箱战争保险条款》等条款。

中国保险市场现行船险的各种条款均是 09 版条款。09 版条款对原来的各个条款在承保风险方面未做任何改动,仅就保险的除外责任与保险人义务的条款做了统一修订或部分改动。《09 远洋船舶保险条款》与《86 船舶保险条款》的条文没有重大改动,所改动的地方主要是要结合2009年修订的《保险法》和1995年英国修订的协会条款内容,在《86船舶保险》条款的一些条文中增添了新规定。

《09远洋船舶保险条款》经保监会审核备案后开始启用,但大面积在市场使用是在2010年1月1日以后。由于保监会要求其他各家产险公司所报备的船险条款均要以人保公司的《09远洋船舶保险条款》为蓝本修订,因此,目前市场上通用的条款是以《09远洋船舶保险条款》为代表的09版的各种条款。

二、沿海、内河船舶保险条款

1979年,人保公司恢复办理国内船舶保险业务。同年4月,人保公司国内业务部参照远洋《76船舶保险条款》制定了《81国内船舶保险条款》。国内船舶保险条款的第一次修订是在1988年,是在《81国内船舶保险条款》的基础上修订的,并报经中国人民银行批准为《88国内船舶保险条款》。国内船舶保险条款的第二次修订是在1996年,为《96沿海内河船舶保险条款》。1995年,当时市场已有3家财险公司经营船舶保险业务。人保公司在修订条款时,应当时主管保险市场的监管部门——中国人民银行保险司要求,希望最后修订稿要由人保、太保和平安三家保险公司论证通过,成为行业标准统一条款,因此,该条款的起草、修订工作主要由人保公司负责。尔后,在中国人民银行保险公司的组织下,经过三家公司的两次论证,最后修订稿于1996年7月25日经中国人民银行批准颁发为《96沿海内河船舶保险条款》,与此同时,还附带颁发了《费率规章》和《条款解释》,并明确自1996年11月1日起统一在全国范围内实施。

《96沿海内河船舶保险条款》使用了12年的时间,相比前两次条款的使用时间较长,但由于《96沿海内河船舶保险条款》的修订是针对经营亏损的船舶所有人,因此,当时在人保公司内部起草修订时很难统一思想,不得不在一些条款上采取现实主义,造成条款中一些条文出现与理论相背离和不规范的地方。2008年,人保公司再次对《96沿海内河船舶保险条款》进行修订。此次修订的特点首先是将沿海和内河分拆开来,制定了沿海船舶使用的《09沿海船舶保险条款》和内河船舶使用的《09内河船舶保险条款》;其次是对条款中存在的理论与条款相背离的瑕疵加以修正。

目前,我国保险市场所使用的船舶保险项下的各种条款基本满足了国内航运界的风险需求,为了全方位地向远洋船队提供保险服务,对中国船东与国外船东在国内经营的合资船队、在海外经营的独资与合资船队如有特殊保险要求,也可以按英国承保人协会的相应条款给予承保。

思考题
1. 我国保险公司是否有必要制定自己的条款?
2. 我国远洋船舶保险条款的最大特点是什么?

第三章

船舶保险概述

船舶保险作为现代保险的起源,长期以来形成了许多习惯做法,不仅得到世界各主要国家保险界与航运界的广泛认同,也给海上法律法规的制定奠定了基础。没有海上保险法律的国家也基本遵循英国《1906年海上保险法》的原则规定执行,或直接用英国的保险单格式与条款,受英国法律约束。由于船舶保险涉及的风险、承保、理赔具有严格的法律界定,并具有国际统一的色彩,决定了船舶保险博大精深的内容是人们学习保险和掌握保险的必修课题。

第一节 船舶保险的特征

一、承保的风险以水上为限

英国《1906年海上保险法》第1条规定:"海上保险合同是一种合同,保险人按照合同约定的方式和范围,对被保险人遭受的与航海有关的海上损失承担责任。"我国《海商法》第216条规定:"所称保险事故,是指保险人与被保险人约定的任何海上事故,包括与海上航行有关的发生于内河或者陆上的事故。"根据上述法律规定可以看出,海上保险是以海上的财产作为保险标的,其特点是以承保海上风险为主。船舶保险属于海上保险,顾名思义,船舶保险的保险标的是在海上从事各种作业的船舶,承保的风险主要是船舶无论是航行或停泊期间所遇的各种风险,如自然灾害或意外事故以及碰撞和触碰他船、他物依法产生对第三方的赔偿责任等风险,而且这些风险的内涵都在一定程度上由法律界定。因此,船舶保险具有海上保险的代表性。

此外,船舶建造险也属于船舶保险的范畴,但就合同本身而言,它又可以作为工程保险承保,其原因主要是便于经营管理。因为新造船舶建成后必须进行海上试航,而此时是造船险风险最集中的阶段,由于海上事故处理的特殊性,由船舶保险管理最为合适。英国劳合社市场很早就将其列在水险条款中,而后世界各国基本上也都将其列为船舶保险范畴,其英文条款为Builder's Risks。

其他以财产作为保险标的的险种往往也有类似环境的限制,但它仅以其所涉及的范围为限制,如建筑工程险以工程施工的场地为限、企业财产险以企业的厂区为限等。

二、承保范围广泛

船舶保险历史悠久,承保体系比较完善,已成为保险市场中的传统险种。就承保的范围而言,船舶保险承保的范围要比同属于海上保险的货物运输险宽泛,货物运输保险不承保第三者责任险,而船舶保险承保碰撞责任险。总的来讲,船舶保险既承保船舶本身的物质损失,也承保第三者责任及各种相关的利益和费用,例如,运费保险承保船东的运费损失,费用保险赔偿船东的包括利润在内的各种费用损失。从承保的风险责任范围来看,船舶保险既承保自然灾害和意外事故等客观风险,也承保人为疏忽与过失等主观原因导致的风险,既承保船舶的第三者责任险,也在特定的条件下承保船舶残骸打捞和人身伤亡险。例如,承保的"船舶碰撞责任"属于第三者责任;"船舶港口保险"承保船舶的残骸打捞和人身伤亡险,属于船东保赔保险的承保范围。由此可见,船舶保险的承保和理赔涉及面广且复杂,专业技术难度较大。

三、承保的风险具有保险风险的代表性

船舶本身的构造从科技的角度来看,所展示的是一个科技综合体,其在海上环境中所面临的风险对财产保险各种风险的界定具有全方位的代表性。船舶保险承保的自然灾害、意外事故、人为疏忽、火灾、碰撞和触碰责任等风险,对其他财产险的风险界定具有借鉴性,如"碰撞和触碰责任"与其他财产险中的"第三者责任"或"公众责任"类似,也可以说,它们是由碰撞责任转化而来。由于船舶保险具有保险风险的代表性,使保险人一定要具备相应的赔偿能力与专业保险技能,才能解决经营此种保险的技术与服务支撑问题。总之,学习、了解和掌握船舶保险知识对研究财产保险发展史、保险活动应遵循的原则、保险承保的风险概念,对从事其他各种保险实务工作均有益处。

四、船舶保险的风险危害性大

船舶经常航行于海上,海上存在的客观风险必然对船上的人员、财产和船舶本身航行的安全构成威胁及带来损害,与此同时,船舶在海上发生的各种意外事故对他们的威胁与损害的程度更高,也就是说,同样的事故,发生在海上比在陆地上危险性要高,事故发生的频率也比自然灾害高。例如,从1999年度保险公司承保的远洋船舶风险事故上看,主要还是因事故造成船受损,其中,人为疏忽(包括几起恶劣天气引起的)引起的船舶碰撞的发生频率高达150次,占总事故发生率的30%;其次,机损发生频率144次;搁浅42次;火灾6次以及沉船2次。另外,其他各种各样的事故发生频率也很高,约有122次。伴随着高新科技的发展,船舶自动化能力大大增强,船舶的高科技含量大幅度提升,船舶吨位越来越大,船舶价值也越来越高,因此,船舶作为保险标的所面临的风险也必然越来越集中。一旦发生海难事故,损失巨大,少者数十万元,多者几百万元或上千万元,既增加了保险承保、理赔的难度,也给防范经营风险带来了新的课题。

五、承保的风险难以预测

俗话说:"天有不测风云,马有转缰之危。"面对变幻莫测的大海,过去将船舶海上航行称为冒险。尽管科学发展到今天,人们防范与抗拒自然灾害的能力已不断增强,使过去的冒险行为已成为正常的商务活动,但海上风险的防范仍是人们研究与预防的主要话题,特别是对海上发生的地震、海啸以及恶劣气候等风险,科技还难以做到有效地预测。如2004年12月26日,印尼苏门答腊岛附近海域强烈地震引发的印度洋海啸波及7个国家,夺走了数十万人的生命,造成了数百亿财产的损失,其中也有几艘远洋船舶受损。2005年8月29日,在科技发达的美国,新奥尔良城也几乎毁在"卡特里娜"飓风的袭击中。

六、船舶保险的法律适用面广、政策性强

船舶是在水上营运的,因此其一切活动都要受《海商法》的制约,其发生的任何纠纷均受《海商法》的调整。船舶保险作为海上保险一种,也适用于《海商法》的规定,但其作为保险合同,同时也要受《保险法》的制约和调整,因此也决定了《海商法》中没涉及的保险问题,《保险法》适用。当然,《保险法》中没有规定的,按照我国的司法惯例,还要适用于《合同法》乃至《民法》的规定。除此之外,由于船舶具有流动性强的特点,尤其是远洋船舶,航行世界水域,从事国际贸易运输活动,不可避免地触及各国有关的法律规定,因此要受到各国法律法规以及国际公约和国际惯例的制约和调整。从目前我国《海商法》颁布的共十五章的法律条文来看,各章均与船舶保险有关。

保险的船舶主要是民用的运输船舶,要受民事法律的约束与调整。一般情况下,海事案件通过双方的努力与让步可以达成和解协议,但大的海事案件,无论在国内还是在国外,都需要通过法律诉讼才能解决。尤其是当保险船舶与公务船和军舰发生碰撞产生债权债务关系时,处理起来更加棘手,因为民用船舶与公务船和军舰发生碰撞不受国家法律和国际公约的约束与调整,尽管有时能通过协商解决,但涉外案件有时还要通过外交部门出面协助解决,对没有外交关系的,还须请第三方出面协调。面对错综复杂的案件,只有清楚本国的相关政策,掌握本国与国外的相关法律,才能有理、有据、有节地进行协商,以便顺利解决。

第二节 船舶保险合同的特征

船舶保险合同是保险合同中的一种,区分这种合同与其他保险合同主要有以下两个特征,具体介绍如下。

一、船舶保险合同是定值保险合同

保险金额的确定基于保险标的的保险价值。由于船舶具有很大的流动性,同样一艘船舶,在世界不同的地点价值会有所不同,而且根据航运市场的好坏有较大波动,使船舶的实际价值难以确定。为合理确定保险金额,被保险人和保险人双方可以依据船舶的买船价格和投保时的市场价格,约定一个双方都可以接受的合理金额作为船舶的保险价值,并注明在保险单上。这种做法习惯上被称为定值保险(valued policy)被法律所认定。定值保险的特点如下所述。

(一)保险单要注明保险价值

定值保险的首要特点是保险单上要注明保险合同双方约定的保险价值。保险金额依据保险价值确定。保险价值注明于保险单上,作为一种衡量尺度,便于保险人鉴别被保险人是否足额、超额投保。保险金额与保险价值保持一致的为足额保险,低于保险价值的为不足额保险,高于保险价值的为超额保险。法律规定,不足额保险的不足额部分视为被保险人与保险人共保所承担的比例,一旦发生保险损失,被保险人要按此比例承担自负责任。对保险单注明的保险金额超过保险价值的部分无效,保险的赔偿限额以保险价值为准。

(二)按损失金额全数赔偿

定值保险最大的特点是赔偿损失时,保险标的发生全损或推定全损等赔偿乃至部分损失时,按各种损失金额全部赔偿。保险金额是计算被保险人交纳保险费的基础,也是衡量是

否足额保险的依据,更重要的是,它是保险人赔偿的最高限额。定值保险情况下,不论被保险船舶在损失发生时的实际价值如何,都以保单上订明的保险价值为准。例如,保险金额与保险单上注明的保险价值一致为足额保险时,不论是部分损失的赔偿,还是全损损失的赔偿,都要100%赔偿,不需核查船舶当时的市场价值,但合同中约定的免赔额、承保的共同海损、修理中的以旧换新等规定不受此约束,须按具体规定执行。

(三)定值保险和非定值保险的法律依据

保险单可分为定值保险单(valued policy)、不定值保险单(unvalued policy)和预约保险单(floating policy,亦称 open policy)3种。但从性质上划分仅两种,定值保险单和不定值保险单,预约保险单需要根据英国《1906年海上保险法》在投保时确定其为哪一种。法律对定值保险单和非定值保险单都做了原则性规定。英国《1906年海上保险法》第27条对定值保险单做了以下规定:

1. 保险单可以是定值保险单,也可以是不定值保险单。
2. 定值保险单是指有载明保险标的约定价值的保险单。
3. 除本法另有规定外,在没有欺骗行为的前提下,不论损失是全损还是部分损失,保险单已确定的价值就是保险人与被保险人认定标的物要保险的最后的保险价值。
4. 除非保险单另有规定,保险单已确定的价值不能作为认定是否构成推定全损的最后价值。

英国《1906年海上保险法》第28条对不定值保险单做了以下规定:不定值保险单是指未载明保险标的价值的保险单,按前述规定把保险价值留待以后确定,但要以保险金额为限。

英国《1906年海上保险法》第29条对预约保险单做了以下规定:

第一,浮动保险单是指保险单对保险仅做笼统的规定,将船舶的名称和其他事项在以后申报中确定。

第二,这种后来进行的申报,可用批单形式在保险单中批注,也可按其他惯例方式进行。

第三,除保险单另有规定外,申报应按装运的先后依次进行。如果是货物,申报必须包括保险单规定条件之内的全部货物运输。货物或其他财产的价值必须诚实说明,但善意的漏报或误报,即使在发生损失或货物抵达之后,也可以进行更正。

第四,除保险单另有规定外,如果在收到损失通知或抵达后没有申报价值,对该申报的标的物,保险单应视为不定值保险单。

从上述规定可以看出,定值保险与不定值保险的区别在于保险单中是否载明保险价值。此观点已被我国学者与法律界人士所接受。实际上,保险单上载明保险价值仅是一个表现形式,定值保险与不定值保险的本质区别在于保险标的发生全损或推定全损乃至部分损失等赔偿时,定值保险按各种损失金额全部赔偿;不定值保险按保险金额与保险价值的比例赔偿。英国《1906年海上保险法》第68条第一款明确规定:"被保险人在保险单项下能得到的损失赔偿叫赔偿限额。对不定值保险单,赔偿限额是保险标的的全部保险价值,对定值保险单,赔偿限额是保险单中约定的保险价值。"第81条规定:"如果被保险人所保的金额少于其可保价值,或在定值保险中少于保险单定值,该未保险差额应视为被保险人自保。"此外,该法第71条对货物运输保险的赔偿也做了详细规定,此不再赘述。

我国《海商法》对定值保险与不定值保险未做定义上的界定,但对保险价值的确定方式和如何赔偿做了规定。《海商法》第220条规定:"保险金额由保险人与被保险人约定。保险金额不得超过保险价值;超过保险价值的,超过部分无效。"第238条规定:"保险金额低于保险价值的,在保险标的发生部分损失时,保险人按照保险金额与保险价值的比例负赔偿责任。"

2009年修订的《保险法》与《海商法》一样,也未对定值保险与不定值保险的定义做法律上的界定。《保险法》第50条规定:"投保人和被保险人约定保险标的的保险价值,并在合同中载明保险标的发生损失时,以约定的保险价值为赔偿计算标准。投保人和被保险人未约定保险标的的保险价值的,保险标的发生损失时,以保险事故发生时保险标的的实际价值为赔偿计算标准。保险金额不得超过保险价值;超过保险价值的,超过的部分无效,保险人应当退还相应的保险费。保险金额低于保险价值的,除合同另有约定外,保险人按照保险金额与保险价值的比例承担赔偿保险金的责任。"

从我国法律的上述规定可以看出,定值保险和不定值保险在我国还不是正式的法律用语,仅是人们在保险实践中作为行业术语使用的,但无论英国法律还是我国法律,都未对定值保险和不定值保险的概念进行统一地表述和界定,缺乏概念的整体性,需要调整,尤其是我国作为成文法体系的国家,这种分别式的规定根本就无法理解什么是定值保险和不定值保险的真正含义。按照现行的规定理解,似乎在我国无定值保险与不定值保险之分类。

二、船舶保险单是不可转让保险单

海上保险的保险单有两种:可转让保险单和不可转让保险单。海上货物运输保险的保险单习惯上称为可转让保险单,主要是为了方便海上贸易,因贸易条件需要保险单能够随各种贸易单证进行物权的转移。船舶的保险单习惯上属于不可转让的保险单。实际上,在财产保险中,除了国际货物运输险的保险单可以转让外,一般情况下,未经保险人同意,保险单是不能转让的。

船舶保险单不可转让的原因主要是出于保险人控制风险和防范风险的目的。管理者有着各自不同的特质,保险船舶的所有权转让时,新的管理者(船舶所有人或经营人)对船舶的风险控制能力及使用如何都与原来存在诸多不同的因素,将直接影响船舶航行的安全程度,也直接影响着保险人的利益。在不了解新管理者的情况下,保险合同如果可以转让,对保险人来说风险极大,因此,保险单不能随船舶的转让而转让,与海上货物运输保险单可以随着提单转让而转让有着明显区别。也正由于这种常理的存在,世界各国的保险法律均对船舶保险单做了不可转让的规定。

船舶保险单习惯上称为不可转让的保险单,并不是因为各国法律约束船舶保险单不可转让,而是受船舶保险条款中的习惯性特别约定所约束。

英国《1906年海上保险法》第50条对保险单的转让做了以下规定:

"(1)除非保险单中明文规定禁止转让,海上保险单可以在损失发生前或发生时转让。

(2)海上保险单转让后,其利益随着保险单一同转移。保险单的受让人有权以自己的名义进行诉讼,而被告也有权同样援用该合同引起的抗辩,一如诉讼是由订立保险单的人或其代表提起的一样。

(3)海上保险单可以在保险单上背书或用其他习惯方式转让。"

我国《保险法》第34条规定:"保险标的的转让应当通知保险人,经保险人同意继续承保后,依法变更合同。但是,货物运输保险合同和另有约定的合同除外。"

我国《海商法》第229条规定:"海上货物运输保险合同可以由被保险人背书或者以其他

方式转让,合同的权利、义务随之转移。合同转让时尚未支付保险费的,被保险人和合同受让人负连带支付责任。"第230条规定:"因船舶转让而转让船舶保险合同的,应当取得保险人同意。未经保险人同意,船舶保险合同从船舶转让时起解除;船舶转让发生在航次之中的,船舶保险合同至航次终了时解除。"

从上述法律规定可以看出,保险单是可以转让,但必须经保险人事先同意,否则,任何保险单的转让都是无效的。世界各国保险实践中的船舶保险条款均有类似人保公司《船舶保险条款》第6条(二)款"船舶所有权或船旗改变、或转让给新的管理部门、或光船出租或被征购或被征用,除非事先书面征得保险人的同意,本保险应自动终止"的特别约定。而货物运输险保险单习惯上被认定为可转让保险单,其保险条款中一般不做可转让的约定。实务中,在承保时有保险人在保单上做背书或批注就可以了,但也须注意,这种转让是随着货物运输提单的转让而转让。

第三节 船舶保险的作用

保险作为防范风险和化解风险的经济手段,在国民经济发展中发挥着积极作用。作为船舶保险,从社会位置与自身经营的角度,它在以下几个方面具有积极、重要的作用。

一、满足航运企业化解经营风险的需求

自然灾害和意外事故是任何企业在经营管理中防范风险的主要内容,特别是从事水上运输的航运企业,对难以预测的海上风险,更有保险保障的需求,以化解其经营中的风险。对航运企业船舶保不保险已不是理论问题,而是其经营管理中必做的事情。尤其是航行于世界各地的远洋船舶,没有保险已成为航运业中一个不可思议的事情。

船舶作为保险标的具有价值高、风险集中的特点,一旦发生倾覆或全损损失,金额巨大,如想恢复运输能力,就必须重新购置船舶。购置船舶需要大量的资金,任何船东都不是经济巨人,其所拥有的船舶绝大部分来源于各种贷款,如果船舶没有保险保障,损失带来的后果必然导致无法正常经营,轻者减少运力,重者导致无法还贷、资金链断裂,使经营出现窘境。船舶一经保险,无论何时发生保险事故、出现损失,保险均会按损失程度给予经济补偿,使保险船舶的所有人既无资金忧虑,又能够在短期内修复船舶或购置新船恢复运力,确保经营顺利进行。在当今世界,一个好的经理人绝不敢让没有保险的船舶从事水上运输,因为他知道海上风险的客观存在,不保险会给其经营带来极严重危害,甚至会有破产的可能。有了船舶保险做航运企业的后盾,就基本解决了发生风险后的主要经济补偿问题。

二、促进航运事业的健康发展

船舶保险应航运事业的发展而生,是为满足航运企业防范风险需求而提供的保险保障服务。随着经济全球化进程的加剧,各国贸易飞速发展,对水上运输能力和船舶运输技术条件的要求也在不断提高,自20世纪80年代初开始,高价值的现代化高科技大型船舶进入航运市场,如大型的滚装船和集装箱船、液化天然气船和化学品船、超大型的油船和集装箱船等,都具有科技含量高、保险金额巨大的特点,这也使船舶保险的补偿功能显得越来越重要。如没有船舶保险做支撑,航运业要健康发展是难以想象的。

三、促进贸易的顺利开展

没有一个稳定的航运业,正常的贸易就无法进行与实现。由于船舶保险能够为航运业提供损失后的保险经济补偿,确保了航运事业的稳定与健康发展,正常的贸易也能顺利进行。有关资料表明,每年世界贸易中的货物运输有75%以上需要通过水上运输来完成。要完成如此大的运输量,必须具备足够的水上运输能力,一旦船舶发生海难受损,如不能迅速修理,正常运输就会中断,正常贸易就无法进行。有了船舶保险,一旦船舶发生事故遭受损失,保险的补偿功能将发挥作用,使运输能力得以迅速恢复,对贸易的顺利进行起到了积极的促进作用。

四、有利于保险基金的积累

保险公司的社会职能是积累保险基金,组织经济补偿,因此,保险公司的首要任务是积累保险基金。但有效的保险基金积累过程中有边际成本的效能存在,涉及积累保险基金过程中产生的投入与产出问题。

船舶保险的保险标的是船舶,其价值往往很高,保险金额也很大,保险费的收取相比其他险种也更多,最低的远洋船舶的保险金额也在100万美元以上,高的近一亿美元。一艘新船的保险费根据现在的市场情况,低的也要交5千美元,高的近40万美元;如果是旧船,保险费将视其旧的程度,提高保险费,超过10年的旧船将成倍增收,高的可达三到五倍。此外,由于海上航运风险高的特点,船东安全管理的水平与要求长期以来较其他行业要高,发案率低于陆上企业,高于航空企业(航空企业的安全管理要求更高),因此,尽管是一个大的船队投保,也无须配备过多的人员。实务中,凡能进行量化管理的公司都会发现,船舶保险的人均保险费要高于其他险种,其主要原因是边际成本效能在起作用。船舶保险人力资源的这种配置与船舶保险金额和费率高的特点决定了它有利于保险基金的有效积累。

五、有利于保证保险经营现金流的充足

船舶保险发生超过100万元以上的赔偿案件,除少数船舶全损赔偿外,绝大多数案件为船舶碰撞(触碰)与救助案件。实务中,这两类案件的解决因涉及对第三人的赔偿,一般都需要通过诉讼渠道,用一年以上的时间才能解决,复杂的案件有时要用三到五年的时间。因此,实务中,船舶保险的未决赔案较多,累计的未决赔款金额也较高,占当年总赔款的45%左右。对未赔偿的案件,保险公司在经营中要提取未决赔款准备金。而未决赔款准备金在财务账上是现金准备,也就是说,船舶保险每年保险费收入的一半都可转入未决赔款作为公司的现金储备,有力地支撑了公司现金流的存量。

目前,从企业经营的角度来看企业可持续发展的实力,企业的现金流存量已成为衡量的标准之一。一个无充足现金支撑的保险公司尽管有大量的固定资产,面对大量的保险赔款也是难以经营的。保险公司与银行往往由于现金支撑首先出现问题,才会引发破产和倒闭问题。船舶保险由于其赔款具有长期的滞后性,其未决赔款的现金不仅可以增加公司账上的现金储备量,同时也使货币本身具有的时间升值和其他功能都有了充分运用的条件。

思考题
1. 船舶保险有哪些特征？
2. 船舶保险合同有哪些特征？
3. 船舶保险有哪些作用？

第四章

海上保险原则

海上保险原则是海上保险活动应遵循的法律制度,也是海上保险与随之发展起来的其他各类保险赖以生存的基础。虽然世界各国法律体系不一样,但保险原则的立法思想和认识基本趋于一致,内容也基本相同。国际上公认的保险基本原则为:补偿(赔偿)原则(indemnity principle)、最大诚信原则(utmost good faith principle)、保险利益原则(insurance interest principle)、近因原则(proximate cause principle)。上述诸项原则作为现代商业保险的基本原则,最早来源于海上保险,其法律地位的确立最早是在保险发达的英国,见于英国《1906年海上保险法》。而后,这些原则相继被世界各国普遍接受和认同,并参照制定与保险相关的本国法律。

需要说明的是,保险的上述原则在英国《1906年海上保险法》中并没有明确界定为保险的原则,而是保险界人士在长期的学术研究、理论教学和实践中就法律中的相关内容进行归纳总结,认为上述4项原则是保险活动应遵循的。菲律宾的保险界将代位求偿也列为保险原则之一。

第一节 保险补偿(赔偿)的原则

对保险标的的损害进行补偿是保险产生与存在的基础。人们在与自然界的长期抗争中总结出的经验表明,人类得以生存和发展,归功于人们主要采取的3种手段,一为防范,二为救助,三为补偿(保险属于第三个手段)。补偿的方式多种多样,商业保险是其中一种,它的表现形式为保险公司采用商业合同的方式向每个参加保险的人收取保险费,集聚保险基金用于补偿参加保险的人灾后的损失。商业保险属于补偿范畴,属于补偿手段,这是人类发展史对保险的社会职能所进行的界定,因此,补偿原则是保险必须遵循的首要原则,也标志着保险的社会职能所在。由于保险补偿产生众多的法律关系,因此,保险补偿又是各种与保险相关的法律法规建立与制定的基础。

补偿原则亦称赔偿原则,就其定义而言,英国《1906年海上保险法》仅就其补偿的具体内容进行了规范,并没有下定义。我国的《保险法》和《海商法》均将保险合同定义为"补偿性合同",等于对保险的补偿原则做了非常严格的定位。实践中,对补偿原则定义的界定,对保险履行的职能作用以及建立保险赔偿制度有着非常积极的作用。

商业保险是人们对灾害后果的损失有补偿需求而自发产生的经济活动,因此,保险这种赔偿机制的建立也必须以商业合同的方式,即以保险合同为基础来满足人们的这种需求,否则商业保险就不会立足于社会,或完全被其他经济活动所替代(实际上,不以营利为目的提供风险保障的互助性组织已经存在,但未能替代商业保险)。具体来讲,保险补偿原则主要体现在以下4个方面。

一、保险补偿的原则性

保险补偿的原则性是指保险人必须严格履行自己在保险合同中的承诺,对保险事故造成的或保险标的发生的损失给予具有保险利益的被保险人经济性补偿,不得违反诚信。它的原则性主要体现在"重合同、守信用"方面。

人们参加(购买)保险的目的是相信保险人能够在灾后对其损失给予经济补偿,因而他们才愿意交纳保险费,换取保险人事前对损失给予赔偿的各种承诺,如果保险人事后不遵守其承诺,保险人不仅会因这种违约行为而受到法律的惩罚,也会丧失其集聚保险基金的能力,使保险的补偿功能成为不可能。

目前,我国一些保险公司在社会上信誉度不高的原因,主要是缺乏对这一原则的认识,一些司法案例充分表明,"惜赔、少赔、不赔"的思想,或者说"重赢利、轻信用"的思想在一些保险公司相当严重,既反映了从业人员素质不高,也反映出保险公司对保险职能缺乏认识,他们还没认识到这种行为的后果对保险业和社会危害极大。首先,当人们对某家保险公司的赔偿信用丧失信心时,该保险公司的市场生存将受到严厉的挑战,它的发展将步履维艰,进而也会波及整个行业的健康发展。其次,保险基金难以建立。当人们对保险没有信任感时,人们就不会积极参加(购买)保险,保险赔偿基金就难以建立,更难履行赔偿义务,这种循环效应对保险来说危害极大。因此,"重合同、守信用"是赔偿中的原则性问题,保险人必须认识到这个问题。

二、保险补偿的有限性

保险补偿的有限性是指保险人在履行其补偿义务时具有合同约束的限制性。具体表现在以下几个方面。

(一)补偿有合同约定的限制

我国《海商法》第216条规定:"海上保险合同,是指保险人按照约定,对被保险人遭受保险事故造成保险标的的损失和产生的责任负责赔偿。"该规定明确保险的补偿要依据保险合同中的约定进行。

保险合同中的约定是指保险合同的具体保险条款及保险单上的另行批注,因此决定了保险的补偿要以保险承保的风险发生为前提,以保险风险造成保险标的损失为事实。此外,保险条款中的免赔额、除外责任、保证等限制性条款均表现出保险赔偿的限制性。原则上,未承保风险所造成的损失,保险是不予赔偿的。

(二)补偿有数量的限制

保险虽然是一种补偿机制,但在补偿数量上并不是无限制的。根据合同约定,保险补偿的数量条款的约束有两层含义,一是保险价值的约束,一是补偿数量的约束。

英国《1906年海上保险法》第67条(1)款规定:"被保险人在其保险单项下能得到的损失赔偿叫赔偿限度。对不定值保险单,赔偿限度是保险标的的全部保险价值,对定值保险单,赔偿限度是保险单中的约定保险价值。"投保人和保险人约定保险标的的保险价值的,我国《保险法》第55条规定:"投保人和保险人约定保险标的的保险价值并在合同中载明,保险标的发生损失时,以约定的保险价值为赔偿计算标准。投保人和保险人未约定保险标的的保险价值的,保险标的发生损失时,以保险事故发生时保险标的的实际价值为赔偿计算标准。保险金额不得超过保险价值;超过保险价值的,超过部分无效(《海商法》亦如此规定)保险人应当退还相应的保险费。保险金额低于保险价值的,除合同另有约定外,保险人按照保险金额与保险价值的比例承担赔偿保险金的责任。"

各国法律均将保险的赔偿限定在保险标的的保险价值上,由于保险金额数量要等同于保险价值的数量,因此,保险的赔偿均以保险金额作为其最高赔偿限额,也因此在各种财产保险条款中均有"本保险(公司)的最高赔偿金额以本保险的保险金额为限"的规范性字样。

三、保险补偿的及时性

补偿的目的是弥补被保险人的损失,使其尽快恢复正常的生产、生活,因此,保险补偿的及时性就显得非常重要。任何被保险人都不是一个没有资金忧虑的经济巨人,保险损失发生后,都希望保险能尽快地给予补偿,使其迅速恢复到受损前的状态。此时,衡量保险能否发挥其补偿职能的标准主要体现在及时性上。如保险的补偿不具有及时性,被保险人的受偿利益就会受到损害,甚至会因补偿的拖延导致原状无法恢复。

我国法律从保护被保险人的利益出发,对保险补偿的及时性要求非常严格,我国《保险法》第24条规定:"保险人收到被保险人或者受益人的赔偿或者给付保险金的请求后,应当及时做出核定,并将核定结果通知被保险人或者受益人;对属于保险责任的,在与被保险人或者受益人达成有关赔偿或者给付保险金额的协议后10日内,履行赔偿或者给付保险金义务……保险人未及时履行前款规定义务的,除支付保险金外,应当赔偿被保险人或者受益人因此受到的损失。"第25条规定:"保险人自收到赔偿或者给付保险金的请求和有关证明、资料之日起60日内,对其赔偿或者给付保险金的数额不能确定的,应当根据已有证明和资料可以确定的最低数额先予支付;保险人最终确定赔偿或者给付保险金的数额后,应当支付相应的差额。"

英国《1906年海上保险法》"补偿标准"(measure of indemnity)条款项下诸条规定中未就补偿的时间做出明确的要求,但英国法律习惯用"合理的时间(reasonable time)"。这种"合理的时间"本身虽然在法律实践中仍存在争议,但无可厚非,"合理的时间"包含了及时性。此外,该法律对各种损失的补偿做了较详细的规定,使保险合同双方尽量减少补偿中的争议,从侧面也有效地保证了补偿的及时性。

保险人应该认识到,补偿的及时性不仅是法律的要求和被保险人的要求,同时也是保险人经营的要求,因为没有及时地补偿,就没有忠实的客户;没有及时地补偿,就没有优秀的保险品牌。

四、保险补偿的合理性

财产保险的补偿范围包括3大类:保险标的的实际损失,支付的合理费用、诉讼费用以及侵权行为的赔偿责任。保险补偿的合理性是指如何正确确定保险补偿范围的损失。各国法律对各种损失的保险补偿都有具体要求,但对法律难以量化和明确界定的补偿,仅规定要"合理"补偿。

保险损失涉及的问题很多,很难用理论表述补偿中的合理性,但必须认识到合理性是针对保险合同双方的。保险赔偿主要基于保险损失的事实与各种索赔单据。保险损失范围一般容易确定,但保险损失多少就具有合理性存在;各种索赔的单据是否有效容易确定,但所花费用是否合理就需要研究,甚至要核查。

从实证的角度认识合理性,可用"诚实的补偿、客户的满意"10个字表达。诚实的补偿是指保险人根据被保险人所提供的保险损失的索赔文件和单证,实事求是地对案件进行审理而给予足额的赔偿,不能出现找借口拖延或拒赔、少赔等情况。客户的满意是指正常情况下被保险人根据保险合同对保险人给予的保险赔偿未产生不理解的抱怨行为。

实践中,往往出现保险人赔付保险金后被保险人抱怨不满情绪还很大,究其原因(除了道德因素)无非有两种,一是保险人未实事求是地赔偿,有惜赔心理;二是被保险人不理解。

保险技术难就难在解决这个合理性上,因为保险人与被保险人所站的位置不同,所具备的知识也不同,对事物的认识和产生的结论均有差异,因此,在差异中解决这个合理性,保险人必须具有广泛的管理、法律专业知识与丰富的处理经验,通过知识与经验的融合才能克服惜赔心理,才能有理、有节地说服被保险人。若双方差异太大,无法达成赔偿协议,则只能求助于法律,但这种案件绝不能出现在业内人士周知的应赔案件上,否则对公司的信誉影响极坏。

第二节 保险的最大诚信原则

保险补偿活动在保险合同的基础上要能有效地进行,需要有必要的前提条件做保证,最大诚信原则是这几个前提条件中最主要的,它不仅关系到保险合同的有效性,还涉及保险活动是否能建立赖以生存的基础。英国《1906年海上保险法》第7条对最大诚信原则的概念界定如下:"海上保险合同是一个基于最大诚信基础上的合同,如果有任何一方不遵守这种最大诚信,任何一方都可以宣告合同无效。"

上述规定将最大诚信确立为海上保险合同建立的基础,同时也确立为是约束保险合同双方务必遵循的一项原则,任何一方未严格遵守这一原则的行为将导致保险合同无效。显而易见,最大诚信原则的地位在保险合同中是非常重要的。

目前,我国法律尚未接受和认同保险要遵循最大诚信原则的观点,其主要原因是业外人士对保险赖以生存的基础未做详细的研究,仅从商业保险的"商业"概念,将保险人与被保险人之间签订的保险合同等同于贸易双方买卖合同所遵循的一般性的诚信原则;同时,最大诚信原则在法律实践中对一些缺乏保险认识的法官、律师来说,也难以从法律条文中分辨出其与一般诚信的界限,因此,一些法律界人士对最大诚信的法律存在意义持怀疑态度,甚至国外有些海商界律师也对此发生怀疑。

总之,保险长期以来遵循的最大诚信原则是否应该继续存在,在当今社会已引起法律、保险及相关各界的争论。笔者认为,保险必须遵循最大诚信原则,否则保险将失去其赖以生存的基础及其职能作用,或演变成纯商品经济行为,或成为赌博和欺诈的天地。一位英国律师说过:"没有最大诚信,保险必成为赌博。"

一、最大诚信原则是保险活动赖以生存的基础

保险是一种特殊的合同行为。这种合同行为根据民法原理,具有经济合同的一般法律特征,由此产生的保险双方的权利和义务关系属于民事法律调整的范畴。与其他经济合同一样,保险合同是否有效取决于合同的主体、客体和内容是否合法。

按照法律的基本要求,任何经济合同的订立都必须以双方当事人的诚实信用为基础,凡是采用欺诈、胁迫手段使对方在违背真实意思的情况下签订的合同,均无效。但是,保险合

同对被保险人诚信程度的依赖要高于其他经济合同。这主要是因为,在保险合同中,双方当事人的地位不同,信息不对称的情况过大,例如,投保人为转移风险进行保险时,他对保险标的的危险情况及促使这些危险情况发生的相关因素最为了解,同时,他可以预先了解保险条款及保险合同的内容,并根据保险人的报价决定是否投保,决定了被保险人在投保时客观上处于主动地位;而保险人在承保时仅能通过被保险人对保险标的的介绍(披露)和投保人(被保险人)的情况做一般性的调查了解,评估保险标的的危险程度的高低和决定是否承保、厘定保险费率的高低、商定保险金额的高低等,客观上使所签保险合同对保险人是否公平只能取决于被保险人(投保人)是否能正确而全面地告知有关影响保险的重要情况,由此使保险人在承保时处于被动地位。

由于保险合同当事人之间地位的不平等,与其他商业合同当事人地位平等相比有明显的特殊性,为保证合同当事人的公平,就必须用保险业内共同遵循并要制定特殊法加以确立的最大诚信原则来调整。最大诚信原则要求处于主动地位的被保险人在签订保险合时不允许以一般商业诚信原则告知与披露相关的情况,而要将影响签订保险合同或影响履行保险合同的任何情况都进行告知与披露,不得隐瞒,不得欺骗,要保证其最大的诚信。最大诚信原则也不允许处于被动地位的保险人利用其被动地位,随意欺骗或毁约,以及不履行合同应尽的赔偿义务和责任。

英国《1906年海上保险法》第21条对保险人的最大诚信做了规定,"不论保险单是否签发,只要被保险人的保险要求得到保险人的接受,海上保险合同即被认定为订立;为证明保险要求已被接受,承保条(slip)、承保单(covering note)和合同的其他习惯用备忘录均可作为参考"。这一规定严格要求保险人不得随意改变其承诺。世界各国的保险法律都对保险人做了如此规定。

最大诚信原则是约束保险合同当事人双方的,但对被保险人的要求更严厉一些,目的是平衡保险人和被保险人之间所处的不平等地位,尽可能达到公平。应该说,制定特殊法要求保险活动必须坚持最大诚信原则旨在维护和巩固保险赖以生存的商业经营境况,有效防止商业趋利意识和人们道德危害对正常保险活动的侵害。

我国法律对保险的最大诚信原则未做明确的规定(一直都有争议),但《海商法》和《保险法》对被保险人"告知和陈述"的严格规定体现了最大诚信原则的基本要求,认定了保险合同和普通合同在双方当事人的权利和义务方面有着重大区别,确立了保险合同不能被简单地视为普通商业合同的法律地位。

二、最大诚信原则对保险人的要求

保险必须坚持和遵循最大诚信原则的目的主要是维护保险双方当事人的合法权益。英国《1906年海上保险法》与我国的《保险法》及《海商法》关于最大诚信原则对保险人的具体要求如下。

(一)保险人要信守承诺,不得随意违反

英国《1906年海上保险法》第21条规定:"不论保险单是否签发,只要被保险人的保险要求被保险人的接受,海上保险合同即被认定为订立;为证明保险要求已被接受,承保条(slip)、承保单(covering note)和合同的其他习惯用备忘录均可作为参考。"我国《保险法》和《海商法》对保险合同本身成立的形式要件未做具体规定,仅就合同成立后的形式要件做了具体规定,如《保险法》第13条和《海商法》第221条均规定:投保人提出保险要求,经保险人

同意承保,并就海上保险合同的条款达成协议后,(保险)合同成立。保险人应当及时向投保人签发保险单或者其他保险凭证,并在保险单或者其他保险凭证中载明当事人双方约定的合同内容。经投保人和保险人协商同意,也可以采取前款规定以外的其他书面协议形式订立保险合同。

根据我国上述法律条文的规定,保险合同是否订立的证明必须是保险人签发的正式保险单或其他保险凭证,与英国的法律规定相比,更有利于保险人。

(二)保险人要明示"保证条款"

保证条款是保险合同中的首要条款,它要求被保险人不得作为或不作为某种事项做出的保证。这种保证有默示和明示两种。明示保证在保险合同中亦称为特约条款。英国《1906年海上保险法》第35条规定:"(1)明示保证条款可以由任何文字推测出其表示保证的意思;(2)明示保证条款必须包括或写明在保险单内,或存在于作为保险单附件的一些文件中。"

作为法律所界定的默示保证基本上属于行业内外公认的、大家无争议的行为准则。例如,船舶要航行,任何人都知道船舶必须具备适航条件,必须配备救生器具,配足燃料和食品。但明示保证则往往是保险人对被保险人就某种事项必须要保证作为或不作为的一种要求。例如,保险船舶不得驶出保险单上注明的航行区域,不得随意进入冰区、战争区域等。法律严格规定,保险人必须将这种要求明确注明在各种保险合同的文件中,否则法律将视其无效。

我国《保险法》将明示保证的要求扩大到保险条款的除外责任条款,如《保险法》第18条规定:"保险合同中规定有关保险人责任免除条款的,保险人在订立保险合同时应当向投保人明确说明,未明确说明的,该条款不产生效力。"根据上述法律条文的规定,与英国的法律规定相比,我国的规定特别有利于被保险人,因为如何确定是否"已经说明",难以在实践中操作(实际操作仅是在保单上注明投保人已经对责任免除条款了解……并由投保人签字)已成为我国保险与司法实践中一个难以解决的问题。

(三)保险人不能不当得利

保险合同是补偿性的合同,保险的职能是补偿,因此,保险标的一旦发生保险事故,引起损失,保险人应按损失的多少给予足额的保险赔偿。在赔偿方面,法律不允许保险人从中获取利益,特别是涉及第三者赔偿的保险案件,有时追回的赔偿高于保险人支付的保险赔偿,多余的部分必须退给被保险人。这种规定充分体现了对保险人最大诚信的要求与约束。

我国《海商法》第254条第二款明确规定:"保险人从第三人取得的赔偿,超过其支付的保险赔偿的,超过部分应当退还给被保险人。"

(四)保险人要具备一定的素质

任何从事商谈、协商、签订保险合同的保险人,对承保的业务风险要具备从事保险应有的专业知识。作为保险人,特别是签订某种保险合同的保险人,对某种业务风险没有一定认识就不是一个合格的保险人。法律在认定保险人是否合格的问题上没有严格的概念界定,但是法律允许被保险人在履行"告知"义务时,可以无须告知"保险人知道或被认为应该知道的情况"。这种"知道或被认为应该知道的情况"法律认定为是:通常众所周知或常识性(common notoriety or knowledge)的事情,以及他在通常业务中应该知道类似的这些事情。因此,要求保险人在承保时,要对保险标的及被保险人所在的行业有所了解,不能出现保险人对什么都不清楚的情况。例如,从事船舶保险的保险人要知道海船和内河船的区别以及船级证书的作用,要知道船舶发生海难事故后有可能引发的各种后果,要知道正常情况下船东管理船舶的基本概况,要知道船长、大副、大管轮的职责等,而对证书是否正常、船东的管理是否有特殊(如由他人代管)情况,船上是否按规定配备了船员,则必须在被保险人的"告知"范围内。如果保险人不具备从业素质,法律将认定其不是一个谨慎的保险人,对保险人称被保险人不履行"告知"义务的指责不予认可,并要求保险人履行合同约定的赔偿义务。从最大诚信的角度来讲,不允许保险人在什么都不懂的情况下有随意承诺的不谨慎行为,否则其后果由保险人自担。这一点对新成立的保险公司或做新业务的保险人来说应时刻注意。

三、最大诚信原则对被保险人的要求

由于保险合同的建立对被保险人诚信的依赖较之对保险人诚信的依赖重要得多,因此,各国法律均对被保险人提出的诚信要求比对保险人的诚信要求更严格,也更具体,因此导致包括研究海商法和保险法在内的一些人士产生误解,误认为最大诚信原则只是用来约束被保险人、保护保险人的。

(一)被保险人要正确"告知或披露"

各国法律都对被保险人的披露义务做了严格的规定。我国将英文"disclosure"译成法律用语"告知",因此下文仅用"告知"一词。英国《1906年海上保险法》第18条用了3个条款对被保险人如何履行其正确的"告知"义务做了明确规定:

"(1)根据本条款规定,被保险人必须在签订合同前,向保险人告知其所知道的一切重要情况。这种被视为被保险人知道的每种情况是指其在通常业务中所应知道的情况。如果被保险人未做出这样的告知,保险人可以废止合同;

(2)每种情况是真实的,它将影响谨慎的保险人确定保险费或决定是否接受承担风险;

(3)如保险人未问及,被保险人无须告知下列情况:

(a)减少风险的任何情况;

(b)保险人知道或被认为应该知道的情况。保险人被认为应该知道的通常众所周知或常识性的事情,以及他在通常业务中应该知道类似的这些事情;

(c)保险人不要求被保险人告知的情况;

(d)由于明示或默示(express or implied)保证条款的原因,被保险人无须告知的事项。

(4)未告知的任何单独情况在每个案件中是否重要,是一个事实问题。

(5)'情况'一词包括,给被保险人的各种通知或其收到的信息。"

根据上述条文,被保险人在签订或履行保险合同时履行告知义务所告知的情况要翔实,并要有真实性,凡是影响谨慎的保险人确定保险费或影响其决定是否接受承保的每一情况,都被法律视为是重要情况,被保险人必须履行告知义务,否则,保险人可以废止合同。

(二)被保险人要正确"陈述"

各国法律都对被保险人的陈述义务做了严格的规定。英国《1906年海上保险法》第20条用7个条款对正确陈述(representation)做了界定:

"(1)被保险人及其代理人在与保险人协商保险合同前/时所做的陈述要正确;

(2)影响保险人确定保险费、是否决定承担风险的陈述是真实的;

(3)陈述可以是一种事实,也可以是一种预料或简洁的要点;

(4)对事实的陈述如暗含不正确的地方,换句话说,一个谨慎的保险人也不能分辨出它们的差异,即为真实;

(5)对预料或简洁的要点的陈述如出于诚信,即为真实;

(6)陈述可以在合同签订前撤销或更正;

(7)某项陈述是否重要,要根据每个案件的情况、每种事实出现的问题而决定。"

根据上述条文,"陈述"与"告知"一样,影响谨慎的保险人确定保险费或影响其决定是否接受承保的每一情况,因此要求被保险人的陈述要真实、可靠。

我国在《保险法》和《海商法》立法时,对"告知"义务的规定相对于英国的法律规定显得简洁、明确。《保险法》第17条规定:"订立保险合同,保险人应当向投保人说明保险合同的条款内容,并可以就保险标的或者被保险人的有关情况提出询问,投保人应当如实告知。投保人故意隐瞒事实,不履行如实告知义务的,或者因过失未履行如实告知义务,足以影响保险人决定是否同意承保或者提高保险费率的,保险人有权解除保险合同。投保人故意不履行如实告知义务的,保险人对保险合同解除前发生的保险事故,不承担赔偿或者给付保险金的责任,并不退还保险费。投保人因过失未履行如实告知义务,对保险事故的发生有严重影响的,保险人对保险合同解除前发生的保险事故,不承担赔偿或者给付保险金的责任,但可以退还保险费。"《海商法》第222条规定:"合同订立前,被保险人应当将其知道的或者在通常业务中应当知道的有关影响保险人据以确定保险费率或者确定是否同意承担的重要情况,如实告知保险人。"《海商法》第223条规定:"由于被保险人的故意,未将本法第二百二十二条第一款规定的重要情况如实告知保险人的,保险人有权解除合同,并不退还保险费。合同解除前发生保险事故造成损失的,保险人不负赔偿责任。不是由于被保险人的故意,未将本法第二百二十二条第一款规定的重要情况如实告知保险人的,保险人有权解除合同或者要求相应增加保险费。保险人解除合同的,对于合同解除前发生保险事故造成的损失,保险人应当负赔偿责任;但是,未告知或者错误告知的重要情况对保险事故的发生有影响的除外。"

(三)投保人、被保险人无须告知的情况

我国法律还对投保人(被保险人)在订立保险合同时故意或因为非故意(疏忽或过失)不履行告知义务的行为做了原则性规定。

我国《海商法》第222条二款规定:"保险人知道或者在通常业务中应当知道的情况,保险人没有询问的,被保险人无须告知。"

在哪些情况无须告知的问题上,海商法学者普遍认为,投保人无须告知的情况主要包括:

1. 任何危险减低的情况;

2. 保险人知道或在通常业务中应当知道(推定知道)的情况,保险人没有询问的;

3. 保险人表示不要知道的情况;

4. 任何由于属于明示或默示保证的、不须另行告知的情况。

在最大诚信原则的内涵中,除了告知义务外,有学者认为,保险合同的保证原则也反映了最大诚信原则。保险的告知和保证都属投保人(被保险人)在合同中应履行的义务,前者要求投保人在订立合同时如实申报,后者要求投保人(被保险人)在保险合同履行期间绝对要做到其实际行为与事实要和保证中的事实完全一致,履行合同规定的保证义务。实务中,保证条款是构成保险合同的重要条款之一,它要求投保人(被保险人)保证做或者不做某事,或保证某种事态存在或不存在。在民法原理中,保证分为明示保证和默示保证。无论违反哪种保证,也不管违反保证的事实对风险是否重要,及违反保证的事实与风险的发生是否有因果关系,投保人(被保险人)一旦违反时,除法律有规定外,保险人即可宣告保单无效,如违反保证的事实在法律容许的范围内,保险人在收到通知后可做出修改保险条件、增加保险费的决定,以代替解除合同。

从以上国内外法律条文的规定可以看出,"告知"与"陈述"是从不同的角度约束被保险人要以最大的诚信来履行其在这种特殊的商业合同(保险合同)中的义务。尽管我国法律未认定保险必须要遵循"最大诚信"原则,但我国法律确认了保险合同和普通的商业合同有着重大差异,在签订保险合同时,对被保险人有着特殊的义务上的要求。

在海上保险中,规定被保险人要向保险人陈述与披露的内容,简单地说,凡与保险人在确定费率和是否承保有直接关系的情况,投保人(被保险人)都应向保险人如实告知。归纳起来具体有:保险标的的基本状况(历史、现状、超出事物正常状态的情况及已知的发展或变化动态)、有关道德危险的情况、保险人可能需负责任较大的风险情况、有关投保人(被保险人)本人的情况及保险合同有效期内危险情况可能发生变化的情况等。

此外,《保险法》与《海商法》对保险合同主体的规定不同,《保险法》规定的合同主体包括投保人、被保险人、收益人和保险人;《海商法》所涉及的保险合同主体仅为保险人和被保险人,对合同双方告知义务的规定不同,鉴于法律地位的不同和海上保险合同的特殊性,海商法界人士对在司法审判实践中如何适用《海商法》有关告知义务的规定等问题表示出极大的关注,同时也希望国家立法机构和司法审判机构应通过补充立法或其他方式对这些问题做出明确的解释。

第三节 保险的保险利益原则

保险利益作为保险所遵循的一项原则,其目的是界定与确立保险标的的合法地位,使保险行为存在的射幸性与赌博的纯射幸性有严格的法律区别,确保其能作为商业保险制度建立的基础要件之一,并有效防范商业保险活动中发生赌博和欺诈等道德风险。

一、保险利益的概念

保险利益,亦称可保利益(insured interest),是指投保人或被保险人在投保时,对其所需保险的保险标的必须确实存在或确实有预期实现的合法的经济利益。也就是说,当保险标的发生保险事故时,被保险人必须对保险标的享有合法的经济利益,强调的是保险标的的损失对其具有实质性的利益损失。完善的保险利益原则的概念见于英国《1906 年海上保险法》第 4 条至第 15 条的规定。在这 12 条规定中,对保险合同的性质、被保险人与保险标的的利益关系做了明确规定,因此,合法性与利益性就是保险须遵循的保险利益原则。

(一)保险利益的合法性

英国出《1906 年海上保险法》第 4 条规定:"(1)凡以赌博方式订立的海上保险合同应为无效。(2)海上保险合同有下列情况者,被视为赌博合同,a. 被保险人不具有本法界定的保险利益;或对此种利益不具有预期与希望而订立的合同。b. 保险单注明'利益或无利益''利益无须保险单以外的进一步证明''保险人无救助利益'或者其他类似下述条款:在救助成为不可能时,保险单对于保险人不再具有救助利益的效力。"

上述规定界定了保险与赌博的界限,并规定了没有法律界定的保险利益不得作为保险标的订立保险合同。特别是在对救助已在客观上成为不可能与保险人再有利益关系的情况时,约束保险人要继续承担保险责任,否则视为赌博合同。该法明确凡属赌博行为的,不允许作为保险活动进行,只有被保险人具有法律界定的保险利益才可以保险。

我国《海商法》和《保险法》对此未做明确规定,仅在《保险法》第11条中规定"不得损害社会公益"。我国是一个禁赌国家,因此这条规定可视为赌博形式的保险合同属于无效。但是对保单中注明的一些不当条文恐难具有法律效力。因为法律未对保单中的条文更改做选择性的规定,均使用"除另有规定外……"的字样,只要保险合同双方不违反损害社会利益的前提,什么条件都可以定,显得过于宽泛。如英国《1906年海上保险法》的第4条款(2)b款的内容在我国不一定会界定为赌博,因为它们不一定会涉及损害社会公共利益。

(二)保险利益的利益性

英国《1906年海上保险法》第4条对被保险人与保险标的的利益关系做了原则上的定位,其规定如下:①根据本法规定,凡与海上冒险发生利益关系的人均具有保险利益。②一个与海上冒险发生利益关系的人,尤其是指那种由于冒险或由于风险结果影响可保财产的安全与正常到达可以获利的具有法律与衡平关系的人,或由于风险结果造成损失、滞留、产生责任可能受到损害的人。

上述条文明确规定了保险利益产生的两个要件:必须是与海上冒险已发生利益关系的人所具有的利益,才可称为保险利益;必须是风险后果直接对正常获利和损失有影响的人所具有的利益,才可以称为保险利益。也就是说,具有保险利益的人才能成为被保险人,与被保险人具有这种利益关系的标的才能作为保险标的。此外,英国《1906年海上保险法》第8条规定:"任何性质的部分利益都是保险利益。"该规定是指被保险人不对保险标的具有全部的利益,仅具有其中一部分利益。

实务中,保险标的所有权并非完全由一个法人或者个人所有,特别是股份制企业,股东参股的性质与方式并不完全相同。但无论怎样,每个股东都对保险标的有利益关系,具有可保利益,尤其是作为贷款的银行对所投资的保险标的也有风险利益关系,也具有保险利益。每个具有利益关系的人都可以将涉及自己的那部分利益进行保险,因此,保险实务中经常发生一个标的有几个被保险人分别保险的情况;也有一个保险标的的投资人单独投保抵押保险、投资保险等情况。

我国《海商法》对保险利益未进行界定,仅界定了保险标的的范围。我国《保险法》第12条规定,要求在订立保险合同时,"被保险人对保险标的的要具有合法的保险利益",但没有界定什么是保险利益,因此,在确定保险利益的问题上缺乏法律依据,特别是当被保险人对保险标的的拥有部分利益时,却将保险标的的全部保了险,在发生保险损失时,如何认定保险合同的有效性或是否因其不具有全部利益而拒绝赔偿全部损失,均缺乏法律依据。

二、保险利益在实务中的运用

保险在实务中的运用主要涉及被保险人何时具有保险利益、如何判定被保险人具有保险利益。

(一)被保险人何时具有保险利益

保险利益是保险合同建立的基础,没有保险利益的保险合同在法律上属于无效合同。客观上,在订立保险合同时往往会发生投保人是代被保险人投保,与保险利益毫无关系,或者投保时有利益关系,发生损失时却没有利益关系等情况。如何确定保险合同中的保险利益与投保人、被保险人之间存在法律关系,英国《1906年海上保险法》第6条(1)款做了以下规定:"虽然投保时被保险人无须对保险标的具有利益关系,但保险标的发生损失时,被保险人必须对其具有利害关系。"

上述规定明确地界定了保险利益与投保人、被保险人之间存在的法律关系,将是否具有保险利益定位于保险标的损失后被保险人是否对保险标的具有利益关系。这种定位是一种准则,并为世界各国法律普遍接受。在这一准则下,投保人是否对保险标的具有保险利益并不重要,重要的是受益的被保险人是否对保险标的具有保险利益。特别是各国法律对海上货物运输保险单均做了保险单可以转让的规定,更使这一准则的运用发挥到极致。

例如,海上货物运输保险在货物以CIF价格成交时,是由卖方办理投保,而保险的受益人是货物的买家。实际上,根据国际商会《国际贸易条件解释通则》的规定:"自货物装运港装船越过船舷时起,(买方)负责货物的一切风险",也就是说,货权与风险全部转移给买方,但根据该通则的规定,保险要由卖方办理。理论上讲,卖方这时作为投保人,对运输中的货物已不具有保险利益,而只有买方具有保险利益。为了使货物买卖能在CIF价格条件下顺利实现并规避法律对保险利益的要求,该通则规定,卖方要购买"可以转让的保险单",因此确保了保险单最后的持有人——买方对运输中的货物具有保险利益。

我国海上货物运输保险也是按此规定办理的。我国《保险法》第12条规定:"投保人对保险标的应当具有保险利益。投保人对保险标的不具有保险利益的,保险合同无效。"我国在法律上严格要求投保人在投保时要具有保险利益。这种规定的好处是确保了保险利益的存在,但疏忽了保险实践的现实,如按这一法律条文的规定执行,我国出口贸易商就不能以CIF到岸价格出售商品,因为CIF到岸价格出售商品,出口商作为投保人代购货商买了保险,此时的出口商对已售货物并不具有保险利益,因为以CIF到岸价格出售的商品,根据《国际贸易条件解释通则》的规定,买方才具有保险利益,卖方不具有保险利益,因此,按我国《保险法》的规定,应属无效合同。对此,我国《保险法》应予以修订,否则既影响出口贸易的正常进行,也影响海上保险业务的正常开展。目前这个问题引起法律争论的事件不多的原因是各保险公司在实务中未按此规定执行,否则将引起国内外法律界、贸易界的轩然大波。笔者建议,该条款应修订为"被保险人对保险标的应当具有保险利益。被保险人对保险标的不具有保险利益的,保险合同无效"为宜。

(二)如何判定被保险人具有保险利益

理论上讲,判定被保险人是否具有保险利益有两大基本要素,一是要合法,不得违反公共利益,二是要与保险标的有利益关系。理论上讲,财产的所有者、占有者、保管者和租赁者对财产具有合法的保险利益,但实务中,判定被保险人是否对保险标的具有保险利益是一个非常复杂的问题,特别是在社会上人们诚信度还普遍不高和保险法律制度尚有缺陷的现状下,判定被保险人是否具有合法的保险利益还需要认真地进行研究。例如,被保险人将其所有的违法违规的财产标的进行投保,在未败露之前发生损失,保险人会按保险合同对损失进行赔偿,但败露后,保险人是否有权以违反公共利益为由,通过法律追回赔款;再如,保险船舶在保险期间某航次载运已知的走私物品,保险合同是否自该航次起就已成为无效合同;未经主管机关批准违规经营严格控制的沿海运输的保险船舶投保,该标的是否合法,所签的保险合同是否属于无效合同。这些问题从理论上讲均违反公共利益,保险合同应属无效合同,保险人不应给予赔偿。但目前我国法律实践对此并不予以支持。归究其原因,主要是我国对保险利益的内涵未进行界定或对其认识仍有差距,执行存在问题。

实务中,判定被保险人是否具有保险利益是随着其存在的两大要素展开的。

1. 财产的合法性。应该认识到,尽管被保险人与保险标的具有利益关系,如保险标的属违法违规的存在,其保险利益就不具有合法性。作为保险人,签订保险合同时要尽量确保保险标的合法性。对发生事故遭受损失的保险标的,更要核查其合法性。

2. 保险利益的关系。保险人在签订保险合同时,要尽量问清投保人、被保险人与保险标的的关系,确定他们之间存在合法利益关系。对于对保险标的具有部分利益关系的人,要核对他们披露的事实。对发生事故利益受损的被保险人,要核对其对保险标的是否具有全部的保险利益。核查他们是否具有保险利益的依据是公司的合作协议、资金账簿、雇用合同等相关文件。

总之,保险合同的有效性建立在被保险人对保险标的具有合法的保险利益的基础上。如果保险标的与被保险人无合法的利益关系,保险合同属于无效合同,保险人无须赔偿。

第四节　保险的近因原则

近因(proximate cause)原则是确保保险人有效履行保险合同的前提条件之一,是对保险损失原因的鉴定在认识论方面的限定。近因是指造成保险标的的损失"最贴近(proximately)"的原因,强调的是损失能归咎的最可能原因,不是指在时间上离损失的时间最接近的概念。这种概念有别于其他经济合同对因果关系的要求。按照近因原则,当保险标的的损失只有在由于保险承保风险作为"最近的"致损原因时,保险人才能予以赔偿,即事故发生的原因与损失事实的形成两者之间必须有直接的因果关系。保险人在保险标的的发生损失时存在多种原因时,应根据近因原则对损失的原因进行具体分析,从而确定损失是否属于赔偿责任的范围。

一、近因原则的概念和定义

英国《1906年海上保险法》在"包括和不包括的损失(included and excluded losses)"的条款第55条对近因原则的概念和定义做了明确界定:"(1)根据本法各条规定,除非保险单另有规定,保险人对由于承保危险作为近因(proximately caused by a peril insured against)造成的损失负责;但如前所述,保险人对不是由于承保危险作为近因(not proximately caused by a peril insured against)造成的损失不负责。(2)具体规定。(a)保险人不对归咎于被保险人的恶意行为所致的损失负责;但是,除非保险单另有规定,保险人对由于承保危险作为近因造成的损失负责,即使没有船长或船员的恶意或疏忽行为,该损失也不会发生;(b)除非保险单另有规定,船舶和货物的保险人对延迟(delay)作为近因造成的损失不予负责,即使该迟延是由承保风险造成;(c)除非保险单另有规定,对通常的磨损、渗漏和破裂,保险标的的潜在缺陷或特性,或者是由于鼠害或虫害作为近因所造成的任何损失,或者不是海上风险作为近因造成的机器损坏,保险人不负赔偿责任。"

英国《1906年海上保险法》第55条(1)款界定了近因原则的定义,在(2)款中则界定了这一概念的范围,使近因原则的遵循得到了具体落实。

在海上保险合同中,保险条款的承保责任和除外责任条款通常写明"保险人对以下原因所造成(caused by or arising from)的损失负责",不写明为"对以下(保险)事故造成的损失负责",目的就是强调确定造成保险标的损失的原因要遵循近因原则。保险人仅对由于保险风险作为近因引起保险标的的意外损失负赔偿责任。

二、确定近因的基本方法

众所周知,损失往往是由很多原因造成的,有时会是一个,有时会是多个。在众多原因中,确定哪个原因是造成损失的最贴近的原因,尽管有法律规定,也是让人难以掌握的。笔者多年实践总结,有下述方法可供参考:假定造成损失的原因有两个(或两个以上),根据保险单,一个原因属于承保的风险,一个原因不属承保的风险,如不属承保风险原因是由于承保风险的原因导致的必然结果,则承保风险的原因为近因,保险人应对损失负赔偿责任;如果承保风险的原因是由不属于承保风险的原因导致的必然结果,则承保风险的原因不属于近因,保险人对损失不负赔偿责任。

例如,船舶因火灾而损失的案件较多,火灾是保险双方约定的保险事故,但保险人在审查案件时必须判明导致损失发生的最直接、最有效的原因是否属于保险单的承保风险。如火灾是由于炮弹爆炸而引起,炮弹爆炸是造成船舶损失最直接的原因,该火灾不属于船舶险保单规定的一般火灾的范围,而属于战争险保单规定的"战争、武器"的原因所致的结果,船舶损失的发生与炸弹爆炸有直接和密切的因果关系。根据普通船舶保险合同除外责任条款的规定,保险人无须承担赔偿责任。如被保险人投保了战争险,则在战争险项下给予赔偿。

需要注意的是,我国现行的船舶险条款中的除外责任条款是总除外条款,它高于(held cover)承保责任条款,只要除外责任中的风险能导致和引发承保风险,造成保险标的损失,保险人对事故损失均不负赔偿责任,因此,对造成损失有两个原因需进行分析,确定近因时要非常注意,既不能损害被保险人的合法权益,也不能损害保险人的利益。

如火灾是由于船上线路老化、维修保养不周所引起,尽管火灾属于保险双方约定的保险事故,也会因线路老化、维修保养不周属于保险的除外责任,保险人将其视为造成损失的最直接、最贴近的近因,拒绝承担赔偿责任(我们对火灾风险的承保与国外的做法是有差异的,国外对任何意外造成的火灾都给予赔偿)。

三、我国对近因原则的认识

相对于保险其他基本原则的规定,我国《保险法》和《海商法》对近因原则在文字上尚未做明确与清晰的规定,其原因主要是,在处理民事责任问题上,我国法律主要遵循"因果关系原则",强调事实与结果、直接原因和间接原因、主要原因和次要原因之间的关系。根据一般的理解,"因果关系原则"与英美法中的近因原则似乎没有本质上的不同,实际上,两者仍有所差别。例如,沉船往往会造成船舶全损。根据"因果关系原则",沉船将视为造成船舶全损的直接原因,船东是否有船长、船员配备不当的过失则会视为间接原因,"因果关系"强调的是船舶的全损是由沉没造成的,船东是否有船长、船员配备不当的过失是间接原因,况且即使有过失,也并不一定会发生船舶沉没;而近因原则强调的是,沉船仅是表面现象,导致沉船的原因才是造成船舶全损的直接原因。英国法院对沉船的判决是要查明沉船原因的,对不明原因的沉船,法院对被保险人的索赔请求不予以支持,因为"保险不承保船舶无原因的沉没"。

另外一个主要原因就是,我们的保险界、海商界和法律界人士对保险近因原则的研究和认识尚有缺欠,摆脱不了因果关系原则的影响,需要有观念上的转变。在此仅举两例加以说明:

例一：我国各相关单位、院校所翻译的英国《1906年海上保险法》中文版，在对该法第55条的翻译中几乎均未将英文"proximately caused"的"近因"原意翻译出来，大都翻译为"造成的""所致的"。这种翻译本身说明，我们的研究还没有真正理解近因原则的实际内涵。

例二：我国各种保险条款中，无论是在《保险法》《海商法》出台前还是出台后，从没有过"近因"或英文"proximately caused"的字样，因而使这一保险原则仅停留在理论研究上，并未付诸保险活动的实践中，也难怪一些法官不采用近因原则的思维方法，同时也表露出保险界人士本身对近因原则的研究并未重视。

目前，我国法律尽管对近因原则尚未做明确与清晰的规定，但受保险所遵循的近因原则的舆论影响，一些司法实践业已对近因原则逐步给予承认和接受，这一点，相关的保险法律案例都能作为佐证。但是，由于我国法律尚未明确规定保险要遵循近因原则，因而在保险法律实践中，判断和确定造成保险标的损失的原因是否采用近因原则还会出现问题，特别是"因果关系原则"与"近因原则"不同的法律思想基础给不同的法官带来的不同理念，仍会发生是否采用近因原则的争议，也会发生同类案件出现不同判决的结果。因此，相关各界有必要对保险的近因原则做进一步的理论探讨和研究，更有必要在今后修订《保险法》和《海商法》时，对近因原则做相应的法律界定，使保险活动所遵循的原则得以完善。

四、最大诚信原则与近因原则的关系

实践中，最大诚信原则与近因原则两者在一定程度上是一种相互支撑的并列关系。最大诚信原则强调的是保险双方在订立和履行保险合同时应尽的法律义务，而近因原则则强调在保险标的因事故发生损失时确定损失原因和赔偿责任的方法。由于遵守最大诚信原则是保险合同建立的基础和前提条件，在某种情况下，最大诚信原则的适用应优先于近因原则的适用。例如，当一艘船舶因意外事故造成损失，尽管该损失的直接原因（近因）属于承保风险，但事后查明，被保险人在投保船舶保险时故意隐瞒其没有取得海上运输经营许可的违法经营重要事实，属于被保险人在订立合同时没有履行如实告知的义务。根据最大诚信原则，保险人对此可根据《海商法》第223条的规定，以被保险人故意不履行告知义务而不对事故损失进行赔偿，因为被保险人作为保险合同的主体之一，不具备法律认可的行为能力，虽然保险利益合法，但从事的行为违法，因此，不管这一事故的发生与未如实告知之间是否有因果关系，该被保险人从开始经营航运时起，与保险人签订的保险合同即应无效。根据我国民法的基本法——《民法通则》中关于民事活动要遵守法律等有关规定，在上述案例中，即使该被保险人在订立保险合同时"诚实"地告知保险人其违法经营的情况，由于这一告知并不能改变其无效民事行为的法律性质，因此，即使被保险人"履行"了法律所规定的告知义务，被保险人的行为和事故损失表面上满足了最大诚信原则和近因原则的要求，但由于合同主体之一的行为欠缺有效的法律要件，其缔约行为也属于无效的法律行为，所签订的保险合同属于无效合同，被保险人应自己承担有关法律后果。

思考题

1. 保险应遵循的四大原则是什么？
2. 赔偿原则的原则性是什么？

3. 最大诚信原则与诚信原则有什么不同？其对被保险人有什么样的要求？
4. 保险利益是指什么？
5. 如何确定近因？

第五章

船舶概论

船舶保险的保险标的物是船舶,而船舶作为承载旅客和货物及用于渔业捕捞的水上工具,法律法规对其各种关系进行调整时,无论在使用性质还是在吨位大小上,均有限定,并且用于调整远洋船舶的法律对远洋船舶界定的概念比调整沿海、内河船舶的法律法规界定沿海、内河船舶的概念要严格得多,因此,研究船舶保险,必须清楚船舶的基本知识以及与其相关的各种法定概念,这将有利于保险业务的开展和保险事故的处理。

第一节 船舶的概念

通常意义上的船舶是指用于交通、运输、捕捞水生物、开发海底矿藏、港湾服务、运动游览、科学调查及测量、工程作业、救险、国防军事等水上、水面及水下各种运载工具的统称。从研究船舶法律地位的角度出发,船舶的概念与通常理解的概念有所不同。在中国,船舶的法定概念有以下3种:

一是《海商法》中的船舶概念。我国《海商法》第3条关于船舶的定义和概念是:"船舶是指海船和其他海上移动式装置,但是用于军事的、政府公务的船舶和20总吨以下的小型艇除外。前款所称船舶,包括船舶属具。"

二是《中华人民共和国海船登记规则》(以下简称《海船登记规则》)中的船舶概念。1988年1月1日生效的《中华人民共和国海船登记规则》规定:"中华人民共和国国家所有、集体所有、依照中华人民共和国中外合资经营企业法成立的合资企业所有以及公民所有50总吨以上(含50总吨)海上机动船舶和非机动船舶。"

三是《中华人民共和国船舶登记条例》(以下简称《船舶登记条例》)中的船舶概念。1995年1月1日生效的《中华人民共和国船舶登记条例》第56条(一)款规定:"船舶是指各类机动、非机动船舶以及其他水上移动装置,但是船舶上装备的救生艇筏和长度小于5米的艇、筏除外。"

从研究保险的角度出发,理论上讲,《海商法》对船舶定义和概念的界定对保险所承保的凡是能在水上作为运载工具的船舶定义来说显得过于狭窄,同时也限定了一些船舶适用海商法律法规。实务中,目前,中国保险市场承保的远洋船舶基本上是以《海商法》和《海船登记规则》界定的船舶为主,界定外的船舶要视具体情况承保。而《船舶登记条例》中的船舶概念对保险来说又比较宽泛,因为保险未必会承保5米或再长一些包括艇筏在内的船舶。

根据上述法律法规可以明确的是:

第一,海上20总吨以下的小型艇,不属于《海商法》界定的船舶;海上20总吨以下的小型艇,属于《海商法》以外的相关法律调整。

第二,船舶上装备的救生艇筏和小于5米长的艇筏不属于法律界定的船舶概念。

此外,《海商法》所指"移动式装置"包括三层含义:一是"海上的"。以海上航行为主的水翼船、气垫船可视为船舶,而以空中飞行为主的海上飞艇或飞机则不属于船舶;二是"移动式的"。水上装置是可移动的装置,包括能够自航的,所以,固定的灯船、浮船坞和石油平台都不是法律界定的船舶。三是"装置"。所称装置,应属于复杂的构造物,为此,排筏、水上滑行器等不属装置范围。建造中的船舶虽然还不能称为船舶,但如果已下水,处于可移动状态,则可认为是船舶。

就船舶的法定概念而言,它必须具备构成的特定要件:①作为物体能够漂浮在水面上;②作为运载工具能够供水上航行使用;③作为机具必须是一定的构造建筑物;④技术状态必须符合建造、入级、漂浮、航行的规范要求。

作为保险合同的客体,其特定的构成要件还须增加两个:①自航时,必须由"适当的"人来操纵;②运载货物时,必须做到"合理配载"。

第二节 船舶的分类

一、船舶的分类方法

船舶的种类多种多样,不同角度的研究会产生不同的分类方法。通常船舶分类的方法有以下几种:

1. 按船舶的用途,船舶可分民用船舶和军用船舶两大类。通常又将民用船舶分为运输船舶、工程船舶、工作船舶、渔业船舶和特种船舶。

2. 按船舶的航行区域,船舶可分远洋、近海、内河船舶等。不同的水域对船舶的各种性能、主要尺度、船体强度与结构以及设备有不同要求。任何船舶都不能任意扩大航行区域,否则就可能由于技术条件不符导致船舶不适航。远洋船舶因要做全球性航行,技术条件要求较高,但对冰区,不具备冰区加强的船舶也是不允许随意进入的。

3. 按船体材料的不同,船舶可分为钢质、铝合金、玻璃钢、水泥、木质船舶等。

4. 按船舶动力方式的不同,船舶可分机动船(包括机帆船)和非机动船两种。

5. 按法律调整范围的不同,船舶可分商船、军船和公务船。

上述船舶的分类对保险具有较大影响的是按法律调整范围分类,因为保险是一种法律合同行为,无论是保险合同本身,还是保险船舶由于其他原因产生的纠纷,都须由法律来调解,而不同的法律对不同的船舶有着不同的规定和约束。例如,我国的《海商法》和《船舶登记规则》以及各国的海商法和相关国际公约均不适用于军用船舶、专用船舶和公务船舶。由于法律适用的不同,正确的船舶分类对保险人评估保险标的风险、合理的厘定费率和保险的理赔都非常重要。

二、商船的分类

船舶保险主要是承保商用船舶,因此,保险人对商用船舶要有所了解。下面着重介绍商用船舶的进一步分类及各种船舶的使用性能,以便于保险实务的处理。

商船可分为运输船舶、工程船舶、工作船舶、供应船舶、渔业船舶、海洋开发船舶、特殊船舶等。

（一）运输船舶

运输船舶又分为客船和货船两种。

1.客船（passenger ship）。客船有客船、客货船两种。客船是专门运送旅客及其携带的行李的船舶；客货船（passenger-cargo ship）是同时既运送旅客又载运少量货物的船舶。客船多为定期班轮，亦称客班船。在世界空中运输广为发展之前，国际邮政业务主要靠远洋客船承担，故又称其为"邮船"。

《国际海上人命安全公约》（SOLAS公约）规定，载客12人以上的船舶视为客船。由于人命安全问题，无论是海上的还是内河的客船，相对其他船舶来说，其抗沉性、稳定性、操纵性、救生、消防、通信等方面的要求都比较严格。客船通常采用双机双桨，以满足其高速性、操纵性、安全性的要求。

2.货船（cargo ship）。货船是对专门用来运载货物的船舶的统称。货船上除了供船员住宿、活动和装有各种设备的舱室外，大部分舱室均为货舱。按运载货物性质的不同，可将货船分类如下：

（1）干货船（dry cargo ship）。干货船是指以运载干燥货物为主，也可运载桶装液货的货船。干货船又可分为杂货船、散货船、木材船和冷藏船。

①杂货船（general cargo ship）。杂货船的特点是以运载成包、成捆、成桶的杂货为主，也可装运某些散装货。杂货船的货舱一般分为上下两层或多层，以防底部货物被压损。舱口通常设有3吨至5吨的起重设备。杂货船的优点是对货物种类及码头条件的适应性较强；其缺点是装卸效率不高，装运杂货的批量一般不大，故这类船舶的载重吨都在2万吨以内。

②散货船（bulk carrier）。散货船是专门装运散装货物的干货船，其主要以运输谷物、矿砂、煤炭、水泥、化肥等散装货物为主。这种船舶多为"尾机型"船舶，单甲板、舱口较大，一般不配装卸货设备，要依靠散货码头的专用装卸货设备。散货船在第二次世界大战后发展很快，目前已占世界商船总吨位的30%，仅次于油船。单船最大载重吨已达40万吨。

③木材船（timber carrier）。木材船是专门运载原木和木材的货船，其船型与散货船相近，可甲板载货，因此在甲板两舷设有支柱护栏。

④冷藏船（refrigerator ship）。冷藏船是专门运载鱼、肉、水果、蔬菜等需要保鲜的易腐货物的船舶。冷藏船船型与杂货船相近，货舱配有制冷装置，舱壁有良好的隔热功能，船的航速较高，但由于货源限制，吨位一般在万吨以内。

（2）液货船（tanker liquid cargo ship，TLC）。液货船是用于运载散装液态货物的货船的统称。这类船可分为油船、化学品船、液化天然气船和液化石油气船。

①油船（oil tanker）。油船是运载散装石油类货物的液货船。其特点多为单甲板、尾机型船，不设大舱口，有众多的管系和阀门。货油要通过管道进行装卸。《国际防止船舶造成污染公约》（MARPOL公约）对油船的防污染有极为严格的要求。由于世界各国对能源的需求越来越大，因此，世界上油船船队约占商船总吨位的40%，居第一位。超级油轮越来越多，单船最大载重量已达56万吨。

②化学品船（chemical tanker）。化学品船是运载液态化学物质的船舶，其外形与内部结构同油船相似，其装运的液态化学品多为有毒、易燃和强腐蚀性物质。为了便于装载和防止泄漏，液货舱分得较小，有的液货舱还采用部分或全部的不锈钢材料，提高抗腐蚀能力；整船采取双层底的设计，以增强航行的安全性。

③液化天然气船（liquified natural gas carrier，LNG）。液化天然气船是运载散装液化天

然气的液货船。天然气的主要成分是甲烷,在常压下的液化温度是-164℃,因此,货舱的结构、采用的材料和隔热装置必须满足超低温运输的要求。货舱的形状有球体、棱柱体等。

④液化石油气船(liquified petroleum gas carrier,LPG)。液化石油气船是运载石油液化气的船舶。装载的石油液化气的主要成分是丙烷。丙烷可以在常温下加压液化,也可以在常温下冷冻液化。大型船一般采用冷冻液化方式,中小型船多采用加压液化方式,其货舱为球形或圆柱形耐压容器。

(3)载驳船(barge carrier)。载驳船是专门运载驳船的船舶,又称子母船。所载驳船上既可载货,也可空载。载货时,先将货物装在同规格的小驳船中,再将驳船装入母船一起运输,到港后将载货驳船连货一起卸下。从某种程度上讲,载驳船的装卸方式与集装箱船相似,装卸效率高,运费低廉,且不需要码头,非常适合江海联运。但载驳船从设计到运输存在许多实际问题,目前发展缓慢。

(4)集装箱船(container ship)。集装箱船是专门运输货物集装箱的船舶。集装箱船的货舱和甲板均能装载集装箱,甲板和舱盖是平直的,甲板上面仍可装载2~4层集装箱。船上一般不设卸设备,要依靠码头的专用设备装卸。这种船舶的特点是装卸效率高,能减少货损货差。因此,尽管集装箱船的发展只有40余年的历史,但势头强劲,目前可装载9000TEU(20尺标准箱)的新型集装箱船造价高达1亿多美元。

(5)滚装船(ro-ro ship)。滚装船是专门运载车辆或以滚动方式在水平方向装卸集装箱的船舶。滚装船的上层建筑高大,无装卸设备,舱内设有多层纵通甲板,车辆可通过坡道或升降平台进入上下层舱内。装卸货时,艏部、艉部或舷侧有跳板放到码头上,汽车或拖车通过跳板开上开下,实现货物装卸。其特点是,对码头要求低,装卸效率高,航速较快,但舱容利用率低。

（二）工程船舶

工程船舶是指从事工程作业的船舶,具体又可分为以下几种:

1. 挖泥船(dredger)。挖泥船是借助机械或流体动力的挖泥设备,挖取、提升和输送水下地表层的泥土、沙、石块和珊瑚礁等沉积物的船舶。挖泥船主要用于疏浚航道。其工作原理有耙吸式、绞吸式、抓斗式、链斗式等几类。

2. 起重船(floating crane),亦称浮吊,是指甲板上装有起重设备,专供水上作业起吊重物用的船舶。起重船多为非自航式,由拖轮拖带移动。我国的"大力号"就是自航式起重船。

3. 救捞船(salvage ship)。救捞船是对水上遇难船舶进行施救和打捞沉船用的工程船舶,其装备的主要工作机械有起重机、绞车及空压机,而且备有水下电焊、切割、修补、排水、起浮等打捞设备,必要时可拖带浮筒出海作业。

4. 浮船坞(floating dock)。浮船坞的主要用途是在修造船时用于船舶下水、上墩、水上合拢。此外,它还能进行船舶修理以及在一定水域中将船舶进行沉浮或移动。一般情况下,浮船坞没有自航能力。

（三）工作船舶

工作船舶是指港内港外从事服务或辅助于航运的正常工作的船舶,这类船舶可分为以下几类:

1. 拖船(tug),亦称拖轮。拖船设有拖带设备,是专用于在水上拖带船舶或其他浮体的船舶。港内拖船的尺度较小,但功率大,强度高,稳性好,操纵灵活,多用于协助他船进行港内操纵。大功率拖船还可用于海上拖带、海难救助。

2. 引航船(pilot boat),亦称"领港船"。引航船是专门引导外籍船舶安全进出港口的工作船舶,同时也承担接送港口引航员上下外籍船舶的任务。

3. 破冰船(ice-breaker)。破冰船是借助船体重力和动能或其他方法破碎冰层,开辟冰区航道的船舶,其船首呈前倾状并特别加强。破冰时,尾压载舱打水,尾倾状态下开足马力使船首冲上冰层,再将尾压载舱的压载水打入首压载舱,同时调整左右压载舱内的压载水,靠重力和船舶左右摇摆将冰压碎。

4. 供应船(supply boat)。供应船是指专门为船舶供应燃油或淡水的船舶。供油的称供油船,供淡水的称供水船。

5. 消防船(firefight ship)。消防船是用于扑灭船舶或港口、码头火灾的工作船舶。消防船上设有专用的消防设备,例如,消防炮可以喷射泡沫或高压水注,液压升降台可以扑灭高处火灾。

(四)海洋开发船舶

海上石油钻探始于20世纪30年代,受当时技术条件的限制,开采成本高昂,发展缓慢,至20世纪六七十年代,造船及海洋工程技术飞速发展,墨西哥湾及北海油田相继开发成功,在世界范围内掀起海上石油开发的高潮。造船业开始大量建造适于海洋开发的工作船舶。海洋开发的工作船可分为钻井船、守护船、供应船等。

1. 钻井船(drilling boat)。钻井船是指外形类似船舶,甲板上建有钻塔,供钻井且可以自航的船舶。短距离可自行移动的各种钻井平台在《海商法》中也界定为船舶,但船舶保险中不包括各种平台的保险,它属于海上石油开发保险。

2. 守护船(stand-by boat)。守护船是设有救助及医疗设备,为钻井平台执行看守、值班及协助抛锚、起锚等作业的辅助船。

3. 供应船(supply boat),亦称运输船。供应船是为钻井平台提供燃料、淡水、钻井设备及运送人员的船舶。这种供应船与其他供应船的主要区别在于船上的设施是根据各种平台的需求设计的。

(五)渔业船舶

渔业船舶是从事渔业工作的船舶的统称。渔业船舶又分为捕捞船和渔业加工船两类。专门从事捕鱼的船舶称捕捞船(通常所说的渔船即指这类渔业船舶);专门从事渔业加工的船舶称渔业加工船。

1. 捕捞船(fishing vessel)。从事渔业生产捕捞的船舶主要有拖网船、围网船和捕鲸船。

(1)拖网船(trawler)。拖网船是通过尾部或舷侧拖网以捕捞底层鱼类为主的渔船,单船作业的称单拖,双船作业的称双拖。由于舷侧起放网操作不便,现在趋于淘汰。艉滑道拖网渔船发展很快,目前,世界上拖网渔船基本上都是艉滑道式。

(2)围网船(seiner)。围网船是以光诱围网方式捕捞上、中层鱼类为主的渔船。光诱围网作业是由灯船、围网船和运输船组成一个围网作业组。灯船的主要作用是探测鱼群、用灯光诱集鱼群;围网船主要是起母船作用,例如,放网、指挥作业、负责补给灯船的消耗物资等。

(3)捕鲸船(whaler)。捕鲸船是专门猎捕鲸类的渔船,其任务是击杀鲸鱼,并送到基地或带有加工设备的大型捕鲸船去加工。捕鲸船通常在船艏部设炮位,前桅设瞭望台,驾驶室与炮位之间有步桥相通。与一般渔船相比,其特点是机械化性能好,安全系数高,但由于受到动物保护组织强烈反对捕鲸行为的影响,世界上捕鲸船的数量已在减少。

2. 渔业加工船(fish factory ship)。渔业加工船是专门在海上用于接收捕捞船的渔获物,并将其加工成各种鱼产品,或在船上储藏,或转运的渔业船舶。渔业加工船常常与捕捞船、冷藏运输船、油船等组成综合船队,协同作业。

(六)特殊船舶

1. 气垫船(hovercraft)。气垫船是利用高于大气压的空气在船底与支撑表面间形成气垫,使全部或部分船体脱离支撑表面而高速航行的船舶。

全垫升气垫船是气垫船的一种,其船体四周装有柔性围裙,以免气垫中的空气大量外逸。气流从升力风扇向下高速喷出,形成气垫,船体完全离开水面,既可在水面上航行,也可在沼泽、浅滩、冰雪、沙漠等陆地上航行,还具有一定的翻越障碍能力。全垫升气垫船采用空气螺旋桨或喷气推进器推进,航速可达60～80节。目前,在珠江上从事广州到中国香港的旅客运输的气垫船就是全垫升气垫船。

2. 科学考察船(oceanographic research ship)。科学考察船是专门从事海洋科学考察研究的船舶。科学考察船上的设备不同于从事商业运输的船舶,有些设备不是船舶本身设计自带的,可离开船体随时移动。科学考察船在法律上属于公务船舶,一般情况下不受《海商法》的调整,发生海损事故时,可按保险合同的规定处理;发生碰撞或触碰案件时,可参照国际公约和相关法律处理,必要时可请有关行政主管机关出面协调。

第三节 船舶的构造

船舶作为水上浮动的建筑,其构造复杂,涉及冶金、机械、电子、材料、能源等诸多领域。船舶构造分为船体、轮机、电气三部分,或称主船体和上层建筑、船舶动力装置、船舶设备3部分。

一、主船体和上层建筑

船体是浮在水上的复杂的空间结构,通常以上甲板为界,分为上、下两部分。上甲板及其以下部分称为主船体,亦称船舶主体,上甲板以上的所有围蔽的部分统称为上层建筑。

(一)主船体

主船体(main hull)是上甲板及其以下的船体部分。这部分是船舶浮力及强度的主要承担部分。主船体是由上甲板、舷侧板、船底板等板材,在龙骨、肋骨、肋板、纵桁、纵骨、横梁、肘板等构件的支承下,焊接组成的一个具备水密、坚固、封闭性的结构。船舶的机舱、货舱、艏尖舱、尾尖舱、锚链舱、淡水舱、燃油舱、压载舱、舵机舱等舱室均设在主船体内。

(二)上层建筑

上层建筑(superstructure)亦称"船楼"。上甲板上由一舷伸至另一舷,或其侧壁板离舷侧外板向内不大于4%船宽的围蔽建筑称上层建筑。位于船首的上层建筑称为艏楼,位于船中、船尾的上层建筑分别称为桥楼和艉楼。驾驶室、电报室、海图室、船员舱室等通常布置在上层建筑内。

二、船舶动力装置

船舶动力装置是保证船舶正常航行、作业、停泊以及船员、旅客正常工作和生活所必需的机械设备的综合体。这部分包括推进装置、辅助装置、管路系统等。

(一)推进装置

推进装置是指推动船舶运动所需的各种动力机械装置,它是船舶动力装置最主要的部分。推进装置由主机(内燃机、蒸气轮机等)、传动设备(离合器、齿轮箱等)、轴系(推力轴、中间轴、尾轴)、推进器(螺旋桨)等组成。主机曲轴转动输出功率,通过传动设备及轴系带动螺旋桨旋转,从而使船舶运动。通过改变主机的转数和旋转方向,可以控制船舶的航速及进、退。目前商船的主机普遍采用内燃机。

(二)辅助装置

辅助装置是指产生船舶所需多种能量的设备,包括电站、辅助锅炉、制冷、制淡等设备。

1. 船舶电站由辅机、发电机(组)、配电板及其他电气设备组成。通过辅机带动发电机(组)发电,经配电板供给各种机械及全船所需的电能。

2. 辅助锅炉。商船一般用它产生低压蒸汽,以满足加热、取暖和其他生活需要。

3. 制冷装置主要用于机械和舱室降温以及船上食物的储存。例如,船员工作、生活条件的改善,舱室装有空调,食物的储存需要冷藏柜等。压缩式制冷装置在船上的使用极为普遍。

4. 制淡装置是指海水淡化装置。船上使用的制淡装置一般是沸腾式的制淡装置,是通过海水蒸馏达到制淡目的。

(三)船舶管路

在船舶动力装置中,专门用来输送液体或气体,保证船舶动力装置正常工作及船舶正常航行而设置的设备、管路、检测仪表等统称为船舶管路系统,简称管系。管路系统按其用途分为两大类:

1. 为船舶动力装置中的主、辅机服务的,称动力管系,包括燃油、润滑油、冷却水、压缩空气、废气排放及废热利用管系等;

2. 为保证船舶安全航行及船员、旅客正常生活服务的,称船舶管系,包括舱底、压载、消防、生活用水、冷藏、通风、取暖管系等。

三、船舶设备

为了满足船舶在营运中的各项要求,船上还必须配备各种用途的设备。运输船舶的设备主要包括锚泊设备、系泊设备、舵设备、装卸设备、救生设备、信号设备、通信设备、导航设备、报警设备、操纵设备等。

(一)锚泊设备

锚泊设备主要用于船舶抛锚停泊。锚泊设备的配置就是为了使船舶锚泊时产生足够的锚泊力。此外,锚也是船舶操纵的辅助设备,如船舶靠离码头、系离浮筒、狭水道调头及紧急情况下减速等经常要用到锚。锚泊设备由锚、锚机、锚链、止链器、导链滚轮、弃链器、锚链筒、锚链舱等几部分组成。

锚机是提供抛锚与收锚的动力机械。

弃链器是平时用于固结锚链的末端链环,在紧急情况需弃锚时能迅速解脱锚链的一种专用装置。

锚链舱是存放锚链的舱室,其位置一般设在防撞舱壁前,锚机下面,艏尖舱的上面或后面。

（二）系泊设备

船舶停靠码头、系留浮筒、停靠他船或顶推作业时，用于带缆、绞缆的设备统称为系泊设备。系泊设备由缆索、系缆桩、导缆器、绞缆机械、缆索卷筒等几部分组成。

绞缆机械是收绞缆索的动力机械。

导缆器是缆索通过、变换方向、限制位置和避免磨损的器具。

缆索卷筒用以排列、收藏缆索。

（三）舵设备

舵设备是保证船舶正常操纵的一种装置，它由舵、操舵装置、舵机及传动机构等部分组成。操舵装置安装在驾驶室内，舵机和转舵装置安装在船体尾部的舵机舱内，舵安装在船体尾部。

现代船舶均设置两套操舵装置。当主操舵装置失灵时，辅助操舵装置应能立即工作，以保证船舶航行安全。

（四）装卸设备

装卸设备是指船舶装卸货物时所用装置和机械的统称。由于船舶的种类和所载货物种类的不同，采用的装卸设备有所不同。例如，液货通常利用船上或岸上的输送泵和管路来进行装卸；专用散货船采用带式或链斗式的运输机械，以连续方式进行装卸；集装箱船通过码头集装箱吊车进行装卸；滚装船则采用首、尾、舷门跳板与码头连接通过车辆进行装卸；杂货船一般设有起重机或吊杆来装卸货物等。

1. 起重机，俗称克令吊（crane）。它的优点是工作面积大，操作方便，在装卸作业前后没有烦琐的准备和收检索具等工作，且重量轻、占地小、装卸效率高等。其缺点是结构复杂，投资高，检修难度大。

2. 吊杆。船用吊杆可分为轻型和重型两种。安全工作负荷等于或小于10吨的吊杆称轻型吊杆；安全工作负荷大于10吨的吊杆称重型吊杆。

（五）救生设备

救生设备是供船上人员救助落水人员，或遇难自救而设置在船上的专门设备及其附属装置的总称。船舶救生设备包括救助艇、救生艇、救生筏、救生圈、救生衣、抛射器具、通信设备（无线电台、对讲机、示位标）、烟火信号以及艇筏登乘及降落装置。

《国际海上人命安全公约》（SOLAS 公约）对不同船型、不同吨位的船舶应配备救生设备的种类和数量规定了最低要求。

（六）信号设备

信号设备是为保证船舶安全航行而配备的能够产生由人的视觉和听觉器官直接接收到信号的设备，包括灯光信号设备、符号信号设备、声号信号设备3大类。

1. 灯光信号设备，包括航行灯（左右舷灯、桅灯、尾灯）、锚灯、失控灯、作业号灯（拖带灯、引航灯、限于吃水船舶号灯、操纵能力受到限制船舶号灯、搁浅船舶号灯、拖网渔船号灯、非拖网渔船号灯）、闪光灯等。灯光信号主要用于夜间航行。

2. 符号信号设备，包括号型、号旗两种，主要用于白天航行。

3. 声号信号设备，包括号笛、号钟、号锣，主要用于能见度不良天气中航行。

《国际海上避碰规则》对各种船舶的信号设备配备以及在各种情况下的使用制定了统一的要求。我国内河航行规则对航行于内河的船舶在信号设备的配备及使用方面也有统一要求。

(七)导航设备

导航设备是随时确定船位以正确引导船舶按预定航线安全、经济地航行至目的地而使用的各种仪器、设备。导航设备通常包括劳兰、自动操舵仪、六分仪、雷达、磁罗经、电罗经、声呐等。

按国际海事组织(IMO)的要求,远洋船舶配备的导航设备有磁罗经、电罗经、雷达、声呐、无线电测向仪等。其他常用的导航设备还有自动操舵仪、计程仪、无线电定位系统、卫星导航接收机、自动避碰装置等。

(八)通信设备

通信设备是指船舶在正常航行或应急情况下与外界联系所使用设备的统称。船舶通信均为无线通信,主要设备包括:①中短波收、发信机;②备用中波收、发信机;③2182kHz 遇险频率值班收信机;④500kHz 自动报警信号发生器;⑤VHF 无线电话台;⑥应急无线电示位标;⑦救生艇电台;⑧救生艇、筏的双向无线电话设备等。

第四节 船舶吨位、载重线和船级

一、船舶吨位

船舶吨位丈量规则是测定船舶大小和载货容积的一种制度。根据这个制度,人们能够了解船舶的大小及其运输能力,便于海上贸易的顺利进行。如何丈量船舶吨位必须有一个标准。目前,国际上对船舶吨位的丈量均以1969年《国际船舶吨位丈量公约》中的规定为准,即丈量船舶全部封闭处所的容积计算船舶吨位。

丈量出的船舶吨位是一个容积概念,每一吨位相当于100立方英尺(或2.83立方米)。根据不同的丈量方法产生不同的吨位,其用途也不一样。船舶吨位分为总吨位和净吨位。

(一)总吨位

根据我国《船舶吨位丈量规范》的规定,丈量船舶"全部"封闭处所的容积之和,以吨位表示,称为总吨位(gross tonnage)。总吨位主要用于:

1. 表示船舶大小的标准,同时也是表示国家或船东船舶拥有量的统计基础;
2. 用于计算造船费用、租船费用、买卖船费用、保险费用;
3. 在有关的国际公约和船舶规范中用来划分船舶的等级;
4. 用以衡量设备的要求和技术管理的标准;
5. 用于海事索赔中船东责任限制的计算依据;
6. 用于船舶登记、检验、引水、码头、代理等费用的计费标准。

(二)净吨位

根据《船舶吨位丈量规范》的规定,丈量船舶的"有效"封闭处所的容积,以吨位表示,称为净吨位(net tonnage)。所谓有效封闭处所,是指能够装运旅客或货物的处所,即能够产生运费收入的处所。

净吨位主要用于港口税、引水费、灯塔费、运河费、停泊费等费用的计费标准。目前,尽管世界大部分国家和港口是以净吨位为基础计算的,但由于各国及港口各种收费尚未统一规定是用总吨位还是净吨位作为计费依据,因此,上述收费还要视各国及港口的具体规定而定。例如,通过苏伊士运河和巴拿马运河的船舶要按运河当局规定的特定方法丈量船舶吨位,作为支付运河费的依据。

二、排水量和载重量

船舶浮在水中时所排开同等体积水的重量称船舶的排水量,也就是船舶在某种载况下的总重量。排水量的计算公式为:

$$D = w \times V$$

其中,D 为排水量(t);w 为水的密度(t/m^3);V 为排水体积(m^3);wV 为浮力。

(一)空载排水量

船舶装备齐全但无装载货物时的排水量,即空船重量加上船员和燃油、淡水、给养等的重量所引起的排水量为空载排水量(light displacement)。

空船重量是船体钢料、木作舾装、机电设备以及武备(军舰)等的重量之和,亦称轻排水吨(light displacement tonnage)。当船舶作为废钢船卖掉时,是以每一轻排水吨作为计价单位。

(二)满载排水量

满载排水量(full load displacement)是指船舶最大装载(满载)时的排水量。

(三)载重量

载重量(deadweight)是船舶允许装载的可变载荷的最大值,等于满载排水量减去空船重量,它表示船舶运输中的总载重能力。这种总载重能力亦称载重吨(deadweight tonnage)。

(四)载货量

载货量(cargo deadweight)等于满载排水量减去空载排水量,或载重量减去燃油、淡水、给养等重量,是允许装载货物的最大参考值。

三、载重线

载重线(load line)是由验船机构按载重线规范,根据船舶航行的水域和季节而定的载重水线。载重线是保证船舶水上航行安全装载客、货量的极限。

载重线标志勘绘于船体两舷中部。每艘船的载重线标志表明该船的抗沉性和具有的储备浮力,同时也表明每艘船舶的干舷高度,因为刻画在船两舷的载重线是按《国际船舶载重线公约》的要求计算的,同时,公约对刻画载重线的船舶干舷高度也有要求。

四、船舶的船级

(一)船级

船舶的船级(class)是表述船舶技术状况及安全程度已达到某船级社规范要求的某种船舶级别的证明。船级是由船级社(classification society)授予的。证明船舶船级的文件是由船级社对船舶检验合格后所签发的各种入级证书。证书有效期限一般为 5 年。

目前,国际上大的航运国家均有自己的船级社,但能被世界各国承认的仅 10 家。我国的船级社是中国船级社(China Classification Society)。每个船级社都有自己的入级标准、入级符号及标志。船舶入级要通过检验,不同技术状态的船舶授予不同的船级。级别低的船舶不等于船舶不适航,它仅表明该船处于哪种技术状态,只有没有通过船级的船舶,才可按不适航船舶处理,因此,远洋船舶能否入级,在什么样的船级社入级,是检验一艘船舶技术状况好坏的基本标准。

（二）船级社

船级社是随着现代海上保险业的兴起而设立并逐步发展壮大的。最初的船级社也是在劳埃德咖啡馆里诞生的，即英国的劳氏船级社。早期的船级社仅负责对船舶的海损检验，现在的船级社不仅依旧要从事海损检验工作，而且还从事为船舶制定建造规范和船舶的法定或入级的各种检验工作。此外，船级社还要代表各自的国家参与国际上关于海上船舶航行安全相关公约的制定，《国际海上人命安全公约》即属于它们的杰作。

从保险经营防范风险的角度出发，任何从事船舶保险的保险公司都要将船级社作为长期的合作伙伴，因为它们是监督、检查、评价船舶技术质量的公证组织，它们的入级检验能在技术上代保险人把住风险源头关，能够有效地防止或减少保险船舶海损事故的发生，维护保险人的利益。

随着全球对船舶海上安全和海洋环境保护的广泛关注，目前船级社首当其冲地成为技术把关的关键部门。为了加强世界各国各船级社的相互联系与合作，便于统一解释相关的国际公约，促进公约的贯彻与执行，1968年在英国伦敦成立了国际船级社协会（International Association of Classification Society，IACS）。随着该协会成员的更新与淘汰，截至2011年年底，该协会共有13个正式会员，它们分别是：

1. 美国船级社（ABS），成立于1862年；
2. 法国船级社（BV），成立于1828年；
3. 中国船级社（CCS），成立于1956年；
4. 克罗地亚船级社（CRS），成立于1992年，其前身是斯洛伐克船级社，成立于1949年；
5. 挪威船级社（DNV），成立于1864年；
6. 德国劳氏船级社（GL），成立于1867年；
7. 印度船级社（IRS），成立于1975年；
8. 韩国船级社（KR），成立于1960年；
9. 英国劳氏船级社（LR），成立于1860年；
10. 日本海事协会（NK），成立于1899年；
11. 波兰船级社（PRS），成立于1936年；
12. 俄罗斯船舶登记局（RS），成立于1932年；
13. 意大利船级社（RINA），成立于1861年。

此外，国际船级社协会原来还接纳几个副会员或观察员，截至2004年年底，国际船级社协会仅存一个副会员：印度船级社（IRS）（成立于1975年）。副会员在协会中没有表决权。

（三）船舶检验

船舶检验按检验性质可分为法定检验、入级检验和公证检验3种。船舶的法定检验和入级检验都需要按一定的制度和程序进行，以确保检验的严肃性与公正性。

1. 法定检验。法定检验是由政府主管部门或经政府授权的有资格的组织，按照船旗国政府的有关法令、规定以及船旗国政府批准、接受、承认或加入的有关国际公约（包括修正案）、议定书和规则等，指派验船师对船舶进行的强制性检验。

检验合格后签发相应的法定证书，以证明船舶遵守了政府有关法令、条例（包括政府承认的有关国际公约），满足了有关船舶建造和营运的各种规范、规则等的要求，获准投入营运。

2. 入级检验。船舶入级检验分为建造入级检验、入级检验和保持入级检验3种。

(1)建造入级检验。建造入级检验是指用于新建船舶申请入级时的检验,主要是对有关船舶的构造、设备和机械电气等方面的技术图纸和资料文件的审查,建造材料的试验和检查,各种设备仪器的检验、安装验收,各项工艺的检验报告,船舶证书和重要试验记录的签发和认可。

(2)入级检验。入级检验是船东为使船舶获得船级社的船级而自愿申请接受船级社的检验。入级检验合格后,由船级社签发入级证书并授予相应的入级符号和标志。入级检验分为初次入级检验和入级检验。

初次入级检验是指对非本船级社监造的船舶,或非本船级社入级船舶申请入级进行的检验。初次入级检验时,船级社除派验船师登船检验外,还要求船东或其代理人将该船原有的各类证书、文件、检验报告和技术资料提交船级社审查。

入级检验是指对已在本船级社入级的逾期船舶继续申请保留船级的检验。

(3)保持船级的检验。船舶的船级证书有效期一般为5年,如入级船舶要在此期间内保持船级,必须按船级社的要求,按期进行年度检验、期间检验、坞内检验、特别检验、轮机循环检验,必要时还要做临时检验等,否则船舶在入级期间内也不能保持其船级。

3. 公证检验。公证检验是验船师以独立的第三者身份对船舶技术状况或海损状况进行鉴定并出具报告的一种检验。例如,船舶发生海损事故后,接受船东或保险人的申请进行的检验,以便分析事故原因、确定损坏程度、部位以及确定修理要求等。公证检验报告往往是海损理算、法庭裁决和保险理赔的重要依据。

(四)入级符号与入级标志

1. 入级符号(character of class)。入级符号是船级社对批准入级的船舶的船体和设备及货物冷藏装置,根据其适用条件及技术状况所授予的、该船级社特定的一个或多个特征符号。

以中国船级社(CCS)2005年以前授予入级船的船级符号为例,其入级符号由船级社的缩写英文字母、入级的设施和部位、船级的有效期3部分组成。例如,CSA5/5:CS表示由中国船级社依据该社的检验规范做的检验;A表示是对船体的入级检验;5/5表示特别检验的时间限制,5/5表示为5年期满后要进行特别检验。授予这个符号表示中国船级社依据该社的检验规范对船体进行的入级检验结果,船舶的船体技术状态符合该社《船舶入级规范》的要求,特别检验可以在5年期满时进行。

对船龄偏大的船舶,船级社将根据船舶的具体情况设定表示时间的符号,例如:

★CSA3/5符号表示CCS认可入级,但特检年限为3年。特检年限的长短不意味着船舶技术状态存在不良问题。

★CSM表示不在CCS检验下进行建造、安装和试验,但经CCS检验、试验和审查认为可以接受入级的轮机入级符号。

★CSR表示满足CCS要求的冷藏装置入级符号。

入级带数字的时间符号容易使人们对不是5/5符号的船舶产生不符合规范标准的疑惑,为解决这个问题,中国船级社自2005年废除了表示时间的符号,将船舶的特检期限改为在证书中另外注明,因此,将上述★CSA5/5已改为★CSA。

2. 入级标志(class notation)。入级标志是船级社在授予船舶入级符号后所附加的一个或一组英文字母,用以表征船舶的类型、任务、货物种类、航区、冰区加强以及其他含义的内容。入级标志就像人的高级技术职称一样,表明船舶具体的技术状态水平。

仍以中国船级社现行的入级标志为例,其入级证书中完整的入级符号及入级标志如下: ★CSA Oil Tanker ESP F.P <60C Ice class B3,表示中国船级社监造的无限航区航行、载运闪点低于60C的油船,特检年限为3年,具有B3级冰区加强。★CSM Aut-0 IGS 是一个轮机入级标志。该标志表示不属中国船级社监造船舶,但经该社检验、试验和审查后认为符合要求,准予轮机入级,能以周期性无人机舱运行,装有惰性气体系统。

目前,船级已成为船舶技术状态评价的重要指标。船舶险保险人在承保前对船舶进行风险评估时首先要注意其入级情况,对非入级船舶的承保要持慎重态度。在我国,对国内沿海、内河航行的船舶,长期以来很少有入级要求,因此,一般情况下,非入级船舶的保险费率往往要高于入级船舶。如是老船或小船,尽管其具备地方船检部门颁发的含有适航证书的《船舶检验证书簿》,保险人也会因该证书簿属法定证书不属入级证书,担心其技术状态不符合保险的要求而拒绝承保。因此,船舶入级,特别是取得国际知名的船级社(如 IACS 的会员船级社)的船级,是顺利获得保险保障的重要条件。

第五节　船舶登记

一、船舶登记制度

船舶登记是证明船舶国籍和所有权归属的一项法律制度,是船舶取得某国国籍悬挂该国国旗航行权和证明其所有权归属必须办理的必要手续。船舶登记制度始于罗马帝国,而接近现代意义的船舶登记制度则始于600年前的威尼斯和热那亚。船舶登记制度真正在国际上统一,始于1958年日内瓦《国际海洋公约》出台后,该公约要求各缔约国在船舶登记时必须遵守"船舶使用自己的国籍、在自己境内登记、挂自己的国旗制定出严格的条件"。船舶不进行登记,一经查出,将被禁止和处罚。

目前,世界上办理船舶登记的国家分为两类:开放登记国和非开放登记国(有的学者分三类,多一类为半开放登记国)。

(一)开放登记国

开放登记国对船舶登记的条件要求比较宽。船舶在这类国家登记,首先,对船舶的所有人和船员的国籍限制较宽,只要当地有注册公司,船舶都可以在该国进行登记;其次,船舶的技术状态标准和纳税要求偏低。由于开放登记国这种宽泛的条件,世界上许多船东都愿意将船舶在开放登记国进行登记,取得该国的船籍,悬挂该国国旗。航运界人士称这些国家为"方便旗"国家,将这类船舶称为"方便籍"或"方便旗"船舶。

(二)非开放登记国

非开放登记国对船舶登记的条件要求较为严格。船舶在这类国家登记,首先,对船舶的所有人和船员的国籍有严格的限制规定,例如,限制国籍为本国国籍或占一定比例;所有权股份为本国所有人全部或部分拥有。其次,对船舶的技术状态按各种规范和国际公约标准的检验要求严格,税的交纳也比"方便旗"国家的高。

我国属于非开放登记国,现行的船舶登记制度是依照1960年《交通部船舶登记章程》和1988年《中华人民共和国海船登记规则》执行的。根据《中华人民共和国海船登记规则》的规定,凡属我国国家、集体、公民所有的以及依照《中华人民共和国中外合资经营企业法》成立的合资经营企业所有的,各类机动、非机动船舶以及其他水上移动装置均应在我国港口进行登记,但船舶上装备的救生艇筏和长度小于5米的艇筏以及体育运动船舶、军队或公安部门所有的从事公务活动的船舶除外。

我国船舶登记机关是中国海事局(包括下属各个港口的海事分局)。从事渔业生产或直接为渔业生产服务的船舶登记机关是农业部授权的各地渔政渔港监督部门。

二、船舶证书

船舶证书分为两大类:法定证书和入级证书。这两类证书有性质上的差别:前者是由政府部门签发的,证明船舶国籍、所有权、航行权、营业经营权以及法定技术要求的检验和船舶吨位大小的证书(我国的船舶检验与发证管理主要机关是中国海事局);后者是由船级社签发的,证明船舶的整体技术状态的证书。前者有严格的法律要求,后者则是自愿的。

正确了解船舶各类证书的意义对保险人来说直接关系到能否搞好船舶保险,因为对每一艘船舶来讲,是否具备足够、有效的各种船舶证书,能直接表明该船舶是否符合保险时所需的船舶适航性和适载性。依据法律或保险惯例,对持无效证书的船舶,保险人可以船舶不适航和船东管船不当为由不予承保,或解除保险合同,或拒绝赔偿。此外,对证书上注明的未了修理事项,保险人可以依照时限敦促船东尽快修理,确保保险船舶航行安全,起到防灾防损的作用。

(一)船舶登记证书

船舶登记证书亦称法定证书,是由船舶登记机关签发的用以表明船舶名称、国籍、吨位、尺度、技术、所有权和船籍港等有关情况的证明文件。船舶登记证书颁发的对象有3类船舶:

1. 船舶国籍证书。颁发给航行国际河流的内河船舶和50总吨及以上的海上机动、非机动船舶(含75千瓦及其以上的拖船)。

2. 船舶登记证书。颁发给20总吨及以上的内河船舶。

3. 船舶执照。颁发给20总吨以下内河船舶和铁驳船及50总吨以下的海上机动与非机动船舶等。

船舶登记证书有14种,每种证书的有效期,除法令、法规、国际公约有要求外,一律为5年。远洋船舶应具备的证书和沿海、内河船的证书也有所不同。

我国远洋船舶应具备的登记证书有:①国籍证书(长期有效,所有权变更、船舶抵押、光租后失效);②国际吨位证书(长期有效,颁发给船体长大于等于24米的船舶);③国际载重证书或国际载重线免除证书(颁发给船体长大于或等于24米或吨位大于或等于150总吨的船舶);④客船安全证书;⑤客船乘客定额证书;⑥货船构造安全证书;⑦货船设备安全证书;⑧货船无线电报安全证书;⑨货船无线电话安全证书;⑩免除证书(随国际公约规定制定有效期或一个航次);国际防止油污证书(颁发给大于或等于150总吨的油船和大于或等于400总吨的货船);国际散装危险化学品适装证书;国际散装运输液化气体适装证书;运河专用吨位证书(该证书长期有效,是按照运河管理当局颁发的吨位丈量规则,对船舶丈量核定其总吨和净吨所签发的专用吨位证书。如苏伊士运河专用吨位证书和巴拿马运河吨位证书)。

上述①至⑨证书期满时,如船舶不在登记国或预定检验国的港口,船方可要求主管机关给予1个月的宽限期。如在检验完毕后符合条件,可由检验部门发5个月的展期证书。

我国沿海、内河船舶应具备的证书。国内沿海船舶的法定证书大体与远洋船舶的各种证书一样，不同的是，它的证书是由船舶国籍证书（或船舶登记证书、船舶执照）和船舶检验《证书簿》（《证书簿》中夹带各种证书）来体现。《证书簿》有两种格式：

一是《ZSB-1证书簿》。适用于船长30米以上的自航船和主机单机额定功率220kW以上（或主机总额定功率440kW）的船舶。该《证书簿》中包括：①内河船舶适航证书（类似入级证书）；②内河船舶吨位证书；③内河船舶载重线证书；④内河船舶防止油污证书；⑤内河船舶客船乘客定额证书；⑥内河船舶装运危险货物适装/推或拖证书；⑦内河船舶散装运输危险化学品适装证书；⑧内河船舶散装运输液化气体适装证书；⑨高速船安全证书；⑩浮船坞安全证书；⑪免除证书。

二是《ZSB-2证书簿》。适用于船长10米以上至30米、单机额定功率220kW及以下的自航船和船长10米以上的非自航船舶。该《证书簿》中包括的各种证书与《ZSB-1证书簿》中的证书相同，无差别。

《证书簿》是活页的，便于证书的修改和换证。船舶主要项目如有变化，由检验部门修改和换证。《证书簿》中的适航证书是按照船检局《营运中海船和河船检验规程》规定的从船舶的建造检验或初次检验开始，每年都要进行定期或特别检验，每次年度检验合格后签证一张，因此，适航证书的有效期应为1年。船舶的用途和航行区域应注明在适航证书中。

（二）入级证书

船舶入级证书仅有3种：

1. 船体入级证书；
2. 轮机入级证书（需要按期进行轮机循环检验）；
3. 冷藏装置入级证书。

船舶入级证书虽然仅有3种，但船舶入级检验最能反映船舶真实的适航情况，尤其是对船体、轮机的技术状态起到审查与检查作用，对确保航行安全具有关键作用，重视保险船舶的入级和入级检验工作的动态，是保险公司防灾防损的一项工作内容。我国沿海、内河船舶除有少数船舶入级以外，都没有申请入级，没有入级证书。因此，这些没有入级证书的船舶的技术状况未经过船舶整体技术状态检验，发生事故的风险要大于有入级检验的船舶，保险人承保时要特别注意，在承保条件或费率上要有所区别。

（三）船舶应具备的其他文件与证书

1. 文件。包括航海日志、轮机日志、无线电台日志、航行签订簿、船员名册、油类记录簿、车钟记录簿等。
2. 保证类证书载运2 000吨以上散装油的远洋船舶必须具备油污损害民事责任保险单或其他财务保证书（适用于国际）；沿海、内河船舶要具备油污损害民事责任信用证书。
3. 临时性证书。包括临时性证书和拖航证书。

（1）临时性检验证书。此证书主要满足于船舶在特定情况下，包括保险船舶发生海损事故后需要航行而出具的证书。入级船的临时性入级证书往往是针对某一项检验后签发的；非入级船的临时性入级证书则是按入级标准逐项检验的。

（2）拖航证书。此证书是拖船在拖带他船、水上设施、平台等物体时，经检验，符合拖带要求后出具的证书。

三、船籍、船旗与方便旗

船舶登记制度在法律上要求每艘船舶都必须具有自己的船籍,悬挂登记国船旗(国旗),因此,船籍与船旗有其法律内涵,也由此产生了船舶应负的法律义务与责任。

(一)船籍与船旗

根据日内瓦《国际海洋公约》的规定:"每个国家都必须对船舶使用自己的国籍、在自己境内登记、挂自己的国旗制定严格的条件,船舶被允许挂某国国旗即表明拥有该国国籍(船籍),视其为船旗国的浮动的国土。船籍国必须能够在行政、技术和社会事物等多方面对挂本国旗的船舶实施有效的管理。同时,船东对其拥有船只的船籍国政府有纳税的义务。"

《国际海洋公约》对船籍与船旗的规定明确表述了3层含义:

1. 政治和所有权的认定。首先,船舶进行所在国家登记获得国籍、悬挂国旗,政治上得到国际法律的认定,尤其是政治权利。《国际海洋公约》规定:"船舶被允许挂某国国旗即表明拥有该国国籍(船籍),视其为船旗国的浮动的国土。"根据这一规定,船舶作为运输工具的一种财产,取得了作为国家领土的法律地位,因而拥有船籍的船舶在航运和经营中享有登记国的各种同等待遇,受外交和法律上的保护;其次,船舶拥有的船籍证书是证明船舶财产所有权归属的文件。悬挂的船旗仅是证明船籍国的标志。

2. 船舶航行安全的技术状况。根据《国际海洋公约》的规定,船舶要取得船籍,首先必须在技术状况上符合船籍国为此所制定的"严格条件"要求;其次,"船籍国必须能够在行政、技术和社会事物等多方面对挂本国旗的船舶实施有效的管理。""严格条件"的要求是需要对船舶航行技术状况进行法定检验,确保其技术状况适航;"有效的管理"是作为船籍国的法定义务,要求船籍国对船舶的各种管理要有行之有效的措施,不得有过失。

上述两项内容都是为保障船舶安全航行制定的。由于每个船籍国对船舶的管理水平有差异,因此,船舶拥有哪国国籍、悬挂哪国船旗,也从侧面表明了船舶航行安全技术状况的高低。

3. 船籍具有可转性。《国际海洋公约》规定,"船东对其拥有船只的船籍国政府有纳税的义务"。根据这一条规定,船籍如同人的国籍一样,是可以改变和转换的,只要它符合船舶登记国的注册登记条件,照章纳税就行。因此,每艘船舶的船籍不是一成不变的,它会随着船东的意愿而随时改变。

(二)方便旗

船舶登记制度的产生本来是从促进海上安全和加强船舶管理等方面出发的,但由于国际上某些国家从商业角度出发,为从船舶登记中获取收入,不顾国际公约的要求,简化船舶登记手续,降低登记费用及相关吨税和检验费用,以节省船东的经营成本来吸引世界各地的船舶前来登记,这些国家被称为"方便船籍国",悬挂该国国旗的船舶被称为"方便旗船",悬挂的这种国旗被称为"方便旗"。

概括地讲,方便旗是指船舶登记国为给船东带来各种便利,允许外国拥有的或外国控制的船舶在其国家登记、入籍而取得悬挂该国的船旗的权利。其主要特点有:

1. 方便旗国家允许悬挂其船旗的船舶可被无国籍的公司拥有或控制,也不考虑船上各位船员的国籍;

2. 船舶的登记、转换登记、出售等方面既没有限制,也没有民族工商业或国家安全方面的要求;

3. 只收取初次登记的费用和每年的吨税,不征收船舶营运收入税;

4. 方便旗国家大多是小国、岛国；

5. 方便旗国家对船舶或船东监督和控制的能力有限。

由于方便船籍国具有上述特点，客观上迎合了一些船东的需求。例如，税赋低，可以节省费用，有利于经营利润最大化；检验和监督较松，有利于老旧船舶的登记、入籍；方便船籍国与世界各国几乎无政治对抗，悬挂方便旗有利于船舶在任何国家从事航运。由于方便旗具备这些特点，因此，一些船舶在方便船籍国登记，获取船籍，悬挂方便旗，已成为航运界既特殊又普通的一种现象。

方便旗的产生和发展是在一定历史条件下，是国际经济、政治、立法等因素综合作用的产物，其存在和发展有积极的一面，也存在一些负面影响。方便船籍国对船舶普遍缺乏有效的安全立法和监督管理，使船舶的各种安全技术保障维持在最低的水平，有的甚至在适航性方面也存在问题。目前，方便旗船的数量约占世界总船量的1/3，但据劳氏船级社近几年的统计，事故率却最高达1/2以上。

方便旗的产生可以追溯到16世纪，它主要起因于政治因素，用以化解西方列强之间的矛盾，方便航运贸易。后来在一战和二战中，为避免战争敌对风险，悬挂方便旗的船舶增多，促进了方便旗的快速发展。真正从经济角度出发而广泛应用方便旗应始于二战以后。

由于方便旗船队数量的不断增加，使世界上一些传统海运国家船队的规模不断下降。20世纪90年代后，由于世界各主要国家更加重视海洋环境保护，重视海上船舶航行安全，对船舶的技术要求越来越高，尤其是对大型散货船和油轮要求的技术条件更高，同时对原有的旧船也提出了苛刻的改进要求，使经营这些船舶的船东采取悬挂方便旗的办法做相应的规避，造成船舶悬挂方便旗的态势有所升温。目前，我国的远洋船队有30%左右的船舶出于各种原因在方便船籍国登记，悬挂方便旗，成为方便旗船。

当今世界上主要的方便旗国家有：巴拿马、利比里亚、巴哈马、马耳他、塞浦路斯、圣文森特、希腊等。

第六节　船舶性质

从保险的角度研究的船舶性质是指船舶的法律性质。船舶法律性质的内涵有3个要素，具体介绍如下。

一、船舶是一个完整的财产标的法律主体

船舶是一个合成的机械构造物。在船舶构造中已介绍过，船舶主要分为船体、轮机、电气3部分，或分为主船体和上层建筑、船舶动力装置、船舶设备3部分。从法律性质上讲，船舶作为财产标的法律主体，它的每个部分都不能脱离整体而在法律上单独存在，其中也包括为海（水）上航行所需要而配置使用的一些救生、消防、索具等作为从物关系的船舶属具。在民事关系中，如船舶抵押、优先请求、转让、继承、保险和委付等情况下，船舶及船上的任何属具都视为船舶统一体，不可分割。

二、船舶具有动产与不动产两重性

我国法律对动产和不动产未下定义，但最高人民法院《关于贯彻执行〈中华人民共和国民法通则〉若干问题的意见》第186条将不动产的概念界定为："土地、附着于土地的建筑物

及其他定着物、建筑物的固定附属设备为不动产。"从严格的法律意义上讲,船舶主要是作为水上活动的运输工具从事营运,具有明显的动产法律属性,因此它应属动产。但是,船舶的拥有和转让必须遵循不动产登记制度,船舶又具备不动产的特征,所以从宽泛的法律性质上讲,船舶具有动产与不动产两重性。也正因为船舶具有动产与不动产的两重性,当船舶发生法律侵权纠纷时,司法管辖既可以采用不动产的属地管辖,又可以选择具有动产特征的侵权行为地、船舶扣留地进行管辖等。

三、船舶可"拟人化"

所谓船舶的"拟人化",首先是指船舶在法律上虽然是产权的对象,但船舶在登记时的地位同自然人有相似之处,如船舶有名字、国籍、船籍港、船龄和吨位等;其次是指按照判例法国家的法律,船舶可被视为自然人或权利主体,原告可以直接对船舶进行起诉,称为"对物诉讼"(action in rem),因此,在英国与美国等判例法国家,法律一直将船舶"拟人化"处理,将船舶本身作为诉讼的当事人一方。大陆法系国家对船舶一般不采取对物诉讼的程序,对船舶的强制扣押或某种执行只是作为取得保全请求或保全实现的一种法律行为。我国属大陆法国家,我国《民事诉讼法》明确规定,当事人只能是"有诉讼权利能力"的自然人或法人。船舶是运输工具,根本不具备"诉讼权利能力",它不能作为诉讼的主体。

第七节 保险船舶的适航性

一、船舶适航性的概念

"适航性"(seaworthy)对保险船舶来说有两层含义:一是船舶作为水上运输工具,其本身整体的技术状况须符合各种规范、规定要求的适航性,这主要与船舶结构、设备、使用性质、航行区域、附属配备有关;二是保险要求的适航性。保险要求的适航性是特定的定义与概念,切不可与前者发生混淆。

保险适航性的概念包括3个方面的内容,它不仅需要船舶具有技术状况良好的适航性,还需要船舶在航行运输中具有包括"适人性"(situation)、"适货性"(condition)在内的良好的适航状态。

船舶的"适人性"不是专业用语,而是一种俗称,它有两个方面的内容,一是船舶的设计与建造问题,主要是指船舶的技术状况是否符合造船技术标准与规范的要求,适合船员在船上能够安全地进行行走、作业;一是船上包括船长在内的船员配备是否合适的问题,是指船舶是否按管理和操纵该船的船员配置规定,配置了相应的具有法定资格(船员资格证书)和技能的船员,包括是否配置了有影响管理和操纵船舶的不良嗜好的船员。保险所称的"适人性"是后者,因为前者的安全问题在船舶进行登记和申请入级的检验中基本可以得到解决与确认,而后者则需要船东在船舶开航时解决。例如,船舶在开航前虽有合适的船员配置名单,但在航时没有按规定配置具有法定资格和技能的船员,或缺少影响航行的主要船员,或配置有影响管理和操纵保险船舶不良嗜好的船员,船舶则被视为不具有"适人性",定为保险中的不适航船舶。

船舶"适货性"的概念与"适人性"一样,也有两个方面的内容,一是船舶的设计与建造问题,如船舶的各种机器设备和配备技术状况是否符合能够安全运载货物、运送旅客所规定的技术规范和标准的要求；一是船舶是否适合装载所承运的货物和对货物的"配载"是否符合船舶运载货物的装载规定，包括运送旅客是否超重、超量。保险所称"适货性"主要涉及后者。与"适人性"一样，前者的安全问题在船舶进行登记和申请入级检验中基本可以得到解决与确认。后者的问题则需要船东、船长在船舶开航前注意解决，如杂货船装运圆木必须经过验船师的特殊检验才能运载；装载货物必须重货放置下面，轻货放置上面，且需对货物要有支撑防止移动，这种适航性的产生主要是满足货主和贸易的要求，已被国际贸易法则普遍接受，并定明在货物运输的货权证明——"提单"中。船舶未按规定和惯例配载货物的，被视为不具有"适货性"，保险中定为不适航。

保险要求的船舶适航性必须满足上述3个方面的要求，主要是因为这3个方面都关系到作为保险标的的船舶从事海上运输航行的安全。要保证船舶海上运输航行安全，保险船舶必须时刻满足上述要求，否则船舶就会发生海难或海损事故。

二、"适航证书"与登记证书

"适航证书"这种称谓保险界人士使用得最多。在专业验船师眼里，不存在船舶"适航证书"的概念，因为从专业的角度来讲，颁发给船舶的登记证书只有法定证书和入级证书两类，每类中的各种证书是什么证书就叫什么证书。目前我国沿海船舶的"货船适航证书""客船适航证书"和内河船舶的"船舶适航证书"实际上是船舶的安全证书，是按照船舶建造、检验规范和国家法令及国际公约规范及规定的要求颁发的法定证书中的一种；它们的"适航"概念既不是作为登记证书统称的船舶"适航"概念，也不是保险称谓的船舶"适航"的概念。因此，保险实务中，承保或理赔需核定船舶的"适航证书"时，需核定船舶登记的法定与入级两类的全部证书。

三、如何判定保险中的船舶适航

判定保险中的船舶适航是一个法律性、技术性很强的棘手问题，因为船舶各种合格、有效的登记证书是用书面形式来证明船舶的设计、构造和设备已符合船舶建造、检验规范和公约规范规定的要求，同时也是用来证明船舶在特定水域中已具备航行技术状态。而判定一艘保险船舶是否适航，仅靠登记证书来证明保险所界定的船舶"适航性"是不够的，还需要运输合同、货运配载图、船员配置表做补充证明才行，更重要的是法律事实的证明。

一般情况下，凡有下列情况者，很容易将船舶定为不适航：

1. 船舶未持有法定的技术证书，或伪造、涂改证书，或船舶实际状况与证书不符；
2. 不遵守根据船舶性能限定的航行区域，或未经船检部门检验批准改变船舶原定的用途；
3. 法定的技术证书到期（航行途中到期者除外，但必须是开航时尚未到期的），或发生影响船舶安全航行或船级的海损事故后，未申请船检部门重新检验换发证书或准予展期继续开航的；
4. 船舶货物有明显配载不当，或超载、乘客超员的；
5. 船舶的船员配置有明显不符合安全操船规定的要求，或相关的主要船员资格与实际任职的资格不符合相关法律、法规规定的。

对船舶的"适人性"，我国《海商法》第32条规定："船长、驾驶员、轮机长、电机员、报务员必须由持有相应适任证书的人担任。"

拖航的不适拖还包括以下几点：拖航船舶经测算不具备拖带能力或拖力不足的；拖带设备不足或技术状况不良的；需经验船师进行拖航检验而未检验的，或未取得港监签发的核准证书的。

明显的船舶不适航好判断，不明显的不适航则很难判断，有时需要进行大量的调查、检验、取证工作，必要时还要辅助于法律才得以解决，因此需要保险人在承保时注意对各种登记证书的审查，特别要注意证书中验船师在"未了事项"（outstanding）的批注内容。如海损事故发生后，保险人怀疑其与船舶不适航有关，必须尽快安排登船检验或通过各种渠道收集到相关的第一手资料进行分析与判断，才能认定船舶是否适航。成熟的法院均会认定，事实的检验报告优于船舶已获得的各种证书，也就是说，事实上证明的不适航胜于证书上的适航证明。

四、船舶适航的法律性质

船舶保证适航的要求源于1681年法国的《海事条例》，其立法宗旨在于谋求安全航海。按照普通法，运输合同中的船舶适航是船东的一种默示保证。船东必须绝对保证其船舶在履行运输合同时是适航的船舶，这种默示保证是运输合同生效的先决条件。对保险来说更应如此，因为保险人作为保险合同签订的当事一方，在与被保险人签订保险合同时，所投保的船舶往往在海上，其各种情况仅靠被保险人的介绍，是否属实仅从被保险人提供的材料中核对，而对时刻有可能发生变化的船上的各种情况无从了解，这种了解的局限性要求船舶的适航具有默示保证性。

目前，大多数国家的海上保险法律都将船舶适航作为船舶被保险人的一种默示保证，对航次保险的船舶更为严厉。如果被保险人（船东）违反了这种默示保证，保险人就可以单方宣布中止保险合同或拒绝赔偿船舶的损失。

我国《海商法》和相关法规虽然也将船舶适航作为运输合同的默示保证，例如，《海商法》第47条对海上船舶的规定："承运人在船舶开航前和开航当时应当谨慎处理，使船舶处于适航状态，妥善配备船员、装备船舶和配备供应品，并使货舱、冷藏舱、冷气舱和其他载货处所适于并能安全收受、载运和保管货物。"2001年1月1日起施行的《国内水路货物运输规则》第30条对内河船舶的规定与《海商法》的条文基本一致："承运人应当使船舶处于适航状态，妥善配备船员、装备船舶和配备供应品，并使干货舱、冷藏舱、冷气舱和其他载货处所适于并能安全收受、载运和保管货物。"但我国《海商法》没有在海上保险中将船舶适航界定为被保险人的一种默示保证。《海商法》第244条规定："除合同另有约定外，因下列原因之一造成保险船舶损失的，保险人不负赔偿责任：（一）船舶开航时不适航，但是在船舶定期保险中被保险人不知道的除外。"

从上面3个条文中可以看出，在我国，船舶适航在运输合同中是承运人对货物托运人的一种默示保证，而在保险合同中船舶适航仅作为一种是否能造成海损事故的原因存在，因此在保险实务中要特别注意。

思考题

1. 保险人为什么要学习船舶知识？
2. 我国《海商法》对船舶的定义和概念是如何界定的？
3. 我国1988年1月1日生效的《海船登记规则》对国家所有、集体所有、依照中华人民共和国《中外合资经营企业法》成立的合资企业所有以及公民所有的海上机动船舶和非机动船舶界定在多少总吨位以上？

4. 我国 1995 年 1 月 1 日生效的《船舶登记条例》中对"船舶"的概念是如何界定的？

5. 军船和公务船适用《海商法》调整吗？

6. 船舶入级检验对保险有哪些益处？

7. 试谈如何确定船舶的适航性。

8. 方便旗船在承保方面对保险有哪些不利的影响？

第六章

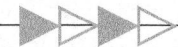

解读《远洋船舶保险条款》

《09远洋船舶保险条款》与《86远洋船舶保险条款》在条款数量上一样，都有11个条款，都将"保险标的"和"险别"开宗明义地列在条款前面。

为便于理解现行的《09远洋船舶保险条款》与《86远洋船舶保险条款》的内容，条款按《09远洋船舶保险条款》原文顺序逐条解读，条款文字用黑体字，与《86远洋船舶保险条款》有差异的用线标出并做说明。由于《09远洋船舶保险条款》将提示被保险人注意的条款本身已用了黑体字，为以示区别，凡条款本身中用黑体字的，本书均用斜体字标示出来。

本保险的保险标的是船舶，包括其船壳、救生艇、机器、设备、仪器、索具、燃料和物料。

保险标的是保险合同双方当事人要求或提供保险保障的目标或对象。被保险人对保险标的必须具有可保利益。船舶作为保险标的投保，其保险标的的范围包括船舶的船体、机器、设备、仪器、救生艇和索具等，而燃料、物料则属船舶的添加物，不具有固定性，因此，保险标的范围可大可小。投保船舶保险的人可以根据被保险人与标的的实际风险利害关系，选择投保范围。如船舶在一个时期内光船出租，燃料和物料等均由承租人负责供应，那么，该船在投保或续转投保时，毋需将燃料和物料包括在保险标的范围内。但要注意，该船的保险价值并不会因此而降低，因为保险价值的确定是根据船舶买卖市场的实际价格，正常情况下的市场价格不考虑船上是否有燃料、物料。同时，在船舶发生共同海损或救助案时，不保的部分标的作为受益方对共同海损或救助引起的费用是需要燃料和物料的利益方进行分摊的，保险对这部分的分摊损失不给予补偿。

本保险分为全损险和一切险。

按照保险分类的习惯，对一种险种内存在固定的不同承保方式称为"险别"。我国现行远洋船舶保险的固定承保方式仅有两种：全损险和一切险，即两种险别。《86远洋船舶保险条款》采用了两种险别在一个条款中共存的做法。这种做法与国际上一些保险市场的做法有所不同，国外市场采取"单险别单条款"的做法，而且险别的划分也比我们多。如英国的船舶保险分了4种险别：全损险、单独海损绝对不赔险、损坏绝对不赔险及一切险，每种险别都有各自单独、完整的条款。

由于全损险承保的风险责任范围较窄，保险人可以根据投保人的需求投保附加险。

全损险（total loss only）：被保险船舶遭受承保风险的损害后，只有发生全损时，保险人才负责赔偿。保险船舶仅发生部分损失，全损险项下，保险人不负赔偿责任。

一切险（all risks）：被保险船舶遭受承保风险的损害后，无论发生了全损损失，还是仅发生了部分损失，一切险项下，保险人均负责赔偿。此外，一切险项下，保险人还负责赔偿船舶碰撞责任、共同海损、救助、施救等引起的损失和费用。

从上述两种险别的介绍可以看出，一切险项下的保险保障范围比全损险项下的保险保障范围要宽泛,保险人承担的赔偿责任也大,因此,一切险的保险费率要比全损险的保险费率高,被保险人投保一切险交纳的保险费比投保全损险交纳的保险费要多。

一、保险责任范围

保险责任范围是指保险承保的具体风险有哪些。船舶保险承保的风险主要分为3类:海上的自然灾害与意外事故;人为疏忽;责任风险。这3类风险中有诸多特定的风险内容,有些风险是人们在生产生活中的共识,不用引经据典;有些风险是由法律法规乃至惯例界定的,具有其特定的内涵,因此,熟知各种风险的含义,对理解保险责任是极为重要的。

(一)全损险

理论上讲,保险船舶损失按性质分有两种:一种是单独海损损失(particular average);一种是共同海损损失(general average)。单独海损又分为部分损失(partial loss)和全损损失。过去曾有人认为全损损失即为全部损失,因此,在1985年以前制定的保险条款长期采用"负责赔偿部分损失和全部损失"的写法来界定险别。从合同和法律规范用语上看,全损损失称为全部损失不妥,因为部分损失的赔偿最高要赔到一个保险金额,即为全部损失,就中文字义而言,全部损失是部分损失的累计,包括部分损失的含义,它与全损损失有性质上的区别。保险讲的全损损失是指保险标的发生损失时的一种状态,为此,英文在承保全损险时要加一个副词only表示。笔者在1985年起草并主持制定《86远洋船舶保险条款》和后来我国的《海商法》征求意见时,力荐将"全损"替代"全部损失"作为保险和相关法律的规范语言并得到认同。后来海商界在叙述全损状态时已不再用"全部损失"一词了。

全损险承保的损失是指保险船舶发生全损损失时才承担赔偿责任,对发生部分损失的不承担赔偿责任。**本保险承保由于下列原因所造成的被保险船舶的全损:**

1. 地震、火山爆发、闪电或其他自然灾害。

地震:包括海底地震;

火山爆发:包括海底火山爆发;

其他自然灾害:包括台风、海啸、季风、巨浪、巨潮、洪水、冰雹、急流等非人力干预所产生的自然现象造成被保险船舶的损害。

一定要注意,自然灾害并不是说有水就是灾,有风就是害,既然称为灾害,能为保险所保的风险,它所指的必然是能构成灾与害的风险。例如,巨浪、巨潮、洪水可构成灾害,一般的浪、潮、涨水对船舶来说不属于灾害;再如,台风、季风、暴风、龙卷风属于灾害范畴,风灾基本要达到8级以上,而7级以下、风速小于每秒20米的风,对海上从事近海与远洋运输的船舶就不能构成风险。因此,上述自然现象发生后能否构成保险承保的风险,要以风险是否超过保险标的原本的抗灾能力为标准。

2. 搁浅、碰撞、触碰任何固定或浮动物体或其他物体或其他海上灾害。

保险所指的海上事故有其特定的含义,其概念仅限于搁浅、触礁、碰撞、触碰等几个事故,也有人认为,船舶的"沉没"也是一种海上事故风险。其实不然,从风险管理的角度来看,"沉没"是一种结果,没有无原因的沉没,沉没本身并不是事故风险。人们称其为事故是一种习惯说法,并不意味它本身是事故风险,也不是海上灾害。本条用搁浅、碰撞、触碰做前缀词,表示后面所述"其他"为类似的海上事故范畴的风险。但由于条文未写明"类似"两字,实务中会产生争议,但无论如何也不能将结果理解成"其他灾害"的风险。

搁浅(grounding)是指被保险船舶由于本保险承保范围内的某种风险所致,偏离航道搁置在浅滩上不能继续航行的一种风险,它不包括"共同海损"行为所致的抢滩座浅,或者是因潮水的涨落所引起的航道、港口的水深不够,导致船舶的座浅。

碰撞(collision)的风险范围仅限于船舶之间发生的有接触的碰撞,包括船舶本身的水上、水下各部位和锚及锚链与他船发生的接触。例如,A船在航行中,船艏撞了B船的尾部构成碰撞;C船停泊时,由于锚或其锚链刮擦了D船右舷船壳板也构成碰撞。船与船未发生接触,不能构成船舶碰撞。

触碰(contact)的风险范围是指船舶本身水上、水下各部位及其锚和锚链与船舶本身以外的任何固定或浮动物体或其他物体发生的接触。触碰风险的设定主要是有别于船舶与船舶之间的碰撞,它特指船舶与船舶以外的其他物体碰撞。

固定物体包括港口各类码头及固定设施,航道中的闸门、坐标、航标等,海上的固定钻井平台、采油树等。浮动物体包括渔网、浮筒等。其他物体包括空中飞行物体或其他各种不能列在"固定物体"或"浮动物体"之内的物体。

3. 火灾或爆炸。

火灾(fire)是指各种火的燃烧对保险船舶或船上财产造成的损失风险,由此风险造成的财产损失,保险要负责赔偿。"火灾"风险从风险理论研究的角度出发,是保险风险中的一种单独风险,不属于海上特有的风险。在船舶保险中,火灾对船舶造成的各类损害是非常严重的,轻则驾驶台损毁,重则船舶全损。例如,我国的"团结""金平""大庆243"等船舶都是因发生火灾造成全损的。此外,岸上火灾对船舶的威胁也很大。1983年4月,我国"华亭"号轮在法国敦刻尔克港准备离港时,港口码头仓库起火,起火地点距"华亭"号轮40米左右,当时"华亭"号轮处于上风,风力不算大,(仅有三级)又处于将离港的状态,才没有发生损失。反之,如果"华亭"号轮处于下风,风力三至六级,又在装卸货期间,后果就很难想象了。

爆炸(explosions)是指装载或配备在船上的货物和设备以及岸上的设施发生爆炸对船舶造成的损害风险。这种风险如同火灾风险一样,对船舶的安全具有极大的威胁,在承保时要特别注意保险船舶是否经常装载危险品或烟花及化肥等易爆炸货物。

4. 来自船外的暴力盗窃或海盗行为。

暴力盗窃行为(violent theft)是指船上人员以外的不法分子在港内及锚地对停靠或在行船舶的机器设备、索具、燃料、物料进行带有恐吓、威胁船上人员的劫、窃行为,也包括船员无能为力,眼睁睁地让窃贼将一些索具抢走。但当不法分子劫、窃时,船上人员有能力制止而不采取行动,导致船上财产被掠走,不包括在承保范围之列。

海盗行为(piracy)主要是指那些专门从事海上掠夺,明火执仗的匪徒及不法分子团伙抢劫海上船舶所载的货物、贵重财物和船员行李物品的行为。现今海盗行为也有所发展,震惊世界的索马里海盗行为就是劫夺过往船舶、扣押船舶和船员向船东索要赎金。

海盗行为作为海上风险,在1983年之前属于战争险范围,实务中,在索马里海盗事件发生以前,海盗行为劫夺船舶或劫抢船上各种物品造成船舶损失的事件并不多见。因此,联合国贸发会发布的《船舶保险条款》和《83协会船舶条款》均将"海盗"从战争险条款中剔除而列进主条款中来,1986年在修订条款时也将此风险作为海上的普通风险列在《86远洋船舶保险条款》主条款的承保范围内。《09远洋船舶保险条款》修订时未做改动。

5. 抛弃货物。

抛弃货物的英文为"jettison",原意仅为"抛弃",是一种共同海损行为。抛弃往往是在海难发生时,船长及船员为减轻船舶的重量,防止船舶下沉或为船舶搁浅后起浮,采取抛弃船上的货物及船舶属具,确保船舶或其所载货物的共同利益和共同安全而采取的一种行为。这种行为引起的损失在共同海损中称为牺牲,属于共同海损损失范畴,要由获救的船、货、运费方负责分摊。在修订条款时,将"抛弃"风险改为"抛弃货物",主要是因为,事实上,现代船舶在发生海难时基本上已不存在用抛弃船舶的属具解决船舶下沉或起浮问题的行为了。假定需要减轻船体重量,防止沉船,进行自救,也只能采取抛弃船上货物的行为。为方便海外船舶的承保,英文条款仍使用"jettison"一词。实务中,船舶如发生属具被抛弃的情况,该条款项下也负责赔偿,因为从中英文条款文字使用的不对称可以得出,中文条款中的"抛弃货物"不是旨在剔除抛弃属具的行为。

抛弃行为所致的财产损失保险是要给予赔偿的,至于如何解决共同海损利益方的分摊问题,可见共同海损和救助(general average and salvage)款的介绍或本书第十六章共同海损。

6. 核装置或核反应堆发生的故障或意外事故。

由于核动力船舶的出现,该风险才被列入船舶保险承保的风险中。但本条款规定的风险范围不仅包括船上的,还包括岸上的核装置或核反应堆发生的故障或意外事故造成船舶的损失。例如,岸上的核电站发生爆炸,有可能造成停靠码头上的船舶发生损失。由于核动力船舶至今寥寥无几,英国2004年的协会条款已将该风险从主条款中剔除。

7. 本保险还承保由于下列原因所造成的被保险船舶的全损:

(1)装卸或移动货物或燃料时发生的意外事故。

装卸或移动货物或燃料时也经常会发生意外事故,造成船舶的损失。例如,装卸或移动货物或燃料时,货物突然脱钩或钢绳断掉,砸在船体上,导致甲板、舱壁等部位受损;或货物或燃料在船上移动时,没有充分考虑到船舶重心会随着货物的转移而转移,导致船舶倾倒翻沉;或装卸或移动燃料时不慎引起火灾等。

(2)船舶机件或船壳的潜在缺陷。

潜在缺陷(latent defects)是指船舶各部位存在一种在船舶建造过程中,因建造者的疏忽或技术处理不当,虽经正常检验也未能发现的瑕疵或隐患。这种瑕疵或隐患的保险术语为"潜在缺陷"。根据本款的规定,保险人对由于存在"潜在缺陷"的部件发生问题所致船舶其他部位或部件的损失给予赔偿,而对带有"潜在缺陷"的部件本身的更换或修理,因属船舶正常更换或修理行为,则不予赔偿,这在该条款的除外责任项下另有规定。

实务中须注意的是,"潜在缺陷"虽是经正常检验不能发现的瑕疵或隐患,但并不是说发生事故以后也检验不出来。保险所指的"潜在缺陷",是指在事故发生后经检验能够表明的事实,而不是用理论做出的推断和臆想,不能将查不出损失的原因归类于"潜在缺陷"。

(3)船长、船员有意损害被保险人利益的行为。

有意行为是指明知其行为将造成保险船舶损坏,损害被保险人利益而仍为之,或失职听任损害发生的一种行为。船舶在海上,整个船舶的指挥权和管理权归属于船长,有些具体的管理权由船长分配给船上的船员。在管理船舶的过程中,船东虽然可以通过各种高科技的通信设备,随时随地向船上发指示,但如果船长有意对抗和违背船东的意志造成船舶损坏,是被保险人(船东)难以控制的。当今航运事业迅猛发展,每个被保险人(船东)所拥有船舶的数量已从几艘船舶的小船队,向拥有数十艘远洋船舶的大船队发展,对船长和船员的管理成为被保险人(船东)在管理中防范风险的一个课题。如果船长或某个船员由于对船东的意见没有得到满意的答复和解决而有意采取损害被保险人利益的行为,如将船舶故意往礁石或固定建筑物上撞,或直接损坏船舶所发生的损失,被保险人不仅难以控制,也无法阻止,因此,这种风险保障对被保险人来说是必要的。

(4) 船长、船员和引水员、修船人员及租船人的疏忽行为。

疏忽行为(act of negligence)是指本款所列人员由于马虎或粗心大意,操纵船舶或在船舶上作业时,未按有关规章制度尽其职责,导致船舶发生意外事故遭受损失的行为。

"疏忽行为"对船舶的危害性极大,大量的海上事故多发于这种"疏忽行为"。例如,船员烟蒂随意乱丢酿成火灾引起船舶受损的案件在船舶保险赔偿的案件中已不是什么新鲜事了;再如,当船舶在与他船对遇的情况下,船长发现他船的船长是自己的老同学或老熟人,光顾聊天,疏忽了指挥,没有很好地采取避碰措施,结果使船舶发生碰撞造成损失的事情也多次发生。此外,因引水员疏忽,未注意航标导致船舶搁浅,使船底受损的案件也时有发生。

本条款虽然承保修船人的疏忽行为,并不意味着保险人放弃保险合同中代被保险人向有关责任方求偿的权益。例如,修船厂的工人违反操作规程,在没有适当防护的情况下明火作业,造成船舶发生火灾受损,如果根据修船合同,厂方对其修船人员的疏忽应予负责的话,尽管保险人承保了修船人员疏忽行为,保险人在赔付后,可根据修船合同以代位求偿权的方式向厂方追偿。

(5) 任何政府当局,为防止或减轻因承保风险造成被保险船舶损坏引起的污染,所采取的行动。

任何政府当局所采取的行动是指当被保险船舶发生海损事故以后,将要发生污染或污染已经发生且将扩大污染范围时,有关政府当局为了避免或减轻这种风险,采取各种应急行动造成船舶的全损损失。例如,船舶所载货物中有许多易燃、易爆物品,在某港加燃料油时,油舱不慎起火,虽经抢救,火势仍然向货仓漫延,在这种情况下,港口当局会认为,如不将此船拖离港口,有可能引起易燃、易爆物品爆炸,加之船上已装满燃油,一旦这种变为现实,污染事件的后果不堪设想,港口当局就有可能命令将该船驶往或拖往远离港口的水域,在救助不成功的情况下将船舶沉没,防止大的污染损害发生。

上述事件在国际上时有发生,假定保险船舶发生这种损失,本款项下是负责赔偿的。

上面(1) ~ (5)款项下的赔偿责任必须有一个前提条件保险人才能负责赔偿,即此种损失不是由于被保险人、船东或管理人未恪尽职责所致的。

什么是被保险人、船东或管理人未恪尽职责呢? 比如,针对海上运输存在的特点,船东应该制定各种合理的规章制度,让船上的人员遵照执行,假如他没做到这一点,就可以说船东没有恪尽职责;如果船东明知某船长经常酗酒并因此经常发生海事而仍然雇用,那么,该船发生海事造成的损失,保险人经调查核实这一事实后,就可以以船东未恪尽职责为由拒绝赔偿。

(二) 一切险

本保险承保上述原因所造成被保险船舶的全损和部分损失以外还承保下列责任和费用:

1. 碰撞责任(collision liabilities)。

船舶保险承保的碰撞责任是指船舶造成第三者损害之后在法律上承担的赔偿责任。法律上,碰撞的概念与定义非常严格,仅指船舶与船舶之间发生的接触,而船舶与他种固定的、浮动的物体或其他物体发生的接触则称为触碰。我国法律与国外的法律基本一致,但在保险承保的碰撞责任赔偿范围方面,我国法律与国外有着明显的差异。国际上通常不予承保船舶与固定的、浮动的物体或其他物体发生的触碰赔偿责任,而我国承保的碰撞责任不仅包括国际船舶碰撞责任——即船与船之间的碰撞,也包括触碰赔偿责任。为了防止出现误读,我们在条文中注明了"碰撞或触碰"。

在赔偿方面,《86远洋船舶保险条款》中保险人承担被保险船舶应赔付第三方损失的全部责任,保险术语为4/4碰撞责任,而国际上一般仅承担碰撞责任赔偿金额的3/4,保险术语为3/4碰撞责任。例如,保险船舶承担赔偿对方船400万美元的碰撞责任,3/4碰撞责任的赔偿,保险人仅赔300万美元,100万美元由船东自负,而4/4碰撞责任的赔偿,保险人要支付400万美元。

众所周知,英国承保人协会船舶定期险条款在碰撞责任条款的条文前注明"3/4碰撞责任",以明示被保险人。此外,国际保险市场在碰撞责任项下不承保触碰责任,如被保险人有要求,他们另有附加条款解决触碰责任保险问题。

总的来讲,我国承保的碰撞责任的概念比其他保险市场的条款要宽泛,《09远洋船舶保险条款》的碰撞责任的具体条文有三款:

(1)本保险负责因被保险船舶与其他船舶碰撞或触碰任何固定的、浮动的物体或其他物体而引起被保险人应负的法律责任。

本保险负责赔偿的"碰撞责任"是指被保险船舶的各部位只碰撞了本船舶以外的任何船舶或触碰了被保险船舶以外的任何固定的、浮动的物体或其他各种物体造成它们的损失,根据有关法律,保险船舶对此种损失应负经济赔偿责任。

船舶与其他船舶发生碰撞造成他船损失,在法律上构成"侵权行为"(tort),这种行为所造成的对方的各种损害是要受法律追究的,并要对损失承担经济上的赔偿责任。因此,"碰撞"或"触碰"发生后,没有造成任何损失,就不会有"碰撞责任"产生,同时"碰撞"或"触碰"都是强调有接触,对非接触性的情况,虽然有时也会对第三方造成损失,也需要船东依法对第三方的损害给予赔偿,但不属保险人承担的赔偿责任。例如,保险船舶"浪损"他船或因保险船舶"采取避碰措施"导致他船搁浅或碰撞另外的船受损,根据有关的碰撞法律,保险船舶对它们的损失要负赔偿责任。对此种赔偿责任,保险人不予赔偿。但是保险船舶被浪损或采取避碰措施导致搁浅或碰撞另外的船受损,保险船舶本身的损失保险人要负责赔偿,碰撞另外船产生的赔偿责任,保险人也要给予赔偿。

船舶碰撞和触碰赔偿责任案件多种多样,但赔偿金额都是巨大的。由于绝大多数国家的法律都对"碰撞责任"项下引起的赔偿责任范围规定得很宽,因此,各国保险人均在碰撞责任条款项下制定了一些除外责任,限制其本身的赔偿范围。《86远洋船舶保险条款》在该款项下所订明的除外条文如下:

本条对下列责任概不负责:
a. 人身伤亡或疾病;
b. 被保险船所载的货物或财物或其所承诺的责任;
c. 清除障碍物、残骸、货物或任何其他物品;
d. 任何财产或物体的污染或沾污(包括预防措施或清除的费用)但与被保船舶发生碰撞的他船或其所载财产的污染或沾污不在此限;

本款所定"与被保险船舶发生碰撞的他船或其所载财产的污染或沾污不在此限"是指保险船舶碰撞他船并污染了受撞船舶或其所载财产,人保公司在碰撞责任承保范围内是应予负责的,但这种赔偿是有限额的。

e. 任何固定的、浮动的物体以及其他物体的延迟或丧失使用的间接费用。

间接费用是指保险船舶触碰这些物体后,造成这些物体不能正常使用而产生的非直接发生的费用及非物质上的损失。例如,码头被船舶触碰后损坏,对码头损坏的修理费用,保险人将予以负责赔偿,但对码头因损坏而不能正常作业引起停业而无法经营期间的损失、支付的各种工资与维护费用等,保险人是不予负责的。

注:上述 a、e 款的除外责任,保障赔偿条款可以承保,即保赔责任险。

(2)当保险船舶与其他船舶碰撞双方均有过失时,除一方或双方船东责任受法律限制外,本条项下原赔偿应按交叉责任的原则计算。当被保险船舶碰撞物体时,亦适用此原则。

船舶碰撞案发生以后,有时一方船舶的损失很大,索赔金额可能高达数百万,如这时另一方承担的碰撞责任比例要高的话,如此高的赔偿责任将使其正常的经营受到相当大的影响和损害,如果它是一个小船东,可能因此而破产。为了发展航运业,保障船东的切身利益,各国政府根据本国的各种实际利益,均制定法律,将船东对海事索赔请求的赔偿限定了一个最高赔偿限额。尽管各国对这种限额的规定高低不同,但大大减少了船东对海损事故的赔偿数额。此外,国际海事委员会和政府间海事协商组织为了促进国际航运业的发展,维护航运业的秩序,也先后制定了船东责任限制国际公约。

目前,国际上现行的船东责任限制国际公约有两个:《57 年船东责任限制国际公约》和《76 年海事索赔责任限制公约》。这两个公约已被世界大多数国家接受并执行。应注意的是,使用前者的国家越来越少,使用后者的国家越来越多。原因是,前者使用的计算金额单位为古老的金法郎,而后者则用 SDR(特别提款权),后者的计算单位是国际认同的,各国之间使用起来比较公平;前者计算下来的赔偿限额低,后者则较高,迎合了受害方的利益。(有关船东申请限责的具体条件和规定,请参阅本书第十八章船东责任限制。)

根据国际公约和各国法律的规定,在碰撞案中,只要船东具备条件,能够申请限责来赔偿另一方,那么,申请方的船舶损失(船上货物损失除外)就不能再向另一方追偿了(这种情况仅指一方申请限责的案子)。在处理这类海事索赔案时,假定保险船舶享受责任限制,该船舶的保险人在本款项下只按公约或法律规定的限额承担赔偿责任。如果船舶发生碰撞,双方的损失不大,根据责任限制公约和法律,任何一方不具备享受责任限制条件,双方就要根据各自对碰撞事故应负的过失责任的比例,相互赔偿,这也是本款中所说的"按'交叉责任'原则计算"。

交叉责任的计算办法如下:假定甲船受损金额 900 万美元;乙船受损金额 600 万美元。双方船就碰撞责任进行协商或经法院裁定:甲船对碰撞负 2/3 的过失责任;乙船对碰撞负 1/3 的过失责任,因此,

甲船应赔偿乙船损失的 2/3,即 600 万 × 2/3 = 400 万美元。

乙船应赔偿甲船损失的 1/3,即 900 万 × 1/3 = 300 万美元。

在交叉责任赔偿下,甲保险人要赔甲船两种损失:甲船损失 900 万和碰撞乙船的责任赔偿 400 万,减去可追回的乙船的赔偿 300 万,共计赔偿 1 000 万。保险实务中,为避免甲船赔偿乙船 400 万美元后再由乙船退还甲船 300 万美元的麻烦,国际上通行采用"轧差赔付"的方法,即"单一责任"(single liability)赔付方法。按照"单一责任"赔付方法,由甲船赔偿给乙船 100 万美元就解决了双方赔偿问题,但要注意的是,甲船保险人要对由于轧差甲船未能得到乙船赔偿的 300 万美元给予补偿。也就是说,甲船保险人最终要赔:"单一责任"甲船赔乙船的 100 万美元、轧差后甲船 300 万美元和甲船自负的损失 600 万美元,共计仍要赔付 1 000 万美元。

为了避免发生"单一责任"的赔偿支付方式导致保险赔偿时出现混乱,各国均在本款中规定,除了一方或双方船东申请限制责任外,碰撞责任的赔偿方法均应按上述交叉责任的计算原则处理。如被保船舶与物体碰撞时,也要照此办理("交叉责任"和"单一责任"的详细介绍请见第十五章碰撞责任)。

(3) 本条项下保险人的责任(包括法律费用)是本保险其他条款项下责任的增加部分,但对每次碰撞所负的责任不得超过船舶的保险金额。

船舶碰撞责任是船舶保险有悖于它种海上保险而增加承保的一种责任风险,它作为单独的一种责任风险,其保险赔偿也独立在一个保险金额项下计算的,最高赔偿限额不能超过一个保额。

船舶碰撞责任涉及的问题较多,处理起来非常复杂,仅就船东责任限制而言,目前国际上就有两种规定:一种是吨位制,即按船舶的机舱容积加净吨计算;一种是船价制,即按出事船舶的实际市场价值加运费计算。按吨位制计算,新船或保险金额高的船舶,赔偿限额往往会大大低于船舶的实际价值或保险金额,但对保险金额低的老旧船,赔偿限额可能会超过保险金额;按船价制计算,在船舶市场价格正常的情况下,赔偿限额低于船舶的保险金额或等于保险金额或事故发生后船舶的实际价值,只有在船舶未受损的情况下,才会出现高于船舶保险金额或实际价值的情况。目前,世界上仅少数国家使用后者,而这些国家大都属于允许在自己管辖权内引用别国法律进行判决的国家。

此外,根据责任限制法规条文的规定,船东责任限制的赔偿范围是不包括对污染的赔偿。假如碰撞案发生后涉及油污或沾污他船的赔偿,根据碰撞责任条款的规定,对碰撞责任项下的(1)款d项中的赔偿,在同等条件下会出现下述两种赔偿处理情况:

假定保险金额260万美元的保险船舶与他船碰撞,他船索赔共计270万美元,其中,物质损失索赔250万美元,污染其船的索赔20万美元。

若船东不能享受责任限制,根据责任限制的计算办法,船东责任限制金额高于250万美元,在这种情况下,船东不能享受责任限制,保险先赔偿他船250万美元的物质损失索赔,再赔偿20万美元的污染他船的损失,因为两项赔款相加已超过260万美元保险金额,余下的10万美元由船东负责赔偿,保险共计赔偿260万美元。

若船东能享受责任限制,根据责任限制的计算办法,船东责任限制金额低于250万美元,假定为180万美元。在这种情况下,船东可以享受责任限制,限制其赔偿责任,保险人仅需赔偿责任限制项下的180万美元加20万美元污染他船的赔偿,共计200万美元。

从上述举例可以看出,船东享受责任限制与不享受责任限制在赔偿方面有重大区别,因此,实务中要特别注意(碰撞责任和责任限制的有关内容,请参阅本书第十五章碰撞责任和第十八章船东责任限制)。

2. 共同海损和救助。

共同海损(general average)是船舶保险负责赔偿的重要内容之一。共同海损不是一种风险,它是一种行为,是指船舶和船上所载货物遭遇共同危险时,由船方有意而合理地做出特殊的牺牲或额外支付的特殊费用,以确保船舶和船上所载货物共同安全的行为。由于这种行为产生的特殊牺牲和额外费用是为了船舶、船上货物以及运费(指"到付运费")的共同安全,所以这种牺牲或费用也由这三方受益人根据各自的获救价值按比例进行分摊,这种分摊称为共同海损分摊(general average contribution)。本条款所承保的"共同海损"就是保险船舶应分摊的那部分,而不是全部(详细内容见第十六章共同海损)。

救助(salvage)是指保险船舶遭受承保风险的袭击,单凭本身的力量无法解脱其所处的困境或危险,而不得不委请第三者,或由志愿前来的第三者提供帮助解决危险的一种行为("salvage"一词在陆地财产险条款中是"整理"的概念)。救助行为引起的费用称为"救助费用"或"救助报酬",如船舶遭受承保风险袭击时,船上载有货物,或有其他利益方存在,均受威胁时,第三者提供救助服务而引起的费用赔偿要列到共同海损中,由各利益方按照获救价值的比例摊付。

目前,国际上通用的救助合同均是以"无效果,无报酬"(no cure, no pay)原则为基础制定的。这种原则下的合同不是规范一个详细的报酬数字,而是规范救助报酬应该给付高与低的依据条件。此外,还有一种是"雇用合同"(employment contract),这种合同是根据救助方的劳务时间和设备的消耗加利润计算其救助费用的,这种方法和"无效果,无报酬"的费用计算依据截然不同。一般来讲,"无效果,无报酬"合同项下产生的费用称为"救助报酬","雇用合同"项下产生的费用称为"救助费用"。但不管怎样,这两种合同方式下进行救助所产生的救助费用或报酬均要以能够列入共同海损分摊为前提才能够成为本款中的救助,否则不能在本条款项下赔付。

本条具体各款规定如下:

(1) 本保险负责赔偿被保险船舶的共同海损、救助、救助费用的分摊部分。被保险船舶若发生共同海损牺牲,被保险人可获得对这种损失的全部赔偿,而无须先行使向其他各方索取分摊额的权利。

本款明确规定,本保险只负责赔偿共同海损的分摊部分,而不是全部。此外还规定:当保险船舶发生共同海损牺牲时,被保险人要对此损失先行全部赔付,不用先向其他有关共同海损利益方索取分摊额,但这种损失必须是保险船舶本身的物质损失。例如,保险船舶为了船、货的共同安全,防止船舶沉没,采取抢滩座浅致使船底受损。此种船底损失属于共同海损牺牲,是船舶本身的牺牲,对此种损失,保险人可先行赔付这部分损失。如果保险船舶处在这种情况下,采取的是抛弃货物的措施,虽然抛弃的货物也属于共同海损牺牲,但不能引用本款,此种牺牲应由货物保险人按货物运输险合同的相关规定赔偿。

(2) 共同海损的理算应按有关合同规定或适用的法律或惯例理算,如运输合同无此规定,应按《北京理算规则》或其他类似规则规定办理。

共同海损是由各有关利益方根据其获救价值占总获救价值的比例来分摊的。这种分摊的比例要通过专业理算划分。实务中,简单的案件,船、货保险人都自行做简易理算,复杂的大案件则要由专业的理算师按照理算规则理算,避免分摊时各方扯皮。

目前国际上通用的理算规则是《约克—安特卫普理算规则》,该规则产生的历史较长,几经修订,目前已有1974年、1994年、2004年几个版本供当事人选择使用。

一些海商发达的国家也先后制定了各自的理算规则。中国的《北京理算规则》是在1975年制定的。这些规则在共同海损理算的细则方面基本类似,无太大的区别,但《北京理算规则》在是否给予理算方面与国外的规则有重大差异,《1975年北京理算规则》第二条共同海损理算的原则规定:"对作为共同海损提出理算的案件,如果构成案件的事故确系运输契约一方不能免责的过失所引起,则不进行共同海损理算,但可根据具体情况,通过协商另做适当处理。"根据这项规定,理算人在理算时须查明,共同海损是否是由运输合同的某一方不能免责的过失所引起,否则,理算人的理算等于违反了理算规则。国际上其他的理算规则没有这种规定。这一条规定似乎着重体现公平,但在实践中会产生许多问题。共同海损成不成立是一个法律问题,应该由法院来判定;理算规则仅是理算依据,或者称为理算办法,理算人对共同海损是否成立的认定结论在法律上是无效的。此外,这一规定对理算人的业务发展也增添了不利因素,因为申请理算的人不会愿意在理算之前先就共同海损是否成立问题进行论证。

由于实务中存在上述差异,共同海损按照哪一个规则进行理算就需要在条款中明确。从维护我国共同海损制度的角度出发,《09远洋船舶保险条款》规定,首先按运输合同订明的规则进行理算,无此规定的,则要按《北京理算规则》办理或商定类似规则进行理算。

(3) 当所有分摊方均为被保险人或当被保险船舶空载航行并无其他分摊利益方时,共同海损理算应按北京规则(第5条除外)或明文同意的类似规则办理,如同各分摊方不属同一人一样。该航程应自起运港或起运地至保险船舶抵达除避难港或加油港外的第一个港口为止,若在上述中途港放弃原定的航次,则该航次即行终止。

船舶装载货物,有时会出现船舶和其所载货物均属同一被保险人所有的情况,发生共同海损案件时,船、货的利益分摊方是同一个人,在这种情况下,如果船、货的保险人也是同一个人,共同海损的理算就可以由被保险人与保险人协商解决。大的共同海损案件仍要进行理算,因为船舶和货物投保了以后,根据保险分散危险的"大数法则",保险人还需办理国际上的再保险(即保险人将其承保的赔偿责任风险按一定的比例,通过再保险方式转嫁给其他保险人或保险集团承保)来减轻或降低自身承保的赔偿责任风险。由于各险种再保险的合同条件有差异,保险人在赔付共同海损损失后,根据再保险合同向合同的另一方摊回船舶和货物的赔款比例数额也各不相同,因此,大的共同海损案件,尽管船、货由同一保险人承保,仍要请专业的理算人进行理算。如果船舶和货物均属同一被保险人所有,货物未保或与船舶不是同一保险人,就更需要理算。

本款中所指的空船航行,在修订条款时,原意是指船舶在"到付运费"条件下承租,前往装货港航行的情况,因为此时租金和船舶的利益已联系在一起。如船舶在未承租的情况下空载航行发生海事,理论上就不能构成共同海损,也就不用理算。但该条款对上述情况未说清楚,因此易与被保险人发生争议,如严格按条款文字,保险人是要承担空船发生海事产生的虽然不是共损案件可视为额外支出的损失费用,如避难港费用、绕航的燃油费用等。实际上,对此风险责任,国外的条款也有承保的。

本款"共同海损理算按北京规则办理(第5条除外)"的规定,是指该规则中第5条利息和手续费的办法不再适用。《北京理算规则》第5条规定:"对共同海损的损失和费用,给予年利7%的利息。利息计算至共同海损理算书编就之日为止。对垫付的共同海损费用,除船员工资、给养、燃料、物料外,给予2%的手续费。"这条除外的原因主要是考虑到利息的变化是经常性的,不应以固定利率限制为宜(有关救助和共同海损的具体内容,请参阅本书第十六章共同海损、第十七章海上救助)。

3. 施救。

施救(sue and labour)是被保险人自行主动采取各种措施,防止或减少保险事故损失的一种救助行为,由此行为产生的各种合理费用与支出在海上保险中称为施救费用,保险对此费用承担赔偿责任,但此费用不与共同海损有关。该条文如下:

(1) 由于承保风险造成船舶损失或船舶处于危险之中,被保险人为防止或减少根据本保险可以得到赔偿的损失而付出的合理费用,保险人应予以赔付。本条不适用于共同海损、救助或救助费用,也不适用于本保险中另有规定的开支。

（2）本条项下保险人的赔偿责任是在本保险其他条款规定的赔偿责任以外，但不得超过船舶的保险金额。

保险标的发生承保风险时，法律规定被保险人必须要像一个谨慎的没有将船舶投保的人一样，采取各种合理的措施，防止保险标的受损或损失进一步扩大。施救费用不同于共同海损费用和救助费用，是被保险人的一种单项的实际损耗和开支，如果这种损耗和开支能在共同海损和救助中列进去，本款项下就不予赔偿。

本条（2）款"保险人的赔偿责任是在本保险其他条款规定的赔偿责任以外"的规定，是指施救费用的赔偿不受"物质损失"和"碰撞责任"赔偿限额的限制，而是在"物质损失"和"碰撞责任"两个保额的基础上又额外增加一个赔偿限额，因此，船舶保险通常有赔三个保额之说。施救费用由单独一个保额处理赔偿，旨在鼓励被保险人在保险标的发生保险事故时积极采取施救措施，防止损失扩大，确保合同双方的利益。

我国《海商法》第240条规定："被保险人为防止或者减少根据合同可以得到赔偿的损失而支出的必要的合理费用，为确定保险事故的性质、程度而支出的检验、估价的合理费用，以及为执行保险人的特别通知而支出的费用，应当由保险人在保险标的损失赔偿之外另行支付。"目前，有些人认为，《海商法》的这个条文对保险给予施救的赔偿属于强制性条款，不论保险条款保没保施救，法律都要求保险人必须对施救费用给予赔偿。保险公司则认为，该条规定不具有强制性，因为本条规定本身是一个亟待修订的条文，该条文不仅扩大了施救范围，而且将明确属于其他范畴的东西都包括进来，例如，"执行保险人的特别通知而支出的费用"包含了救助费用，此条文的目的仅是界定施救的赔偿是单独一个保险金额作为最高赔偿限额，也是当时的立法本意，此外，英国《1906年海上保险法》对此也未采取强制性，在条文本身构思不严谨的情况下谈强制性较牵强，这种争议在《海商法》未修订前应以立法原意解释为宜，因为这种解释符合国际保险惯例。

二、除外责任

本保险不负责下列原因所致的损失、责任或费用：

本条是船舶保险的主要除外责任条款。凡是在本条款项下所列风险造成保险船舶损失，本保险是不负责赔偿的。需要指出的是，除外责任是与列明承保的风险相对应，与列明承保风险无关的风险或不属于正常的商业风险，虽未在本条款中列明，也是除外的（非正常的商业风险属于商业欺诈风险，不属于普通保险的范围）。

除外责任条款有4项内容，具体条款如下：

（一）**不适航，包括人员配备不当、装备或装载不妥，但以被保险人在船舶开航时，知道或应该知道此种不适航为限。**

不适航（unseaworthiness）在海商法范畴中有两种定义，一种是船舶本身技术状态的不适航，是指船舶本身的机械性能、结构、设备等技术状态不符合船舶入级规范的要求以及船舶航运时应具备的技术要求；一种是保险特定要求规定的不适航。这种不适航包括3个要件：

第一，船上人员配备不当。这主要是指船上未配备合格的船长、船员以及没有特殊的情况而未按规定数量配置人员。

第二，装备不妥。这主要是指船舶技术性能不符合船级规范的要求和不具备其航程所需的技术性能要求，以及船舶开航前未能准备充足的燃料、物料和给养等物品。

第三，装载不妥。这主要是指没有按不同类型的船舶进行合理的装载货物或货物装船时配载不当。

　　船舶作为运输工具在海上航行,必须具有适航性,也就是说,船舶本身的各种技术性能、人员配备、货物的配载等要适合正常航行水域,如果达不到这种适航性,保险人对船舶发生的海损事故不予赔偿。鉴于海上运输的复杂性和管理的特殊性,保险人将此种不适航限定在一定范围内,即"以被保险人在船舶开航时,知道或应该知道此种不适航为限"。知道是指被保险人对不适航处于视而不见、听而不闻的状态或明知故犯的行为。例如,被保险人明知船上的一些船员不合格,仍然录用;被保船舶技术性能达不到应去水域的要求,仍然派往。应该知道是指从行业管理和知情的角度出发,被保险人对这种不适航应该知道,尽管事实上他不知道。例如,船舶适航证书到期,船舶应该重新检验,出立新的适航证书,但被保险人在管理中未对此加以注意,结果船舶未检验出立新的适航证书,但被保险人管理中未对此加以注意,结果船舶有些设备该换的没换,该修的没修,技术状态达不到原来的技术标准,导致不适航。保险人对这种情况就可以指责被保险人,对这种不适航引起的海损事故不承担赔偿责任。

　　条款的这种规定与我国《海商法》的规定一致。《海商法》第 244 条(一)款规定:"船舶开航时不适航,但是在船舶定期保险中被保险人不知道的除外。"《海商法》明确规定了航次险开航时不论被保险人知道与否,均作为不适航论处;定期险未做开航时的限定。

　　(二)被保险人及其代表的疏忽或故意行为。

　　海上保险合同是建立在最大诚信原则基础上的,如果合同双方中的任何一方不遵守最大诚信原则,他方得宣告合同无效。被保险人作为保险合同的一方,必须恪尽职守,维护合同双方的共同利益,不允许其有半点疏忽,损害合同另一方——保险人的利益,更不允许被保险人有故意行为来损害保险人的利益。从合同法的角度出发,作为合同的当事人,任何一方的疏忽造成另一方的损失,都要承担责任的。从保险行业的特点出发,保险人提供保险保障是善意的,而被保险人投保的意愿具有多种因素,因此保险合同规定,如果发现被保险人有这种疏忽或故意行为,保险人对由此引起的损失是不予负责的。

　　我国《海商法》第 223 条规定:"由于被保险人的故意,未将本法第二百二十二条第一款规定的重要情况如实告知保险人的,保险人有权解除合同,并不退还保险费。合同解除前发生保险事故造成损失的,保险人不负赔偿责任。不是由于被保险人的故意,未将本法第二百二十二条第一款规定的重要情况如实告知保险人的,保险人有权解除合同或者要求相应增加保险费。保险人解除合同的,对于合同解除前发生保险事故造成的损失,保险人应当负赔偿责任;但是,未告知或者错误告知的重要情况对保险事故的发生有影响的除外。"

　　被保险人是指船东——船舶所有人。在社会经济活动中具有法人地位的是船公司,怎样确定船东的疏忽和故意行为呢? 主要看船公司或各个有权行使管理职能的部门(包括商务、调度、航运、海监、船技等)所做的决定和发出的指示是否是造成损失后果的主要原因。如果他们的决定和指示是造成损失后果的主要原因,就可以确定船东犯有疏忽和故意行为而不能得到保险人的赔偿。

　　船东代表是指船公司及公司内直接管理船舶的经营或技术管理职能部门以及被授权代表公司处理事件的人。例如,船长发现主机运转有轻微异常现象,向公司船技部门提出检修,而公司船技部门则认为该船刚大修不久,主机不会发生什么问题,不同意检修,跑一两个航次再说,结果在第二个航次航行途中主机烧坏。对此,保险人是不予赔偿的,因为它是代表船东行使管理船舶技术状态的工作部门,这种后果是因其疏忽核查造成的。此外,有些船东不直接管理航运业务,而委任或委请一家公司管理,这种受委任或委请的管理公司也视为船东代表。有时船东根据具体情况派遣工作组或人员登船代替船长指挥,这样的小组或人员也划在船东代表之列。

对上述代表的疏忽和故意行为引起的海损,保险人根据本款也不负责赔偿。

(三)被保险人恪尽职责应予发现的正常磨损、锈蚀、腐烂或保养不周,或材料缺陷包括不良状态部件的更换或修理。

保险人承保的是可预料和不可预料的风险,说它可以预料,是指风险会发生,说它不可预料,是指风险不知道在什么时候发生或在一定的期限内能不能发生是未知数。如果风险不具备这两个因素,也绝不会成为保险人承保的风险。

船舶的"正常磨损、锈蚀、腐烂"是机械运动和物质本身受自然界的影响造成的,这种损失风险是必然的、可预料的,不存在不可预料的因素,因此,保险人不予以承保;"保养不周"属于被保险人未恪尽职责范围,它加剧了磨损程度和酝酿损失风险发生的必然性,保险人也不予以承保;有缺陷的材料包括不良状态部件的更换或修理,本身就不属于损失风险,被保险人理所当然更不予以承保,但由于有缺陷的材料具有未知因素,有些国外保险公司可以在附加险中加保。

(四)战争、内战、革命、叛乱或由此引起的内乱或敌对行为。

(五)捕获、扣押、扣留、羁押、没收或封锁。

(六)各种战争武器,包括水雷、鱼雷、炸弹、原子弹、氢弹或核武器。

(七)罢工、被迫停工或其他类似事件。

(八)民变、暴动或其他类似事件。

(九)任何人怀有政治动机的恶意行为。

(十)保险船舶被征用或被征购。

第(四)条至第(十)条的除外责任是有关战争、罢工险承保的风险,战争和罢工险在我国是船舶保险的附加险,有单独的条款规定,它不在船舶保险主条款的承保范围之内(见第八章船舶战争和罢工险)。

由于《09远洋船舶保险条款》将《86远洋船舶保险条款》除外责任4款"本公司战争和罢工险条款承保和除外的责任范围"一条内容改为七条内容,除外责任的条款由原来的4条修订成10条,不仅导致条文臃肿,而且除外责任条款过多有损保险人的形象。实际上,《09远洋船舶保险条款》的这种修订是根据公司所谓的"条款框架"而定的,这个问题在修订《09沿海船舶保险条款》时就出现过。实际上,当初在修订《86远洋船舶保险条款》时就考虑过这个条款怎样写,为了树立条款简洁的形象而未采取英国条款的写法。《09远洋船舶保险条款》的这种修订实际上是完全照搬英国的写法,修订必要性不大。

三、免赔额

免赔额(deductible)是指被保险船舶发生承保风险事故时,保险人按照保险事故损失的索赔金额的定量百分比或金额免除赔偿责任的制度。免除赔偿责任的定量百分比或金额要注明在保险单上。传统的保险免赔额制度有两种:一种是相对免赔额制度;一种是绝对免赔额制度。我国海上保险主要采用绝对免赔额制度。绝对免赔额是保险赔款金额超过免赔额时,免赔额部分要扣除;相对免赔额是当保险赔款金额超过免赔额时,免赔这部分也给予赔偿。无论哪种免赔额,损失金额未超过免赔额的,保险都不给予赔偿。

免赔额的制定有3个目的：

一是减少保险人和被保险人之间频繁支付小额赔款。保险标的发生小额损失的保险事故率一般很高，如果保险人像会计一样天天与被保险人处理支付赔款事务，是一件非常麻烦的事情，对被保险人来说，整天忙于索赔也不是件轻松的事。为此，采用免赔额制度，制定一个双方都可接受的免赔额，既能减少双方的麻烦，也不会影响对风险所致损失的补偿。

二是对保险费率有相应的制约性。海上保险免赔额的高与低往往是保险双方协商妥协的结果。由于免赔额定得高，被保险人自担的风险损失就高，因此，保险人在厘定保险费率时就要定得低一些；免赔额定得低，被保险人自担的风险损失就低，保险人厘定保险费率时就要定得高一些。目前，免赔额所具有的这个目的在市场竞争中越来越明显，一些保险人利用被保险人有不会发生风险的侥幸心理和尽量节约成本支出的心态，把保险费率开得低低的，免赔额定得高高的，争揽业务，特别是在航运市场低迷的情况下，这种办法对争揽业务很有效。例如，1994年至1998年在香港，2 000万美元以上新船的保险费率可以开到0.18%，而免赔额达到50万美元。这样的承保条件在国际船舶保险市场竟能分保出去，结果使国际船舶保险市场处于严重亏损状态，造成1999年整个国际船舶保险从再保险市场开始一路走高保险费率，到2004年也未稳定下来。

三是促使被保险人提高风险防范意识。有了免赔额制度，被保险人会清楚地知道，尽管船舶保了险，发生损失保险负责赔偿，但自己也要承担一部分损失。理论上讲，免赔额制度使被保险人认识到，从根本上解决防范风险的关键是提升管船技能，确保航行安全是最重要的。

目前，在国际水险市场上，相对免赔额已很少使用，基本都采用绝对免赔额。国际上，船舶保险人对海损事故免赔额的扣减做法也不统一，有的按航次扣；有的按事故扣；有的按风险种类扣；还有的按单个风险扣。《09远洋船舶保险条款》是按事故扣，具体条款规定如下：

（一）承保风险所致的部分损失赔偿，每次事故要扣除保险单规定的免赔额（不包括碰撞责任、救助、共损、施救的索赔）。

（二）恶劣气候所造成两个连续港口之间单独航程的损失索赔应视为一次意外事故。

根据本款规定，在两个连续港口之间的航程中，如果损失是因恶劣气候造成的，视为是一次事故。例如，保险船舶自日本神户港到中国广州港，根据该航程计划安排，船舶第一个停靠港是上海港。船舶在神户和上海之间的航程遭遇台风袭击，桅杆折断，随后船舶进入台风圈内的无风区水域，而后在驶出此水域时又碰到了台风第二次袭击，造成船体其他部位损坏。根据本款规定，船舶在这种情况下发生的两次损害事故视为一次，在赔偿时仅扣一个免赔额。

此外，《09远洋船舶保险条款》规定，"本条不适用于船舶的全损索赔以及船舶搁浅后专为检验船底引起的合理费用"。

值得注意的是，《09远洋船舶保险条款》将《86远洋船舶保险条款》原（一）款中的"共同海损"修改为"共损"是有问题的。共损是业内熟悉人士作为"共同海损"的简称，在合同中无任何表述的情况下，就以简称在此处代表（二）款所承保的"共同海损"风险，不仅降低了条款的严肃性，而且易发生专业水平差的人以"共损"不是"共同海损"为由扣减免赔额的情况发生。

四、海运

《09 远洋船舶保险条款》中的海运(shipping)条款对保险船舶来说是一个约束性条款,它要求保险船舶在没有得到保险人同意的情况下,不能从事非正常的航运,具体条文如下:

除非事先征得保险人的同意并接受修改后的承保条件和所需加付的保险费,否则,本保险对下列情况所造成的损失和责任均不负责。

(一)被保险船舶从事拖带或救助服务。

保险船舶主要是从事远洋运输业务的商业性船舶。这些船舶从其性能来说不适于从事海上拖带或救助工作。如果被保险人或保险船舶有特殊情况要求,要从事拖带业务和救助工作,必须事先征得保险人的同意,并按保险人所开的承保条件加付一定的保险费后才能保持本保险的效力。但也有例外情况,如保险船舶在海上遇见遇难船舶时,根据《1910 年国际救助公约》第 1 条的规定,有义务和责任对难船进行救助或拖带。在这种情况下,保险船舶不用事先通知保险人,但被保险人在接得船长报告后也要立即通知保险人,保险单仍继续有效。

(二)被保险船舶与他船(非港口或沿海使用的小船)在海上直接装卸货物,包括驶近、靠拢和离开。

随着大型油、货轮的问世,在海上直接装卸货物的现象越来越多。正常情况下,保险船舶装卸货物均在码头或在港区由一些小型船舶装卸,这种作业对保险船舶来说风险小于在海上直接装卸货物。码头或在港区作业,码头是固定的,装卸用的船舶也是小型的,发生碰撞事故对保险船舶造成损失的风险很小,但保险船舶在海上作业,风险就大不相同。船舶停泊在一个动荡不停的海面上,直接装卸货物本身就不稳定,同时海上作业需要大型船,包括大型拖轮或驳船,发生碰撞造成损失的风险随时都有可能发生。特别是,船舶驶近、靠拢和离开处于动态时,只要有一条船稍有疏忽,就会导致碰撞造成损失。本条款对保险船舶进行此种作业做了必要的限制,如果被保险人有此种风险的投保要求,保险人可视具体风险情况,另立附加险条款加以承保。

(三)被保险船舶作为拆船或为拆船目的出售的意图航行。

众所周知,凡作为拆船或为拆船目的出售的船舶,均属于老旧船舶。老旧船舶设备陈旧,机械老化,产生海难的风险系数较高,同时,没有特殊情况,船东对老旧船舶技术设备的更新问题不会关注。此外,投保时,船舶的保险金额一般均以当时船舶的市场价格为基础来确定,船舶即将被拆或出售供拆船时的市场价格往往低于投保时的价格,特别是船龄较大的船舶,其价格几乎与市场上的废钢价格一样。如这时的保险金额没有做及时的调整,船舶一旦发生全损,保险如按保险金额全数赔偿,对保险人不公平;如这时保险费不向上调整或增加某些条件,一旦船舶发生海损事故,修船费用也不会因是旧船而降低,同时也会因保险"以新换旧"的修理不打折扣的赔偿,增加无谓的赔款支出。因此,保险人额外增加承保条件或限制此种固定风险转嫁到保险人身上的要求是有道理的。实践中,这种风险可用两种限制条件加以解决:①仅保全损险,重新厘定费率;②限定保险人的最高赔偿限额是船舶的卖价。

五、保险期限

保险期限(period of insurance)是指保险合同的有效期。在有效期内所发生的保险事故,保险才给予赔偿。

本保险分定期保险(time insurance)和航次保险(voyage insurance)。

船舶保险分为定期保险和航次保险两种。定期保险是以时间作为起止期限,限定保险合同的有效期;航次保险是以船舶启驶港到目的港的两头地点作为起止期限,限定保险合同的有效期。保险人在上述期限的基础上制定了以下条款:

(一)定期保险:期限最长一年。

起止时间以保险单上注明的日期为准。保险到期时,如被保险船舶尚在航行中或处于危险中或在避难港或中途港停靠,经被保险人事先通知保险人并按日比例加付保险费后,本保险继续负责到船舶抵达目的港为止。保险船舶在延长时间内发生全损,需加交 6 个月保险费。

根据本条款的规定,要超过承保日期的保险船舶,如要延长保险期,被保险人必须事先通知保险人,并要根据超过日期的天数按日比例加付保险费。但要注意的是,这种延期保险只能延期到船舶抵达目的港为止,不可视为再延期,因为再延期不属这个范围,需要重新核定保险费率,它与延期费率有差异,在这个问题上,保险人要特别注意。延期保险费的计算方法如下:

$$保险金额 \times 费率 \times 超期天数 \div 365 \text{ 天} = 应加付保险费$$

此外,在延长期内保险船舶发生全损,被保险人需加交 6 个月保险费。这项规定是针对保险船舶延期而出于维护保险人利益制定的。保险合同期满后,保险责任已告终止,保险人收取的保险费已经作为收益入账。为充分保障被保险人的利益,防止因保险责任到期而船舶未到目的港发生保险损失得不到赔偿的情况,保险人同意扩展延长承保期限,继续承担保险责任,但保险人对延长期间的保险费是按日比例计算收取的,而不是按短期费率和航次费率计算的,这对保险人来说是不公平的。采取延长期内保险船舶发生全损被保险人需加交 6 个月的保险费的办法仅仅是以示公平。加交 6 个月的保险费不包括原已在延长期内按日比例计算加交的保险费。

(二)航次保险:按保单订明的航次为准。

起止时间按下列规定办理:

1. 不载货船舶:自起运港解缆或起锚时开始至目的港抛锚或系缆完毕时终止。

2. 载货船舶:自起运港装货时开始至目的港卸货完毕时终止。但自船舶抵达目的港当日午夜零点起最多不得超过 30 天。

六、保险终止(termination)

(一)一旦被保险船舶按全损赔付后,本保险自动终止。

船舶全损赔付后,保险合同中所规定的双方的责任和义务已自然消失,保险也自动终止。

(二)当船舶的船级社变更、或船舶等级变动、注销或撤回、或船舶所有权或船旗改变、或转让给新的管理部门、或光船出租或被征购或被征用,除非事先书面征得保险人的同意,本保险应自动终止,但船舶有货载或正在海上时,经要求,可延迟到船舶抵达下一个港口或最后卸货港或目的港。

本款的制定有 3 个原因:

第一,目前,世界上有的船级社为了竞争的需要和获取利润,放松船舶入级规范的要求,大量办理船舶入级业务,造成一些质量与原船级技术条件不符的船舶采取转挂方便旗、更换船级社的办法,得到与原船级同档的船级,迎合运输和保险需求。这种船舶由于难以具有同档船舶的良好适航技术状态,具有发生海事的先天隐患,损害了保险人的利益。因此,保险人对船舶船级的变化十分关注,这也是制定本款的关键所在。

第二,船舶转让变更所有权,或以光船出租方式租赁给他人使用,会使船舶的管理和人员的配备发生变化。新的管理者可能会和原船东的管理能力相同,也可能比原来的管理者水平低下,经验不足,导致管船和船员配备不当,使船舶经常发生海事。保险人在未弄清新船东的各种情况时,保险自转让或出租时起,在未经保险人同意的情况下是不能继续有效的。船舶保险单与货物运输险保单不同,它不能随着保单的转让而转让。这既是由船舶本身的特点决定的,也是法律规定的。

我国《海商法》第230条规定:"因船舶转让而转让船舶保险合同的,应当取得保险人同意。未经保险人同意,船舶保险合同从船舶转让时起解除;船舶转让发生在航次之中的,船舶保险合同至航次终了时解除。合同解除后,保险人应当将自合同解除之日起至保险期间满之日止的保险费退还被保险人。"

第三,保险船舶由于某种原因被有关当局或政府征用或征购,无论保险人还是被保险人,都很难掌握船舶后来的情况。保险船舶被有关当局或政府征用或征购以后,等于所有人变更,船舶的营运性质会改变,已不属于《海商法》调整的范围,所以保险不能继续有效。

(三)当货物、航程、航行区域、拖带、救助工作或开航日期方面有违背保险单特款规定时,被保险人在接到消息后,应立即通知保险人并同意接受修改后的承保条件及所需加付的保险费,本保险仍继续有效,否则,本保险应自动终止。

保险单特款(warranty)是指包括保险条款在内的保险合同中定明的各条保证条款。例如,本条款中的第4条海运条款和第6条第二款的规定以及保险单中的航行范围、双方约定的航行区域均属于这类特款。此外,还包括保单上加注的特殊批注等。例如,保单格式航行范围项下注明"被保险船舶航行于东南亚地区",被保险船舶就不得驶出这个地区;"被保险船舶不得于某月某日至某月某日进入某某冰区"都属于这种保证条款,保险船舶在没有事先征得保险人同意的情况下驶入这个地区,就属于违背保险单上的"特款"规定。

我国《海商法》第235条规定:"被保险人违反合同约定的保证条款时,应当立即书面通知保险人。保险人收到通知后,可以解除合同,也可以要求修改承保条件、增加保险费。"

严格地讲,保证是指被保险人承诺为或不为的(重要)行为,或承诺满足一定的(重要)条件,或承诺特定的(重要)事实存在或不存在。被保险人必须严格遵守保证。被保险人违反保证的,从保证被违反之日起,保险合同自动解除,对保证被违反后发生的损失,保险人不负赔偿责任,如在违反保证之前,被保险人通知保险人,保险人可以按具体情况,或同意或修改保险条件,或增加保险费,或拒绝继续承保,均属于保险人的权利。

保证在海上保险中有两种:一种是明示保证;一种是默示保证。明示保证注明在条款中或保单上,包括航行范围(trading limit)、船级条款(classification clause)、航行要求(navigation clause);默示保证主要包括船舶的适航性和从事的活动是否违背公众利益(后者是我国法律的基本要求)。由于我国《海商法》未对其定义、概念及内容进行表述,我国一些研究者认为,我国保险的保证制度需要进一步完善。

七、保险费和退费

保险费(premium)是保险人为了维持其经营和积累保险基金,用于承担保险合同产生的赔偿责任而向被保险人收取的费用。保险合同订立后,被保险人需要向保险人交纳保险费。

保险费是基于保险合同的不同保险期限收取的,其计算方式如下:

定期险:保险金额 × 定期险费率 = 全年应交保险费

保险金额 × 短期险费率 = 投保期应交保险费

航次险:保险金额 × 航次险费率 = 航次险应交保险费

船舶保险费率是保险人根据被保险人的资信和经营情况、船队的大小、船龄长短、从事何种贸易运输、航行范围、交费的期限、船舶的损失记录等条件所厘定的,因此,每艘船舶或每个船队的费率会有所不同,同样的船舶投保,需交纳的保险费会出现不同的情况。

退费(returns)是指被保险船舶退保或终止保险合同无须保险人再履行损失赔偿责任,或者船舶处于停泊状态,保险风险发生系数减少而由保险人将已收的保险费中的一部分退还给保险人。

关于保险费的交纳和退费有以下规定:

(一)定期险:全部保险费应在承保时付清。如保险人同意,保险费也可分期交付,但被保险船舶在承保期限内发生全损时,未交付的保险费要立即付清。

本保险在下列情况下可以办理退费:

1. 被保险船舶退保或保险终止时,保险费应自保险终止日起,可按净保险费的日比例计算退还给被保险人。但本款不适用第六条第三款。(注:这里的净保险费是指保险人收取保险费中已扣除了经纪人手续费或回扣部分,剩余的实收保险费)。

2. 被保险船舶无论是否在船厂修理或装卸货物,在保险人同意的港口或区域内停泊超过30天时,停泊期间的保险费按净保险费日比例的50%计算,但该款不适用船舶发生全损。如果本款超过30天的停泊期分属两张同一保险人的连续保单,停泊退费应按两张保单所承保的天数分别计算。

港内停泊是指被保险船舶抵达港口检疫锚地等待检疫开始到起航时止,包括船舶移泊,进出船坞、船厂,以及包括船舶修理的时间,但不包括上海长江口外候潮锚地的停泊时间以及国外类似的锚地。

保险人给予停泊退费的解决条件是被保险船舶在上述区域停泊要超过30天,计天不计时,前后日期加一起扣一天,也就是停泊期达到31天,才可享受退费,30天零几个小时,不予退费。例如,船舶在4月1日抵达锚地,5月2日起航,总天数为32天,扣除一天,实际停泊天数为31天,保险人准予退费。假如该船在5月1日起航,实际停泊天数仅为30天,保险人不给予退费。如船舶在5月1日18点起航,按进锚地时间算超过5小时,也不给予退费,因为条款规定计天不计时。

退费的计算公式如下:

(保险金额 × 费率 − 经纪人手续费或回扣) × 停泊天数 ÷ 365天 × 50% = 应退保险费

本款规定,"如果本款超过30天的停泊期分属两张同一保险人的连续保单,停泊退费应按两张保单所承保的天数分别计算"。这种分别计算是指保险船舶在承保期内停泊20天后,又继续停泊20天,虽然按正常规定不能享有退费的待遇,但如果该船在承保期满后继续在该保险公司投保,并继续停泊20天,它就可以把已在原承保期内停泊的20天累计加上,享受退费待遇,但要按两个保单项下的费率条件,分别按各自的停泊时间计算退费金额。

(二)航次保险:自保险责任开始一律不办理退保和退费。

航次保险不办理退保退费的,这与国际上任何保险市场一样。我国《海商法》第228条规定:"货物运输和船舶的航次保险,保险责任开始后,被保险人不得要求解除合同。"

八、被保险人义务

《09 远洋船舶保险条款》与《86 远洋船舶保险条款》相比,被保险人义务(duty of insured)条款由原来的 4 个条款改为 5 个条款。从内容上看,增加了(二)款内容;修改了原(四)款内容,改为(五)款。原(一)款未动,原(二)款改为(三)款,原(三)款改为(四)款,条文未作变动。

(一)被保险人一经获悉被保险船舶发生事故或遭受损失,应在 48 小时内通知保险人,如船在国外,还应立即通知距离最近的保险代理人,并采取一切合理措施避免或减少本保险承保的损失。

订立本款主要是约束被保险人要在海损事故发生后,能够将船舶的情况通知保险人,以便保险人有的放矢地采取施救措施。与此同时,被保险人还需尽全力使保险事故的损失控制在最小限度内,维护保险合同双方当事人的权益。

我国《海商法》第 236 条规定:"一旦保险事故发生,被保险人应当立即通知保险人,并采取必要的合理措施,防止或者减少损失。被保险人收到保险人发出的有关采取防止或者减少损失的合理措施的特别通知的,应当按照保险人通知的要求处理。对于被保险人违反前款规定所造成的扩大的损失,保险人不负赔偿责任。"

为了方便海损案件的处理,了解和掌握保险船舶的动态,保险公司在世界各地的主要港口长期聘请了一些有丰富经验的处理海事保险海损的代理人(average agents),协助保险公司处理保险船舶在海外发生的海事。保险船舶无论在海外什么地方发生海事,保险船舶需要立即通知距离最近的保险公司的海损代理人,求得他们的帮助。

总之,发生海事后,及时通知保险人沟通情况是非常重要的。

(二)被保险人向保险人请求赔偿时,应及时提交保险单正本、港监签证、航海(行)日志、轮机日志、海事报告、船舶法定检验证书、船舶入籍证书、船舶营运证书、船员证书(副本)、运输合同载货记录、事故责任调解书、裁决书、损失清单以及其他被保险人所能提供的与确认保险事故的性质、原因、损失程度等有关的证明和资料。

被保险人向本公司请求赔偿并提供理赔所需资料后,本公司在 60 天内进行核定。对属于保险责任的,本公司在与被保险人达成赔偿或给付保险金的协议后 10 天内,履行赔偿义务。

被保险人未履行前款约定的单证提供义务,导致保险人无法核实损失情况的,保险人对无法核实的部分不承担赔偿责任。

该条款的第一款是要求被保险人提赔时需要提供的证件与单证,此款的修订是基于沿海条款有此规定。该项规定实际上是针对一些不熟悉海上保险事故索赔的被保险人的。

值得注意的是,首先,该条款所列明的这些文件与单证能否将应提供的文件列全,如果没有列全,保险人根据什么向被保险人要求提供它种文件。其次,条款"以及其他被保险人所能提供的与确认保险事故的性质、原因、损失程度等有关的证明和资料"中的"所能提供的"是一个为被保险人开脱义务责任的表述,尤其是海上保险具有特殊性,实务中有些不属保险范围的损失,被保险人往往都以无法提供证件来索赔,不可能都先由法院来认定"所能提供"。这种词汇极易在实务中产生纠纷与麻烦。尽管《保险法》有此规定,但《海商法》无此规定,因此,该条应以《海商法》的表述修订为宜。《海商法》第 251 条规定:"保险事故发生后,保险人向被保险人支付赔款前,可以要求被保险人提供与确认保险事故性质和损失程度有关的证明和资料。"实务中,船舶发生保险事故不一定会要条款中所列的全部证书,有些文件保险人自己就会有,也不必再要求被保险人提供,例如,事故责任调解书、裁决书以及确认保险事故性质、原因、损失程度等有关的证明和资料,因为保险事故发生后,保险人会主动对事故的性质、原因、损失程度进行勘验,对事故进行调解或裁决,除非有极特殊情况,保险人都会参与。此种要求对较为熟悉的远洋船东来讲又过于严格。

该条款的第二款规定是保险人向被保险人对审理案件和审理后赔款的时限所做的承诺,是根据《保险法》第23条(一)款的规定做出的。《保险法》第23条(一)款规定:"保险人收到被保险人或者受益人的赔偿或者给付保险金的请求后,应当及时做出核定;情形复杂的,应当在30日内做出核定,但合同另有约定的除外。保险人应当将核定结果通知被保险人或者受益人;对属于保险责任的,在与被保险人或者受益人达成赔偿或者给付保险金的协议后10日内,履行赔偿或者给付保险金义务。保险合同对赔偿或者给付保险金的期限有约定的,保险人应当按照约定履行赔偿或者给付保险金义务。"《保险法》规定,保险人收到赔偿请求后,要及时做出核定,对情形复杂的,应当在30日内做出核定。人保公司的条款规定的"合同另有约定的除外"将30天改为60天,主要是基于海上案件的复杂性要高于陆上案件。

该条款的第三款规定是一个保护保险人利益的条款,是根据《保险法》第21条的内容删改的,《保险法》第21条规定,由于被保险人"……故意或者因重大过失未及时通知,致使保险事故的性质、原因、损失程度等难以确定的,保险人对无法确定的部分,不承担赔偿或者给付保险金的责任……"这里有一个问题要注意,《保险法》界定的是告知义务,而本条款第三款界定的是单证提供义务,法律没有界定可以拒赔,是否可以以此类推有待研究,且同样的索赔文件,不同水平的理赔人员一般也会得出不同的结论。因此,这一条文的表述在实务中会引发一些问题。实际上,该条文如改为"被保险人未对保险事故损失履行单证提供义务的,保险人不承担赔偿责任"可能会比原条文好得多。这一表述的实质是,只要被保险人为根据损失的情况提供合适的证明文件,保险人无法核实损失并做出赔偿的决定,因此是可以拒付的,也不涉及理赔人员水平的问题,法律是可以支持的。

(三)被保险人或保险人为避免或减少本保险承保的损失而采取措施,不应视为对委付的放弃或接受,或对双方任何其他权利的损害。

本款旨在于鼓励合同双方均能够在保险船舶发生海事后采取合理的措施防止损失扩大或减少损失,这种行为不能影响合同中原赋予双方的有关权益。

(四)被保险人与有关方面确定被保险船舶应负的责任和费用时,应事先征得本公司的同意。

保险船舶发生"侵权行为"依法对有关方面应负的赔偿责任和费用往往与保险人的经济利益有关,特别是在碰撞责任和强制清理航道的赔偿案件中,均涉及保险人的巨额赔偿问题。碰撞责任比例的大小涉及保险人的赔偿,对保险人十分关键;清理费用和船舶残骸价值相比的高低问题决定了保险赔偿的多少,对保险人相当重要。确定双方的责任和费用时,保险人必须要知情和参与意见。被保险人在确定责任和费用之前,必须征得保险人的同意,否则,保险人将拒绝赔付或扣除不合理的费用。

(五)保险船舶发生保险责任范围内的损失应由第三者负责赔偿的,被保险人应向第三者索赔。如果第三者不予支付,被保险人应采取必要措施保护诉讼时效;保险人根据被保险人提出的书面赔偿请求,按照保险合同予以赔偿,同时被保险人必须依法将向第三者追偿的

权利转让给保险人,并协助保险人向第三者追偿。

未经保险人同意放弃向第三人要求赔偿的权利,或者由于被保险人的过失造成保险人代位求偿权益受到损害,保险人可相应扣减赔款。

本款规定主要是约束被保险人在涉及向第三方追偿的案件中能够协助保险人向第三者追偿,使保险人能够充分获得海损赔偿后应有的代位求偿权。

如船舶碰撞互有责任的案件,根据本条款的规定,保险对碰撞项下第三方造成的保险船舶的财产损失要负赔偿责任,但这部分损失是可以向对方船按其应负的碰撞责任比例追回一部分。根据法律不当得利的原则,追回的这部分款在保险人已全部赔付碰撞损失的情况下,保险人对其享有求偿的权利,也就是说,它应归属于保险人。求偿权是一个复杂的法律问题,谁来追索这部分款项,世界各国对求偿权的具体规定有所不同。有些国家允许保险人直接在法院向第三方提起诉讼求偿,有些国家不允许,而必须由被保险人提起诉讼才行。我国现行的《海事诉讼法》规定,保险人可以直接向第三方提起诉讼求偿。无论谁追偿,追回的款必须由保险人获得,但法律另有规定,追回的款如果比保险赔偿款多,多余的款要给被保险人。

本条款规定,涉及第三者责任的案件,保险人享有向第三者求偿的权利。为确保这种求偿权利得以实现,处理这类案件时,被保险人必须注意:

一是要先向第三人追偿,如其不付的情况下要保护诉讼时效;

二是可以向保险人提出书面赔偿请求,但被保险人必须依法将向第三者追偿的权利转让给保险人,并协助保险人向第三者追偿;

三是未经保险人同意不能放弃向第三人要求赔偿的权利;

四是由于被保险人的过失造成保险人代位求偿权益受到损害,保险人可相应扣减赔款。

被保险人一定要记住,代位求偿权转让给保险人,并要协助保险人办理追偿工作,是被保险人的法律义务,不可在办理此类案件时有半点懈怠。

我国《海商法》第252条规定:"保险标的发生保险责任范围内的损失是由第三人造成的,被保险人向第三人要求赔偿的权利,自保险人支付赔偿之日起,相应转移给保险人。被保险人应当向保险人提供必要的文件和其所需要知道的情况,并尽力协助保险人向第三人追偿。"

本条与《86远洋船舶保险条款》原(四)款的条文相比有较大改动,原(四)款的条文是"被保险人要求赔偿损失时,如涉及第三者责任或费用,被保险人应将必要的证件移交给保险人,并协助保险人向第三方追偿"。应该说,《09沿海船舶保险条款》对此条的修订比原条文要细致得多,因为《09沿海船舶保险条款》在修订前,对此业已做了同样的规定。但不得不说,该条款改动后,对熟悉海上保险案件处理的被保险人来说,看到此条文会认为保险人是在教他们如何处理保险索赔,实际上,该条款对被保险人来说没有任何利益上的损害,实务中也是这样办理。这个条款主要是针对那些不太熟悉海事保险索赔的被保险人。

九、招标

(一)当保险船舶受损并要进行修理时,被保险人要像一个精打细算未投保的船东,对受损船舶的修理进行招标以接受最有利的报价。

船舶选择修船厂进行海损修理时要考虑,船舶距修船厂的距离长短、修船厂的技术状态、质量能否保证、船期损失的远近、修船价格的高低等因素。满足这些因素的最好办法是招标(tender),根据各修船厂应标的情况选出最有利的修船厂进行修船。但招标的后果会使保险人和被保险人产生另一种矛盾,主要是修船期与价格之间如何平衡的问题。修船厂的报价与修船期的长短有关,修船期短,报价高,保险的赔偿要高,但船期损失小;修船期长,报价低,保险的赔偿要低,但船舶的船期损失要大。

例如,A船厂应标价是20万美元,修船时间需1个月;B船厂应标报价是30万美元,修船时间需15天。船东在选择修船厂时认为,后者虽然价格高,但船期损失仅有15天(船期损失保险人不予赔偿),结果选择后者,保险人对海损修理费要付30万美元,比前者多付了10万美元,对保险人来说,选择这种报价就不合理了。但是,假定该船船期损失每天1万美元,选择前者,保险仅需赔20万美元,但船东将损失15万美元,对船东来说这也不尽合理。在如何判定修船费用的合理性方面,条款和法律都对被保险人(船东)有一个原则性的要求,船东在进行招标和接受报价时"要像一个未投保的船东一样"精打细算,综合考虑这两个方面的问题后做出一个合适的决定。通过实践总结判定修船费用的合理性应掌握的原则是:同等报价,同等船期,要选择低的报价;报价低、船期长与高报价、船期短的情况,要在测算后选择一个接近两者中间值的报价。在测算时,要将船舶在修理期间有否航运业务等因素包括在内。例如,A船厂报价30万美元,修船时间需25天;B船厂报价40万美元,修船时间需20天,该船船期损失为每天6 000美元。根据这个情况测算公式如下:

A船厂:30万 + 6 000 × 25天 = 45(万)

B船厂:40万 + 6 000 × 20天 = 52(万)

两者中间值为:(49万 + 52万) ÷ 2 = 48.5万

根据这个测算结果,作为一个精打细算的被保险人,就应接受A船厂的开价,照中间值可节约3.5万美元。如接受B船厂的开价,照中间值要多支付3.5万美元。如该船在修理期间未安排航运或按原计划只安排了10天,那么,接受A船厂的开价,费用就节省更多了。当然,做上述测算还要考虑其他各因素。

(二)保险人也可对船舶的修理进行招标或要求再次招标,此类招标经保险人同意而被接受时,保险人赔偿被保险人按保险人要求而发出招标通知日起接受投标时止所支付的燃料、物料及船长、船员的工资和给养。但此种赔偿不得超过船舶当年保险价值的30%。

被保险人对修理受损船舶而支付的费用均由保险人承担,因此,保险人对修理招标工作也有权自行实施。如果保险人对第一次招标工作不满意,有权要求做第二次招标,但无论在哪种情况下,保险人要补偿因第二次招标所产生的船舶滞期费用,但要以船舶保险价值的30%为限。这种滞期费用包括从招标通知日起至接受投标时止被保险人所支付的燃料、物料及船长、船员的工资和给养。一般情况下,保险人是不会自行单独进行招标工作的,实务中,只有在被保险人不能像一个未投保的船东那样精打细算地进行招标以接受最有利的报价时才会发生这种情况。实际上,本款仅是作为前一款的补充,明确保险人在招标过程中具有这样的权利。

(三)被保险人可以决定受损船舶的修理地点,如被保险人未像一个精打细算未投保的船东那样行事,保险人有权对船东决定的修理地点或修船厂商行使否决权或从赔款中扣除由此而增加的任何费用。

海损事故发生以后,被保险人根据本款可以决定受损船舶的修理地点,主要是考虑到远洋船舶国际航行流动性大的特点,同时对船东也甚为方便,但如船东不恪尽职责,维护合同双方的权益,精打细算行事,保险人则有权对其决定的修理地点或修理厂行使否决权或从赔款中扣除由于未精打细算而增加的任何费用。例如,假定某船受损后停在广州附近水域,在广州修理或到香港修理既近,又节省修理费用及减少船期损失,但船东出于某种意图,非将船舶驶往上海、秦皇岛或大连的船厂修理,而这些船厂又比广州和香港的船厂修价高,工期长。上述情况如经查实,根据本款,保险人有权从赔款中扣除超过广州或香港船厂修理费用的那部分金额。可以说,本款是一个惩罚性条款,作为被保险人,进行此项工作时要谨慎处理才是。

十、索赔和赔偿

本条款的"索赔"(claim)是指被保险人发生保险损失后向保险人索取赔款的行为;赔偿(indemnity)是指保险人向被保险人支付保险赔偿的行为。本款具体条文如下:

(一)保险事故发生时,被保险人对保险标的不具有保险利益的,不得向保险人请求赔偿保险金。

比照《86远洋船舶保险条款》,该条是新增的条款,是照搬《保险法》第48条的条文。实际上,《保险法》第48条本身与《保险法》第12条二、五款的规定就有矛盾,存在瑕疵。《保险法》第12条二款规定,"财产保险的被保险人在保险事故发生时,对保险标的应具有保险利益";五款规定,"被保险人是指其财产或者人身受保险合同保障,享有保险金请求权的人……"。根据该两条规定,法律界定的被保险人一定具有保险利益和保险金请求权,如果不具有这两个条件,不可称为被保险人。但是,《保险法》第48条条文出现"被保险人对保险标的不具有保险利益的"的文字表述与此有悖,《保险法》本身相互矛盾。实际上,该条应该是"对保险标的不具有保险利益的人"才对,因此,《保险法》第48条的条文应考虑重新修订。

假定《保险法》第48条的条文与前第12条二、五款规定没有矛盾,就此款本身而言,写在合同中并无实际意义。首先,当保险人与投保人签订保险合同时,保险人应该知道他是不是法律认定的被保险人;其次,不具有保险利益的人不能得到保险赔偿,无须保险人在合同中向他提示,因为没有保险利益,也就没有损失,法律是不允许不当得利的;最后,该条文本身是限定无保险利益的人不得向保险人请求赔偿保险金,强调的是请求,实务中也起不到限定作用,没有任何法律规定这种请求是违法的,这种请求随时都可能发生。鉴于此,该条款应考虑删除。

《09远洋船舶保险条款》将《86远洋船舶保险条款》原来的第(一)款删掉。原条文规定,"(一)被保险事故或损失发生后,被保险人两年内未向保险人提供有关索赔单证时,本保险不予赔偿"。实际上,原来这一条规定虽然说不上是保护合同哪一方的条款,但对被保险人来说非常重要,它在保险人义务的条款上再一次提示被保险人要及时索赔,并告知其索赔时限,展示了保险人真正地在为其提供保险保障服务,尽量使被保险人知道索赔中应注意的问题。实务中,保险人不能因为你发生保险事故不来索赔而长期列为未决赔款等待,因为未决赔款是要提取准备金的,这会影响到保险公司的经营。因此,索赔必然要有一个期限,并且在合同中明示,否则,任何一方都会在事后提出异议。这一条删掉后,一旦被保险人提出,由于合同中没有明确索赔时限,他认为该合同的索赔时限没有约定,3年、5年都可以索赔,尽管法律有规定两年的诉讼时效期,这一个条文制定时主要是考虑到当时我国还没有正式的《海商法》和《保险法》,虽然保险有关两年诉讼时效的规定已列明在当时的《经济合同法》和《财产保险管理条例》中,但当时人们的法制观念还不强,因此,在条款中加此条款旨在告诫被保险人在保险损失发生后能够及时向保险人提赔,如果超过时限,保险是不赔的。无论怎样,这个条文比《09 远洋船舶保险条款》所更换的条文对被保险人来说有实际意义,最起码将保险的索赔时效明确告知了被保险人。

《09 远洋船舶保险条款》删掉此款可能是因为将《保险法》规定的两年诉讼时效认定为索赔期限所致,继而产生法律既然有诉讼时效的规定,就没有必要再在条款中保留索赔时限条款的必要。实际上这是对索赔时限的一种误读。因为索赔时限与诉讼时效有重大区别,前者强调的是被保险人在两年内必须提供有关索赔单证;后者强调的是被保险人与保险人的争议付诸法律的时效。

假定保险合同订明被保险人未在一年内提供有关索赔单证,被保险人不负责赔偿的条款,一年以后被保险人才提出索赔,保险人以一年内未提供有关索赔单证为由拒付,法院根据诉讼时效可以立案审理,但并不能根据有两年索赔时效来认定被保险人未在一年内提供有关索赔单证,保险人就要负责赔偿的结论。笔者认为,法院的审理职能判定被保险人在一年内所提供的有关索赔单证是否足以使保险人给予赔偿。就如商品买卖合同一样,商品的保修期限不能混同于法律界定的买卖合同的诉讼时效。目前,一些人将保险的索赔期限等同于诉讼时效的认定是值得商榷的。

(二)全损。

1. 被保险船舶发生完全毁损或者严重损坏不能恢复原状,或者被保险人不可避免地丧失该船舶,作为实际全损,按保险金额赔偿。

船舶的实际全损(actual total loss)是指船舶本身实际上完全毁损,已经损坏到不能再修复了。但在保险实务中,船舶发生全损的案件并不多,除了沉没及未沉在航道上的案件外,很少有实际全损的案件,因为如此大的一条船,无论发生什么样的保险事件,不可能不留下残骸。例如,船舶发生爆炸,将船体炸成数段,机舱和驾驶台等部位也全部炸毁,成为一堆废铁,即使在这种情况下,这堆废铁也会因其本身存在的义务、责任与债权、债务的关系产生推定全损的委付问题,如清理航道。

此外,理论上讲,被保险人不可避免地丧失该船舶也视为实际全损。例如,船舶遭受台风袭击,沉没在深海,无法打捞,尽管知道船舶还在,也知道在什么地方,但船东拿不到,故也做实际全损处理。

2. 被保险船舶在预计到达目的港日期,超过两个月尚未得到它的行踪消息视为实际全损,按保险金额赔偿。

船舶失踪(missing ship)理论上视为实际全损。船舶航行于海上,船舶和被保险人通过无线电通信设备可以随时保持联系,也可以通过船舶代理人互通情报。如船舶在预定到港日期尚未到达,船东通过各种渠道、各种联系办法仍与船舶联系不上,理论上可推测该船在海上可能遭遇某种风险而蒙难毁灭,但事实是不是和推测一样,该船是否还会出现,均需要时间来证实。考虑到船舶的实际情况及保险赔偿的时间不能拖得很长,确定船舶是否失踪须有一个时间上的限制。根据本款规定,这种时限为两个月,时限要从船舶预定到达目的港之日开始计算,超过两个月就构成船舶失踪,保险人就要按全损赔付。但在有证据可争议和有怀疑的情况下,保险人可就案件进行审理,直至搞清楚为止。例如,一艘新船刚出海就失去联系,该船的失踪有可能是不适航原因所造成,保险是否赔偿,需要做大量的调查工作。

1983 年之前,世界各国对失踪的期限均参照英国的做法定为 6 个月,以后基本都改为两个月,主要是因为现代高科技在各种通信设备上的应用,随时都可以和船上进行联系,确定其失踪已不像以前那样困难。我国《海商法》第248条规定:"船舶在合理时间内未从被获知最后消息的地点抵达目的地,除合同另有约定外,满两个月后仍没有获知其消息的,为船舶失踪。船舶失踪视为实际全损。"

3. 当被保险船舶实际全损似已不能避免,或者恢复、修理、救助的费用或者这些费用的总和超过保险价值时,在向保险人发出委付通知后,可视为推定全损,不论保险人是否接受委付,按保险金额赔偿。如保险人接受了委付,本保险标的属保险人所有。

推定全损(constructive total loss)是指发生海损事故之后,被保险船舶尚未达到完全毁灭的程度,但救助费用或修理费用的任何一项或两项之和估计要达到或超过保险价值或保险金额,如对该船舶进行抢救或恢复原来状态,在经济上将得不偿失,因而可推定为全损。

例如,船舶在远离港口的地方触礁,船体破损很严重,当地的地理条件和气象条件又很不好,对该轮无法进行救助,使船舶无法进行修复,构成了推定全损的条件。再如,一艘保险价值为200万美元的A船在海上航行时与B船发生碰撞,A船三舱破裂,大量进水,致使A船倾斜。根据这种情况,如果请求第三者救助,救助费用将达130万美元,该船再进船坞修理,各种费用将要达到120万美元,两者总和计250万美元,超过了船舶保险价值50万美元。如果将该船救助下来再进行修复的话,经济上将得不偿失,这种情况即可构成推定全损的前提条件。在前述两种情况下,被保险人有权向保险人发出委付通知。保险人接到通知后,一旦核定情况属实,不管是否接受委付,都要按该船的保险金额全数赔偿。

委付(abandonment)是海上保险活动中被保险人为能使保险人对受损的保险标的能够按推定全损赔偿,必须事先向保险人办理一切权益转让的一种申请索赔制度。根据这一制度,如果被保险人不提出委付申请,保险人对海损的赔偿就只能按部分损失赔偿的办法处理,但最高不能超过船舶的保险金额。

法律上,委付是被保险人将处于推定全损的保险标的物的财产所有权和由所有权引起的各种义务和责任以书面形式正式申请移交给保险人,以此得到保险人推定全损赔偿的一种法律行为。委付必须经保险人同意接受才发生效力。保险人只要正式同意接受委付,就不得撤销,必须承接财产所有权和由所有权引起的其各种义务和责任,因此,船舶保险人在考虑是否接受委付之前,对保险船舶尚存的价值是否能大于各种义务和责任所产生的经济损失要进行慎重研究。如果尚存的价值大于这种经济损失,那么,保险人就可以接受委付,否则是不能接受的。不论保险人是否接受委付,保险人都要在整个案情十分清楚以后才正式答复被保险人。同时,不论保险人是否接受委付,只要船舶推定全损的事实成立,保险人都要按全损赔偿。

(三)部分损失

部分损失(partial loss)包括船舶发生任何部分损失。本条对这种损失有下列各款加以限定:

1. 对本保险项下海损的索赔,以新换旧均不扣减。

船舶发生海损事故进船厂修理时,往往有些受损的部件需要重新更换,这种重新更换有时会用同一厂商、同类产品、同等性能的新、旧部件,有时会使用不同厂商的同类产品、同等性能的新、旧部件。显然,不论在哪种情况下,使用新部件将比用旧部件所支付的费用要高。考虑到船舶海上流动性大,发生海损事故以后又必须修理,保持其适航性,保险人对这种新部件的更换不按受损部件原价值给予扣减,但被保险人在修理部分损失时应像一个未保险的人一样采取最合理、最经济的修理方案。

2. 保险人对船底的除锈或喷漆的索赔不予负责,除非与海损修理直接有关。

3. 船东为使船舶适航做必要的修理或通常进入干船坞时,被保险船舶也需就所承保的损坏进坞修理,进出船坞和船坞的使用时间费用应平均分摊。

正常情况下,船舶为了保持其良好的适航性,根据船级社的入级规范要求,船舶要进行定期的检验和维修护理。这种定期检验和维修护理,我们称为正常维修。对此种正常维修产生的费用,保险不予赔偿。

但被保险船舶发生海损事故的损失很小,在一定期限内并不影响船舶的适航性,尽管修理必须要进坞,船东认为,既然不影响船舶航行,这种损失修理可以推迟到邻近的船舶定期修理时间一并进行,以减少船期损失。应该说,船东的认识是对的,具有合理性,但其后果是船舶定期修理进坞出现了两个目的。为合理解决进出船坞的费用及船坞的使用费,从公平的角度出发,保险人与船东要平均分摊费用,对定期修理和海损修理各自占用船坞的时间不做详细核算,但对船舶发生必须进坞修理的海损事故时,被保险人在坞期间对船舶进行的检验或其他修理工作,本款有如下规定:

如船舶仅为本保险所承保的损坏必须进坞修理时,被保险人于船舶在坞期间进行检验或其他修理工作,只要被保险人的修理工作不曾延长被保险船舶在坞时间或增加任何其他船坞的使用费用,保险人不得扣减其应支付的船坞使用费用。

(四)被保险人为获取和提供资料和文件所花费的时间和劳务,以及被保险人委派或以其名义行事的任何经理、代理人、管理或代理公司等的佣金或费用,本保险均不给予补偿,除非经保险人同意。

当船舶发生海事受损以后,被保险人必须提供足够的、详细的各种文件或单证,证明其船舶的损失程度和作为索赔的依据。这些工作是被保险人向保险人索赔前必须要做的。根据《保险法》的其他相关规定,这项工作也是其本身的义务。被保险人在做这项工作时所花费的时间和劳务,本保险是不负责补偿的(共同海损理算报告除外)。这项工作包括被保险人委派或以其名义行事的任何经理、代理人、经理或代理公司等的佣金或费用,但如经保险人同意,由被保险人委请其某个代理人或经理公司处理的案件除外。例如,船舶在一个没有保险代理人的国家发生海事,但该案又必须在该国处理,这时,保险人往往会同意该案可由被保险人请其船舶代理人代表被保险人和保险人在该国办理。对聘请这个船舶代理人的费用和劳务,保险人是给予支付的。总之,这种费用和劳务只有事先经保险人同意,方能给予补偿。

(五)凡保险金额低于约定价值或低于共同海损或救助费用的分摊金额时,保险人对本保险承保损失和费用的赔偿,按保险金额在约定价值或分摊金额所占的比例计算。

这个条款有一个误写的地方,将"分摊价值"误写成"分摊金额",此次修订仍未做改动。

保险金额(amount insured)是指保险人与被保险人双方根据保险标的的约定价值而约定的船舶标的本身的赔偿限额,并以此金额作为计算保险费的基础。保险金额在正常情况下等同于约定价值,即被保险人要按标的的约定价值足额保险。

约定价值(agreed value)是指保险人与被保险人双方根据保险标的投保时的市场价格商定出的一种用于确定保险金额基础的价值,即保险价值。

船舶作为动产,在不同的市场有着不同的价格,因此,船舶在投保时,保险人与被保险人必须就船舶价值进行约定,将这种不同的价格衡定为固定的价格做其保险价值,以便确定保险金额。保险金额高于保险价值金额的,属超额保险,超额部分在法律上是无效的;低于保险价值金额的,属不足额保险,不足额部分在法律上视为共保。我国《海商法》第219条规定:"保险标的的保险价值由保险人与被保险人约定。保险人与被保险人未约定保险价值的,保险价值依照下列规定计算:(一)船舶的保险价值,是保险责任开始时船舶的价值,包括船壳、机器、设备的价值,以及船上燃料、物料、索具、给养、淡水的价值和保险费的总和。"如果保险金额经双方约定低于约定价值,客观上形成了保险人和被保险人共保的局面,因此,在保险赔偿时,要按保险金额在约定价值所占的比例计算。如果在核定共同海损和救助费用的分摊价值时出现保险金额低于保险船舶完好的市场价值时,也视为共保,也要按保险金额在分摊价值中所占的比例计算承担赔偿责任。

(六)被保险船舶为同一船东所有,或由同一管理机构经营的船舶之间发生碰撞或接受救助,应视为第三方船舶一样,本保险予以负责。

本款亦称"姊妹船条款"。制定本条款的目的在于维护被保险人的利益,保障同一船东所有的船舶相互发生碰撞或接受救助而造成保险船舶的损失和产生的费用能够得到保险赔偿,同时也鼓励船东能够动用姊妹船对其遇难的保险船舶进行救助。船东在采取这一救助措施时,要事先征得保险人的同意,否则,根据本条款第四条(一)款和第六条(三)款中的相关规定,保险人不负责赔偿或自动终止保险。

十一、争议的处理(Treatment of Disputes)

因履行本保险合同发生的争议,由当事人协商解决。协商不成的,提交保险合同载明的仲裁机构仲裁;保险合同未载明仲裁机构且争议发生后未达成仲裁协议的,依法向有管辖权的法院起诉。

本保险合同适用中华人民共和国法律(不包括港澳台地区法律)。

《09远洋船舶保险条款》增添了一款法律适用条款,明确适用我国法律,弥补了《86远洋船舶保险条款》修订时因中国《海商法》和《保险法》未出台而无法制定该款的缺憾。但《09远洋船舶保险条款》删掉了原来简单的条款文字:"被保险人与保险人之间所发生的一切争议,需要仲裁或诉讼时,仲裁或诉讼的地点在被告方所在地",不仅有"为修订而修订"之嫌,而且会产生一些问题。

首先,合同发生争议,"由当事人协商解决。协商不成的"是可删去,因为任何合同在解决争议时,都会先协商。任何诉诸法律或通过仲裁解决的争议都是协商不成的结果。这种语言是20世纪80年代合同中常用的词句,还要加"友好"两字,这种语言在修订《86远洋船舶保险条款》时就废止了。

其次,船舶作为保险标的,流动性大,远洋船舶的流动性更大,而且具有国际性,设定诉讼地点对保险人来说是较为有利的,因为保险合同争议往往是保险人作为被告,因此,一旦被保险人在国外其他有管辖权的法院告我国的保险人,尽管根据合同规定要依据我国法律判决或裁决,也会因文化背景的不同,产生不利于我国保险人利益的后果,因此,该条应在必要时再修订。

以上是对《09远洋船舶保险条款》的全面解读。总的来说,虽然该条款是在《86远洋船舶保险条款》的基础上几乎是完全照搬过来进行修订的,但从最后的争议处理条款修订的文字中不免发现,该条款已不再是一个国际条款,而是一个仅适用承保国内船东的条款。如果国外船东要使用这个保险条款,恐会出现一些难以处理的问题。

思考题

1. 全损险与一切险的承保范围有什么区别?
2. 船舶保险的除外责任有几项内容?
3. "潜在缺陷"部件本身损坏的更换或修理,保险人给予赔偿吗? 为什么?
4. 船舶航次保险生效后被保险人可以退保吗?
5. 船舶保险在特定情况下理论上能赔偿几个保险金额?
6. 船舶保险的免赔额是如何规定的?

第七章

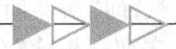

我国船舶保险与英国协会船舶(定期)保险条款的区别

由于多年来我国在国际船舶保险市场有着独立的地位,我们的条款与国际市场的条款虽然不存在大的差异,但也有许多不同之处,尤其是英国在《83协会条款》之后又进行了多次修订,我们因对其的一些修订并不赞同,并没有跟随其后做调整,事实证明,他们的修订有些实无必要,也使他们的条款趋于复杂,增加了无须保险人提示与讲明但被保险人也必须要做的条款,使被保险人感到过于严厉,不愿意接受,最后不得不进入不断在短期内修订条款的怪圈中,至今尚未走出困境,不仅不利于经营,也浪费了时间。

我国从《86远洋船舶保险条款》到《09远洋船舶保险条款》的修订有23年的时间,这期间,我们对英国数次的修订都进行过充分的分析,没有按其做相应的调整,但相比较而言,我们并不落后,仅以《86远洋船舶保险条款》与其《2003年协会条款》相比就不逊色,优点仍很鲜明。为便于理解我国条款与英国条款的区别,本章将对我们条款中的主要内容与英国各阶段修订的主要内容加以介绍。

一、与《83协会条款》的比较

我国船舶保险市场的船舶保险条款与《83协会条款》相比,在格式和语言上有简练、易于理解和便于操作等优点,并且已经为国际再保险市场广泛接受。可以说,该条款对我国船舶保险业务的发展乃至《海商法》《保险法》的出台均做出了积极贡献。但是,由于《83协会条款》有着世界范围的影响,有时国内船东为了方便开展国际租船业务,在投保租赁的船舶时往往根据租船人或承租人的要求,仍使用《83协会条款》承保其船舶,此外,通过海外经纪人介绍来的海外船舶保险业务也多有类似要求。

这两个条款的主要区别有以下几个方面。

(一)法律适用不同

《83协会条款》的首要条款规定了"本保险受英国的法律和惯例管辖",而《86远洋船舶保险条款》没有适用法律的规定。这是因为《86远洋船舶保险条款》于1986年1月1日实施,当时我国《海商法》和《保险法》尚未出台,船舶保险适用法律还需大量参照国际保险惯例和相关的规则及公约。

我国《海商法》和《保险法》颁布实施后,人们认为《86远洋船舶保险条款》虽然未做相应改动,自然要适用我国的《海商法》和《保险法》以及后来出台或修订的相关法律。尽管这一观点有悖法律"不可追溯"的原则,但在《海商法》和《保险法》或修订的相关法律出台后,该条款并未做修订,必然会产生自然适用问题。《09远洋船舶保险条款》修订后已不存在这个问题。

(二)保险条款格式不同

《86远洋船舶保险条款》没有将"全损险"与"一切险"用两个格式分开,而是体现在一个条款中,这是自《86远洋船舶保险条款》制定以来的一种有别于国外的模式,也可以说是其特色。英国《83协会条款》则分别有4个独立的条款,即"协会船舶定期保险条款"(相当于《86远洋船舶保险条款》的"一切险")、"协会船舶定期全损险"(相当于《86远洋船舶保险条款》的"全损险")、"单独海损绝对不赔险"(相当于《86远洋船舶保险条款》的"全损及四个附加险",包括共同海损、碰撞责任、救助费用及施救)、"损坏绝对不赔险"(包括碰撞责任、救助费用及施救)。

(三)碰撞责任的赔偿规定不同

我国自创建自己的船舶保险条款以来,一直承保4/4碰撞责任,《83协会条款》仅承担3/4碰撞责任,这是我国船舶保险与世界绝大多数国家船舶保险条款最根本的重大区别。在《83协会条款》碰撞责任下,仅负责船舶与船舶之间直接碰撞所引起的被保险人应负的法律赔偿责任,不负船舶触碰固定建筑物或浮动物体的赔偿责任;我国的条款则既承担船舶与船舶之间的直接碰撞所引起的被保险人应负的法律赔偿责任,也承担被保险船舶触碰任何固定的、浮动的物体或其他物体而引起的被保险人应负的法律赔偿责任,但对任何固定的、浮动的物体以及其他物体的延迟或丧失使用的间接费用不予承担。

(四)"海运"条款的具体规定不同

《86远洋船舶保险条款》的海运条款(navigation)的条文简单,是参考《83协会条款》海运条款中类似的条文做出的规定。《83协会条款》不仅有此规定,而且将被保险船舶非习惯性的被拖带不作为承保项下的责任,并视为是被保险人的一种保证,非常严厉。

我们在修订《86远洋船舶保险条款》时,考虑到专门从事拖带与救助服务的船舶从其结构及安全性上都有特殊要求,普通船舶不宜从事拖带或救助服务,才做了与《83协会条款》同样的规定;而对非习惯性的拖带,我们认为,如保险船舶无海事发生,正常的船舶不是停靠的情况下发生被拖的情况,其本身已改变了船舶的用途,应事先通知保险人,其本身性质已不属船舶保险承保范围,且保险条款已就船舶改变用途有条款限定,因此不用在此用不同形式列明。

《83协会条款》考虑的是,"劳合社标准拖带合同"规定,承拖方对拖轮船长、船员、引航员或其他受雇人、代理人在驾驶拖轮或管理拖轮中的过失以及在海难救助或企图救助人命或者财产时的过失所引起的一切损失由被拖方承担赔偿责任。这种规定明显不利于被拖船舶。他们认为,保险条款如不加此限定,如保险船舶作为被拖船发生拖船过失造成拖船损失时,会额外增加保险人承保的责任,保险人赔偿后并不能获得拖船的赔偿。因此,他们将其作为一种保证来维护保险人的利益。

(五)关于"保险终止"的规定不同

《83协会条款》对船级社或船级方面的变化导致保险自动终止的事由规定如下:

1. 船级社变更(change of the classification society);

2. 船级变更(change of class);

3. 船级停止(suspension of class);

4. 船级中止(discontinuance of class);

5. 船级撤销(withdraw of class);

6. 船级届满(expiry of class)。

我们的条款对船级变化引起的保险自动终止的保证事由仅规定了4项:

1. 船级社变更(any change of the classification society);
2. 船舶等级变动(change of class);
3. 船级注销(cancellation of class);
4. 船级撤回(withdraw of class)。

《83协会条款》规定,如果因协会定期险或战争、罢工险所承保风险引起的船级变更、暂停、中止和撤回,在未经船级社事先同意的情况下,私开航将导致保险自动终止,并在该条第二款规定,对空载船舶责任终止规定为可推迟至船舶到达目的港时为止。《86远洋船舶保险条款》没有明确这项规定,主要是因为在修订条款时认为,《83协会条款》的这种规定有画蛇添足之嫌,条款中的变更、变动、注销、撤回等包括一切船级变化的内容增加了此条文,反而将前面的条文内容缩小了。

(六)保险费的交付和退费的计算方法不同

《86远洋船舶保险条款》对保险费的交付做了具体规定,而《83协会条款》没有类似规定。

1. 《86远洋船舶保险条款》规定,在被保险船舶退保或保险终止时,退费按净保险费的日比例,自保险终止日起退还给被保险人;《83协会条款》则是从未开始的月份每月按比例退费。

2. 根据《86远洋船舶保险条款》的规定,停泊退费是停泊超过30天后,按净保险费日比例的50%计算退费;《83协会条款》的停泊退费则是以30天为一期,即停泊29天没有退费,停泊59天也只按一期退费。

3. 《86远洋船舶保险条款》规定,停泊退费按净保险费日比例的50%办理;《83协会条款》停泊退费的比例分停泊修理或不修理两种情况,需要在签订合同时由保险双方约定具体的比例数。

4. 《86远洋船舶保险条款》规定,停泊超过30天的停泊期分属两张同一保险人的连续保单的情况下,停泊退费应分别按两张不同保单的费率及天数计算;《83协会条款》则规定被保险人选择按任意一张保单的费率来计算这一期的退费。

二、与《95协会条款》的比较

(一)《95协会条款》修订的原因

1995年11月1日,伦敦保险市场开始使用《1995协会船舶保险定期条款》(简称《95协会条款》)。据劳合社承保人协会(Lloyd's Underwriters' Association,LUA)和伦敦承保人协会(Institute of London Underwriters,IUA)的联合船舶委员(Joint Hull Committee,JHC)报告称,《95协会条款》是对《83协会条款》的修订,主要是因为海事法律和船舶营运和管理活动已有了巨大变化,认为《83协会条款》已不适应形势的发展。

1. 海事法律方面的变化。所谓海事法律的变化,是指1995年1月1日英国法律引入《1989年国际救助公约》,导致"劳合社救助合同"格式做了相应修订。与此同时,修订后的1994年《约克—安特卫普规则》也于1995年1月1日开始生效(相关内容请见,第十六章共同海损、第十七章海上救助)。劳合社市场认为,公约和规则的变化要求《83协会条款》做相应的修改。

实际上，即使上述公约和规则不做大的修订，协会条款也必须进行文字修订，因为协会条款规定对《约克—安特卫普规则》的使用明确了要使用哪一年的规则，在这方面，我们原来的《86远洋船舶保险条款》没有定明，较协会条款灵活。

2. 船舶营运和管理活动的变化。20世纪80年代开始，国际航运随着国际贸易的迅速发展，航运经营方式与以往相比发生了极大的变化。首先，没有船舶产权的船舶管理公司大量涌现，一些船舶交给这些公司管理，由于这些公司对船舶没有所有权，使船舶维修和保养得不到及时安排，导致船舶的安全性受到威胁。其次，为摆脱本国的高税收和逃避海事侵权引发的巨大赔偿责任，悬挂方便旗的船舶越来越多，给海事案件和海事救济的处理带来了许多麻烦。最后，船舶的修理费用大幅上升，加剧了保险的赔偿支出，不仅使船舶保险市场无赢利的可能，而且使再保险市场普遍亏损。

鉴于上述情况，作为世界船舶保险中心的劳合社市场认为有必要对《83协会条款》进行必要的修订。

(二)《95协会条款》增添的主要内容

基于修订的原因，决定了《95协会条款》增添的主要内容基本都是维护保险人利益的。

1. 增加了约束被保险人的"船级条款"。该条款与货物运输险的"船级条款"有性质上的区别，货物运输险的"船级条款"原是规定货物装运在非国际船级社协会成员入级的船舶或船龄超过规定年限的旧船上，保险人要增收保险费；《95协会条款》增添的第4款"船级条款"是约束被保险人、船东、船舶管理人要按"保险人同意的船级社入级而且维持在该船级社的船级"(条款4.1.1)，同时，该条款给予了保险人一种权利，即"在与船级社联系以获取信息和文件时，被保险人要提供必要的授权"(条款4.4)。

对保险人来说，上述4.4款有实际用处，因为船级社对入级船的信息给予保密，保险人向其索要与保险船舶相关的信息，必须要得到入级船东的授权。其他诸项可以由第5条终止条款解决，因为承保时，保险人认为所入船级社不合适的，可以不予承保，续转时也如此，承保期间有变化，保险人不同意，保险即告终止。

实际上，此条款可作为被保险人的义务加在被保险人义务条款中。我们的条款无此规定，如修订，可考虑将此规定加在被保险人义务条款中。

2. 修订了共同海损和救助条款。《95协会条款》修订该条款主要是针对修订后的1994年《约克—安特卫普规则》和1989年《国际救助公约》关于油污损害特别补偿的。油污损害特别补偿的费用能否列入共同海损在修订《约克—安特卫普规则》时有争议，最后以让步与妥协告终，即否定"环境损害"，承认4种情况下的"防止费用"。①

由于油污损害及防止油污损害的费用一直由船东保赔保险承保与赔偿，而新的共同海损规则扩大了船舶保险人的赔偿范围，这对当时经营处于亏损状况的海上保险行业来说是不愿意看到的，因此，伦敦保险人也不愿意承担这种多余的责任，为此，在《95协会条款》增加10.3和10.5.2款，将1994年《约克—安特卫普规则》XI<d>款的规定排除在承保范围以外。

我们的条款虽无此规定，但根据条款赔偿"共同海损、救助、救助费用的分摊部分"的规定，在未明确不赔偿"防止费用"的情况下，如用1994年《约克—安特卫普规则》理算，就要对一部分能分摊的"防止费用"予以负责。如按照我国的理算规则，这部分"防止费用"还不

---

① 相关内容请查阅1994年《约克—安特卫普规则》中字母规则C款和数字规则XI<d>款。

能认入共同海损之中,因此,我们的条款如修订,须根据经营情况决定是否有必要对这部分进行修改。

《95协会条款》还有其他一些改动,例如,被保险人采取防污措施产生的施救费用排除在赔偿之外;核装置或核反应堆事故不再作为承保风险等,此不再赘述。《95协会条款》公布以后,由于该条款主要增加了对被保险人的约束条款,因此执行起来,响应者甚少,就是在伦敦保险市场上使用也不多,遭到保险市场的排斥,实际等于修订失败,这种情况在伦敦保险市场还数头一次。

当时我们在研究此条款时就认为,这个条款的修订无实际意义,并认为如仅是为适应1994年《约克—安特卫普规则》和1989年《国际救助公约》,仅增一款规定即可(况且即使承保了可认入共同海损的"防止费用",也没有什么大不了),没必要大动干戈;同时,《86远洋船舶保险条款》承保"共同海损、救助、救助费用的分摊部分",而特别补偿不能分摊的部分不属承保范围,不受规则和公约变化的过多影响,没必要进行更动。"船级条款"增加的内容在实践中的意义并不大,因为船舶信息的获得渠道很多,无须订立一个条款刺激被保险人,影响业务的开展。事实证明,《95协会条款》的这种修订属于劳合社市场的错误,也可能是由于当时海上保险业亏损而被迫出台的。

三、《2002协会条款》与《2003协会条款》

由于《95协会条款》受到市场冷落,使伦敦劳合社的声誉与权威性在国际水险市场上受到严峻的挑战,迫使劳合社重新考虑在《83协会条款》的基础上修订新的条款。2002年10月31日,仍由联合船舶委员代表IUA[这时"伦敦承保人协会"已在1998年与伦敦国际保险和再保险市场协会合并为伦敦国际承保人协会(International Underwriter Association of London,IUA)]和LUA宣布,从即日起开始使用2002年协会修订的条款。该条款的全称为《国际船舶保险条款》(International Hull Clauses 1/11/02,简称IHC)。伦敦水险市场将该条款冠名为"国际",实有挽救伦敦水险市场自20世纪80年代以来逐渐丧失其在水险市场的权威性之嫌疑,想通过文字来表示其渴望,殊不知这种渴望在经济全球化的今天已成为一种不可能。

2002年协会修订的条款(以下简称《2002协会条款》)共计53条,比《83协会条款》的26条多了27条,所增加的条款大部分为船舶保险市场早已实行的限制规定和承保时可根据被保险人的要求所提供的附加风险保险,如冰区限制条款(条款第32条)、固定与浮动物体(条款第1条)、4/4碰撞责任(条款第40条)等。应该说,《2002协会条款》的修订改变了完全维护保险人利益的做法,但是条文如此之长,更使该条款陷入早已被保险市场唾弃的复杂、难懂的情况中,说明英国律师界、保险界还未从20世纪70年代末和80年代初联合国贸发会立法工作会议的反对声中清醒过来。

《2002协会条款》出台后,经过一年的检讨,2003年又进行了修订,出台了《2003协会条款》,该条款减少了3条,分为3部分:第一部分为主要承保条件;第二部分为附加条款;第三部分为索赔规定。目前,《2003协会条款》是伦敦水险市场使用的标准条款,但由于该条款尚未被市场普遍接受,因此《83协会条款》仍可在市场使用。

纵观2002年和2003年协会条款的内容,虽然似乎将保险合同双方的权利与义务乃至保险理赔程序较为详细地反映在条款中,但忘记了船舶保险合同具有"格式和要式"合同两重性,签订合同时,合同中的有些条款只要不违反法律要求,均可以修改,因此,作为保险合同的主要条款,无须如此繁杂。笔者认为,这一条款的修订并不成功,其结果是否会与《95协会条款》一样,供研究的多、使用的少,还需在市场中验证。

与其相比,我们的条款显得更简明,不足之处是亟须对原有的问题进行修订,同时要根据具体的市场情况,考虑推定全损的条件、被保险人的义务、航区的限制、救助特别补偿的规定是否要进行补充,以适应共同海损的规则与国际公约以及《国际安全管理规则》(ISM Code)的变化与要求。

思考题

1. 《86 远洋船舶保险条款》承保的碰撞责任的赔偿与国外的规定有什么不同?
2. 《86 远洋船舶保险条款》的停泊退费方式与英国的规定有什么不同?
3. 你认为《86 远洋船舶保险条款》在哪些地方还须做修订?应如何修订?

第八章

解读船舶战争、罢工险条款

第一节 船舶战争、罢工险条款概述

船舶战争、罢工险(hull war and strikes)简称"船舶战争险",具体包括两方面的风险,即战争风险和罢工风险。战争风险的产生主要是由战争以及类似的武装冲突等行为造成的。罢工风险的产生主要是由雇员的罢工、被迫停工或类似事件所致的过激行为造成的。战争风险和罢工风险产生的背景错综复杂,涉及因素多种多样,如政治分歧、种族仇恨、领土纠纷、各种利益冲突等,但都是为了各自的利益和信仰,利用各种手段,达到自己的目的。

历史上大的战争有:第一次世界大战、第二次世界大战;历史上大的局部战争有:日本发动的"侵华战争",美国发动的"侵朝战争""侵越战争",苏联发动的"阿富汗战争",伊拉克发动的"两伊战争"以及随后引发的"海湾战争"等。而罢工险在第二次世界大战以后,随着人们道德意识的进步,罢工产生的暴力事件越来越少,因此,罢工风险给保险标的带来的损坏趋于平缓。相反,战争风险却随着世界大国间冷战的升级,对保险标的构成了严重威胁,趋于上涨。尤其是在政治不稳定的国家和地区,武装冲突和武装暴动愈演愈烈,侵略战争也时有发生,特别是20世纪末恐怖分子的出现,给人们的正常生活以及财产安全蒙上了一层阴影。

战争有正义的战争与非正义的战争之分,但无论是正义的战争还是非正义的战争,不仅给敌对双方带来巨大的损失和灾难,而且往往殃及无辜的第三方。战争给人类的生存和社会财富带来的危害是显而易见的,它的损害程度是其他风险不可比拟的,其发生概率也是不能测算出来的。例如,1967年埃及和以色列的战争导致14条国际船舶被封在苏伊士运河内而受损。1980年伊拉克、伊朗两国爆发的"两伊战争"使70多条国际商船被封在阿拉伯河口内,有的被击毁、击沉,损失达数十亿美元。再如,2001年9月11日,在美国发生了骇人听闻的恐怖分子劫机撞毁曼哈顿国际贸易中心双子星大厦事件,数千条生命和几十亿美元的财产毁于一旦。据中国日报网站消息称,英国经济和商业研究中心2001年9月24日发表报告预测,"9·11"恐怖袭击事件导致2002年全球国民生产总值减少4 667亿美元。

战争风险被保险界所重视是在19世纪,当时一些西方国家内部经常爆发革命、国内战争、武装冲突以及海上运输中经常遭遇海盗的袭击,给当时从事各种商业活动的人们带来了不同程度的危害。随着保险业的发展,保险人也感到人们对这种风险造成的损失有渴望得到补偿的需求。因此,当时保险业发达的伦敦市场开发了此种战争险保险业务。英国海上保险市场从17世纪就开始在"劳氏保险单"(即劳氏S.G.保单)中定明承保战争风险。劳氏S.G.保单是既能用来承保船舶又能用来承保货物的保险单格式,直到1898年,所谓的劳式新海上保险单格式出台之前,战争险才以在劳氏保险单中加帖"不保捕获和扣押保证条款"(free of capture and seizure warranty clause)的方式,与正常的海上风险分开承保,与此同时,伦敦保险市场又成立了第一家战争险承保协会,船舶战争险就在这种历史背景下作为海上保险的单独险种诞生了。

船舶战争险从发展到完善是一个渐进的过程,也是人们对战争风险不断认识的过程。例如,1967年之前,船舶战争险的承保风险中没有"封锁"的风险,1967年,由于埃及和以色列的战争,发生苏伊士运河封闭事件后,"封锁"才作为战争风险中的一种列入承保范围中来。20世纪70年代到90年代初,"海盗"风险对海上船舶的损害日益减少,它又被列为一般海上风险,剔除船舶战争险的风险范畴。但随着索马里海盗的出现,海上船舶安全所受到的严重威胁是否会将此风险回归战争险范围,仍是一个有待研究的课题。

我国的保险公司自开办船舶战争、罢工险以来,一直是作为船舶保险中的一个附加险种,尚未以单独的险种办理,为此,保险公司在修订《86船舶保险条款》时,将战争险条款一并写在一个条款中,船舶保险主条款的各条款也适用于该项保险。需要注意的是,如果船舶保险条款中的规定与船舶战争险条款中的规定相抵触,以后者的内容为准。现行的09版《船舶战争、罢工险条款》是照搬《86船舶战争、罢工险条款》的,仅将除外责任的文字改成黑体字。因此本章仍以《86船舶战争、罢工险条款》为主加以介绍。

第二节 解读船舶战争、罢工险条款

本解读仍以1986年修订的《船舶战争、罢工险条款》的条款次序逐条进行解读。条款原文用黑体字,09版所改成黑体字的在文字下面用黑线标注。

一、责任范围

本保险承保由于下列原因造成被保险船舶的损失、碰撞责任、共同海损和救助或施救费用:

由于我国的战争险是船舶保险中的一个附加险种,船舶保险主条款的各条也适用于该保险,因此,战争险条款未做全损险和一切险的"险别"划分,它随船舶保险的"险别"走。船舶保的是全损险,它就是全损险;船舶保的是一切险,它就是一切险。

(一)战争、内战、革命、叛乱或由此引起的内乱或敌对行为。

战争(war)是指国家与国家之间,民族与民族之间,阶级与阶级之间或政治集团与政治集团之间,以推翻对方的政权,占领其领土,掠夺其资源,要求对方接受自己的条件等为目的的武装冲突状态。例如,1990年,伊拉克为掠夺石油,控制整个中东地区的石油贸易,悍然出兵侵占科威特,随后,美国和西方一些国家以维护和平为由,掀起了"海湾战争"。再如,1999年,以美国为首的北约组织以调解南斯拉夫内部矛盾、维护和平为由,以武力轰炸南斯拉夫的科索沃,引发"科索沃战争"。这两次战争都带有明显的政治和经济利益的目的。"海湾战争"是美国为了防止伊拉克入侵科威特后,将占有绝大部分中东地区的石油资源而损害美国在中东的石油贸易利益;"科索沃战争"是美国为了进一步扩大北约在欧洲的势力,扫清钳制俄罗斯乃至控制整个欧洲的最后一个障碍。上述两次战争期间,前往该地区的商船均有可能遭到袭击而受损失,因此,当时波斯湾地区各港口以及南斯拉夫的各港口均被列为战争险的特殊战区。

内战(civil war)是指在一个国家内部发生的战争,包括不同的政治团体、政权组织或军阀之间,反动统治阶级内部之间,国内革命力量与反革命力量之间为了争夺国家或地区的统治权或推行各自的政治主张而使用武力在政治和军事上进行的较量。

革命(revolutionary)和叛乱(rebellion)是指一个国家内部某个或某些政党、政治团体、民众组织对政府当局的统治不满,为推翻政府当局统治而发生的政府军与非政府武装力量之间的军事对抗。不同的是,前者是以某种政治主张作为理论基础,有组织、有计划、有领导地推翻现政权,建立新政权,以求改变原有的社会制度及政体的行为;而后者往往是一些从内部叛离出去或不满政府当局的人,公开与政府当局进行武力对抗的一种行为。

内乱(civil strife)是指由于战争、内战、革命、叛乱使国内政局动荡,现政府对政局失去有效的控制,从而引起国民的恐慌、骚动,对人民生活的安定和财产的安全具有很大影响和破坏力的一种社会状态。

敌对行为(hostile act)也是指由于战争、内战、革命、叛乱而使两国、两党、两派之间互不相容,相互仇视,进而发展成为武装冲突或暴力冲突的行为。

内乱和敌对行为是对战争、内战、革命、叛乱等风险的重要补充。在战争、内战、革命、叛乱或造反发生时,政府有可能会发生对社会失去管控能力,除了有明确政治目的的反政府武装集团外,可能还会出现许多政治目的不明确的武装力量,或占地为王,或趁乱打劫,引起不同规模的社会骚动,损及保险标的。须注意的是,"内乱"和"敌对行为"必须是由"战争、内战、革命、叛乱"等风险引起的。一般的"内乱"和"敌对行为"不在承保风险之内。

保险人应注意的是,此类风险发生后往往会有一个较长的交涉时间。无论是由船东自行交涉,还是通过外交途径,最后一定要有船舶已经无法取得的后果,才能构成风险。如果通过相关途径船舶获释,风险就解除了。因此,需要一定时间来确定赔案是否成立,不要出现风险发生后保险人迅速赔偿,结果没多长时间,船舶获释了,导致处理上极为不便。

(二)捕获、扣押、扣留、没收或封锁,但这种赔案必须从发生之日起6个月才受理。

捕获(capture)是指战争期间或敌对行为产生以后,一方船舶进入对方港口或水域,而被对方作为战利品或作为报复措施将其占为己有的行为。被捕获船舶的船东无法再得到该船,将完全失去其所有权。

扣押(seizure)、扣留(arrest)和羁押(detainment)3种风险的定义在法律上虽有不同的界定,但对保险来说,其实际意义基本相同,均是通过强制手段把人或财物留住不放,只不过扣留的时间因法律的规定不同而有所不同。这里所指的扣押对象为保险船舶。扣押人不限于敌人,也不限于政府或其授权人,既不限于合法扣押,也不限于以取得财产所有权为目的的扣押。扣留和羁押都是政府当局出于政治和行政上的目的,通过法定程序和其他合法方式,行使行政权力,阻止财产的正常使用和处置。

需要注意的是,这里所提到的3种情况不同于通常情况下因发生侵权行为、合同纠纷、债务问题而引起的扣留。例如,保险船舶碰撞他船或触碰码头、灯塔等海岸设施,受损方为保障自身的权益,通过法律程序扣押船舶以求得到海事保证保全(担保函)。

没收(confiscation)是指政府或有关当局使用行政权力,强行取得财产的所有权。例如,国家对载运战争违禁物品、走私物品或企图运往封锁地区供应品的船舶,采取强制剥夺或侵占船东所有权的行为。

封锁(blockade)是指由于政治原因或战争爆发,相关国家或相关当局实施武力,对某一地区海域、河段、港口采取未经同意任何船舶不得驶出或驶入的戒严行为。保险所指的"封锁",是指船舶在戒严时或已经被围困在里面有可能由此造成损失的风险。1980年的"两伊战争",70多条国际商船被封在阿拉伯河口内出现的各类损失是典型的封锁风险。

(三)各种战争武器,包括水雷、鱼雷、炸弹。

各种战争武器(weapons of war)是指除《86船舶战争、罢工险条款》除外责任规定的原子弹、氢弹、核武器以外的任何常规武器,包括战争结束后,船舶遭受未被清除或残留的水雷、鱼雷、炸弹的爆炸而带来的损失。

(四)罢工、被迫停工或其他类似事件。

罢工(strikes)是指雇员为实现某种要求或表示抗议等目的,有组织、有计划、有方针、有目的地采取集体停止工作的行为。这种行为的起因可能是出于对政府或对雇主的不满,也可能是带有某种政治因素。由于罢工本身就属于一种人员的过激行为,因此,它也被列为一种风险。罢工所涉及的人员范围比较广泛,包括社会各界、各行业的受雇人员。对船舶保险来说,承保这种风险主要是针对过激的罢工行为损毁保险船舶,但对开工不足引起的间接损失,如船期损失和船上的货物及物品的腐烂等,保险人不负责赔偿。

被迫停工(lock-outs)是指因政府相关部门停止、撤销、关闭,或工厂、企业、业主关闭或破产倒闭等原因,导致工人被迫无法进行正常工作的一种情况。这种情况引发的风险如同罢工风险的后果一样。

(五)民变、暴动或其他类似事件。

民变(civil commotion)是指较大规模的社会性骚乱,它的起因往往是由于民众与政府之间、民众与民众之间各种矛盾的积累长期得不到解决,而民众爆发出有碍社会安定的过激行为。

暴动(riots)是指民众对政府当局的统治不满,且由于长期在这种势力束缚和压抑下而爆发的有组织的暴力反抗政府当局的行为。

上述两种风险一旦发生,对社会财产的安全危害很大,为防止这种危害波及保险船舶,保险将其列入战争、罢工险之中给予承保。

(六)任何人怀有政治动机的恶意行为

恶意行为(malicious acts)是指出于某种政治动机,明知此种行为会损毁他人财产、损害他人利益而故意为之的行为。应该说,这种行为的后果是既损人又不利己,仅出于政治目的。从字义上讲,它包括目前的各种恐怖袭击。

二、除外责任

由于下列原因引起被保险船舶的损失、责任和费用,本保险不予赔偿负责:

(一)原子弹、氢弹或核武器的爆炸。

随着科学技术的飞速发展,各种战争武器也在不断地更新升级。继核武器在第二次世界大战中首次使用以来,以美国和苏联为首的两个超级大国开展军备竞赛,各种杀伤力和破坏力极大的核武器相继涌现,这类武器所造成的破坏性范围之广、损坏性之巨大是常规武器不能比拟的。因此,各国保险人对这类武器无论是用于战争还是搞试验所造成的被保险船舶的损失不予赔偿。

(二)由被保险船舶的船籍国或登记国政府或地方当局所采取的或命令的捕获、扣押、羁押或没收。

保险公司对上述情况不予赔偿的原因是,这种情况的发生往往是由于被保险人违反其本国或登记国的有关法律规定,或从事非法活动,或拖欠政府的贷款或税收所造成的。此外,政府体制或政策上的变化有时也会引发扣押事件。

(三)被征用或被征购。

征用(requisition)往往是本国政府或有关当局出于某种目的,通过行政命令对船舶实行控制和运作。征用是政府对船舶强行使用或强行雇用的一种行为。

征购(pre-emption)是指政府或当局通过行政命令,对保险船舶进行强制购买的一种行为。

上述两种行为虽然不一定会使船东在经济上受到损失,但船东未必愿意卖船,因此,有可能在强行征用或征购中造成保险船舶受损。对这种损失,保险人不承担赔偿负责。

(四)联合国安理会常任理事国之间爆发的战争(不论宣战与否)。

联合国安全理事会常任理事国是指美国、英国、法国、俄罗斯和中国。这5个国家无论在政治影响上,还是军事力量上,均对整个世界的和平与稳定起着举足轻重的作用。如果5个常任理事国之间或其中两个国家之间爆发战争,其波及面和造成损害的程度是无法估量的。另外,这些国家的保险业也很发达,尤其是这些国家之间再保险业务往来几乎控制了整个世界的保险市场,一旦战争爆发,保险人本身很难得到保障,更谈不上偿付其他被保险人的损失。因此,保险人对此种风险不予承保。

三、保险终止

根据《86船舶战争、罢工险条款》的规定,保险人承保船舶战争险后,保险人有权向被保险人发出注销通知,终止保险人在该保险项下的责任。具体规定如下:

(一)保险人有权在任何时候向被保险人发出注销本保险通知,在发出通知后7天期满时生效。

没有特殊情况,保险不保已知风险。一旦已知某国或某地区发生战争、罢工事件,保险船舶再进入该国水域或停靠该国的某港口,航行没有安全感,风险随时可能发生,大大超过不发生的可能性,失去了商业保险运营的基础,因此,各国保险人在制定合同条款时,均规定保险人有权向被保险人发出保险注销通知,终止该保险项下的责任,终止自通知发出后满7天生效。对这种情况,我国《海商法》未做具体规定,从法律的角度出发,保险人的这种通知属于合同的特殊约定。

(二)不论是否已发注销通知,本保险在下列情况下应自动终止。

1. 任何原子、氢弹或核武器的敌对性爆炸发生。

在除外责任的规定中,仅规定原子弹、氢弹或核武器的爆炸保险人不负赔偿责任,这里指的是敌对性的爆炸。众所周知,一旦核武器发生敌对性的爆炸,意味或预示着残酷的战争即将爆发或已经爆发,因此,保险合同规定,不论是否已发注销通知,只要核武器发生敌对性爆炸,保险将自动终止。

2. 联合国安理会常任理事国之间爆发的战争(不论宣战与否)。

此款内容在除外责任中已有介绍,这里又将此款列为保险合同自动终止的条文,其道理与上款核武器发生敌对性爆炸一样,联合国安理会常任理事国之间只要爆发战争,后果都是严重的,保险将自动终止。

3. 船舶被征用或出售。

船舶一旦发生被征用,船东无任何办法阻止,征用的后果难以预测,有时也会使船舶改变其商业运输行为,失去其正常的商业性经营目的,加大风险,例如,在与阿根廷争夺马尔维纳斯群岛的战争中,英国政府征用了数艘商船做军用供给船。因此,自船舶被征用时起,合同必须自动终止。理论上,船舶发生征用,在征用期间,船东的营运损失或船舶的损坏,征用者能够在一定程度上给予补偿。

四、承保原则

(一)本保险系本公司船舶保险的附加险,船舶保险的条款也适用本保险。但与本保险有抵触时,则以本保险条款为准。

(二)被保险船舶如同时有其他保险,任何索赔应由其他保险负责时,本保险不负赔偿责任。

(三)如本保险由于第三条的原因终止时,净保险费可按日比例退还给被保险人,本保险不办理停泊退费。

第三节 船舶战争险航行区域的划分及费率的厘定

保险人承保船舶战争险或厘定其费率的因素,除了与厘定船舶保险费率的因素相同外,重点还要考虑船舶的航行区域(treading warranty)。因为船舶战争险的承保方式有两种:普通战争险(general war risks)和特殊战争险(special war risks)。普通战争险是指保险人承保的,船舶在正常情况下遭遇了突发性战争的风险。特殊战争险是指保险人承保的,正处在战争期间或一段时期内处在战争状态的国家和地区的战争风险。

当今世界虽然是以和平、发展为主旋律,但少数国家和地区并不太平,政治分歧、种族仇恨、领土纠纷、利益瓜分等不安定因素随时有可能引发战争,这就使船舶保险人不得不对世界上经常发生战争的国家和地区采取相应的措施来维护其利益,具体而言分两种方式承保战争险,在普通战争险中,将可能爆发战争或已爆发战争的国家和地区列为不予承保战争险的国家和地区;在特殊战争险中,将这些地区分别厘定费率和条件区别对待承保或根本不予承保。

由于上述两种方式承保的风险危害程度不同,决定了船舶航行的国家和区域不同,费率就不同,甚至保险人不予承保。正常船舶保险单中的"航行范围"是不包括特殊战争险限定的航行区域的,如果被保险船舶因商业需要前往这些特殊战争险所限定的航行区域或国家,必须要事先通知保险人,并按保险人开出的战争险费率增缴保险费,保险合同才能继续有效。

"劳合社"原来下设一个战争险承保委员会(Joint War Committee),它的职能是密切注意世界各国和地区的政局稳定情况,并定期向"劳合社"内的各家保险人公布已被列明为特殊战争险范围的国家和区域,同时公布指导性的费率。后来精简机构又由 IUA 和 LUA 联合委员会负责(A Joint Committee of the IUA and LUA)。

1990年爆发海湾战争后,国际水险市场一直将整个海湾地区列为普通战争险的除外区域。1999年,以美国为首的北约部队空袭南斯拉夫的科索沃,南斯拉夫各港口随即被国际水险市场列为普通战争险的除外区域。但战争结束后,南斯拉夫各港口又被国际市场从普通战争险的除外区域中删除。

理论上讲,特殊战争险的风险是既可以事先预见的,又是随着风险的发展而不断变化的，因此，限定的区域和费率的高低也是不确定的。承保特殊战争险的保险人在厘定费率时，主要基于下面3种情况：

第一，战争期间。被保险船舶前往正在发生战争的各国家的港口或相近水域，保险人不予承保。这种做法的目的很明确，因为风险太大，要维护保险人自身的经营利益。

第二，战势相对缓和期。这是指这个地区的战争并未结束，小规模的局部战争仍在继续，但大规模的战争不会发生。在这种情况下，保险人可以有条件地加保特殊战争险，即提高费率、限制船舶在该战区某港口停留的时间。通常情况下，承保的期限为7天，如果局势不十分紧张，也可限定为14天，超过此期限，保险人对船舶所遭受因战争风险所引起的损失不予赔偿，除非被保险人在此期间通知保险人，按原条件再保一期。

第三，战争缓和期。这是指战争已处于大规模的军事行动和小规模的局部战斗均已停止状态，且已保持较长的一段时间，但交战双方的敌对行为并未结束。例如，整个海湾地区自从1990年爆发海湾战争以来直至今日仍被列为除外区域，由于紧张形势此起彼伏，因此，其承保条件和费率也随着形势的变化而变化。

保险人在加保特殊战争险时，可随时从伦敦市场的战争险承保委员会获得该区域的特殊战争险费率和其他限制性条件供自己参考。各保险公司根据自身的实力和对战区形势的分析，可在参考条件的基础上拟定自己加保特殊战争险的保险费率和承保条件。

普通战争险承保的战争风险的区域不包括上述所列的除外区域。也就是说，此种战争风险是不可预知的。如保险船舶驶至某区域或港口时，战争突然爆发，造成船舶受损，普通战争险对此种损失要负责赔偿。由于这种风险发生的可能性很小，因此费率也很低。

第四节 《86船舶战争、罢工险条款》与《协会战争、罢工险条款》的主要区别

《86船舶战争、罢工险条款》的内容与《协会战争、罢工险条款》的内容基本相同，只是在用词上有以下区别。

第一，《协会战争、罢工险条款》在承保范围第一款中用到"叛乱"和"起义"两个词，而《86船舶战争、罢工险条款》只用"叛乱"一词。这两个词在英文或法律的解释中其含义有相近之处，但中文有用词上的差别："rebellion"一词主要是指"叛乱、造反"，是一种反政府的非法武装行为。"叛乱"和"造反"两词在中文中常用于贬义。"insurrection"一词主要是指"起义、暴动"，也是一种反政府的非法武装行为。"起义"和"暴动"两词在中文中常用于褒义。实际上，"叛乱、造反"和"起义、暴动"是不同的人对同一种事件所用的不同称谓而已。作为执政人，对非法的武装行为称"叛乱"或"造反"；作为参与事件或同情事件的人，则称其为"起义"或"暴动"。尽管《86船舶战争、罢工险条款》未将"起义"或"暴动"作为风险用词放进条款中，但此风险除有严格的法律界定外，应包括在"造反、叛乱"的概念中。

第二，《协会战争、罢工险条款》承保范围用中有"禁止"(restraints)一词，《86船舶战争、罢工险条款》中未用。根据英国《阿诺德海上保险》[*Arnould Marine Insurance*(Tenth Edition)]一书的解释，"禁止"的法律概念与"扣留""羁押"无差别，均属于一种出于政治或执政目的对船舶进行"扣留"的行为。我国法律没有"禁止"的概念，它类似于我们的"冻结"或"查封"。

第三，《86船舶战争、罢工险条款》将"封锁"风险列明在承保范围中，承保由此风险引起

的被保险船舶的损坏。《协会战争、罢工险条款》未将"封锁"风险列明在承保范围中,而将这种风险单独作为一个附加险加保,称为"封锁或陷落"条款(blocking or trapping)。承保这种风险,保险人要向被保险人额外收取保险费。

第四,《协会战争、罢工险条款》承保范围第四、五条款中分别用到"工潮""骚乱""民众骚动""恐怖行为"等词列明风险范围,而《86 船舶战争、罢工险条款》只用"其他类似事件",用词简化,但对条款文字的解释或在实际使用中则比《协会战争、罢工险条款》承保的风险更宽。

第五,在理赔定损时间方面,《86 船舶战争、罢工险条款》与协会条款有很大的差别。《协会战争、罢工险条款》规定,船舶在被捕获、扣留、扣押、禁止、羁押、没收、征用风险发生后,船东对船舶失去使用和处理权的时间持续 12 个月后,船东可被视为已被剥夺了该船舶的拥有权,按推定全损赔偿。而《86 船舶战争、罢工险条款》对上述风险发生后,自发生之日起,满 6 个月就可以考虑按推定全损进行赔付。

第六,《协会战争、罢工险条款》在除外责任条款中规定,由于检疫规定或违反海关或贸易条例而引起的扣押、禁止、羁押、没收、征用不负责;由于未提供担保或未交纳罚款或财务引发的司法程序上的效力不负责;在协会定期险条款下可以得到赔偿的损失不负责;在其他保险条款下可以得到赔偿的损失不负责。《86 船舶战争、罢工险条款》没有上述规定,因为《86 船舶战争、罢工险条款》是《86 远洋船舶保险条款》的附加险,不投保主险不单独保战争险。《协会战争、罢工险条款》虽然也是附加险,但其承保可以与主险分离。

思考题
1. 船舶战争险主要承保哪些风险?除外责任有哪些?
2. 普通战争险与特殊战争险有什么区别?保险船舶要进入特战区,需要履行哪些手续?
3. 捕获、扣押、扣留、没收或封锁的案件受理赔案必须从发生之日起几个月受理?为什么?
4. 战争险保险人终止保险需要履行哪些手续?

第九章

其他船舶保险条款及简介

第一节 船舶建造险保险

远洋船舶建造险(builder' risks insurance)(以下简称造船险)是以建造中的各类船舶或水上浮动的物体为保险标的的保险。造船险的承保责任范围较广,它以承保船舶险的风险为主,兼容了普通财产险、工程险、货物运输险、责任险以及保赔责任险的风险责任范围,具有跨几类保险险种的特点。由于该险种具有这种特点,因此,其与船舶险在承保和理赔的做法上有所差异。

目前,我国保险市场现行的造船险条款是中国人民财产保险股份有限公司于1980年参照英国承保人协会颁布的船舶建造险条款修订的,具体条文虽与英国的有一些不同,但风险内容无大的区别,还有明显的拓展,如英国承保人协会主条款不承保地震和火山爆发等风险。人保公司条款不足的地方是,一些条文的措辞不够严谨,容易产生理解上的异议。

一、船舶建造保险条款

我国造船险条款由8个主要条款组成:(一)保险期限;(二)保险价值和保险金额;(三)责任范围;(四)除外责任;(五)承保区域;(六)赔款处理;(七)被保险人义务;(八)争议。其中,应注意的问题如下。

(一)造船险的保险期限

造船险的保险期限是根据船舶建造所需要的时间来确定的,不同于船舶保险的保险期限是根据船东的需求以及保险人以一年为限期的规定而确定。

造船险保险合同的生效日期根据条款规定有两个,供被保险人根据自己的风险需求选择其中一个作为保险合同的生效日期。一是从保险船舶建造开工之日;二是上船台之日起生效。

开工之日是指所建造船舶在船厂范围内开工建造之日。保险生效后,存放在造船厂的供船舶本身建造的物资和机械设备均属于保险标的范围,对尚未交付的供船舶本身建造的物资和机械设备,须待分配或交付到保单中列明的造船厂时开始生效。

上船台是指船舶开始在船台上建造。一般情况下是指在船台开始铺船舶龙骨之日。上船台之日的保险生效后,存放在船台上的供船舶本身建造的物资和机械设备均属于保险标的范围,对尚未交付的供船舶本身建造的物资和机械设备,根据造船险条款的规定,也须待分配或交付到保单中列明的造船厂时开始生效。

造船险的保险终止日期有两个:一是保险船舶建成交付给订货人或船舶所有人;二是

保险期限满期时。上述两个终止日期以先发生者为准,即如在保险期限内船舶提前交付给订货人或所有人,则在交付之时,保险即告终止;如船舶不能如期交付,也在保险满期日终止。

根据上述规定,被保险人不论是提前交船还是延期交船,都必须书面通知保险人。提前交船的,保险人将据此出具批单并退还未到期保费;延期交船的,保险人将终止保险合同,或据此出具批单同意延长保险期限并增收延长期的保险费。增、退费的计算按保险条款的具体规定计算。

(二)造船险承担4个保额的赔偿责任

造船险承保范围的风险增加了一款"保险事故引起的清理残骸费用(第十一条)",这在理论上使保险公司在造船险中承担了4个保额的赔偿责任,比船舶保险多一个保赔险责任范围内的赔偿责任。

1. 物质损失赔偿责任。保险人承担建造船舶的物质损失赔偿责任是以船舶的保险金额为限,是第一个保额责任。

2. 碰撞或触碰赔偿责任。船舶下水后如发生碰撞或触碰事故,依法对被撞船舶或物体的损失所负的赔偿责任,保险公司承担的责任是以不超过船舶保险金额为限,是第二个保额责任。

3. 清除残骸责任。船舶下水后发生清除残骸的赔偿损失时,保险公司的赔偿责任也是以不超过船舶保险金额为限,这是第三个保额。

4. 施救费用的赔偿。造船险对施救费用的赔偿是第四个保额。

需要注意的是,造船险条文对赔偿限额规定的措辞与船舶保险的"施救费用"赔偿限额规定的措辞以不超过"保险标的"的保险金额为限有所不同,造船险的措辞是以"受损保险项目"的保险金额为限。根据这一规定,施救费用限额是"递增式"的限额。如果不是一个建造完工的船舶,施救费用就不会达到一个保额的赔偿。

(三)造船险的除外责任所列风险比船舶保险的要宽泛

船舶建造险的除外责任条款规定:"下列各项,本公司不予负责①:(一)由于被保险人故意或非法行为所造成的损失;(二)对设计错误部分本身的修理、修改、更换或重建的费用及为了改进或更改设计所产生的任何费用;(三)由于被保险人对雇用的职工的死亡、伤残或疾病所应承担的责任和费用;(四)核反应、辐射或放射性污染引起的损失或费用;(五)由于战争、敌对行为、武装冲突、炸弹爆炸、战争武器、没收、征用罢工、暴动、民众骚动引起的损失、费用和责任,以及任何人的恶意行为或政治动机所引起的任何损失;(六)建造合同规定的罚款及由于拒收和其他原因造成的间接损失;(七)由于任何国家或武装集团的扣留、扣押、禁止使航程受阻或丧失。"其中(二)(三)(六)条款的内容是船舶保险除外责任中没有的。

二、船舶建造险的各种附加险

船舶建造险的主条款与各种保险的主条款一样,需要一些附加险条款加以补充,才能完善该险种的保障体系。造船险的附加险有3种:

一是船舶保险通常用的船舶战争险、罢工险条款,主要用于船舶下水后;

---

① 造船险除外责任的措辞不严谨,有必要进行修订,如条款中有的条文仅讲损失,未讲费用和责任;有的仅讲费用,未讲损失和责任,这样会在法律实践中产生争议。

二是陆上的第三者责任保险,主要用于船舶下水前;

三是保险逾期展延保险,主要用于保险期满,但船舶尚未完工需展期。

实践中,以保险逾期展延附加险为主,原因是:保险船舶尚未建造完毕或试航完毕时保险期已满,或船舶建成后未交船前,通常船舶需在港口停留一段时间。船舶为防范风险,确保未建成期间或交船前在港期间的安全,需要安排这段逾期的保险。未建造完毕但保险期已满,需投保展延保险的条款称"保险展期条款";船舶建成后未交船需在港口停留一段时间的展延保险条款称为"停泊期保险展延条款"。承保此种保险时需注意,保险展期不意味着船舶试航和交付的规定可以改变,不得因此增加试航距离或次数。具体条款如下:

(一)保险展期条款

经被保险人要求,保险公司同意本保险单予以展延承保保险船舶……(月)/(天),时间自……年……月……日至……年……月……日,并需按下列公式计算加交的保险费……(计算保费公式)

其他方面均以保单上的规定为准。条款英文如下:

Extension of Period of Insurance Clause

It is hereby agreed that at the request of the Insured this policy shall be extended to cover the insured vessel for a further period of…(月)month(s)as from…(日期)to…(日期),subject to an additional premium of…(币制及金额)to be calculated as follows:

…(计算保费公式).

This clause is subject otherwise to all the terms and conditions of the policy.

(二)停泊期保险展延条款

经被保险人要求,保险公司同意本保险单在保险船舶停泊……港期间予以展延承保保险船舶……(月)/(天),时间自……年……月……日至……年……月……日,但船上的机器设备一律不准使用或启动,除非事先征得保险公司的书面同意。

鉴于上述情况,加交的保险费需按下列计算方式……(计算公式)

其他方面均以保单上的规定为准。条款英文如下:

Extension of In – port Risks Clause

It is hereby agreed that at the request of the insured, this policy shall be extended to cover the insured vessel for a further period of…month(s)[day(s)]as from…(日期)to…(日期)while the Insured Vessel is being laid up in the port of…(港口名称)provided that no use or operation of the machinery on board such vessel shall be made or started unless previous written agreement has been granted by the company.

In consideration of the above, an additional premium of…(币制及金额)shall be chargeable to the Insured calculated as follows:

…(计算保费公式)

This clause is subject otherwise to all the terms and conditions of the policy.

保险人承保停泊期保险展延条款时,要注意停泊港口的安全情况,同时,要求保险船舶在展延期间船上必须要有适当看护人员。

第二节 船舶费用增值保险

船舶费用增值保险是船舶保险的一种附加险种，英文条款为"disbursements increased valve（total loss only，including excess liabilities）"，这种保险在我国保险市场尚没有成型的条款，一般直接使用英国的条款，其原因主要是，由于过去在计划经济条件下，保险人并不主张船舶保险开办类似营业中断的险种，也就是说，不保被保险船舶全损后的预期利润，以及在船舶价值已有的情况下搞增值保险。随着我国市场经济的确立，目前，保险公司也为船东提供这方面的保险服务。船舶费用保险的具体承保范围主要有3部分内容：船舶营运费用的保险、保险价值增值的保险和超额责任保险[①]。

一、船舶营运费用的保险

船舶营运费用保险是指以船东为管理船舶的、在船舶全损前所预支的费用和预期利益作为投保标的的一种保险。一般情况下，船舶发生海事进行短期修复所需停航时间的长短对船舶的营运费用和预期利益影响不会太大，但船舶发生全损时，预期利润往往要灭失，船东为该航次所预支的各种费用会随着预期利润的灭失而灭失，这两种损失即是该部分保险的承保范围。由于这种预支的费用和期得利益难以准确地测定出来，因此，1983年以后，英国的保险条款规定，以船舶保险金额的25%作为这种保险投保金额的最高限额（注：1983年以前，预期利润为25%；管理人费用为10%）。实务中需要注意的是，船舶营运费用损失的赔偿仅在被保险船舶发生全损时才能获得，同时还要注意两者不可累加。

二、保险价值增值的保险

保险价值增值的保险是海上保险制度允许的，因为海上财产属于流动性资产（不是财务上的概念），同时，保险标的的价值也会随保险期内时间的变化而增加。

首先，这种动产在不同的地方和不同的市场，其实际价值会有所不同，或增加或减少；其次，被保险人所交纳的保险费本身也应视为保险标的的一部分，因为保险标的一旦发生全损损失，保险费也随之灭失，因此，海上保险人允许被保险人按保险标的当地的市场价值，增加一定比例作为调节不同的市场或保险期时间内变化产生的价值差异；海上保险人也允许将保险费作为保险标的的一部分投保，例如，海上货物运输险允许被保险货物投保时，货物保险的价值通常采取以下计算公式：

$$保险价值 = 货物发票金额 + 保险费金额 \times 1.05\%（或1.10\%作为增值的部分）$$

船舶保险的保险费包括在船东所预支的各种费用中，因此，它的这部分增值仅包括由市场或保险期内时间的变化产生的价值差异。如被保险人单独投保这种险，其增加的比例不得超过25%。（注：1983年以前，一般不超过15%，目前的25%是因为它基本与"营运费用保险"捆在一起。）其保险价值的计算公式为：

$$保险价值 = 船舶的市场价值 + 1.25\%（作为增值加成）$$

如果被保险人单独投保这种增值保险，保险的赔偿也仅是在被保险船舶发生全损时才能获得。实务中，被保险人单独投保这种险的已不多见，它都是与"营运费用保险"捆在

---

① 也有分为两部分的，因为前两者有单独条款，后者也有单独条款。

一起投保。

三、超额责任保险

超额责任保险是保障船舶由于船舶市场上船价波动升值而引起船舶在共同海损及救助和施救案件中,船舶的保险金额低于它的实际价值或分摊价值而产生不足额保险的风险。根据英国承保人协会和我国船舶险条款及各国的相关法律,船舶发生这种不足额保险的情况,保险人对共同海损及救助和施救的赔偿将受到不足额保险的制约,要按船舶的保险金额与实际价值或分摊价值的比例进行赔偿,其差额部分由被保险人自行承担。因此,通过超额责任保险,保险人将负责这部分差额损失,并按照差额与超额责任保险金额的比例进行赔偿。此外,根据英国的船舶碰撞责任(3/4)和姊妹船条款,如果船舶碰撞责任的3/4超过了船舶保险金额的3/4,其差额部分应由被保险人自行承担。因此,通过超额责任保险,保险人将按其差额与超额责任保险金额的比例负责赔偿这部分差额损失。超额责任的限额也适用于船舶保险金额25%的比例。

在英国,超额责任保险作为船舶的附加险有独立的保险条款。我国远洋船舶保险条款承保的是4/4碰撞责任,因此,我们没有这种独立的条款。对共同海损出现的船舶保险金额低于它的实际价值或分摊价值而产生不足额保险的问题,由被保险人单独投保共同海损超额责任险解决。

保险人在学习和实务中必须掌握下面两点。

(一)船舶费用保险的概念

船舶费用保险是指为防范船舶发生全损造成船舶产生营运费用的实际支出、市场保险价值差异的平衡、碰撞和共同海损产生不足额保险的超额责任等的损失,保险人对此向被保险人提供的保险保障。

(二)费率比主险的费率要低

船舶费用保险作为附加险,船舶保险主条款的规定同样对其有约束力。由于该保险往往是在发生全损的情况下才能得到赔偿,而全损的发生率极低,决定了该保险的费率水平较低。

此外,超额责任保险还必须注意以下事项:

一是保险标的的保险价值在投保时必须是足额的。投保人在投保船舶险并与保险人约定保险价值时,有时会受趋利意识的影响,故意降低船舶的实际价值,以较低的保险金额投保船舶保险的主险"一切险",然后再将差额部分投保"费用保险"或其中的"增值保险",目的是通过此方法达到船舶主险可以在少交保险费的情况下,船舶部分损失的赔偿既能获得100%的保障,一旦船舶发生全损事故,又能获得足额的全损赔偿。实际上,被保险人采取这种投保方式忽略了一个非常重要的问题,即与保险人签订的保险合同是一个没有明确的不足额保险合同,因为费用保险是在足额保险的前提下加保的,它并不是替代不足额保险。根据条款和《海商法》的规定,不足额部分可视为不足额保险,部分损失可按比例赔偿,碰撞和共同海损的超额责任的赔偿不仅不负责任,还要扣除不足额部分的比例,结果将与目的相悖,白交了保险费。

二是费用保险的保险比例不能过高。船舶保险人在英国承保人协会船舶保险条款中特别设立了第21条"船舶营运费用保证"条款,订明费用和增值险保险金额的最高限额应以船舶保险价值的25%为限。实践中,尤其是在船舶保险市场疲软的情况下,经投保人要求,保险人可视具体情况将这一限额比例提高,例如,将25%的比例增加至船舶保险价值的30%~40%。当然,这既需要视船舶保险费率的高低而定,同时也要看再保险市场的接受情况而定。

第三节 船舶运费保险

船舶运费保险(freight insurance)是船东以船舶运送货物赚取的运费作为保险标的投保的险种。

运费按照货物运送方式的不同,可分为提单运费和租船运费。提单运费按照运费支付条件的不同,又可分为预付运费、到付运费和保付运费3种。但是,由于预付运费和保付运费能够保证承运人从货主那里收到运费,因而承运人不必担心运费损失,也就没有投保的需求。相反,以货物运达目的地作为支付运费必要条件的到付运费,在船舶遇到意外事故、货物不能安全送交收货人的情况下,货主可以不付运费,因此决定了到付运费条件下承运人存在运费损失的风险。船舶运费保险就是为承运人提供这种风险保障的。

租船运费按照租船方式的不同,又分为承租运费、期租运费和光租运费。凡运费的支付形式为在目的港支付或按月支付或交船时一次付清,船东或者租船人对该运费就具有可保利益。保险人在承保时,根据不同的运费支付形式订立不同的承保条件和费率。目前,我国船舶保险市场没有广泛地开展运费保险业务,主要原因是货物运输合同以到付运费为条件的情况越来越少,船东有此需求的不多。我国保险市场没有制定单独的运费保险条款,如船东或承运人偶尔有投保船舶运费的需求,可将其并入船舶营运费用中,一起在船舶营运费用和增值保险项下投保;也可单独作为保险标的,使用英国伦敦保险协会条款承保。此外,运费保险条款中还设立了运费(碰撞)保险条款和运费(疏忽)保险条款,承保因碰撞造成对方船舶运费损失的责任以及因船长、船员和引水员的疏忽引起的保险事故造成的运费损失。

根据伦敦保险协会条款,船舶运费保险分为定期保险和航次保险两种,也有各自的单独条款。承保的风险责任范围与船舶全损险的范围基本相同,但只承保全损险,即只有运费发生全部损失时,才能获得保险赔偿(共同海损除外)。

实务中,运费保险金额的确定在航次险中较简单,以该航次的运费收入额确定即可,而定期险的运费保险金额的确定较麻烦,因为在定期险的有效时间范围内,船舶每个航次的运费收入并不是固定的数额,因此需要制定具有平均性质的运费保险金额作为航次运费损失的赔偿限额。必须注意的是:

首先,船舶运费定期保险保险金额的确定是以利益证明原则(policy proof of interest, PPI)为基础的,运费损失发生后,被保险人必须有证据证实其确有实际损失。保险理赔时,要按运费的实际损失赔偿,最高不得超过所订的保险金额。此外,尽管承保的是全损险,但对共同海损运费作为利益方应摊的共同海损费用的支出部分是要赔偿的。

其次,如果运费在费用保险项下承保,则不适用PPI原则,不需证明,因为费用保险项下的各种费用是混在一起的,无须有足够的证明来分别证实。只要在承保时控制好保险金额的比例就行了。

目前,按照伦敦保险协会条款的规定,单独投保的各类船舶运费保险金额限定为不得超过船舶保险价值的25%,并做了一些详细规定,例如,定期投保的运费、租船运费或预期运费的保险金额不得超过船舶保险价值的25%,并且扣除在营运费用、管理人佣金、利润或船壳和机器的超值或增值项下已投保的金额;期租租金的保险金额不能超过18个月租金的

50%,并且与其他运费等费用的总额合计不能超过规定的25%。

保险人在承保船舶运费时大多使用船舶险保险单,在保单上注明承保的是"运费、租船运费或类似租船运费"即可。

第四节 船舶港口保险

船舶港口保险(port risks insurance)是船舶在港内停泊时的一种保险。这种保险主要是为那些长时间停航修理、闲置或待售、季节性歇业和专门用于泊载的船舶设计的保险。由于这些船舶停靠在港口,其风险低于营运时可能发生的海上风险,因此船东会考虑中止通常的船舶定期保险,安排保险费率相对较低的船舶港口保险。

由于船舶长期停靠港口的情况不多见,因此,我国没有制定自己的船舶港口保险条款,如果船东有这方面的投保需求,保险人可采用英国《协会港口保险定期险条款》予以承保。

根据船舶停靠港口的特点,船舶港口保险比船舶保险承保的责任要宽泛,并且除了承保船舶保险的责任外,还承保一些保赔保险责任。例如,负责4/4的碰撞责任(英国的船舶保险仅保3/4碰撞责任),保赔险责任主要包括人身伤亡或伤害、沉船打捞、碰损责任、拖带责任及一些额外营运费用等,同时剔除了船舶保险中与船舶港口保险不相关的条款。

第五节 渔船保险

渔船保险(fishing vessel insurance)是以海上渔船作为保险标的的险种。渔船包括用于渔业捕捞、运输与生产作业的船舶。

渔船和其他船舶有着不同的特点,首先,它的航行和抗风险能力大都小于远洋船舶,因此,渔船航行或作业区域的界定对渔船保险来说非常重要。承保渔船保险时既要审定投保的渔船是否适合航行或作业的区域,也要明确界定航行或作业的区域范围;其次,渔船上的捕捞用具使用磨损是经常的,这种损失也必须排除在承保范围之外。

渔船承保的风险与船舶保险承保的风险基本一样,无太大区别。(协会有20/7/87条款CL346,及其附加险条款CL347,郭国汀翻译的《OMAY海上保险:法律与保险单》第893页有条款翻译)

1987年7月20日,伦敦承保人协会颁布了《渔船保险条款》(*Institute Fishing Vessel Clauses* CL346 20/7/87),制定了渔船险新的保险单格式。渔船保险采取列明风险承保方式。协会《渔船保险条款》共有27个条款:

第1条 航行与移上岸条款
第2条 延续条款
第3条 违反保证条款
第4条 终止条款
第5条 转让条款
第6条 危险条款
第7条 污染危险条款
第8条 共同海损与救助条款
第9条 工资与给养条款

第10条　被保险人的义务(施救费用)条款

第11条　以新换旧条款

第12条　免赔额条款

第13条　机器损坏附加免赔额条款

第14条　船底处理条款

第15条　捕捞设备条款

第16条　未修理的损害条款

第17条　推定全损条款

第18条　碰撞责任条款

第19条　姐妹船条款

第20条　保障与赔偿条款

第21条　索赔通知和招标条款

第22条　营运费用保证条款

第23条　停泊和解约时的退费条款

第24条　战争除外条款

第25条　罢工除外条款

第26条　恶意行为除外条款

第27条　核除外条款

条款内容有些与协会船舶定期险条款内容相同,有些条款名称相同但内容不完全相同,例如,4/4碰撞责任条款;有些则是渔船条款所特有的,例如,"捕捞用具除外责任条款""保障与赔偿条款"等。

捕捞用具除外责任条款主要是指保险人不负责捕捞作业中捕捞用具的损害和损失,只负责保单中列明风险,诸如意外事故造成捕捞用具的损失或损害,但"殷其玛利(Inchmaree)条款"中承保的风险,如疏责任所造成的损失除外。

在"碰撞责任条款"和"保障与赔偿条款"项下,保险船舶上的货物或其他财产或保险船舶的债务,包括捕获的海产、渔具或其他物体,不属于保险责任范围。

目前,我国太平洋财险、阳光财险、大地财险、中华联合、华农财险等公司有《远洋渔船保险条款》。但也有些保险公司使用《远洋船舶保险条款》和《船舶保险单》承保渔船的不规范做法,一旦发生损失,理赔时保险双方会就赔偿范围发生重大争议,除非保险人全赔,否则对保险人来说是不利的。

第六节　集装箱保险

集装箱运输自20世纪60年代问世以来,改变了传统单一的散杂货运输方式。由于集装箱作为运输工具具备集多个物品为一体、便于快捷装运的特点,决定了集装箱运输能够缩短货物运输时间,极大地方便了贸易往来,因此也决定了它成为当今世界货物贸易运输普遍采用的一种运输方式。尤其是集装箱箱体标准化的建立,能将海上和陆上运输有机地连为一体,使多式联运成为可能,给航运和陆运界带来了一次大的革命,既带动了运输行业的进步,又促进了贸易的发展。目前,世界各国受经济全球化的影响,运输工具标准化也发生了深刻的变革,由于集装箱所具有的特点,决定了货物运输向以集装箱运输为主的方向发展。

集装箱保险是根据集装箱运输过程中客观存在的风险而向集装箱所有人提供的一种保险。客观地讲,集装箱保险是在集装箱运输发展的基础上发展起来的一个险种。

一、集装箱概述

(一)集装箱的种类

集装箱种类很多,除了供海陆空联运的集装箱和供大型设备运输的平台式集装箱外,常见的集装箱大体分为通用、散货、罐式、保温4种类型。不同类型的集装箱有不同的运输用途。

1. 通用型集装箱。通用型集装箱主要用于普通杂货运输,其结构特征为一端或两端开门,有的一侧或两侧也可以敞开,个别的顶部也有门。

2. 散货型集装箱。散货型集装箱主要用于大宗货物的运输,其结构特征与通用型集装箱类似,不同的是,有的散货型集装箱是按照所装运的货物命名的,如牲畜集装箱、小汽车集装箱等。

3. 罐式集装箱。罐式集装箱主要用于装运液化气体或液态的油、水类货物,其结构特征为罐状,封闭型。由于罐式集装箱所运货物的特点,其建造强度要根据所装载货物的性质,通过压力试验才行。一般来讲,装运危险液体的试验压力值要大于非危险液体的2/3倍;装运危险气体的试验压力值要大于危险液体的3/4倍。

4. 保温型集装箱。保温型集装箱主要用于装运受温度变化易腐、易霉变的货物,其结构特征为集装箱本身配置温度调节设备,有的固定于箱体内,有的可以拆卸或置于箱体外;有的仅有冷藏功能,有的既有冷藏也有加热功能,还有的仅具有隔热功能。仅有冷藏功能的称冷藏集装箱,仅具有隔热功能的称隔热集装箱。

(二)集装箱标准

各国根据各自的交通道路情况建造的集装箱尺寸是多种多样,如美国和韩国的一些高速公路上多为无横跨桥梁的高速公路,运输通行无限高要求,因此,它们建造了一些超大型集装箱,这些集装箱在无此条件的地区是无法进行运输的。为方便国际货物运输,国际标准化组织对从事国际贸易运输的各种集装箱在规格、尺寸、结构、强度上均规定了统一要求和标准,同时,每一个箱体上都有自己的编号,既便于它的所有人、经营人、代理人使用,又方便租赁与装卸。

目前,承担国际运输的集装箱尺寸标准仅有两种:20英尺和40英尺。在计算船舶的装箱量与码头的集装箱吞吐量时,是以20英尺为计算单位的。

二、集装箱保险责任

由于运输过程中风险的客观存在,集装箱箱体通常会投保集装箱保险(container insurance),以保障集装箱在运输过程中因自然灾害或意外事故等风险导致箱体的全损或部分损失。

(一)集装箱保险的承保范围

目前,国际上集装箱保险所使用的条款,绝大多数国家均采用伦敦保险协会的集装箱保险条款(Institute Container Clauses Time)。该条款分为一切险条款、全损险/共同海损/救助/救助费用/施救费用条款、战争和罢工险条款。我国的集装箱保险承保范围与协会的规定类似,在形式上分为全损险和综合险,将集装箱战争险作为附加险予以承保。

集装箱全损险,保险人负责赔偿因自然灾害或意外事故造成集装箱箱体的全损损失。

集装箱综合险,保险人不仅负责赔偿集装箱的全损损失,而且负责部分损失以及集装箱机器部分因保单中列明风险造成的损失。

无论是全损险还是综合险,集装箱保险都对发生的共同海损、救助、救助费用和施救费用的损失予以负责,但不负责与集装箱经营有关的或由其引起的第三者责任和费用。

(二)集装箱保险的除外责任

集装箱保险的除外责任主要包括:
1. 集装箱的正常磨损及修理费用;
2. 集装箱的内在缺陷和延迟所引起的损失和费用;
3. 集装箱战争险条款规定的承保责任和除外责任;
4. 与投保集装箱经营有关的或由其引起的第三者责任和费用。

(三)集装箱保险的理赔和追偿工作

由于集装箱的投保数量很多,而且集装箱运输涉及的运输环节也很多,因此,集装箱的承保工作要非常仔细。一旦集装箱码头管理不善,非常容易造成集装箱遗失在某个港口,或者操作中造成箱体损坏,所以,集装箱的理赔和追偿工作非常重要。

在理赔和追偿工作中,首先需要查清集装箱损失的地点和原因;其次需要查清集装箱租赁合同中规定的出租方与承租方的责任和义务;最后,需要查清多式联运提单中的收货方和每一段承运人的责任,然后根据国际通用的集装箱适用标准和有关法律法规进行理赔和追偿。

(四)附加的承保条件

集装箱运输环节较多,集装箱使用人本身的性质也不尽相同,决定了投保人的需求也不一样。例如,有的集装箱所有人是船公司;有的是集装箱租赁公司或承租公司等,因此,投保人对其投保的集装箱的保险要求有所不同。在投保人是船公司的情况下,一般使用我国保险公司制定的条款即可;在投保人是租赁公司的情况下,则需要增加清箱、洗箱和蒸箱等费用的承保条件。在投保人是承租公司的情况下,首先要分清租赁合同中的风险,然后再确定承保条件。

三、我国集装箱保险市场现状

人保公司自20世纪80年代开办集装箱保险业务以来,制定了集装箱保险条款以及附加的战争险条款。但由于集装箱本身的部分损失较多且金额小,使保险检验与赔偿工作显得繁杂和琐碎,对被保险人来说也很麻烦,因此,作为被保险人的集装箱所有人或具有保险利益的使用人,都从避免增加人员和工作量的角度出发,一般只投保集装箱的全损险以及集装箱运输中引起的各种责任。但是,由于集装箱运输中引起的各种责任大部分不属于保险公司经营的常规业务,如集装箱倾覆与倒塌引起的人身伤亡责任不属承保范围,截至目前,我国保险公司此项业务的开展比较缓慢,承保的集装箱业务量不多。

我国集装箱运输起步比国外晚几年,距今约有40来年的历史,但发展十分迅速。目前,我国不仅拥有建造集装箱的专业工厂,还拥有承运集装箱的海陆空专业运输工具。仅就海上集装箱运输的船舶而言,已拥有运载10000TEU能力的现代化集装箱远洋运输专业船舶达数十条。随着国内外贸易的发展,我国集装箱运输的发展空间非常大,因此,集装箱保险市场的潜力也是巨大的,保险公司如开拓此项业务,必须提高经营此种保险的专业技能,同时要有能够给予承保与理赔支持的计算机处理系统,否则,对集装箱的庞大标的群体的保险进行有效的管理与服务是难以做到的。

四、国外承保集装箱的专业保险人

国外有一家专门经营集装箱保险的保赔协会——通运保赔协会(Through Transport Mutual Association Ltd,T. T. Club)。目前,国内一些公司的集装箱在这家协会直接投保。通运保赔协会的特点是:它既承保集装箱的物质损失险,也承保集装箱的责任险。通运保赔协会成立于1968年,1970年1月1日开始承揽业务,注册地点在百慕大(Bermuda)。通运保赔协会是以互助保险性质承保各类集装箱在运输与存放过程中存在的各种风险的,同时对码头作业的拖车、装卸设备的损失与责任等也予以承保。集装箱保险的承保范围,物质损失部分与保险公司承保的风险基本无大区别,责任险的承保范围则十分广泛,不仅包括货物运输过程中运输、仓储、交货各环节的风险,也包括残货的清理、清除、海关的罚款和第三者责任等风险。可以说,通运保赔协会承保的风险对物流行业的保险需求很有针对性。

通运保赔协会主要以承保集装箱风险著称于国际航运业,因此,该协会的业务来源遍布世界各地,也由于该协会承保的业务以集装箱和码头设施的风险为主,因此,该协会的会员(被保险人)大都是集装箱所有人、租赁人、承租人、运输人和码头、仓库、港栈的所有人。目前,通运保赔协会有来自150个国家和地区的7 500名会员,承保了世界集装箱船队70%的业务,2 000多个港口、码头的业务,4 000多个运输场所。近三十多年来,国际集装箱运输和国际物流行业发展迅猛,通运保赔协会也有了长足进展。1980年,通运保赔协会的保险费收入仅为1 450万美元,到2014年,该协会的年会费总收入超过2.5亿美元。

思考题

1. 远洋造船险与远洋船舶险承保责任与除外责任的主要区别是什么?
2. 费用保险的增值险的最大比例应掌握在百分之多少?
3. 运费保险承保部分损失吗?
4. 渔船保险对渔船的捕鱼用具损失给予赔偿吗?
5. 常见的集装箱在使用性质上如何分类?

第十章

沿海内河船舶保险

第一节 沿海船舶保险条款

根据船舶航行区域不同、适用法律不同、运营风险不同,我国船舶保险市场在条款制定上采用的是双轨制,即远洋船舶、沿海内河船舶适用的是不同的条款。国内有的保险公司又将沿海内河船舶细分为《沿海船舶保险条款》和《内河船舶保险条款》。

中国人民财产保险股份有限公司沿海、内河船舶合一的条款是在 1996 年制定的《沿海内河船舶保险条款》。鉴于沿海船舶和内河船舶所遭受的风险不同,中国人民财产保险股份有限公司在 2009 年又制定了独立的《沿海船舶保险条款》(以下简称《沿海条款》)和《内河船舶保险条款》(以下简称《内河条款》)。下面,我们以中国人民财产保险股份有限公司 2009 版两个独立条款为例分别进行介绍,以利于大家的理解。

一、总则条款

《沿海条款》增加了 3 条总则条款,而《86 远洋船舶保险条款》没设总则条款,《沿海条款》总则条款中第 2 条和第 3 条的内容在《86 远洋船舶保险条款》的不同条文中有所体现。

第一条明确了沿海船舶保险合同是"由保险条款、投保单、保险单、保险凭证以及批单组成。凡涉及本保险合同的约定,均应采用书面形式"。条款只是保险合同的一部分。

第二条明确了船舶保险标的"是指在中华人民共和国合法登记注册、从事沿海或江海联运航行的船舶,包括船体、船舶检验证书簿上载明的机器、设备、助航仪器,以及船上的索具、燃料和物料"。在保险船舶的定义上与远洋船舶保险的定义保持了一致。

第三条明确了沿海船舶保险的险别"分为全损险和一切险,保险人按保险合同列明的承保险别承担保险责任"。

二、保险责任

《沿海条款》与《86 远洋船舶保险条款》在险别的划分上是相同的,都分为全损险和一切险,但在风险责任上,《沿海条款》比《86 远洋船舶保险条款》要严格得多。

(一)全损险的主要区别

《沿海条款》在保险责任范围内共有 5 条明确规定了所负责的各种自然灾害或意外事故:"(一)八级以上(含八级)大风、地震、海啸、雷击、冰凌;(二)火灾、爆炸;(三)搁浅、触礁、碰撞及触碰;(四)由于上述一至三项灾害或事故引起的倾覆、沉没;(五)船舶失踪。"特别是第四款,由于上述一至三款灾害和事故引起的倾覆、沉没的规定,将责任范围严格限定在列明的风险内,一旦保险船舶发生事故,可以依据查明的原因对号入座,而《86远洋船舶保险条款》的责任范围对风险的表述为类似的自然灾害和意外事故,风险内容较宽泛。

(二)一切险的主要区别

《沿海条款》与《86远洋船舶保险条款》对船舶碰撞、触碰责任的概念虽然是一致的,但赔偿的范围有重大区别:

1. 《沿海条款》承担碰撞、触碰责任范围是明确列明的,主要包括:对方船舶、对方船载货物、码头、港口设施及航标的直接损失和费用,不包括间接损失和费用;《86远洋船舶保险条款》则包括限定的间接损失,如碰撞后的船期损失。

2. 《沿海条款》承担3/4碰撞、触碰责任;《86远洋船舶保险条款》承担4/4碰撞、触碰责任;

3. 《沿海条款》对发生多次碰撞、触碰责任的赔偿要累计,以不超过船舶保险金额的3/4为限,但可以经保险人同意加缴保费恢复;《86远洋船舶保险条款》对赔偿不做累计,即使累计超过保险金额,保险合同仍继续有效。

4. 《沿海条款》对触碰"水产养殖及设施、捕捞设施、水下设施、电缆、桥或在建桥梁及其相关设施"不负赔偿责任,它在除外责任项下第8条(六)款做了如此规定,基本保留了原《96年沿海内河船舶保险条款》的规定;《86远洋船舶保险条款》对此是要负责赔偿的。

5. 《沿海条款》对船舶浪损也做了明确不赔的规定,体现在除外责任项下第7条(二)款的规定中。该款规定:"保险船舶在航行中引起水浪击打或拍打他船或他物造成他船、他物的损失;座浅(因落潮或装载引起船舶吸底而坐落于水底的现象)和擦浅(在正常航行水域,因航道淤积或水位变化导致船底与河床长期频繁摩擦)"。《86远洋船舶保险条款》对此也不负责赔偿,但没有做如此明确的规定,主要是因为《海商法》及国际惯例并没有将其视为船舶碰撞范围。

三、除外责任

《沿海条款》的除外责任严于《86远洋船舶保险条款》,其主要区别如下。

(一)《沿海条款》将下述情况作为一种默示保证条款

《沿海条款》第6条规定:"在保险期间内存在下述情况,自下述情况发生之日起,保险人对任何原因产生的责任、损失和费用不负责赔偿:

(一)船舶不适航(不适拖),包括保险船舶的人员配备不当、技术状态、航行区域、用途不符合航行(拖航)规定或货物装载不妥。

定期险和航次险分别按以下方法进行界定和处理:

1. 定期险:除非被保险人能证明其不知道或没有理由知道这种不适航情况的存在,否则保险人不负任何赔偿责任,并有权解除保险合同,但保险人可自事故发生之日起按日比例退还已交的未到期的保险费。

2. 航次险:只要保险船舶开航时不适航,保险人不负任何赔偿责任并有权解除保险合同,不退还保险费。

(二)被保险人、船舶所有人、船舶经营人及其代表、船长利用保险船舶进行违法犯罪活动,保险人有权解除合同,且不退还保险费。"

上述规定不仅在文字上要比《86远洋船舶保险条款》严格得多,还将船长与被保险人、船东及其代表等同起来,《86远洋船舶保险条款》则将船长排除在被保险人、船东及其代表的范畴以外。

（二）《沿海条款》将《86 远洋船舶保险条款》的第 4 条海运条款作为除外责任的第 9 条条款。

总体来讲，《沿海条款》的除外责任条款同比《86 远洋船舶保险条款》虽然在有的条文文字上做了必要更改，但除外责任的条款罗列太多，仅 4 个除外条款包含了 20 项副条款，相对承保风险来讲，保的东西少，不赔的东西多，不利于商业经营。

四、承保区域

我国的船舶无论界定为远洋船舶还是沿海、内河船舶，都是根据船舶航行的水域来划分的。如经常往来于任何航区航行的船舶为远洋船舶，而限定在沿海的二、三类航区及与内河相接的可航水道航行的船舶界定为沿海船舶；航行在内河 A、B、C、J 航区和湖泊、水库内的船舶界定为内河船舶。这种界定在船舶登记时就已经确定。

我国将海上可航水域分为 3 类航区：Ⅰ 类航区，属于无限航区，允许远洋船舶航行；Ⅱ 类航区，渤海、黄海及东海距岸不超过 200 海里的海区；台湾海峡；南海距岸不超过 120 海里的海区；海南岛东海岸及南海岸距岸不超过 50 海里的海区；Ⅲ 类航区，台湾海峡东西两岸、海南岛东海岸及南海岸距岸不超过 10 海里的海区；除上述海区外距岸不超过 20 海里的海区；除东沙、西沙、中沙及南沙群岛以外其他沿海岛屿距岸不超过 20 海里的海区。

根据规定，沿海船舶限定在沿海的二、三类航区及与内河相接的可航水道航行，远洋船舶则无此限定。

五、保险价值与保险金额

《沿海条款》将原来非定值保险按照远洋船险的做法改为定值保险。《沿海条款》第 12 条规定："保险船舶的保险价值由保险合同双方根据船舶的市场重置价进行约定，保险金额不得超过保险价值。保险金额与保险价值以保险单载明的为准。保险金额低于保险价值的，视为不足额保险。"第 20 条赔偿条款中也明确规定："保险船舶全损按照保险金额赔偿。"这个条款是原《96 年沿海内河船舶保险条款》中没有的。

六、被保险人义务

《沿海条款》第 14 条规定："投保人、被保险人应在保险合同成立时交纳保险费。保险费交付前发生的保险事故，保险人不承担赔偿责任。"《86 远洋船舶保险条款》的规定没有如此严格。

实务中，对大的航运企业，保险费可以经双方特别约定分期缴费，约定缴费的时间也必须在保险合同中载明。

七、赔偿规定

（一）《沿海条款》将被保险人索赔时需要提供的单证逐个明确罗列

《沿海条款》第 19 条规定："被保险人索赔时应向保险人提供有效的索赔单证，包括但不限于索赔函、保险单正本、船舶有关法定证书、海事签证、航海日志、轮机日志、海事报告、船舶装载记录、各种账单发票、事故责任的调解书、裁定书和判决书及被保险人所能提供的与确认保险事故的性质、原因、损失程度等有关的其他证明和资料。"此外，该条还就保险人核定案件的时间做了限制规定,"被保险人向本公司请求赔偿并提供理赔所需资料后,本公司在60天内进行核定。对属于保险责任的,本公司在与被保险人达成赔偿或给付保险金的协议后10天内,履行赔偿义务。"《86远洋船舶保险条款》无此种详细罗列索赔单证的文字,对保险人核赔时间也无此限定。但《09远洋船舶保险条款》在被保险人义务条款中,照此做了同样的规定。

(二)《沿海条款》将部分损失的赔偿与共同海损和救助费用累计最高赔偿限定在一个保险金额内

《沿海条款》第20条(二)一切险四款中规定:"保险船舶本身损失、共同海损和救助累计的赔偿金额达到保险金额时,本部分保险责任终止。经保险人书面同意,并补交保险费后,本部分保险责任恢复。"《86远洋船舶保险条款》无此种规定。该款的表述是将部分损失赔偿到一个保险金额时,合同项下的部分损失的赔偿即告终止,不再承担赔偿责任。要想恢复,必须征得保险人的同意并加缴保险费,如同碰撞责任的赔偿规定一样,但这种"保险船舶部分损失、共同海损和救助累计的赔偿金额达到保险金额时,本部分保险责任终止"的表述存在很大问题。

首先,部分损失的赔偿不能几个事故累计计算,这种累计计算违背了《海商法》第239条对部分损失赔偿的规定:"保险标的在保险期间发生几次保险事故造成的损失,即使损失金额的总和超过保险金额,保险人也应当赔偿。"

其次,一个事故出现有单独海损损失(部分损失)、共同海损损失和救助费用时,共同海损损失的理算依据是受损后的船舶价值,也就是说,已剔除了单独海损损失、共同海损损失和救助费用(共同海损是包括救助费用的)由各利益方分摊,其计算后的共同海损损失赔偿加上单独海损损失(部分损失)的结果是永不会超过保险金额的。因此,这个条款的建立是多余的,这种假设不成立。

最后,假设船舶受损,救助人救助费金额的要求超过受损船舶的实际价值,前者的结果一个是保险人放弃对保险标的的权利,按全损以保险金额全额支付赔款,解除对保险标的的义务;一个是被保险人要求保险人按推定全损支付全额保险赔款。假设在特定情况下,救助人实际发生的救助费超过受损船舶的实际价值,保险人的赔偿也要按全损赔偿,不会在等到船舶修理后再履行赔偿义务,但这两种情况的发生必须以无共同海损损失发生为前提。

八、争议处理

《沿海条款》第28条是争议处理条款,与《86远洋船舶保险条款》的不同点在于,《沿海条款》规定了保险合同项下的纠纷受中华人民共和国法律管辖;保险合同双方发生的一切争议的仲裁或诉讼及地点的选择,按我国有关法律、法规执行。

《86远洋船舶保险条款》受当时法律未出台的约束,没做适用法律的规定。《09远洋船舶保险条款》在修订时已做了类似规定。

九、《沿海条款》增加的附则条款

《沿海条款》增加一个附则条款(第29条)是《86远洋船舶保险条款》没有的。《沿海条款》第29条规定:

"定期险保险责任开始前,投保人要求解除保险合同的,应当向保险人支付相当于保险费10%的退保手续费,保险人退还剩余部分保险费。

定期险保险责任开始后,投保人要求解除保险合同的,自通知保险人之日起,保险合同解除,保险人按短期费率计收保险责任开始之日起至合同解除之日止期间的保险费,并退还剩余部分保险费。

保险人也可提前15日向投保人发出解约通知书解除本保险合同,保险人按短期费率计收保险责任开始之日起至合同解除之日的保险费,并退还剩余部分保险费。"

附录:

短期费率表

保险期间(个月)	1	2	3	4	5	6	7	8	9	10~12
按年费率(%)	30	40	50	60	70	80	85	90	95	100

注:不足一月的部分按一个月计收。

第二节 内河船舶保险条款

《09年内河船舶保险条款》(简称《内河条款》)的条款框架是按照沿海条款框架制定的,共有26条,比《沿海条款》少了3个条款。比原《96年沿海内河船舶保险条款》多了5条。

第一,除外责任条款中剔除了《沿海条款》中的第9条:

"除保险人事先书面同意并收到加交的保险费外,保险人对下列情况造成或引起的损失、责任和费用均不负责赔偿:

(一)保险船舶从事拖带或救助服务;

(二)保险船舶与他船(不包括港口或沿海使用的过驳船)在海上直接装卸货物,包括驶近、靠拢和离开;

(三)保险船舶为拆船或为拆船目的出售的航次。"

第二,赔偿处理中剔除了第21条和第24条。

《内河条款》第21条规定:"被保险人为使保险船舶适航做必要的修理或日常进入干船坞时,保险船舶也需就保险责任范围内的损坏进坞修理,保险人和被保险人应平均分摊进出船坞费用和船坞的使用费用。但若被保险人的修理工作不曾延长保险船舶在坞时间或增加任何其他船坞的使用费用,被保险人不必分摊相关的使用费用。"第24条规定:"每次保险事故造成保险船舶的部分损失赔偿,须扣除保险单规定的免赔额或免赔率,由于第四条第一项原因造成两个连续港口之间单独航程的损失索赔视为一次意外事故。在不足额保险时,先计算保险金额与保险价值的比例,再扣除免赔额或免赔率。本条不适用于保险船舶搁浅后专为水下检验船底引起的合理费用。"本条的"每次保险事故造成保险船舶的部分损失赔偿,须扣除保险单规定的免赔额或免赔率"放在第21条中做了表述。

《内河条款》的内容在诸多方面与远洋、沿海条款存在差别,主要原因是:内河船舶本身的客观情况与远洋、沿海船舶存在重大差异,也与内河船的管理环境与船东管船水平与远洋、沿海船的管理环境和内河船东管船水平存在差异有关,同时也与事故发生的或然率有关。此外,也与最后定稿时考虑得不充分有关,现将修订后的《内河条款》与《沿海条款》的主要区别介绍如下。

一、总则的区别

保险标的的范围不同,《内河条款》总则第 2 条规定:"本保险合同中的船舶是指在中华人民共和国合法登记注册、从事内河航行的船舶,包括船体、船舶检验证书簿上载明的机器、设备和助航仪器。"该条所列保险标的的范围仅包括船体、船舶检验证书簿上载明的机器、设备和助航仪器。将《沿海条款》所包括的船上索具、燃料和物料等剔除在外,明显缩小了保险标的的承保范围。

二、保险责任的区别

(一)缩减了承保风险范围

《内河条款》将大风灾害改为 6 级以上(含 6 级)大风,比《沿海条款》降了两级,保留了《96 年沿海内河船舶条款》原有的崖崩、滑坡、泥石流、冰凌,但剔除了《96 年沿海内河船舶条款》所承保的"洪水"风险,而这个自然灾害风险与内河船舶有着最密切的关系,这个风险的剔除意味着新修订的《内河条款》明显比《96 年沿海内河船舶条款》缩减了承保风险范围。

(二)救助与施救条款有文字上的差别

《内河条款》在救助与施救条款中剔除了共同海损字样,原因是:截至目前,内河运输一直采取承运人负责制,不承认共同海损损失。为此,《内河条款》首先将《沿海条款》的"共同海损、救助与施救条款"改为"救助与施救条款"。其次,该条款将共同海损各利益方分摊的原则规定在条文中。该条款规定:"本保险负责赔偿被保险人在发生保险事故时,为保险船舶的航行安全而支出的必要合理费用,包括为确定保险事故的性质、程度而支出的检验、估价的合理费用,以及为执行保险人的特别通知而支出的费用,保险人在保险船舶损失赔偿之外另行支付。保险人对本项规定的费用的支付,凡涉及船货共同安全的,以获救保险船舶的价值占获救船、货、运费的总价值的比例为限,且不超过保险金额。"

三、除外责任的区别

《内河条款》除外责任有 9 个条款,比《沿海条款》除外责任少了一个条款(即前面介绍的航运条款),但在第 8 条中增加了一个(二)附条款。除此之外,《内河条款》除外责任条款的内容与《沿海条款》除外责任条款的内容基本保持一致。《内河条款》第 8 条(二)款规定:本保险对"舵、螺旋桨、桅、锚、锚链、橹及子船的单独损失"不予赔偿,保留了《96 年沿海内河船舶条款》对这些损失不予赔偿的决定。

四、赔偿处理的区别

《内河条款》增加了一个残骸协商处理条款。《内河条款》第 22 条规定:"保险船舶遭受全损或部分损失后的残余,由保险双方协商处理。"该条款的增加实际上是对《96 年沿海内河船舶条款》第 12 条的修订,原条款规定:"保险船舶遭受全损或部分损失后的残余部分应协商作价折归被保险人,并在赔款中扣除。"但文字上没有表述出"残余部分"首先要作价折归被保险人的意愿。

船舶保险

思考题

1. 《沿海条款》与《内河条款》的船舶标的范围有什么不同?
2. 《沿海条款》与《内河条款》的一切险承保责任范围有哪些不同?
3. 《内河条款》比《沿海条款》的除外责任增加了一个条款,将船舶的哪些损失剔除了?

第十一章

沿海和内河船舶保险附加险条款

中国人民财产保险股份有限公司 1996 年制定的《沿海内河船舶保险条款》共有 10 个附加险条款:
1. 附加拖轮拖带责任保险条款
2. 附加船主对旅客责任保险条款
3. 附加船东对船员责任保险条款
4. 附加 1/4 碰撞、触碰责任保险条款
5. 附加螺旋桨、舵、锚、锚链及子船单独损失保险条款
6. 3/4 碰撞、触碰责任,共同海损、施救及救助保险条款
7. 附加油污责任险条款
8. 附加货物运输承运人责任保险条款
9. 附加滚装船承运人责任保险条款
10. 附加第三者人身伤亡责任保险条款(港澳航线)

在 2009 年制定《沿海船舶保险条款》(以下简称《沿海条款》)和《内河船舶保险条款》(以下简称《内河条款》)时,根据险种特点,对部分附加险条款内容做了适当调整,并删减了部分条款。

《沿海船舶保险条款》有 8 个附加险,取消了《沿海内河船舶保险条款》中的附加螺旋桨、舵、锚、锚链及子船单独损失保险条款、附加滚装船承运人责任保险条款。

《内河船舶保险条款》也有 8 个附加险,取消了《沿海内河船舶保险条款》中的附加滚装船承运人责任保险条款、附加第三者人身伤亡责任保险条款(港澳航线)。

现将 2009 年修订后的沿海和内河船舶附加险条款分别介绍如下。

第一节 《沿海条款》的附加险条款

2009 年沿海船舶附加保险条款有 8 个:《3/4 碰撞、触碰责任,共同海损、施救及救助保险》、《1/4 碰撞、触碰责任保险》、《船主对旅客责任保险》、《船东对船员责任保险》、《拖轮拖带责任保险》、《沿海船舶保险附加第三者人身伤亡责任保险条款》(港澳航线)、《沿海船舶油污责任保险》、《承运货物责任保险条款》。其中,《船主对旅客责任保险》《船东对船员责任保险》《承运货物责任保险条款》三个条款的内容在 2013 年进行了修订,名称也分别改为《船东对旅客责任保险》《船东对船员责任保险》《货物运输承运人责任保险条款》。

一、3/4 碰撞、触碰责任，共同海损、施救及救助附加险条款

《沿海条款》一切险中已概括了《3/4 碰撞、触碰责任，共同海损、施救及救助保险条款》的全部内容，因此，此附加险是针对主条款的全损险险别制定的。这个条款的制定主要考虑到碰撞、触碰责任和共同海损案件是多发的，损失有时候是巨大的，处理起来也非常复杂。同时，船东在仅投保全损险的情况下要求增加此种保险保障的需求也非常强烈。《沿海条款》中的 3/4 碰撞、触碰责任有一个特点，就是累计赔款，即一年内无论发生多少次事故，保险人只承担总计为一个保险金额的赔付。

此附加险还承保施救及救助的风险保障，主要考虑到这两种行为是为了保证船舶发生海事后能够得以安全地到达目的地或恢复其安全行驶状态。为保证保险标的不受更大的损害或减少损害而实施的。此行为既有利于被保险人，也有利于保险人，应予以鼓励，因此将此种行为引起的费用在附加险中包括进来。这个附加险和主条款一切险种的表述是对应的，保险人承担的责任与主条款的是一样的。

二、1/4 碰撞、触碰责任保险条款

该附加险是一切险项下承保 3/4 碰撞责任保险的补充，也是对全损险承保《3/4 碰撞、触碰责任，共同海损、施救及救助保险》附加险的补充。

本条款第 1 条保险责任中规定："在保险期间内，本保险负责赔偿主险条款第五条第一项船舶碰撞及触碰责任不负责赔偿的 1/4 为限。且本保险（主险和附加险）累计碰撞、触碰责任的赔偿金额以船舶险的保险金额为限。"

被保险人投保了这个附加险，保险人按合同规定对保险船舶的碰撞、触碰责任的赔偿给予全部补偿，即 4/4 的赔偿，而不是 3/4 的赔偿了。

但 2009 年修订的首款表述没有原来 1996 年第二款的表述严谨。2009 年修订的首款表述为："本条款为《中国人民财产保险股份有限公司沿海船舶保险（2009 版）》（以下简称'主险'）的附加险条款，只有在投保了主险 3/4 碰撞及触碰责任保险的基础上，方可投保本附加险。"其中，将 3/4 碰撞及触碰责任保险错误地界定为主险，又可单独承保之意，而实际上它也是一个附加险，是不能单独承保的。1996 年条款的第二款规定的表述是："本保险仅在船舶承保 3/4 碰撞、触碰责任时加保"，仅界定该条款是在已承保了"3/4 碰撞、触碰责任"的情况下才能加保的一个附加险。两者的区别在于：3/4 碰撞、触碰责任和 1/4 碰撞、触碰责任是先后投保的关系，而不是主附关系。

三、船东对旅客责任保险条款

船主对旅客责任的保险是承保"保险船舶在运输过程中发生自然灾害或意外事故，造成船舶上旅客死亡或伤残，依法应由被保险人（船东）承担的直接经济赔偿责任"。

该附加险的责任承保区间仅限于船上，即保险责任以旅客踏上保险船舶舷梯或踏板时开始生效，船舶抵达目的港旅客离开保险船舶舷梯或踏板时终止。对战争、叛乱、核辐射造成的损害及疾病、殴斗、自杀、犯罪行为和船东的故意行为造成旅客的死亡或伤残被列为除外责任。

该条款对每位旅客的赔偿限额做了规定，仅在第 6 条责任限额中做如下表述："累计责任限额按保险船舶法定载客数乘以每位旅客最高赔偿限额确定，每位旅客最高赔偿限额和

累计责任限额以保险单载明的为准。"根据这一条款,对每位旅客的赔偿限额是要做事先约定的。实务中,这种约定不像原《96 沿海内河船舶保险条款》有一个明确的数额规定,方便操作。目前我国对海上旅客运输的有关规定,承运人对每个旅客的伤亡赔偿的最高限额为 4 万元人民币;每航次总的限额不超过 2100 万元人民币。《船东对旅客责任保险》每人的最高赔偿额为 3 万元人民币,并对人身伤残的不同程度较详细制定了赔偿金额表(按比例赔偿)。

该条款重新调整了船东对旅客责任保险赔偿金额表(见表 11 - 1),但这个表没有 1996 年条款规定得简单、方便,处理起来易拖延赔偿时间。

表 11 - 1 船东对旅客责任保险赔偿金额表

项目	伤害程度	保险合同约定 每人伤亡责任限额的百分比
(一)	死亡	100%
(二)	永久丧失工作能力或一级伤残	100%
(三)	二级伤残	80%
(四)	三级伤残	65%
(五)	四级伤残	55%
(六)	五级伤残	45%
(七)	六级伤残	25%
(八)	七级伤残	15%
(九)	八级伤残	10%
(十)	九级伤残	4%
(十一)	十级伤残	1%

注:本表中所指伤残级别是参照国家标准 GB/T16180—1996 职工工伤与职业病致残程度鉴定之标准制定。

根据修订后的赔偿表,赔款要根据伤残等级规定的赔偿比例给予赔偿,那么,保险人就要拿到医院开出的伤残证明后才能支付赔款,而原 1996 年条款中的规定是列明伤残部位的,只要有事实或证据证明确实伤损了规定中的那个部位,保险人就能及时按规定支付相应的赔款。

四、船东对船员责任保险条款

虽然《船东对船员责任保险条款》与《船东对旅客责任保险条款》的承保均属于责任险条款,但由于承保对象不同,前者是运输合同项下的责任,后者是雇用合同项下的责任,因此,它们在承保责任范围和赔偿限额及处理上各有不同。

(一)保险责任表述不同

《船东对船员责任保险条款》第 2 条规定:"保险船舶在航行运输或停泊中船上在岗船员发生死亡或伤残,根据劳动合同或法律,依法应由船东(被保险人)对船员承担的医疗费、住院费、伤残或死亡补偿费,保险人负责赔偿。"

该条款强调的是,只要"船舶在航行运输或停泊中船上在岗船员发生死亡或伤残",保险人就应给予赔偿。而《船东对旅客责任保险条款》的保险责任表述为:"在保险期间内,保险船舶在载客过程中遇到自然灾害或意外事故,造成保险船舶所载旅客死亡或伤残,依法应由被保险人(船东)承担的直接经济赔偿责任",强调的是自然灾害或意外事故造成旅客死亡或伤残,保险人才给予赔偿。

(二)赔偿范围不同

《船东对船员责任保险条款》的赔偿范围包括"依法应由船东(被保险人)对船员承担的医疗费、住院费和伤残、死亡补偿费";而《船主对旅客责任保险条款》的赔偿范围仅表述为"依法应由被保险人(船东)承担的直接经济赔偿责任",它的赔偿范围明显比前者宽泛。

(三)增加了一个"特别约定"条款

《船东对船员责任保险条款》第14条规定:"被保险人在投保时,船东和船员的劳动合同或规定须经保险人审验。如劳动合同涉及与本保险有关的事项变更时,被保险人必须通知保险人。如变更事项所产生的责任超过了原劳动合同规定的责任时,保险人有权增收保险费或终止本保险。"

(四)参与处理事故人员的费用

《船东对船员责任保险条款》第9条规定:"参与处理事故的船员须两人以下,保险人仅负责限定人数内船员家属的有关费用支出。"

五、拖轮拖带责任保险条款

《拖轮拖带责任保险条款》主要是针对我国沿海拖轮拖带运输的情况制定的。本保险的保险标的是沿海拖轮的拖带责任。保险责任是:本保险承保保险拖轮以顶推、绑(旁)拖、吊拖等方式拖带他船在可航水域发生保险事故,致使被拖带船舶以及所载货物遭受损失,根据拖带合同依法应由保险拖轮承担的赔偿责任。

在我国,拖轮拖带作为水路运输常见的作业形式,通常有下列几种:

一是拖带(也称吊拖、串拖),是指拖轮在前,通过拖缆将驳船一一连接进行作业的方式。拖带的被拖物往往是一些无动力的分节小型驳船,它们有如积木一样排列组合成一个船队。我国长江上经常可以看见由拖带组成的载货万吨以上的长龙船队。

二是顶推,即拖轮在后用于顶推。被顶推物既可以是单个或多个驳船,也可以是水上浮动建筑物。

三是绑拖,是指将驳船捆绑在拖轮上的一种作业形式,这种作业往往只能捆绑一或两条驳船。

由于拖带产生的拖带合同属于一种运输合同行为,因此,拖带运输中,被拖船舶发生各类事故,拖轮根据合同难免要负直接责任或连带责任。这个《拖轮拖带责任保险》附加险是为了保障拖轮可能出现的这种合同风险而制定的,因此,它不能单独承保。

保险人在决定是否承保时应注意,要了解拖轮与被拖船的船舶保险情况、航行水域、拖航合同中的拖方与被拖方的权利和义务等。

六、第三者人身伤亡责任保险条款(港澳航线)

(一)保险责任

第三者人身伤亡责任保险主要承担两项责任:

第一,保险期间内,保险船舶因在中华人民共和国香港特别行政区水域、中华人民共和国澳门特别行政区水域内航行或停泊中导致或引起除投保人、被保险人及本船雇用船员以外的任何第三者死亡或身体受伤而可能招致的任何法律责任,依法应由被保险人(即船东)承担的医疗费、住院费和伤残、死亡补偿费,保险人按照本保险合同的约定负责赔偿。

第二,经保险人事先书面同意,被保险人因上述原因给第三者造成损害而被提起仲裁或者诉讼的,对应由被保险人支付的仲裁或者诉讼费用以及其他必要的、合理的法律费用(以下简称法律费用),保险人按照本保险合同的约定也负责赔偿。

简单地讲,一个是承保依法应由被保险人承担的(投保人、被保险人及本船雇用船员以外的)任何第三者死亡或身体受伤引起的医疗费、住院费和伤残、死亡补偿费;一个是法律费用,但它的赔偿办法与限额在条款第5条(五)款中规定,"法律费用赔偿的数额在保险单载明的责任限额以外另行计算,最高不超过责任限额的20%"。

(二)免赔额的设定条件不同于其他险

《第三者人身伤亡责任保险条款》第5条四款的免赔额规定:"每次事故免赔额由投保人根据投保船舶的总吨位及每次事故责任限额确定,并在保险合同中载明。"根据此款,该保险免赔额设定的高与低要与船舶的总吨位相联系。这种规定与其他险种的规定有极大差别。

(三)除外责任

《第三者人身伤亡责任保险条款》的除外责任有8条:

1. 战争、敌对行动、军事行为、武装冲突、罢工、骚乱、暴动、恐怖活动及核辐射、核爆炸、核污染及其他放射性污染所致的任何人伤残或死亡。

2. 殴斗、自杀、自残、疾病、违法犯罪行为所致的任何人伤残或死亡。

3. 被保险人所雇用的任何人在其受雇工作期间因工所致的伤残或死亡。

4. 投保人、被保险人(即船东)的故意行为所致的任何人伤残或死亡。

5. 任何人的工资、奖金、补助等。

6. 同一宗事故所引致的任何一宗意外或连串意外的、并超出本保险单列明责任限额的法律责任。

7. 被保险人承担的合同责任,但无合同存在时仍然应由被保险人承担的法律责任不在此限。

8. 任何外汇担保。

(四)限定了承保区域

《第三者人身伤亡责任保险条款》主要是针对港澳特别行政区的,因此,在第6条其他事项款对承保区域做了限定:"本附加险仅适用于经中华人民共和国交通部或其下属的交通厅核准,在中华人民共和国香港特别行政区水域、中华人民共和国澳门特别行政区水域内往返航行的船舶。"

七、油污责任险条款

我国《海商法》规定,海上运输"是指海上货物运输和海上旅客运输,包括海江之间、江海之间的直达运输"。因此,沿海船舶造成油污损害要适用《海商法》的调整。

我国是《1992年国际油污民事责任公约》(简称《1992年油污公约》)的缔约国。沿海船舶造成的油污污染,究竟是适用《海商法》的有关规定,还是适用《1992年国际油污民事责任公约》的规定,2005年12月26日最高人民法院印发的《第二次全国涉外商事海事审判工作会议纪要》是这样规定的:

"第141条 我国加入的《1992年油污公约》适用于具有涉外因素的缔约国船舶油污损害赔偿纠纷,包括航行于国际航线的我国船舶在我国海域造成的油污损害赔偿纠纷。非航行于国际航线的我国船舶在我国海域造成的油污损害赔偿纠纷不适用该公约的规定。

第142条 对于不受《1992年油污公约》调整的船舶油污损害赔偿纠纷,适用《中华人民共和国海商法》《中华人民共和国海洋环境保护法》以及相关行政法规的规定确定当事人的责任;油污责任人亦可以依据《中华人民共和国海商法》第十一章的规定享有海事赔偿责任限制。"

最高人民法院《关于贯彻执行<中华人民共和国民法通则>若干问题的意见(试行)》第178条规定:"凡民事关系的一方或者双方当事人是外国人、无国籍人、外国法人的;民事关系的标的物在外国领域内的;产生、变更或者消灭民事权利义务关系的法律事实发生在外国的,均为涉外民事关系。"也就是说,如果国内运输船与从事国际航线的、悬挂中国国旗的船舶碰撞造成海域污染,或者外国船与中国船(包括从事国际航线和国内航线的船舶)碰撞造成海域污染,此污染是从事国际航线的、悬挂中国国旗的船舶或者是外国船漏油所致,或碰撞船舶双方所致,则适用《1992年油污公约》,否则不能适用《1992年油污公约》。

2010年8月19日,我国颁布了《中华人民共和国船舶油污损害民事责任保险实施办法》自2010年10月1日起实施,要求近洋船舶必须投保油污责任险。

《附加油污险条款》第1条保险责任规定:"在保险期间内,由于保险船舶上的油(包括船舶本身的燃油、机油及所载油品货物)泄漏而造成的水域污染,保险人按下列约定承担赔偿责任:

(一)被保险人采取合理措施清除或减少污染而支出的费用。

(二)因服从政府或有关当局为防止或减轻污染或污染风险发出的命令或指示,被保险人承担的费用或责任。这种费用或责任以不能以保险船舶的主险赔偿为前提。

(三)被保险人依法对第三者的污染损害应承担的赔偿责任。

(四)被保险人因保险事故而支付的仲裁或诉讼费用以及其他必要的、合理的费用,但需事先征得保险人同意。"

八、货物运输承运人责任保险条款

我国沿海与内河运输实行的是船东"全负责制度"。在这种制度下,船舶在运输途中除了发生人力不可抗拒的风险外,无论发生或遇到什么情况,引起或造成所运货物损失,都要由船东负责赔偿。水上货物运输的风险是客观存在的,船东对此种风险也是有需求的,因此有必要制定《货物运输承运人责任保险》这一附加险。考虑到此种风险也属于船东保赔保险中的一个主要风险,因此,作为船舶的附加险时,增加了许多限定条件,需要在承保和理赔时特别注意。

(一)保险责任

《货物运输承运人责任保险条款》仅承保一项限定的货损责任和一项(施救)救助费用。

货损责任:"在保险期间,保险船舶在载货运输过程中,由于被保险人的过失,造成船舶发生火灾、爆炸、碰撞、触碰、搁浅、触礁,以及因上述意外事故造成船舶的倾覆、沉没,致使保险船舶上所载货物遭受直接损失,依法应由被保险人承担赔偿责任时,保险人在保单载明的赔偿限额内负责赔偿。"

(施救)救助费用:"发生保险责任范围内的事故时,被保险人为减少承运货物的损失而支付的必要、合理的救助费用,保险人也负责赔偿。"

(二)除外责任

除外责任有3个方面20项内容:

第4条 下列任何一项原因造成的损失、费用和责任,保险人不负责赔偿:

(一)被保险人及其代表的故意行为;
(二)被保险人超越政府交通主管部门核定的经营范围、运输区域或航线开展运输业务;
(三)被保险人在被政府交通主管部门责令停业整改加用或责令停业之后,继续开展运输业务;
(四)船舶不适航;
(五)不可抗力;
(六)货物的自然属性和潜在缺陷;
(七)货物的自然减量和合理耗损;
(八)包装不符合要求;
(九)识别标志、储运指示标志不符合规定;
(十)托运人申报的货物重量不准确;
(十一)托运人押运过程中的过错;
(十二)普通货物中夹带危险、流质、易腐货物;
(十三)托运人、收货人的其他过错。

第5条 对于下列各项,保险人也不负责赔偿:
(一)被保险人及其船员自带的货物、被保险人免费承运的货物的损失;
(二)活动物、有生植物的疾病、死亡、枯萎、减重;
(三)甲板装载的非集装箱货物的损失;
(四)因货物错误交付、延迟交付所造成的任何性质的损失;
(五)罚款、罚金、惩罚性赔款及违约金;
(六)假冒、伪劣货物以及禁运品的损失。

第6条 其他不属于保险责任范围内的损失、费用和责任,保险人同样不负责赔偿。

(三)责任限额及保险费

承运货物责任保险在责任限额及保险费条款中规定,赔偿限额由投保人自行确定,但不得超过沿海船舶保险的保险金额。保险期间每次及多次事故承担的赔偿责任最高不超过保险单载明的责任限额。

保险费的计算是以船舶证书核定总吨数为基础计算,与正常险种以保险金额为基础计算不同。

(四)赔偿处理

《货物运输承运人责任保险条款》赔偿处理条款中有5个条款:

第10条 承运的货物发生保险责任范围内的损失,被保险人向保险人申请赔偿时应提供保险单正本、货票或运单、货物价值证明、损失清单、索赔申请、有关部门的证明及责任认定证明、支付凭证、有关的法律文书(裁定书、裁决书、调解书、判决书等)或和解协议以及被保险人所能提供的与确认保险事故的性质、原因、损失程度等有关的其他证明和资料,同时应在48小时内将详情通知保险人。保险人按起运地价格在赔偿限额内负责赔偿。

第11条 被保险人应在事故发生之日起2年内向保险人提供有关索赔单证。被保险人未履行约定的单证提供义务,导致保险人无法核实损失情况的,保险人对无法核实部分不承担赔偿责任。

第12条 本条款承保责任范围内的赔款无论一次或累计达到赔偿限额时,本保险责任即行终止。

第 13 条　承运货物发生损失后的残余部分由保险人、被保险人协商处理。

第 14 条　未经保险人书面同意,被保险人对受害人及其代理人做出的任何承诺、拒绝、出价、约定、付款或赔偿,保险人不受其约束。对于被保险人自行承诺或支付的赔偿金额,保险人有权重新核定,不属于本保险责任范围或超出应赔偿限额的,保险人不承担赔偿责任。在处理索赔的过程中,保险人有权自行处理由其承担最终赔偿责任的任何索赔案件。

第二节　内河船舶保险的附加险

2009 年版的内河船舶保险附加险共有 8 个。

一是《3/4 碰撞及触碰责任、救助与施救保险条款》;

二是《1/4 碰撞及触碰责任保险条款》;

三是《船东对旅客责任保险条款》;

四是《船东对船员责任保险条款》;

五是《拖轮拖带责任保险条款》;

六是《油污责任险条款》;

七是《螺旋桨、舵、锚、锚链及子船单独损失保险条款》;

八是《货物运输承运人责任保险条款》。

上面 8 个条款中,除了《螺旋桨、舵、锚、锚链及子船单独损失保险条款》以外,与沿海条款相比,除了有保险标的的区别——沿海船舶与内河船舶,其他条文在表述方面基本上没有差别。

现将《螺旋桨、舵、锚、锚链及子船单独损失保险条款》介绍如下:

针对内河航行中的一些小型船舶,其螺旋桨、舵、锚、锚链及子船易拆卸,极容易发生丢失或失窃以及道德风险,这种单独损失的风险在《沿海内河船舶条款》中已被删除。增设此附加险主要是考虑到信誉好的被保险人和大船对此风险的需求,也考虑到内河航行的大船无此易拆卸引发的问题,应给信誉好的被保险人和大船提供充分的保险保障服务,但前提条件是必须投保了沿海内河船舶主险。

《螺旋桨、舵、锚、锚链及子船单独损失保险条款》承保的责任是:保险船舶在航行、运输或停泊中,发生保险责任范围内的事故,致使螺旋桨、舵、锚、锚链、子船发生单独损失或因此而产生的修理费用和因其修理船舶进出船坞、上下船台、吊尾等费用。

实务中应注意的是,此附加险承保的是单独损失,如发生海损事故所造成的螺旋桨、舵、锚、锚链及子船连同船体的损坏,沿海内河船舶主险本身是要承担责任的,与此条款无关。

思考题

1. 2009 年《沿海船舶条款》的附加险有几个?

2. 2009 年《内河船舶条款》的附加险有几个?

3. 《沿海船舶油污责任附加险条款》赔偿油污罚款吗?

4. 《承运货物责任保险条款》对法律费用的限定赔偿额是多少?

第十二章

沿海内河船舶保险其他险种简介

沿海内河船舶保险还承保两个险种:船舶建造保险与渔船保险。

第一节 沿海内河船舶建造保险条款

《沿海内河船舶建造保险条款》是为满足国内船舶建造保险市场新的需求,充分考虑目前国内建造沿海大、中、小型船舶的船厂在经营规模、管理水平以及技术力量方面存在的客观差异而设计的险种。《沿海内河船舶建造保险条款》(以下简称《沿海内河条款》)与《远洋船舶建造保险条款》(以下简称《远洋条款》)相比,在保险责任、除外责任、承保区域、保险期限、保险金额及费率、索赔和赔偿等方面均有不同,主要区别如下。

一、保险责任

1. 自然灾害风险的表述不同。《沿海内河条款》列明为 8 级及以上大风、洪水、海啸、雷击、崖崩、泥石流、突发性滑坡、火灾、爆炸等自然灾害;《远洋条款》则仅用地震、火山爆发、闪电或其他自然灾害。《沿海内河条款》未列明的自然灾害均不属于其责任范围。
2. 保险责任不同。《沿海内河条款》将下列属于《远洋条款》承保的风险除外:
(1)工人、技术人员、船长及引水人员的疏忽过失和缺乏经验。
(2)船壳和设备机件的潜在缺陷。
(3)保险船舶任何部分因设计错误而引起的损失。
(4)清除保险船舶残骸的费用以及对第三者人身伤亡的赔偿责任。
(5)对一切人员的死亡、伤残或疾病所应承担的责任和费用。
(6)任何设计、施工错误引起的建造材料、设备报废损失以及返工费用。
(7)清理航道、防止或清除污染、水产养殖及设施、捕捞设施、水下设施、桥的损失和费用。
(8)保险船舶建造所需任何材料或产品保证合同内应负的责任。
3. 碰撞、触碰责任不同。《沿海内河条款》对保险船舶碰撞、触碰其他船舶及其所载货物或触碰码头、港口设施、航标所造成的直接损失承担赔偿责任,每次仅负责赔偿金额的 3/4;《远洋条款》对保险船舶碰撞其他船舶及其所载货物、浮动物件、船坞、码头或其他固定建筑物的损失和延迟、丧失使用的损失承担赔偿责任,每次负责赔偿金额的 4/4。

二、承保区域

试航区域的规定不同。《沿海内河条款》一类航区的船舶限航行 300 海里以内;二类航区的船舶限航行 150 海里以内;三类航区的船舶限航行 100 海里以内;内河船舶视同三类航区;《远洋条款》试航、交船期间:20000 总吨以上的船舶的单程自航距离限于 500 海里;1000 总吨至 20000 总吨船舶的单程自航距离限于 250 海里;1000 总吨以下船舶的单程自航距离限于 100 海里。

三、保险期限

加、退费规定不同。《沿海内河条款》规定,保险期限的起止日期以建造合同载明的建造周期为准,交船后保险合同即行终止。提前完工的,按日退费;逾期完工的,须经保险人同意,并补缴延期的保险费。《远洋条款》则规定,在保险单列明的保险期限内,从保险船舶建造开工之日或上船台之日起生效,保险船舶建成交付订货人或船舶所有人或保险期限满期时止,两者以先发生者为准。提前完工的,不足一个月者不退费;逾期完工的,必须办理展期手续,不足一个月的不加收保险费。

四、保险金额及费率

1. 暂定价值作为保险金额的规定不同。保险价值为船舶的建成价格或最后合同价格,保险金额应按保险价值确定。被保险人如以暂定价值作为保险金额投保,应在船舶建成或确定最后合同价格后通知保险人调整保险金额。对暂定价值超过或低于保险价值的部分,保险人按比例加收或退还保险费。

《沿海内河条款》没有对保险金额超过暂定价值限定比例;《远洋条款》则限定为 125%,并规定对任何一次事故或同一事件引起的一系列事故的保险船舶损失的赔偿总额,以暂定价值的 125% 为限。沿海内河造船险的保险金额需要保险人届时视具体情况而定。

2. 费率标准有所不同。《沿海内河条款》在条款中明确规定,保险费率 = 基本费率 + 周期费率 × 建造周期,其中,基本费率为 0.2%,周期费率为 0.01%,建造周期按月计算,承保时可根据具体情况在标准费率的基础上上下浮动 30%,费率浮动的下限为 0.21%。《远洋条款》费率的计算虽然和沿海内河造船险一样,但实务中,费率一般要与国际分保市场上的费率保持相对一致,随行就市的成分较大。

五、索赔和赔偿

1. 赔偿涉及第三者责任的处理有所不同。《沿海内河条款》规定,依法或根据有关规定应由第三方负责赔偿的,被保险人应先向第三方索赔,如第三方不予赔偿,被保险人应对其提起诉讼,在被保险人提起诉讼后,保险人根据被保险人的书面请求按照保险合同予以赔偿,同时被保险人必须将向第三方追偿的权利转让给保险人,并协助保险人向第三方追偿,《远洋条款》则仅规定,如涉及第三者责任,须提供向责任方追偿的有关函电及其他必要单证或文件。

2. 保险索赔期限不同。《沿海内河条款》规定,被保险人从知道或应当知道保险船舶发生事故的当天起,两年内未向保险人提出书面索赔,或不及时提供规定的各种有效单证,或在达成协议后一年内不领取应得赔款的,即作为自动放弃权益;《远洋条款》则规定,对任何保险事故的索赔期限不得超过交船后 3 个月。这些不同,保险合同双方必须切记。

六、被保险人义务具体条款

事故通知时限有明显不同。《沿海内河条款》规定为,必须在48小时内通知保险人;《远洋条款》则规定,保险船舶发生保险责任范围内的事故后,被保险人应立即通知保险人。

第二节 沿海内河渔船保险条款

《沿海内河渔船保险条款》是参照现行的《沿海内河船舶保险条款》的格式制定的,它除了在保险标的和保险金额条款中增加了一些内容外,还增加了保证条款,其他诸款的规定与《沿海内河船舶保险条款》中的各款基本相同,因此,仅将该条款的承保标的、保险金额及保证条款介绍如下。

一、承保标的

沿海内河渔船保险的承保标的是在中华人民共和国境内合法登记并拥有国家渔业船舶主管机关签发的检验证书和捕捞许可证的各类渔业船舶,包括船体、机器、设备、仪器。渔网、渔具、保险渔船上所装载的货物、燃料、零星工具、用具、备用机件、渔获物、给养品、渔需物资及船上人员的私人财物不属于渔船保险标的的范围。

以渔业生产服务为对象的各类渔业船舶包括:捕捞船、渔业加工船、冷藏运输船、渔港监督船、渔政船等。保险人承保时要注意,投保的渔船必须具备两个条件:一要具备各级渔船检验部门签发的适航证书和检验证书;二要具备由渔政部门签发的捕捞许可证。

二、保险金额

沿海内河渔船保险是定值保险,《沿海内河渔船保险条款》规定:保险金额不得超过保险价值。保险金额可以按照投保时船舶的保险价值(即市场的实际价值)确定;也可以由保险合同双方协商确定。《沿海内河渔船保险条款》的这种规定决定了渔船的赔偿要按定值保险的赔偿办法处理。

三、保证条款

《沿海内河渔船保险条款》保证条款的内容主要包括3条规定:第18条、第19条和第20条。

《沿海内河渔船保险条款》第18条要求被保险人在投保时必须将渔船的真实情况如实地告知保险人,即要求被保险人要遵循保险的最大诚信原则。第19条要求被保险人必须保证保险渔船在保险期限内具有适航性,并且不得更改渔船的用途和性质。实际上,上述两项保证内容在法律上均属于默示保证范围,在此仅是向被保险人提出的一种要求,但也非常严厉。只要渔船在保险期限内不具有适航性,即构成违反保证,保险人有权终止和撤销保险合同。

《沿海内河渔船保险条款》第20条规定,被保险人违反保证条款,自违反之日起(保险人)终止保险合同。

思考题
1.《沿海内河船舶建造保险条款》关于保险责任是如何规定的?
2.《沿海内河渔船保险条款》保证条款的具体内容是什么?

第十三章

船舶保险实务

保险实务分为承保与理赔两部分,但承保的内涵较广泛,可细化为展业、核保、签发保险单等内容。实践中,保险实务一般分为展业、承保(核保)和理赔三部分。保险人必须掌握保险实务并在实践中有所升华,才能成为行家里手,也才会从中体会到保险的真谛,更好地理解保险理论,创立科学的保险理论。

第一节 展 业

展业,也称为保险销售、保险市场营销,它是保险的基础工作,也是非常重要的工作之一。

说它是非常重要的工作,是因为市场竞争中,任何一家保险公司如果没有一支具有较强竞争力的展业队伍,其业务规模的快速发展就不会得到有效支持,因为在市场竞争激烈的经济条件下,市场上已开发的保险业务资源就如一块蛋糕一样,谁的竞争力强,谁得到的份额就多,尤其是市场上潜在的待开发的保险业务资源,也需要强有力的展业队伍去挖掘。一个公司要想成为可持续发展的百年老店,得到社会对它的认可,得到更多的业务资源,就必须拥有一支过硬的展业队伍,对此,各保险公司均把展业能力建设提到公司管理的重要位置。

一、展业人员的素质

一般而言,展业主要是以销售为中心的概念,对此,本书介绍的展业是以销售为概念的。

面对与船舶有关的形形色色的被展业对象,要培养和打造一支在市场上有竞争力的展业队伍,首先就要解决展业人员的素质问题,即销售能力建设问题。实际上,解决展业人员的素质问题,就是要解决展业人员有效的主动沟通能力问题。首先,在挑选展业人员时,应要求他必须有主动沟通的行为能力,这是展业人员的基本素质;其次,展业人员对展业工作要有激情,要有主动性,能够积极了解当地的业务资源情况,设定展业目标。

要想使船舶保险展业人员的沟通能力提升为有效的主动沟通能力,必须具备以下几个条件:

一是熟知保险条款。船舶保险的展业人员要熟知本险种的各种条款,能深刻理解每一条款的实质内容,特别是每一条款中的风险界定和除外责任,便于展业时与客户彼此就合同中的内容进行有效沟通,且不能出现销售误导、不知乱解释、任意扩大解释的现象。

二是了解船舶基本知识。船舶保险的展业人员应对保险标的船舶有一个整体概念。要了解和掌握船舶的船体、轮机、电器等方面的基本知识,了解船舶注册地和船旗知识,了解船舶入级情况,有助于展业时对船舶的各种风险情况有基本的认识,同时也便于与客户在专业语言方面进行沟通,这对展业非常重要。

三是学习船舶检验知识,了解各种检验的目的、性质、种类及各类检验的要求,能够看懂各种船舶证书和检验报告的内容,便于展业时了解船舶的技术状况,才可以判断是否有价值继续进行展业工作,也为后期承保工作奠定基础。

四是依法合规,遵守公司的规定。船舶保险的展业人员应当熟知相关保险法律法规、保险监管政策、行业自律、公司规章制度、承保理赔管理规定。针对船舶保险价值高、风险大以及流动性强、船东注册地也会因各地或各国税收制度的差异而随时变动的特点,保险公司在船舶保险的承保管理上基本上要采取"集中管理、授权经营"的模式。这种管理模式能有效地使公司内部的技术资源达到有效配置,全面掌握历史承保理赔数据,深入了解客户经营情况,统一承保政策,防止恶性竞争,保障客户利益,更好地为客户提供差异化服务。

五是其他知识。航运业应该说是一个门槛较高的行业,特别是远洋航运,涉及的问题更加广泛,因此,凡从事航运的管理者,大都是业内资深专家和船长或船上高级船员出身,他们经验丰富,知识广泛。展业人员要想与他们实现"有效的沟通",必须在知识面上具有一定的广泛性,这也是为什么国内市场上的经纪人从事船舶保险业务不多的重要原因之一,从侧面上也证明"进入船舶保险业务门槛较高"的说法。

二、展业的基本方式与方法

一般来讲,保险展业有3种方式,第一种是直接销售,由公司的正式员工与客户直接接触;第二种个代营销,由个代营销人员与客户接触沟通;第三种是中介渠道,通过经纪人或保险代理人与客户沟通。由于船舶保险专业性、技术性较强,是典型的非标准化产品,因此,船舶保险的展业渠道仍以直接展业和经纪人介绍为主。这里介绍的展业方法主要是针对直接展业的。

展业的方法很多,每个人的能力也不尽相同,以下展业方法是实践中总结的一种路径,仅供展业人员参考。

船舶保险展业的客户分为两种,一种是对新客户的展业;一种是对老客户的展业。两种展业虽然都称为展业,但具体操作截然不同,因此,展业人员要想与各种客户达到有效沟通,除了时刻提高自身素质外,还必须了解与掌握展业方法。

(一)新客户的展业

1. 了解与掌握当地航运、造船企业的情况。航运和造船业不是遍地开花的行业,他们所属的企业与公司相对集中在沿海、沿江、沿河的主要港口与城市,展业人员通过港口与船检部门就会较容易地了解到当地所有的航运和造船公司与企业。在此基础上,对这些公司与企业,展业人员要主动登门拜访,增进双方了解。在交谈中征询是否有保险需求并介绍公司的船舶保险业务,而后要了解他们的船舶航运经营情况,包括船舶经常跑什么样的航线与载运哪些货物、船员来源与培训、船舶的船籍与注册地、船舶是否有入级检验、以往船舶遇到哪些风险及损失情况、以往的保险情况(包括投保渠道)等。

2. 展业要以谈保险技术服务为主。目前,展业人员往往求业务心切,在与客户的接触中总是与客户先谈到我这投保如何如何好,但客户总是怀疑展业人员口头上的表述,尤其是在当前保险在社会上信誉不佳的阶段,因为客户购买保险的主要目的是寻求风险发生后的保障,你说得再好,没有足够的例证,客户怎么也不会相信。要解决这个问题,展业人员首先要以技术服务为切入点谈起,解决客户对你在技术上的怀疑,要让客户认为你对船舶并不外行,与你沟通没有过多的技术语言障碍,有行业亲近感。其次,从防灾防损的角度谈保险对其有什么样的好处,而后引出保险能在损失后给其提供哪些属于减少客户工作的服务性的帮助,例如,协助其提供海事担保、聘请律师及检验人处理海事、委请海上救助人等。通过这种沟通,客户就会基本认同你,剩下的也就是谈具体的投保条件。

(二)老客户的展业

对老客户的展业有两种情况,一种是续转业务,即一直在公司承保的客户,快到保险终止时的展业;一种是以前曾在公司投保过而后到其他公司投保或停保的客户。

1. 续转业务。对续转业务的客户,展业工作大量的时间要放在承保期间客户关系的维系上。这种关系的维系不是在保险期间见几次面、吃几顿饭就算维系关系了,而是要经常与客户就保险标的的防灾防损方面安排一些讲座,提供有价值的资料,赢得客户的赞誉,增加信任度,续转时才能有良好的沟通。同时,要细分客户群,展业时,对记录良好的客户要提供较优惠的承保条件,对承保记录差的客户适当提费或不予承保。

2. 曾经保过的客户。曾经保过的客户有3种情况,一种是因公司的售后服务跟不上,不愿继续合作;一种是因赔付记录过高,为逃避翌年必然要提高的承保费率而到别家公司投保;一种是其他原因的停保。

对第一种情况的客户,展业人员首先要了解客户不合作的真正原因,如果属于公司自身的原因,就要与相关部门先沟通改进服务,而后登门致歉,并诚恳地将改进的结果告知客户,争取客户能继续合作。

对第二种情况的客户,展业人员要密切关注客户在其他保险公司投保的情况,不急于登门展业,待其发生同样赔付率高要加费时,再适时登门展业,但此时的展业(涉及承保),客户必须满足公司原定的提高费率与承保条件或者是新订的费率条件。

对第三种情况的客户,处理起来较为简单,只要有保源,就可以去展业,沟通起来也不会太困难。

(三)保险费率谈判技巧

前面介绍了船舶保险的基本展业方法,这里再简单介绍保险费率谈判技巧。实践中,无论你的展业方法有多好,要达到有效沟通,最后还是要落实到保险双方都认为重要的事项上——保险费率,因此,展业人员必须学习和掌握一些谈判的技巧。

1. 合理报价。一般来讲,展业人员没有核定保险费率的权力,展业人员在报价方面的权力仅是在公司费率底线基础上有一定的浮动权,当然,向上浮动越多,对公司的经营越好。因此,展业人员在展业报价时不能一下子报出底线价格,但也并不是报得越高越好,而是要谈合理报价。展业人员的报价必须合理,有些客户的保险谈判经验比展业人员还要丰富,尤其是在市场竞争激烈的今天,因此,展业时不能报出不能自圆其说、无根无据的费率报价。

2. 不得随意更改报价。保险费率是通过核算和精算厘定的,展业人员以此为依据的报价(指带有浮动性的报价)报出以后不能随意更改,否则,客户会认为你报价太随意,价格肯定还有下降空间,逼你再降,使你处于被动地位。但是也绝不能把价格说死,没有回旋余地,否则,浮动性报价就失去意义,使有效沟通成为不可能。尤其是在客户招标的情况下,在处理相关报价条款的文字书写时更要谨慎。

3. 审时度势。展业人员在展业中要审时度势,当客户已经不愿就你提出的问题给以答复时,你必须转移话题,使其能够继续与你交谈,即使谈不成也要给下一次接触留有机会;当客户对你谈的问题感兴趣时,要有节制,适时转回你要谈的展业内容上来。

4. 招标。由于客户内部的管理规定或由于某些原因,需要采取招投标方式进行投保时,展业人员和承保人员要共同做好招投标工作。

首先,要摸清客户招标的真实意图,例如,客户的目的是降低费率,还是选择保险的后期服务。一定要注意,客户往往都会说"两者都要",但实际上,除了内部规定外,客户的目的都会偏重一个,因此,一定要尽量搞清楚,才好制定标书,否则是不能随意拿出标书的。

其次,标书的制定要规整,措辞要谨慎,不能有瑕疵,文字大小要适中,介绍公司的实力和服务水准用词要适当,要有实例与真实感;在有可能的情况下,承保条件和费率可以开出两套供客户选择,但无论怎样,承保条件和费率要相匹配,承诺要让人有可信度。

上面仅是展业时须注意的几个基本技巧。展业是一门学问,而报价作为其中一项,可以说也是一门单独的学问,展业人员可以学习商务的开价(报盘)知识和谈判技巧。总之,做好展业工作,就是要提高展业能力,需要展业人员在实践中不断学习与总结。

第二节 承保

承保是继展业后的一项工作,其英文是"underwriting"。从事承保工作的人员通常称为承保人员,有权代表公司在保险单上签字或盖签名章的人,或盖公司章签发保险单的保险公司为"承保人",英文为"underwriter"。"承保人"在法律上被界定为保险合同中的合法"保险人",英文为"insurer",并据此要求保险公司对保险合同履行保险义务。

从经营管理的角度出发,做好承保工作能够对效益经营起到"防止病从口入"的作用,因此,承保是保险实务中一项非常重要的工作,任何保险公司都十分重视。作为一个优秀的承保人,必须通晓保险理论并具有丰富的保险实务经验。英国劳合社保险市场的优秀承保人过去被称为"金手指",他对保险标的提出的承保条件与厘定的保险费率可以说是市场的风向标。

承保涉及遵循承保原则、评估保险标的风险、厘定保险费率、签订保险合同等工作,概括起来,承保包括两项内容:一是保险合同正式签订的前期准备工作,二是正式签订保险合同。

一、承保原则

承保人员从事承保工作,首先在意识形态上要树立并能自觉遵守以下几项原则。

(一)协商一致、公平互利、自愿订立的原则

保险合同属于经济合同的一种,合同双方地位平等,签订时要遵循协商一致、公平互利、自愿订立的原则。除法律、法规规定的强制保险外,任何保险公司或其他单位及个人都不得强制他人订立保险合同。我国《保险法》第11条对此有明确规定。船舶保险的保险人与被保险人应就投保船舶的保险价值、保险金额、航区、投保险别(保险条件)、费率、免赔额、保险费支付及其他特别约定达成一致意见,方可签订保险合同。

(二)不得损害社会公共利益的原则

《保险法》第4条规定:"从事保险活动必须遵守法律、行政法规,尊重社会公德,不得损害社会公共利益。"保险合同不得违反国家利益或损害社会公共利益,不得违反法律和法规的有关规定,否则,保险合同自始无效。保险公司不得在知道的情况下,承保客户违法的财

产标的与行为后果;被保险人不得在保险期间用保险标的来从事走私、偷渡等违法活动,也不得违反国家行政主管部门的规定从事运输活动,否则,保险人不负任何赔偿责任。

(三)最大诚信原则

保险合同双方在订立合同时,主观上要遵循最大诚信原则,它不同于一般合同项下的诚信原则,通俗地讲就是要诚实守信。首先,合同订立前,承保人要遵守这一原则,应当主动向投保人说明保险合同条款主要承保哪些风险,除外责任和双方的权利义务有哪些,开出合理的费率等,不能使合同出现费率与风险不匹配的情况;其次,被保险人或投保人,除了如实、逐项填写投保单的内容外,还应将知道或者在通常业务中应该知道的有关影响保险人据以确定保险费率或者确定是否同意承保的重要情况如实告知保险人。不能出现投保人或被保险人有意欺瞒保险人的情况。此外,保险人可以就保险标的或者被保险人的有关情况提出询问,在保险合同有效期内,保险标的危险程度增加时,被保险人也要及时通知保险人。

目前,我国在法律上虽然尚未明确规定保险合同要遵守最大诚信原则,但是我国《海商法》第222条、第223条、第224条及《保险法》第5条、第16条、第17条、第52条中所做的详细规定已经充分体现了上述所谈的最大诚信原则的内容。

总之,保险人承保的目的主要是向被保险人提供及时、有效的保险保障;被保险人投保的目的是获取灾害后及时、有效的补偿,不允许保险合同双方以欺骗为目的签订保险合同。

二、填写投保单

投保人前来投保,首先要其填写由保险人制定的投保单,而后保险人要对所填项目逐个审查,保险人要根据承保经验,对有疑点的地方进行核查,对一般应知的情况也要进行了解和询问,既要行使法律赋予的知情权,也要告诫投保人履行披露义务。总之,合同双方要遵循最大诚信原则。

在我国,由于司法实践中很难就保险人是否主动向投保人"说明"保险合同条款中相关的内容做出法律判断,因此,我国的投保人在投保时通常需要填写有关声明,声明保险人已向投保人提供并详细介绍了投保险种所涉及的保险条款及附加险条款内容,并对其中免除保险人责任的条款(包括但不限于责任免除、投保人与被保险人义务、赔偿处理、其他事项等),以及保险合同中付费约定和特别约定的内容向投保人做了明确说明,投保人已充分理解并接受上述内容,同意以此作为订立保险合同的依据,自愿投保本保险。国外是无此种要求的。

需要特别说明的是,投保单一定要有投保人的签字盖章。

三、风险评估

保险人收到投保人的投保申请后,应对保险标的进行认真的风险评估。

(一)船舶的保险金额

船舶保险实行定值保险制度,在这一制度下,保险对船舶发生全损损失要按承保时约定的保险金额赔偿,对部分损失的赔偿也不采取以新换旧打折扣,它不同于其他财产险,全损要按灾后的市场价赔偿或按财产贬值率打折赔偿,因此,在这种制度下,保险金额作为计价的基础,其足额保险就显得非常重要,一是被保险人交纳应该交纳的保险费,确保单个被保险人所交的保险费对保险基金内其他被保险人来说是公平的;二是对被保险人来说,足额保险能使保险标的得到足够的风险保障。

船舶的保险金额是以投保时船舶的市场价格(价值)为基础确定的,如难以确定,也要参照船舶的购买价格确定。要注意的是,船舶的价格会随着市场运力的变动而变化,市场运力短缺,船舶价格会上升;市场运力过多,船舶价格就会下降。

作为被保险人,如实告知其船舶的实际市场价格也属其如实披露的法律义务;作为保险人,也要基本知道(尽管不如被保险人知道得清楚)船舶的市场价格情况,便于承保时与投保人确定保险标的的保险金额。

(二)船东资信及经营管理情况

首先,要了解船东在航运界的信誉和资金还贷信誉以及以往交纳保险费的情况,因为这些信誉、习惯决定了船东的守信程度。如果船东在航运界的信誉及融资或借款还贷信誉度差,就有可能在洽谈保险合同时出现不据实申报和披露问题,或将来不会按时交纳保费等情况,给合同的执行带来隐患。其次,要了解船东的经营管理情况。根据统计分析,人为因素导致的海上事故率占80%以上,自然风险及技术因素只占不足20%,因此,船东的经营管理因素在风险评估中占有举足轻重的地位。应注意了解船东是否建立了完善的船舶管理规章制度并在实际工作中有效地执行;营运船舶是否能够得到定期维护和保养;船队近几年的事故率及损失情况;管理部门人员的素质及海事处理经验;船员素质与资格等情况。

(三)船型

不同的船型、不同的吨位在航运过程中的抗灾能力有所不同,装载不同种类的货物,船舶损耗的程度也不同。例如,油轮的抗风能力比其他船型好,集装箱船比杂货船在装卸过程中产生的货物摔落砸损船舶的风险可能性要小,而散货船、杂货船的损耗比集装箱船、油船都要严重。

(四)船龄

船龄长短对船舶性能有较大影响,特别是对机器、设备的影响更加明显。老龄船虽然经常维修,仍无法消除潜在的损耗,这种损耗减弱了船舶应有的防御能力,在航行中遭遇恶劣海况时,可能会导致毁灭性的灾难。老龄船就像老人一样,身体再健康,也不如年轻人的生命力强。另外,老龄船发生海损后,修理费用并不会因为是老龄船舶而减少。因此,对老龄船舶的承保要注意核查它的检验报告。

(五)船级

船级是评估船舶技术状况的一项客观指标,对非入级或非国际船级社协会会员船级的船舶,保险人往往拒绝承保。对入级船舶,除了审查入级证书的有效性外,应重点审查相关检验报告中记载的内容,特别是有关备注和遗留项目的内容,以便对船舶当前的状况心中有数。

目前,我国大量从事沿海和江河运输的船舶没有进行船舶入级检验,对这种非入级的新投保船舶,保险费率往往要高于同类的入级船舶,用于平衡这种不可估风险,确保业务质量。

(六)航区

船舶航行区域的通常性海况对船舶安全有直接影响,特别是对船舶航次保险而言,要注意承保期间是否处于季节性恶劣海况;对定期险来讲,应注意核定船舶结构、性能等能否抵御预定航区通常的海上风险。

(七)登轮检验

通过对标的的实际检验,往往可以发现一些文件中无法看出的问题。登轮检验对老龄船承保前的风险评估尤其重要。此外,保险人还可以根据市场的具体情况,针对老龄船,要求被保险人在投保前对船舶进行风险评估的检验。

四、费率厘定

合理厘定费率是一项重要的工作,它具体包括两个方面,首先是科学定价,要根据理论精算出与承保责任相匹配的费率;其次是合理定价,要根据客户的不同情况制定差异化费率。

从理论上讲,船舶险费率是由纯费率和附加费率两部分构成的,即,

$$F = F_0 \times (1 + a\%)$$

其中,F 为费率;F_0 为纯费率;$a\%$ 为附加费率系数。

纯费率是依据大数法则,经采集大量样本统计分析后求出的事故率。依据纯费率收取的保费,根据保险人的经营惯例,将全部用于赔款。附加费率则是考虑到保险公司正常的费用支出及必要的利润后增加的费率,以保证保险公司正常经营,逐步积累和壮大保险基金。

根据上述理论,保险人首先要精算出标准费率作为指导性费率,而后,在具体与客户的开价谈判中,根据客户的差异化情况开出不同的费率。

根据中国保监会制定的《财产保险公司保险条款和保险费率管理办法》,保险公司制定的保险条款和保险费率必须向中国保监会进行报批、报备。保险公司应当在报批保费费率区间内开展承保业务。

影响船舶保险费率的主要因素有:船队规模大小、船型、船龄、航区、吨位、船级、承保条件、免赔额、被保险人经营管理状况和以往赔付率等因素。此外,船舶险费率也会因市场因素发生上下波动。例如,20世纪90年代中期,由于航运市场不景气,船舶闲置率增加,船东资金困难,纷纷要求降费,或降低船舶保额,以达到减少保费的目的,1995年至1999年,整个国际保险市场承保能力过剩,导致全球范围的船舶险费率连续几年大幅度下滑。到2001年中期,航运开始好转。可以说,受中国经济连续几年高速发展的影响,促进了全球航运业的快速复苏。2002年,航运资本的投入迅速增加,船价一路飙升,到2003年,航运指数一路飙升,世界航运业出现了运力不足的情况。结果,连续几年的航运力短缺,船价上涨,使船舶保险人也借此机会改变多年经营亏损的局面,费率一路飙升。2008年年底,全球金融危机爆发,航运萧条,船价下降,到2010年年初,国际市场船舶险的保险费率整体才有所平稳。2012年开始,航运业再次陷入低迷,新一轮降费降保额周期又再次出现。

五、签发保单

签发保险单是承保工作的最后一个工序。由于保险单是保险合同的正式文件,因此,签发保单时,首先,要注意保单中各项内容的文字填写必须清楚。其次,要核定填写的承保条件与费率是否与谈定的条件一致,是否与保险公司的承保要求相符。最后,保单的内容要征得被保险人同意。这三项工作完成后,就可以签发保险单。保险单最少要一式三份,正本交被保险人收执,一份副本留底存档,一份可交再保部门用于分保(保单副本的多少,主要看保险公司管理架构的设置如何。此外,有时经纪人也要求向其提供一份副本)。如一次性交费,被保险人在收取保费后(特约分期交付保费者除外)一并出具保费收据,交被保险人收执。随着科学技术的进步和电子化技术的发展,目前,保险人原有的手工出单已完全被计算机出单代替,但是出单的工作要求不能有丝毫改变,而且由于计算机程序设计的规范性,更需要出单人和审单人谨慎对待。

六、保单批改

在保险有效期内,遇到下列情况,可以对保单加以批改:①航次险保单变更原定航程;②定期险保单改变航行范围;③变更保险期限;④改变保险条件;⑤船舶过户、光租、变更船旗、船级等(必须事先征得保险人同意,否则保单立即中止);⑥变更船舶名称;⑦更改保险金额;⑧更改保费交付办法;⑨中途退保;⑩停泊退费等。

被保险人如有批改事项,应事先送交批改申请书,列明批改事项及批改原因。保险人收到批改申请后,应先查对有关保险单副本,并审核批改内容。如果与批改原则没有抵触,应立即签发批单。批单内应填写被保险人名称、原保单号码、所保船舶名称、批改原因和事项。批单应顺序编号,填写签发日期,签字盖章后送交被保险人收执。

第三节 理赔与追偿

保险理赔是指保险人在保险标的发生风险事故后,对被保险人提出的索赔请求进行处理的行为。被保险人发生的经济损失有的属于保险风险引起的,有的属于非保险风险引起的,即使被保险人的损失是由于保险风险引起的,因多种因素和条件的制约,被保险人的损失不一定等于保险人的赔偿额或给付额。所以说,保险理赔是保险补偿职能的具体体现,是保险经营的一项重要内容,是一项技术性和政策性极强的工作。

从经济学角度来看,保险理赔是商业保险产品的具体实物表现,保单仅是一个提货凭证,这是对保险的基本认识。保险人保险理赔的质量高,客户满意度就高,市场信誉就好,保险产品在市场上的竞争力就强;保险理赔质量差,客户满意度就低,市场信誉就不好,竞争力就弱。从管理的角度出发,保险理赔质量高,不仅能确保公司保险基金的稳定,有利于公平地保护众多投保人的利益,也有利于保险公司自身的经营管理,为公司防范经营风险建立坚实的屏障,确保公司可持续发展。

一、理赔原则

为了保证理赔质量,杜绝"错赔、惜赔、滥赔"现象,保险理赔人员在思想上和行动中应遵循以下几项理赔原则。

(一)重合同、守信用原则

保险合同明确规定了保险人与被保险人的权利与义务,对保险人来说,在处理赔案时,应严格按照保险合同条款的规定,履行自己承诺的责任与义务,不能因"惜赔"而出现"推诿和搪塞",更不能有"就是不想赔"的错误思想。

对被保险人来讲,也要恪守合同,履行义务,不能搞骗保、骗赔等违法案件,保险标的受损后提赔时,要据实提出损失的索赔金额,并按合同要求提供充足的证据。

(二)实事求是原则

保险的赔偿是补偿,不是换新赔偿,因此,保险人对损失的赔偿一定要基于保险标的损失前的状况,也就是说,保险人的赔偿不能超过保险标的损失前的市场价值(市场价格波动影响除外)。索赔案件形形色色,各种因素错综复杂,因此,保险理赔人员按照条款规定处理赔案时,必须坚持实事求是原则。对复杂案件的索赔,要做到合情合理地处理,不能以"实事求是"为由刁难客户,出现"少赔或不赔"等现象。

被保险人索赔时也要做到实事求是,这样既能节省处理赔偿案件的时间,又能尽快地得到保险人的补偿款,不能由于趋利意识作祟而高额提赔,迫使保险人花大量时间调查审核,影响案件的快速处理。

(三)及时赔偿原则

及时赔偿原则的宗旨主要是让社会真正认识到商业保险能够在灾后发挥其可靠的经济补偿的社会职能,通过及时地补偿,也能从深层次上体现商业保险在市场经济活动中的市场价值。

要确保及时赔偿,首先对灾后保险案件的处理要做到"主动、迅速、准确、合理"。"主动、迅速、准确、合理"是保险人长期以来根据保险经营实践总结出来的案件处理原则,它既符合保险自身的经营之道,也符合社会对保险的要求。可以说,这项原则是检验保险人保险服务能力的标准之一。

我国《保险法》第 23 条和第 25 条对保险人处理理赔案件的时限做了明确规定,其目的就是要求保险人迅速解决保险赔偿案件,不能无故拖延。保险理赔人员在理赔时,首先要及时深入事故现场进行查勘,及时理算损失金额,分清责任,合理定损;审理案件时,对属于保险责任范围内的事故造成的损失,在法律规定和保险合同约定的期限内及时履行赔偿或给付保险金的义务。对不属于保险责任的案件,应当及时向被保险人发出拒赔通知书,并说明拒赔的理由。

二、受理报案

保险理赔人员接到报案后,要详细记录出险时间、地点、船名、出险原因、损失程度、报损金额等内容,同时,要核对报案时间是否已超过保险合同条款中规定的报案时间。如报案时间超过规定的报案时间,要询问情况并做记录,必要时可要求被保险人书面确认。报案人电话报案的,应要求其以书面形式补报。

受理报案后,理赔人员应立即核查保单及批单信息,确定是否为本公司承保的船舶,核实保险金额、保险险别以及反映承保条件的各项内容,据此初步分析索赔是否属于承保责任,是否需要立案。如超过核赔权限,应立即上报上级公司。

三、查勘检验

登记立案后,理赔人员要主动展开调查,迅速进行现场查勘,核实报案情况和实际损失情况。简单来讲,具体工作有两项,一是定责,即尽可能掌握船舶受损原因、受损范围及损失程度等第一手资料,便于确定损失是否在保险责任范围内。二是定损,即尽量确定损失金额,便于以后赔偿时核对被保险人的损失索赔清单。

对发生在海外的案件,条件不允许公司派理赔人员赴现场查勘检验时,要书面委托出险地就近的海外检验理赔代理人进行查勘定损,但对重大海损案件或疑难案件,应创造条件,尽快派人查勘现场。

总之,保险人要尽可能对出险第一现场进行查勘,收集掌握第一手资料,同时也要积极参与施救或救助,力争与被保险人共同努力,将损失控制或减少至最低程度。

查勘工作应掌握的第一手资料有:

1. 拍摄事故现场和船舶受损的状况,拍摄的角度要能够充分反映和证明实际的情况;
2. 收集有关船舶证书、检验报告、修理记录、船员证书、气象证明等资料,查阅航行日志、轮机日志、车钟记录、电报日志、船上往来电报、货物配载图，必要时复制留底；

3. 认真做好笔录，包括船长、船员陈述船舶在事故发生前的航行情况、配载情况及出险经过。特别是对沉船案件，应在第一时间对获救船员进行调查笔录，并请当事人签字。必要时，要委请律师进行调查；

4. 认真检查受损部位及损失程度，为界定是否属于本次事故造成的损失及是否属于承保责任做判断基础；

5. 会同被保险人初步估算损失金额；

6. 必要时应聘请验船师进行公正检验，聘请公估公司对损失进行界定。

四、审核与赔款计算

经各种现场查勘掌握有关资料汇总后，保险人应再次认真审核并结合有关原始单证进行对照，确定是否属于承保责任。

1. 核查职务船员是否持有有效的职务船员证书，是否担任与证书规定相符的职务。

2. 核查船舶入级证书、法定证书及检验报告，所有证书是否在有效期内，检验报告中是否记载有到期未予消除的遗留项目。

3. 检查船舶配载是否符合规定，有无装载违禁货物，查阅船东与船长之间的往来传真电报，以便确定船东对开航前的有关情况是否知晓。

4. 核查船舶是否超越规定的航区，是否违反冰区、战区保证。

5. 掌握事故发生时船舶所在海域的海况。

6. 对海事报告以及主管当局出具的材料中所列的出险原因要认真研究，仔细分析。当确定保险责任后，还应逐项审核损失。

7. 注意区分哪些是潜在缺陷本身的损失，哪些是潜在缺陷引起的其他损失。

8. 对损失引起的费用，也应确定哪些由保险人负责，哪些由被保险人自己负责。

9. 若损失是由碰撞引起，应根据调查的材料初步确定船舶碰撞责任比例；船、货损失详情；特别是与外轮相撞，要确定案件处理的管辖权、法律适用等问题；重大海事还要考虑本船能否享受船东责任限制等。

【案例1】国内某保险公司承保的A轮（保额人民币2500万，总吨位3121吨）在日本新潟港锚地避风时，因风力过大，锚链断裂，船舶漂移，碰撞港内沉箱，导致A轮与沉箱均有严重损坏。新潟港方向A轮船东索赔沉箱损失2.6亿日元。

由于该案属于船舶保险条款碰撞责任的承保范围，责任又全部由A轮承担，为了减少过多法律程序引起更多的费用，便于日后案件的处理，承保公司及时通过当地理赔代理人了解日本当局对船东责任限制的有关法律规定。依照日本法律计算，A轮船东在该事故中享受的船东责任限制金额是8700万日元，比日方索赔金额要少许多。对此，承保公司立即在日本委请律师，向新潟地方法院递交船东责任限制申请并得到同意，建立了责任限制基金，达到降低保险赔付金额的目的。

10. 如发生共同海损，应对共损经过以及是否构成共损事实进行核实。如果船舶不足额投保，共损分摊部分应按比例赔付。

【案例2】国内某保险公司承保的Y轮装载13165吨散装化肥于当地时间03：40时在丹麦ESBJERG附近海域搁浅。为了船货的共同安全，船长请求ESBJERG港拖轮救助，并与之签订了劳氏"NO CURE NO PAY"标准格式救助合同。经过拖轮救助，Y轮于当天10：30

时脱浅。救助方要求 Y 轮船东提供 £130000 的救助担保。承保公司代表船东提供了 £100000 担保，货方提供了 £30000 担保。

Y 轮估价 USD9000000，减去估损修理费 USD100000，得出 Y 轮的共损分摊价值为 USD8900000；货物估价 USD3387230.94；货物保额 USD3990000。本案宣布共同海损，救助报酬经双方协商同意为 £67750（包括利息和费用），船货总分摊价值为 USD12287230.94。最终，Y 轮分摊共损费用 £49073.30，货方分摊共损费用 £18676.70。

Y 轮分摊的共损费用 £49073.30 本应全部由保险公司赔付，但因其在共损发生时的完好估价为 USD9000000，而其保险金额仅为 USD3990000，属于不足额保险，所以保险公司应按比例赔付 Y 轮船东的共损分摊费用，即仅需赔付 £49073.30 × 3990000 ÷ 9000000 = £21755.83，Y 轮船东自负 £27317.47。

保险人经过核赔，确定船舶损失程度和责任范围后，应结合条款，逐项计算赔款额，理赔人员应缮制赔款计算书、赔款批单及综合报告书，按理赔程序和权限逐级上报批准后，将赔款汇至被保险人。

需注意的事项有：

（1）实际全损赔付后，根据法律，船舶有关的权益是自动转移给保险人的，这种权益任何人都不得侵犯，除非保险人明确表示放弃。

（2）推定全损赔付，被保险人必须发推定全损委付通知书，将有关船舶的权益委付给保险人，保险人可以接受委付，也可以不接受委付。一旦接受，该船的残值及权益归保险人。

【案例3】国内某保险公司承保的 H 轮在拉塔基亚外锚地锚泊待命时突遇 10 级以上大风，船舶被大风横刮到锚地附近的礁石群上。该轮座礁后，因风大浪高，船体右倾 45 度左右，船底多处破损，除 NO.2 舱外，机舱和其他货舱均已进水。鉴于船舶随时都有倾覆的危险，搁浅后船长宣布弃船。

事发后，经保险人和船东多方联系，没有任何一家救助人愿意签订 "NO CURE NO PAY" 救助合约。原因是救助地点处于礁石区，救助难度大，而且 H 轮系 23 年船龄的老龄船，总吨位 8550 吨，保额 70 万美元，但出事当时市价仅约 50 万美元，相当于废钢船价，救助人认为，按 "NO CURE NO PAY" 救助合约进行救助无利可图。

基于上述情况，考虑到该轮价值较低，损失严重，进行救助得不偿失，船东于事发半个月后宣布该轮推定全损，并向保险公司发出委付通知。考虑到该轮救助的难度以及拉塔基亚港务当局已正式要求清除残骸，保险人拒绝接受委付，按推定全损赔付船东 70 万美元结案。

（3）倘若被保险人在全损赔偿手续办理前出售残值（不涉及清理残骸情况），保险人应从赔款中扣除残值。

（4）在船舶确定全损前，被保险人经保险人同意，已支付的施救费用可在另一个保额限度内赔付。

（5）船舶受损后，未经修理即出售。保险人按验船师或船厂按海损损坏部分估计的合理修理费数额赔付，或按受损后的贬值率赔付差额，两种情况以低限为准。

（6）如船舶受损程度并不严重，未影响其适航性，被保险人往往要求延迟修理，保险人对延迟修理可能扩大损失程度而增加的修理费不予赔付。

（7）对被保险人的代理人在处理海损案件时的佣金，除非事先征得保险人的同意，否则保险人不予赔付。

五、追偿

保险船舶发生保险责任范围内的海损事故,如系第三者责任,保险人应当做好追偿工作。保险人的追偿是依据法律行使"代位求偿权"。目前,我国法律规定,保险人行使"代位求偿权"必须在保险实际赔偿以后,可以由保险人直接向第三者责任方追偿。在国外,保险人行使"代位求偿权"可凭被保险人签发的"代位求偿权"文件,以被保险人的名义直接向第三方追偿。因此,追偿人员的工作重点是要注意如何行使"代位求偿权",因为不同的法律,追偿权的有效行使引发的工作内涵是不同的。

第一,认真调查、掌握第三者责任的确凿证据,分析了解事故各方应承担的责任比例,调查第三者的资信情况,有无偿付能力,是否有保险或保赔保险,他的赔偿是否适用船东责任限制,还要测算各方的损失金额。

第二,书面通知被保险人,要求他们向第三者索要能够抵补赔偿的可靠的经济担保。如果第三者拒不提供担保,应要求被保险人向法院提出申请,采取诉讼保全措施索取担保。对由于被保险人原因丧失追偿时效的,保险人依法有权根据保险合同,合理扣减赔款或追讨已付的相应赔款。被保险人放弃向第三者追偿的权利或与第三者私下了结,而后又向保险人索赔的,保险人同样有权在赔款中扣减相应款项。

第三,对需要通过诉讼解决的案件,应通知被保险人先提出诉讼请求。对不愿协助保险人追偿的被保险人,要对其讲明依法履行其义务和责任的利害关系,对仍不履行义务和责任的,保险人有权依法根据情况从赔款中扣除应追回的金额。被保险人为追偿而支付的合理费用由保险人负责。

第四,聘请海事律师要委请知名度高、谙熟海事处理并且公司比较熟悉的律师行。

第五,承保公司要积极参与海事案件的处理,不得随意将海事案件完全交给被保险人处理。因为海事案件涉及的金额较大,问题较多,被保险人对保险案件的处理经验难以达到完善的程度,一旦处理完毕,会产生许多令保险人和被保险人难以取得一致的分歧。例如,律师费的高低、海事处理费的高低、船舶修理费的高低,特别是管辖权的使用和担保函的交换等。

六、保险合同项下争议的解决途径

保险人与被保险人之间在合同执行当中如发生争议,应友好协商解决。如协商仍达不成一致意见,可通过双方指定的仲裁机构仲裁或采取诉讼的方式解决。保险合同约定仲裁并明确仲裁机构的,由约定的仲裁机构仲裁。未约定仲裁,或仲裁条款无效,或约定采用诉讼方式解决的,我国《民事诉讼法》有原则的规定,即《民事诉讼法》第26条:"因保险合同纠纷提起的诉讼,由被告住所地或者保险标的物所在地的人民法院管辖。"

思考题

1. 展业人员要具备哪些基本知识?
2. 展业与承保有区别吗?
3. 承保工作有哪几项重要工作?
4. 理赔要注意哪几项重要工作?
5. 追偿工作的重点是什么?请具体说明。

第十四章

船舶保险的经营管理

经营管理理论很多,尤其是我国在20世纪初引进美国的工商经营管理理论,掀起管理者学习经营管理理论的高潮,同时也让人们普遍认识到经营管理理论在实际经营中的重要作用。

用简单的语言表达其本源,经营管理就是讲经商之道,其内涵包括公司治理的博弈之道与市场竞争中的博弈之道。但市场经济发展到今天,成熟的大型企业早已从过去以资本特质专一赢利为目的上升到服务于社会的层面来思考企业的经营。因此,应使老的经营之道注入全新的经营管理理论。

保险公司是以"千家万户保一家""大数法则"等为科学依据,经营灾后给予客户经济补偿的企业,具有广泛的社会性。从这一点出发,保险自诞生那天起就具备高层次服务于社会的经营理念,因此,一般以资本特质专一赢利为目的的经营之道不能用来论证保险的经营管理内涵。

由于经营管理涉及的问题较多,作为单险种教材,本章只就船舶保险经营管理中的重要环节做简单介绍。

第一节 经营要符合自身逻辑

实践证明,凡是大而强的卓越的公司与企业,均有着一个共同的基本特点,就是将为社会服务和为顾客提供价值作为自己的经营理念。目前,我国一些企业由于刚步入市场经济,还没有摆脱资本收益最大化的影响,仍处于资本经济低级的狭隘认识中,仅认为企业是通过交纳税收实现为社会服务的。这种认识在市场经济初级阶段是可以理解的,但绝对不能长期发展下去。因为任何企业,没有一个准确、科学的发展目标,认不清自己在社会上的位置,是难以实现经济效益与社会效益的统一,其后果就是逐渐淡出市场。

此外,就经营谈经营,保险公司开办船舶保险的目的主要是让其能够在具体的市场竞争博弈中为公司创造利润,实现资本的特质。船舶保险的经营具有高保额、高风险的特质,属于保险经营中的高风险险种。但是,并不是说经营船舶保险不能赢利,因为世界上第一张保险单就是船舶保险单,它告诫人们,商业保险是可以赚钱的,它可以作为商业交换的附庸,成为一个服务行业长期存在于生产生活中。因此,保险中的高风险业务只要能做到科学管理,遵循市场经营逻辑,就不会出现经营亏损。

一、要树立真诚服务于航运业的理念

船舶保险在市场上要生存和发展,就要找到自己在社会中的位置,要有"真诚服务于航运业"的理念,才能实现基业长青、永续经营。

(一)保险要真诚服务

船舶保险要"真诚服务",必须在实践中围绕"真诚服务"下工夫,实实在在地化解航运企业在船舶运输经营中存在的风险,充分体现保险为客户提供保障服务的职能作用。当发生保险事故时,保险人要急客户之所急,协助、指导被保险人做好事故善后处理工作,小额案件及时赔付,大额案件及时预付。日常做好防灾防损。这些都是"真诚服务"的具体体现。

(二)以促进航运业的发展为己任

保险业要做到"真诚服务",必然会以"促进航运业的发展"为己任,并且体现在为航运业排忧解难上。譬如,航运企业在国内外遇到商务方面的困难时,保险人要充分利用自身建立的国内外网络服务优势,给予足够的帮助和援助。在有关法律法规、国际公约的起草、修订、征求意见过程中,保险人要充分发挥保险行业的智力优势、技术优势、经验优势,发出代表船东利益的声音。

二、做好风险评估工作

风险评估准确是船舶保险的一项关键工作。"防止病从口入""防患于未然"讲的都是防风险的道理。船舶保险与其他保险一样,把好风险评估关,做好承保工作,确保承保质量,既是科学厘定费率的关键,也是降低赔付率的先决条件。

三、科学厘定费率和开价

科学厘定费率是确保保险赢利的重要手段之一。实际上,单纯从保险理论上讲,任何保险险种的经营都应有稳定的经营利润,因为精算出的保险费率已将可实现的"允许的固定收益"计算在内。如果发生经营亏损,只能有两种情况,一是精算或厘定费率有错误;二是经营管理有错误,导致成本超出预算,承保规模与精算不匹配,突发特大的保险赔款考虑不足等。

所谓科学的厘定费率,就是指经营者在厘定费率时,根据保险对费率的精算要求进行测算。开价是将厘定的费率根据市场与客户的情况,对客户开出的实际承保费率。厘定的费率与实际承保的费率会有所差别,因此,实际承保的费率(开价)是否科学是确保业务赢利的首要条件,因此开价时,承保人要根据承保的险别条件、风险评估情况、免赔额的高低以及市场情况进行分析,尽量对客户与船舶做到量化处理,细分船队、船型、船龄,制定各自的开价标准,不能随意降低。有关费率的厘定已在相关章节中做过介绍,此处不再赘述。

四、做好保险理赔工作

直观地讲,保险赔款减少将直接增加保险收益,因此,保险理赔工作首先要做到按合同规定,准确、合理地支付赔款,不能出现"惜赔、乱赔与超赔"现象,防止内外勾结出现骗赔违法案件。其次,对涉及向第三方追偿的案件,要注意追偿所需证据的收集,及时处理,防止丧失追偿时效,保证追偿得以实现。理赔质量既体现了保险服务的水平,也直接影响到保险收益。做好理赔工作是保险经营中的关键环节。

第二节 管理思路要科学

这里介绍的管理仅是业务管理。有人说,"管理的本质既非财富,又非地位,而是责任。""管理是超越国界的工具"。实际上,管理是高管人员和谐组织内部上下关系以及组织与外部关系发展的一种博弈。通过博弈,组织能够和谐发展,提高绩效与市场竞争力。

船舶保险是保险业务中一个具有高保额、高风险的传统险种,技术门槛较高,不仅需要技术人才的支持,更重要的是要有一个科学的经营管理机制。管理实践表明,针对具有流动性大、风险集中、出险率高、法律关系复杂等特点的船舶保险,在管理方面,无论业务规模是大还是小;无论是直接承保还是系统管理,必须做好以下工作。

一、要有正确的管理指导思想

船舶保险业务要谋求科学发展,必须正确认识科学发展的内涵,对保险的内在发展规律有所认识。

首先,要有规模经营思想。保险理论指明,"大数法则"是保险赖以存在的科学基础。"大数法则"决定了保险公司要想在市场中生存,必须有一定的业务规模。保险公司要想有大的发展,具有更多的赢利空间,业务规模必须不断地扩张。航运企业数量有限,从经营角度来看,一家分公司要达到规模经营是很难实现的,为使系统经营规模有效、发达,船舶保险在一家公司内部采取统一经营、统一核算的管理机制是必要的。实践证明,如不采用这种机制,就会给业务发展带来阻碍,给系统管理带来问题。

其次,稳健经营,规模与效益并重。规模与效益这两个问题中,前者是可控的,后者则时刻受到市场、事故"或然率"和管理成本等因素的困扰,不可控的因素较多。要认识到,赢利是保险公司经营之本;一定的规模是确保赢利之本,要获取更大的赢利,就必须进行有效的规模扩张。因此,对经营者来说,管理就要时刻将"规模与效益并重"作为第一理念,走"鱼和熊掌兼得"之路。实践证明,保险经营不按"规模和效益并重"的规律发展,都会走弯路,甚至长期陷入"规模(速度)第一,还是效益第一"的无聊乏味的争论中,影响业务的正常开展。

二、要有科学的绩效考核制度

没有科学的绩效考核制度,任何目标与任务都无法实现,各种管理都将流于形式。针对具有赔款滞后性的船舶保险来讲,寻求一种贴近科学的考核制度是其科学发展的关键。

实践证明,船舶保险必须在公司内部系统统一核算且留足历年未决赔款准备金的前提下,按公司系统人员配置以2~3年的承保年度结果做滚动考核绩效是较为科学的考核制度。盈亏的确定时间要与厘定费率的核(测)算数据提取的时间段基本保持一致也是非常重要的,因为船舶险核定客户的赔付率定为3~5年滚动。

考核的要素以发展指标与效益指标为内容。发展指标包括保费增速、市场份额、船舶数量(吨位);效益指标包括赔付率、费用率、利润率等。发展指标是任务,只有超过任务指标,才有奖励并补足超任务部分的费用;效益指标既是任务又是目的,完成有奖励,超过既定指标则嘉奖。两项指标只要有一项未完成,不奖励。因为两项指标都是任务,不完成任务怎么能有奖励。如果从战略角度出发,制定阶段性的发展速度或创利的要求可另单下考核办法。

管理实践证明,能将复杂问题简单化处理最为有效。考核虽然是一项较为复杂的工作,但其考核的基本点是固化的,因此,在这个基础上,可以将其简单化,否则就会陷入"公说公有理,婆说婆有理"的怪圈,无法制定一个科学的考核制度。

三、要建立有效的承保、理赔机制

建立科学的承保、理赔机制是确保保险业务发展的有效管理措施。这种机制可以用8个字表述：可控、可为、严谨、有效。

"集中管理、授权经营"是船舶保险的最佳管理实践，只要这种管理方式存在，无论公司治理结构发生什么样的变化，正常的承保、理赔工作效率和服务效率均不会受到太大影响。

（一）集中管理

集中管理是创建一种可控的管理流程。集中管理主要体现为承保权与理赔权的集中。集中是保险公司能够正确制定整体市场各种策略的基础条件，也能保证做好科学合理地厘定保险费率、有效地统一风险评估标准、有效地防止经营中的风险、有效地提高公司的调控能力、有效地配置各种资源、有效地增强信息综合能力、有效地提升险种品牌效应等工作。

（二）授权经营

授权经营是集中管理的核心内容。授权经营将确保集中管理的目的得以实现。现代管理学中，授权经营是公司法人制度管理中的一种制度建设，是系统管理的一种强有力的控制手段和措施。授权管理用于保险公司的船舶保险管理工作十分有效。授权经营主要体现在以下几方面的工作中：

1. 规范经营单位的经营权。作为经营船舶保险的全国性保险公司，必须根据系统内各分支机构的人员素质和业务量情况进行分类管理，区分哪些公司适宜承保船舶保险，哪些公司不能承保此险种，否则就会出现由于一家分公司的问题影响全公司的业务发展以及公司的对外信誉，凡不具备承保条件的分支机构，不能从事船舶保险业务。

2. 注重人力资源合理配置。授权经营，首先可以在现有条件下整肃人员队伍，使人员合理配置最大化，并能科学地制定授权单位和承办人员的标准条件，从而建立规范的承保、理赔制度。同时还能根据业务的发展规划制订人员增减计划。总之，授权经营对人力资源合理配置、避免人员过多、增加边际效益而言是一种有效措施。

3. 提高专业队伍的服务技能。集中管理授权经营后，授权公司就会相应集中该险种的从业人员，专营船舶保险业务，既使其能产生对客户的亲近感，也能通过专业的服务和统一的培训，促进和提升从业人员的技术水平，从而在行业里产生权威性，具有话语权。

"集中管理、授权经营"的结果必然是产生一个集中、有效的联络系统和高效的保险服务队伍。有效和高效不是理论的东西，而是实践证明的。由于"集中管理、授权经营"模式下，有权限的限制会使系统自身的协调功能得到强化，既提高了系统间的沟通能力和执行能力，也能够对保险事故随时做出快速有效的反应，进而提高整体服务的效能。这种作用力强于要求下级有执行力的红头文件，而且会使从业人员更加重视自己的岗位，增强责任感，激发工作热情，提供高效服务，其后果必然是赢得客户的信赖，赢得市场。

第三节 管控要"有的放矢"

在系统管控中能够做到"有的放矢"的下发文件与指示是系统管控中最基本的工作要求，其意义非常重要，不能随意和想当然。目前，许多保险公司的执行力与凝聚力不强，出现管控问题，大都是由于它们长期不重视这个问题造成的结果。由于这个问题有一个长期的演变过程，因此，单靠一时强调集权来解决管控问题，没有长期效果。

"有的放矢"对解决管控问题的重要性在于,你发的文件与指示是要人家按照你的意思执行,如果你发的文件人家无法执行或与事实不符,人家就对你有意见,长期下去,人家就会对你发的文件不予理睬,也不会向你请示,出现不信任感,从心理上对你的管理有抵触情绪,在这种情况下,还会有执行力和凝聚力吗!因此,作为系统管理,任何管理者都必须做到,对系统下发文或指示时,事前必须缜密思考和慎重研究,对下级所要求或要办的事是工作中必须办的事,而且是能办到的事,要有"己所不欲,勿施于人"的态度,切不可发生你做不到也干不成的事让下面的人干,下面的人糊里糊涂地干,出了问题,责任都推给下面的人。时间一长,执行力和凝聚力必然下降。更不能出现似是而非,让人无法理解的文件,一定要认识到"有的放矢"的严肃性,只要你按照"有的放矢"的原则下发文件,就会得到属下的积极反应与执行,时间一长,执行力、凝聚力和向心力自然会增强,管控能力必然会提升,根本不用花费大量时间去单独研究"权力"下的执行力、凝聚力建设等问题。

第四节 做好防灾防损工作

根据船舶保险标的风险集中和所面临的客观风险的特点,保险人必须重视保险的防灾防损工作。船舶保险的防灾防损工作贯穿于整个保险流程,承保时的防灾防损主要是评估风险,避免"病从口入",而大量的工作是在保险期间和灾后的处理工作,涉及宣传、检查、沟通、减灾、减损等内容,目的是力求通过防灾防损,尽量消除事故发生的隐患或降低保险事故发生的频率,以及减少事故后的损失,最终降低赔款。

一、防灾防损宣传

保险公司要经常向船东做船舶防灾防损宣传工作。通过这项工作,首先要使船东认识到防灾防损工作是船东本身的法律义务,尽管船舶已购买了保险,但船东也要如同船舶未购买保险一样尽心尽力管理船舶的安全。其次,要他们的管理者认识到,"购买保险是对管理者所付出的心血表示一种认可与尊重"。

为了能让防灾防损落到实处,保险公司还可以列支一些防灾防损费,用于保险人与船东或船东自己召开的防灾防损会议,或为保险船舶购置照相机,以备船舶发生碰撞时在事故现场拍照时用,促进船东加深对防灾防损重要性的认识。

二、防灾防损检查

船舶防灾防损检查是落实防灾防损的具体工作,主要表现为,保险公司要对保险船舶的防灾防损工作如船东一样关注,对挂靠本地港口的承保船舶(特别是老龄船舶),经常登轮检查。通过检查,保险公司不仅能面对面地与船长、船员直接宣传船舶防灾防损的意义与作用,而且能及时通过肉眼发现船舶表面上的一些风险隐患,如锈蚀、防火设施的配置、管船规章制度和船上各种规章制度与配置的航海所需海图及设备是否适当等情况。对发现的问题,应提请船东注意并限期消除,如到期未予消除且严重的,要书面通知船东中止保单。

三、信息沟通

信息沟通是保险公司经常用于与客户长期保持合作关系的重要手段,也是防灾防损可利用的渠道。经常性的信息沟通不仅能使保险公司及时了解客户的需求及行业的经营特

点,还能将各项防灾防损工作有效地落到实处。信息沟通有以下几项内容:

1. 传递防灾防损信息。保险公司主动将自己通过各种渠道收集到的载有国际、国内近期发生的船舶海事案件的特点、原因分析的报纸、杂志的有关内容,用各种方式送交船东,提请船东注意,避免保险船舶发生类似事故。有条件的保险公司还可以购买或组织人员编写一些关于船舶防灾防损的相关书籍或案例分析等材料送给船东。

2. 传递航海区域中的气候及风险变化信息。保险公司要随时注意航行区域的台风、季节风的海况及类似战争险等各种风险的变化,及时将变化情况通知船东,提醒他们应有预防准备及措施。

3. 举办防灾防损会议。保险公司可定期或不定期地举办防灾防损会议,有条件的还可与当地港监、船检、船东等机构联席召开会议,请专家就避碰、抗台、机损等多发性事故的特点做专题讲座,并介绍国际、国内最新颁布或正在拟定的公约、法规的立法精神及特点,船东应采取的措施等内容,目的是要多方合作,协助船东提高管船能力,提高船员素质,减少人为事故的发生。

第五节 做好风险管理

现代风险管理学源于西方,进入中国大约是在20世纪80年代末,它的核心内容主要是通过对工作流程的风险分析,将管理中的风险尽可能地有效化解。

仅就船舶保险业务的风险管理而言,主要风险有两个:一是针对业务本身具有保险金额高、风险集中的特点,易发生大额赔款影响业务正常经营的风险。对此,必须办理再保险,将超过自身承保能力及风险承受能力的风险转移出去。二是业务中的未决赔案具有周期长的特点,如未决赔款准备金提留不足或多提留,存在业务经营结果虚假的风险。对此,必须对未决赔款提留的准确性采取科学的测算方法。

一、做好船舶的再保险工作

船舶保险具有保险标的保险金额高、风险集中的特点,因此,船舶保险必须具备一个畅通的再保险分出渠道,并要通过这个再保险渠道支付一定数量的再保险保费,将大的风险转移到再保险市场上去,得到再保险市场的保险保障,降低自身承担巨额赔偿责任的风险。

理论上讲,再保险根据责任分担方式的不同,一般分为两大类:一是比例再保险;二是非比例再保险。

比例再保险体现为以保险金额为计算基础,将风险单位按保险金额划分成若干份百分比进行自留额和分保额的分配,即分出人和分保接受人均按各自承担的保险金额比例承担保险责任,分享保险费收入。实务中,比例再保险又可具体分为成数分保(quota share)和溢额分保(surplus)方式。

非比例再保险体现为以赔款金额为计算基础,由分出人根据自身的赔偿能力先选定自己能够承担的赔款额度,将超过这一额度的赔款部分由分保接受人承担。实务中,非比例再保险又称超赔再保险。非比例再保险也可分为几种方式,例如,险位超赔分保(excess of loss per risk basis)、事故超赔分保(excess of loss per event basis)及损失中止超赔分保(stop loss)等。

实务中,船舶办理的再保险常以比例再保险分保方式为主,具体体现为成数分保方式下的合约分保合同以及溢额分保方式下的预约分保合同和临时分保合同。

(一)合约分保合同

合约分保(treaty reinsurance)是分出公司就某一段时间内某个险种或特定的一揽子风险通过合同方式寻求分保接受人支持的一种行为。合约分保合同中要将保险标的的承保范围、除外责任、地区范围、分保手续费、自留额、合同最高限额、账单编制和付费等分保条件予以固定,明确双方的权利和义务。因此,合约分保又称为固定分保。合约分保合同一经签订即具有法律效力,双方必须共同遵守。

合约分保具有以下特点:

1. 强制性。合约分保合同规定范围内的业务,分出公司必须自动分出;合同规定分出的业务,接受公司必须接受,合同对双方有强制性,订约双方无自由选择权。

2. 授权性。合约分保合同规定范围内的业务,分出公司有自主承保、理赔权,接受公司必须完全跟随,有利于分出公司承保能力的扩大。

3. 长期性。合约分保合同一般是长期的,除非缔约双方的任何一方根据合同注销通知的规定,在事前通知对方终止合同,否则合同长期有效。

4. 整体性。合约分保以分出公司某险种或一揽子业务的全部为基础办理分保。分出公司是将所有符合合约分保合同的业务全部放入合同,不能有逆选择。

由于合约分保的上述特点,有利于船舶保险规模经营的经常性风险的安排。

(二)预约分保合同

预约分保(open cover)同属于合约分保行为,它是在已定合约分保合同不足的情况下,再行订立的补充性合同。其特点是,对分出公司没有强制性,业务是否要办理分保,分出多少完全可以自由决定,但对接受公司来说具有强制性。凡属预约分保范围内的每笔业务,不能加以挑剔选择。

实务中,船舶保险中的大保额船舶有时会超出合约分保中已安排规定的分出限额(超出部分在再保险业务中称为"溢额")。为预先安排好"溢额"的分保,分保人可在事前与分保接受人在安排合约分保时另组织一个合约分保合同,确保"溢额"部分能够得到分保支持,使"溢额"部分同样可以享受合约分保的优惠条件,也可以及时分散危险。由于"溢额"部分的业务量不多,业务稳定性较差,对分保接受公司来说并不受欢迎,但对分出公司来说有利。

(三)临时分保合同

临时分保(facultative reinsurance)是指保险人根据其自身承保能力和以往的承保需要,临时选择再保险接受人,逐笔协商、逐笔成交的一种分保行为,临时分保是最古老的分保办法。自从合约分保出现并被广泛采用后,其应用范围逐渐缩小,有被合约分保取代之势。近20年来,由于航天、海上开发等高科技与危险集中行业保险需求的增加,保险公司分保广泛采取临时分保方法分散承保风险,使其有上升的势头。

在船舶保险实务中,临时分保主要表现为,保险船舶的承保条件或保险金额超过了已定的合约分保合同规定的条件和限额范围,且超过的条件和额度需要分保时,向分保接受人寻求临时分保的支持。

安排临时分保时,分出公司将具体情况和分保条件逐笔告之分保接受人,而分保接受人可自主决定是否接受和接受多少。实践中,需要特别注意的是,临时分保手续烦琐,时间性强,必须将分保条件及时通知对方,得到分保接受人的认可。

二、未决赔款准备金提留准确

保险在体现赢利方面与其他行业有一个非常特殊且不为外行人所知的特点,就是按照会计权责发生制,它的赢利往往体现在财务账上的历年保险未决赔款准备金的提转差上。准备金的提转差的正数是盈利部分,可增加经营盈利,提转差的负数为亏损部分,为减少经营盈利。

船舶保险的碰撞责任、共同海损、救助等案件往往需超过一年或几年的时间才能结案,与其他在一年内能解决的保险业务相比,具有滞后性,未决赔款的遗留、滚转是必然的。如果为了求得提转差正数为大,人为地降低未决赔款准备金的提留,其后果将会由于两到三年的累积,使后几年的提转差连续是负数,给经营盈利带来压力,甚至造成连续几年经营亏损,同时也会对承保费率的厘定与定价产生负面影响。如果未决赔款准备金的提留过高,其后果则是减少年度盈利,如果长期积累下去,使多余的资金不能参与合理的配置,也不能真实地反映盈利情况,同时也会因此而不适当地下调承保费率而影响市场竞争力。因此,正确提留船舶保险的未决赔款准备金,对掌握和核查其每年的真实业绩不仅有实际功效,同时对防范经营风险也有着至关重要的作用。

(一)正确评估未决赔款金额

正确提留未决赔款准备金的前提条件首先要保证未决赔款的评估准确。历史与现实的教训与经验表明,准确评估未决赔款数额是一项很重要的工作,否则就会出现未决赔款准备金提留不足而构成公司不利发展的条件,甚至导致公司经营决策上的失误。如 2001 年澳大利亚 HIH Insurance Limited 公司倒闭的重要原因之一就是精算数据提供的不准确,导致准备金提留不足所致。

经验表明,产生未决赔款不准确的原因有两个:一个是技术原因;一个是人为原因。技术原因主要是由于对案件的实际损失评估不足所致,需要在评估实际损失时,反复考量未决损失与将来实际赔付是否存在较大差异(需要经验与对案件的了解程度才能做出正确判断),尽量使差异减到最低程度,必要时要利用外脑,请专家协助评估。人为原因基本属于疏忽和故意行为所致。疏忽主要是发生在填报送表时,漏掉某一次赔款或叠加了未决赔款数字,或者已发现实际损失比原来评估的损失大,没有注意要对原评估做更改等;故意则是为某种目的多报或少报、瞒报。

因此,对未决赔款的统计,要建立未决赔款报告与监督制度,才能最大限度地减少误差,为正确提留未决赔款准备金提供准确的未决赔款数据。

(二)正确提留未决赔款准备金

未决赔款准备金提得高与低,涉及公司利润的高低,涉及公司管理者的业绩,涉及公司可持续发展问题,因此,是否能正确提留未决赔款准备金不只是提留足不足问题。

保险公司能否排除各种因素,正确提留各个险种的未决赔款准备金,除了技术方面的问题外,主要涉及管理者的思想问题。在目前的管理体制下,未决赔款准备金提留不足的问题主要是各级保险公司管理者人为造成的。

有意造成未决赔款准备金提留不足的问题,在严格的法治社会里会对公司的经营造成致命的损害。例如,澳大利亚 HIH Insurance Limited 公司的倒闭就是一个典型的案例:

HIH Insurance Limited 原是澳大利亚第二大非寿险保险公司,2000 年 12 月公布的财务报表毛保费收入达 8 亿澳元,总资产 80 亿澳元,大约 30% 的澳洲上市公司购买了 HIH 公司的保险单。但自2000年伊始,看似"辉煌"的HIH公司的状况在这一年中使历年经营过程中所有的决策失误及后果都集中爆发出来。2001年3月15日,南威尔士地方法院勒令HIH公司进行清算,并指定毕马威咨询事务所的Tony McGrath先生和Alex Macintosh先生为临时清算人。经过初步调查,发现HIH总亏损可能高达36亿~53亿澳元。在确定HIH无力清偿债务的情况下,澳大利亚高等法院于2001年5月17日正式宣布其破产。经事后调查,其破产原因虽然错综复杂,但未决赔款准备金提留不足是其破产的重要原因,而未决赔款准备金提留不足的原因与精算数据的准确和董事会的决策直接相关。[1]

上述案例表明,人为因素造成未决赔款准备金提留不足才是对保险公司经营危害最大的问题。我们一定要认识到,在提留未决赔款准备金的问题上切忌侥幸心理,未决赔款准备金是对负债的预留,迟早是要偿还的。

目前,我国非寿险未决赔款准备金的提留测算已引进精算师制度,中国保监会也出台了一系列非寿险业务准备金管理办法和实施细则,由精算师按相关规定进行未决赔款准备金的提留测算。但客观地讲,精算是一个概率测算,无论怎样,其测算出的提留数字与最后的实际赔款仍有一定差异,如再加上主观意识,将引发众多的问题,因此,需要经营管理者在做决策时对此给予高度重视,要建立有效的未决赔款准备金制度和监控制度,确保每年未决赔款准备金提留充足。

思考题

1. 为什么船舶保险要树立真诚地服务于航运业的理念?
2. 谈谈你对保险"规模与效益"之间辩证关系的理解。
3. "集中管理、授权经营"有哪些益处?
4. 为什么要提足未决赔款准备金?
5. 船舶险的经营管理要注重哪些方面?

---

[1] 摘自中国精算师(非寿险方向)资格考试08G参考教材,谢志刚主编:《非寿险责任准备金评估》,中国财政经济出版社2005年版,附录2。

第十五章

碰撞责任

碰撞责任是指船舶碰撞他船造成他船损失引起的法律赔偿责任,一般称为对第三者的赔偿责任。这种责任是海上船舶发生侵权后的一种法律赔偿制度,是船舶保险承保的一项重要海上风险。

第一节 船舶碰撞概述

一、船舶碰撞的概念和定义

船舶碰撞的概念由来已久,从理论上讲,主要有以下 3 种:一是从风险控制的角度界定船舶碰撞,船舶与包括空中物体在内的任何物体发生的接触均可称为船舶碰撞;二是从民法船舶碰撞侵权的法律责任的角度界定船舶碰撞,与风险控制的界定一样,船舶与包括空中物体在内的任何物体发生的接触均可称为船舶碰撞;三是从《海商法》船舶碰撞侵权的法律责任的角度界定船舶碰撞,仅指船舶与船舶之间发生的接触。船舶保险的碰撞风险涉及《海商法》,因此,船舶碰撞的概念和定义以《海商法》的界定为依据。

目前,世界各国所遵循的关于船舶碰撞和碰撞责任的国际公约《1910 年统一船舶碰撞若干法律规定的国际公约》(International Convention for the Unification of Certain Rules of Law in Regard to Collisions)(以下简称《1910 年碰撞公约》)第 1 条规定:"当碰撞发生在海船或海船与内河船之间时,无论其碰撞发生在任何水域,因造成船上任何物品或人员伤害产生的赔偿,应按下列规定办理。(Where a collision occurs between seagoing vessels or between seagoing vessels and vessels of inland navigation, the compensation due for damages caused to the vessels, or to any things or persons on board thereof, shall be settled in accordance with the following provisions, in whatever waters the collision takes place.)"

上述条文特别强调碰撞仅限于船舶与船舶之间,剔除了除此之外的其他情况。目前,世界绝大多数有海运船队的国家都参加了《1910 年碰撞公约》,成为该公约的成员国,我国也参加了此公约。根据《1910 年碰撞公约》对船舶碰撞进行的法律界定,船舶碰撞的定义应表述为:海船与海船或海船与内河船舶之间在海上或者与海相通的可航水域发生有损害、有赔偿责任的实际性接触。截至目前,包括我国在内的世界各国在制定相关的海商法律时,均参照此公约对船舶碰撞的概念和定义进行法律上的界定。船舶碰撞的概念仅限于船与船之间,已得到国际海商各界和海事司法实践的普遍认定。我国《海商法》也与此定义相类似。我国《海商法》第 165 条规定:"船舶碰撞,是指船舶在海上或者与海相通的可航水域发生接触造成损害的事故。前款所称船舶,包括与本法第三条所指船舶碰撞的任何其他非用于军事的或者政府公务的船艇。"

二、船舶碰撞责任的概念和定义

船舶与其他船发生碰撞造成他船损害,法律上构成了"侵权行为"(tort),要追究其经济上的赔偿责任。这种由船舶碰撞引起的侵权在法律上产生的赔偿责任简称碰撞责任。

研究船舶碰撞责任,首先要研究船舶发生碰撞的主要原因。根据国际公约和法律规定,造成碰撞的起因有3个:一是单方船过失原因;二是两船或两船以上的船舶有过失原因;三是人力不可抗拒或不明的原因。

根据过失原则,碰撞无过失原因不产生碰撞赔偿责任,因此,碰撞责任的产生必须以有过失为要件。上述造成碰撞的3种原因,只有第一和第二个原因才能构成产生碰撞责任的要件。《1910年碰撞公约》有下述规定:"如果碰撞是由于一艘船的过失引起,损害赔偿的责任应由过失船舶承担(公约第三条)。""如果两船或两船以上的船舶犯有过失,各船应按其所犯过失的程度按比例分担责任(公约第四条)。""如果碰撞的发生是出于意外,或者出于不可抗力,或者碰撞原因不明,其损害应由遭受者自行承担(公约第二条)。"我国《海商法》第167条做了如下规定:"船舶发生碰撞,是由于不可抗力或者其他不能归责于任何一方的原因或者无法查明的原因造成的,碰撞各方互相不负赔偿责任。"第168条规定:"船舶发生碰撞,是由于一船的过失造成的,由有过失的船舶负碰撞责任。"第169条规定:"船舶发生碰撞,碰撞的船舶互有过失的,各船按照过失的程度的比例负赔偿责任;过失程度相等或者过失程度的比例无法判定的,平均负赔偿责任。互有过失的船舶,对碰撞造成的船舶以及船上货物和其他财产的损失,依照前款规定的比例负赔偿责任。碰撞造成第三人财产损失的,各船的赔偿责任均不超过其应当承担的比例。互有过失的船舶,对造成的第三人人身伤亡,负连带赔偿责任。一船连带支付的赔偿超过本条第一款规定的比例的,有权向其他有过失的船舶追偿。"

根据上述规定可以看出,我国《海商法》的规定基本与《1910年碰撞公约》是一样的:第一,船舶碰撞产生的碰撞责任有两种情况:单方过失引起单方承担的赔偿责任,多方均有过失引起多方相互之间承担的赔偿责任。第二,碰撞责任的大小以船舶在碰撞中的过失程度作为判定的基础,过失程度高,责任大;过失程度低,责任小,过失程度与责任呈正比例。

第二节 触碰与触碰责任的概念和定义

触碰(contact)是指船舶本身的水上、水下各部位及其锚、锚链与船舶本身以外的任何固定或浮动物体或其他物体发生的接触。触碰严格区别于"船舶碰撞",是仅限于船舶之间的法定概念,而将船舶与船舶间的碰撞延伸到船舶与任何其他固定或浮动物体以及其他物体发生的碰撞。从风险管理的角度出发,"触碰"仍属于船舶碰撞范畴。由于中文的触碰和英文的contact都是强调接触,因此,各国海商法无须再对"触碰"下任何定义。实务中,"触碰"风险产生的赔偿责任与碰撞责任作为同类风险予以承保。

"触碰责任"与"碰撞责任"一样,也是一种由侵权行为引起的法律赔偿责任。不同的是,触碰的对象是固定或浮动的物体,因此,船舶触碰责任案件,除了人力不可抗拒和极特殊的情况外,触碰责任均是由船舶单方过失造成,很少发生船舶与他方按过失比例相互承担赔偿的问题。

第三节 保险人的赔偿责任

"船舶碰撞"是保险人对海上事故风险的承保,而"船舶碰撞责任"是保险人对海上责任风险的承保。"船舶碰撞"风险是对船舶本身的损失给予补偿;"船舶碰撞责任"风险则是对保险船舶发生碰撞造成他船损失依法承担赔偿责任的损失给予的一种补偿。这两种风险在保险中有性质上的区别,从保险分类来讲,"船舶碰撞"属于财产保险;"船舶碰撞责任"则属于责任保险。

船舶发生碰撞和触碰责任事故后,造成的损害往往是严重的,既会造成巨大的财产损失,还涉及人身伤亡的赔偿。因此,碰撞和触碰经济赔偿责任是巨大的。为防止这种巨额的赔偿责任给保险的正常经营带来的冲击,同时也为了警示被保险人要有风险防范意识,国际上绝大多数保险市场所使用的船舶保险条款通常用一个完整的"碰撞责任条款"承保碰撞和触碰责任,明确其限制赔偿条件和除外责任,并且采用"3/4"的限制保险赔偿的办法。即保险人在赔偿时,仅赔偿损失的75%,25%的损失由被保险人自行承担。

除外责任的范围主要是将碰撞责任中几项重大的赔偿部分剔除,主要包括以下几个方面:①碰撞和触碰引起的人身伤害赔偿;②碰撞和触碰引起的清理航道费用的赔偿;③碰撞和触碰引起第三者的油污和沾污损害的赔偿;④触碰浮动或固定建筑物引起的损害、间接损失和费用。

目前,中国市场使用的《船舶保险条款》对碰撞和触碰责任是按4/4(简称"4/4碰撞责任")的责任承担赔偿责任,即保险人要对损失承担100%的赔偿责任。同时,对上面第④点给予限制性加保,具体条文是这样的:"本公司负责赔偿触碰引起的任何固定的、浮动的物体以及其他物体的延迟或丧失使用的费用。"

一、"3/4 碰撞责任"的赔偿方式

"3/4 碰撞责任"将船舶碰撞责任的保险赔偿限定在全部赔偿额的3/4,余下的1/4赔偿数额由被保险人自己承担,在保险术语中称为"3/4 碰撞责任"。例如,保险船舶按碰撞责任依法应赔受损方400万美元,按"3/4 碰撞责任"的承保方式,保险人仅赔300万美元,余下的100万美元由船东自己负责。保险人承保"3/4 碰撞责任",让其也承担一部分赔偿的目的,旨在警示被保险人(船东)要注意航行安全,减少碰撞事故的发生。事实上,目前这种警示已不再起作用,余下的"1/4 碰撞赔偿责任"可由船东保赔协会承保(被保险人须另交保险费),现在它仅起一个免赔额的作用。需要注意的是,这种赔偿方式的最高赔偿限额是船舶的保险金额。

国外"碰撞责任条款"的英文不用"Collision Clause"而用"Running Down Clause(简称 R. D. C.)"。英文"Running Down"的字义既有碰撞之意,也有降低之意,与条款内容特别相符。

二、4/4 碰撞责任

中国保险市场供远洋船舶使用的《船舶保险条款》自1972年制定到1986年修订至今,一直在承保碰撞和触碰责任问题上有别于其他市场,没有采用"3/4 碰撞责任"的赔偿方式,而采用了"4/4 碰撞责任"的赔偿方式,即赔偿全数应赔款项,但以船舶的保险金额为限。如

前例,依法应赔受损方400万美元,如果保险金额等于或高于400万美元,保险人就须赔400万美元。目前,世界上与我们一样承保"4/4碰撞责任"的国家仅有日本和挪威。2003年11月1日英国修订的船舶险条款(*International Hull Clause*,IHC)从迎合被保险人需求和吸取其1995年条款不被国际市场接受的教训出发,参照各国的做法,将"4/4碰撞责任"制定为可选择的条款,供保险双方洽谈保险条件时使用。

实践中,保险人承保"4/4碰撞责任"对碰撞责任案件的处理较为便捷。碰撞责任案件发生后涉及众多问题,保险人仅需和被保险人商议如何办理即可,如"1/4碰撞责任"由船东保赔协会承保,保险人在与被保险人商议之前须和船东保赔协会商议,如果保险方面没协商好,对案件的处理会浪费许多时间,特别是发生扣船,须向债权方出具担保函时,如达不成协议,船将长时间扣在那里,船东的船期损失将额外增加,还会由此引发其他事件。由于保险人承保"4/4碰撞责任"对案件的处理极为便捷,英国2003年条款的修改和船东保赔协会增加承保"3/4碰撞责任"的真正原因也在于此。

随着国力的不断增强,我国的航运事业也得到了迅猛发展。我国船东不仅自己拥有大量的远洋船舶,经营远洋航运,还向多元经营领域发展,从事出租和租赁船舶以及融资造船业务。因此,被保险人的保险需求也发生了新的变化。目前,我国保险公司在承保碰撞责任的风险时,也出现了承保"3/4碰撞责任"的情况,其主要原因:一是直接使用英国协会船舶定期保险条款。这种情况是由于国外的船舶承租方或租赁方乃至融资造船的银行方对船东投保船舶保险时要求使用英国协会船舶定期保险条款。二是减少保险费支出。近年来,国内外船舶保险市场的保险费率普遍上涨,我国一些船东为了应对市场保险费率上涨,减少保险费支出,提出在使用我国远洋船舶保险条款的情况下,要采用"3/4碰撞责任"的赔偿方式。有的公司为了稳定业务,也同意将"4/4碰撞责任"改为"3/4碰撞责任"承保。

第四节　碰撞和触碰过失责任的划分依据

目前,世界上多数国家的海事法院、仲裁机构、港务监督等部门对过失责任的判决或裁决以及调解,或由船东自行协商,均以国际上接受和认可的《1972年国际海上避碰规则公约》作为划分碰撞过失责任的依据。

一、《国际海上避碰规则公约》

《国际海上避碰规则公约》(以下简称《避碰公约》)是国际海上船舶航行的交通规则,"适用于在公海和连接于公海而可供海船航行的一切水域中的一切船舶"。该《避碰公约》最早诞生于1910年,而后经过1929年、1948年、1960年、1972年的4次修订,目前使用的是《1972年国际海上避碰规则公约》(*Convention on the International Regulation for the Prevention Collision at Sea*,1972;简称《72年避碰公约》)。我国1980年开始承认并加入《72年避碰公约》,但做了保留:"属于中华人民共和国的非机动船舶不受海上避碰规则的约束。"我国内河船舶的避碰规则在避碰措施的规定中也引用了该公约的规定。因此,在处理海上船舶碰撞案、判定与划分碰撞过失责任时,我国海事法院、海事监督部门或船东自行协商均是基于《72年避碰公约》做出的。

《72年避碰公约》共5章38条,第一章是"总则",第二章是"驾驶和航行规则",第三章是"号灯和号型",第四章是"声响和灯光信号",第五章是"豁免"。第二章、第三章、第四章的规定是《72年避碰公约》的实体内容,最为重要,也是保证海上船舶安全航行、判定与划分碰撞过失责任的准则。第二章具体分为3个规则;第一个规则是"船舶在任何能见度情况下的行动规则";第二个规则是"船舶在互见中的行动规则";第三个规则是"船舶在能见度不良时的行动规则"。第三章、第四章是对船舶必须配置的号灯、号型及如何使用声响和灯光信号提出的要求。这3个规则及两项要求,船舶在海上航行、锚泊或靠港作业时都必须遵守和执行,也是被保险人和保险人需要了解和熟悉的主要内容。

二、划分碰撞和触碰过失责任的主要依据

《72年避碰公约》作为维护海上安全航行秩序的交通规则,仅是对船舶航行、避碰及作业等技术方面做出了各种具体规定,提出了各种具体要求,对违反某种规定或要求须承担多大过失责任未做明确规定,而要由法官、仲裁人、海事监督部门根据其对航海的认识及相关经验,按照每艘船舶违反该规则或要求的过失程度,判定船舶之间相互应承担的碰撞责任的比例。如碰撞当事人之间自行协商解决,也要依据各自违反这个规则或要求的过失程度和航行习惯来认定各自的碰撞责任比例。

根据《72年避碰公约》判定和划分碰撞过失责任时,须掌握以下几个主要因素:

第一,在航船碰撞在航船,双方均要对事故承担过失责任;

第二,在航船碰停泊船或固定物体,一般须由在航船承担100%的碰撞过失责任;

第三,碰撞前船舶未采取避让措施向右转向或停船并倒船,将负有过失责任;

第四,交叉相遇的船舶在正常情况下,船舶右舷的来船为被让路船,被让路船可以保持原速和原方向继续行驶;船舶左舷的来船为让路船,让路船要"尽可能及早采取大幅度的行动,宽余地让请他船"通过。让路船不可强行穿越被让路船的船头。未按此规定行驶的船舶将负主要过失责任;

第五,能见度不良时,船舶是否启动雷达监测;碰撞前,船舶是否鸣雾号及减速;是否开通国际标准的高频电话联系的频道。船舶如违反这些规定,要负过失责任。

船舶发生碰撞和触碰案件时,引发事故的各种因素纠缠在一起错综复杂,追究并正确划分每艘船的过失责任有时较为困难。特殊情况下,在航船碰停泊船也会出现互有过失情况。例如,一条船在进港或出港时碰撞了一条停泊船,当时停泊船主机没有停止工作,事后查明,停泊船在碰撞前几分钟已发现在航船,且用肉眼和雷达已观测到并预示会发生碰撞危险。这种情况下,如果停泊船能采取鸣号警示来船并主动采取避碰或采取其他防避碰措施,就可能避免碰撞事故的发生或减少碰撞后的损失,停泊船就会免除碰撞责任;如果停泊船什么也没做,停泊船就会被认定违反了碰撞规则中的第8条,没有"及早地进行和注意运用良好地船艺",而要负次要的过失责任。如果停泊船在碰撞前几分钟根本就没有发现来船,停泊船还要负瞭望过失责任,停泊船的过失责任就会加重,增加其过失责任的程度。

总之,碰撞和触碰过失责任的判定与划分主要的依据是《72年避碰公约》,但在处理案件时还要具体情况具体分析。

第五节 碰撞和触碰过失责任的赔偿

一、船舶碰撞"交叉责任"的赔偿

前面已经提到,造成碰撞和触碰的过失责任有两种:一种是单方过失责任,另一种是多方过失责任。单方过失造成碰撞责任的损失后果,由单方过失责任方负责赔偿;多方过失责任造成碰撞责任的损失后果,由各过失责任方按协商或法律裁定、判定的各自的过失程度所承担的过失比例负责赔偿,也称为"交叉责任"(cross liability)的赔偿。

以两船互有责任为例:甲乙两船相撞,甲船损失100万美元,乙船损失60万美元;经协商或法院裁定,甲船对碰撞承担70%的过失责任,乙船对碰撞承担30%的过失责任;甲船赔偿乙船损失60万美元的70%,为42万美元,乙船赔偿甲船损失100万美元的30%,为30万美元。

目前,各国对两船或两船以上互有过失碰撞责任的相互赔偿都采用"交叉责任"的赔偿办法。"交叉责任"的赔偿办法可简要表述为:发生碰撞的船舶各方按照各自应承担的碰撞责任过失比例承担对另一方的经济赔偿责任。用通俗的话讲就是,你按照你应承担的碰撞责任过失比例赔偿我的损失,我按我应承担的碰撞责任过失比例赔偿你的损失。

二、"交叉责任"赔偿的计算

(一)"交叉责任"赔偿的计算方式

假定甲、乙两船碰撞互有过失。甲船承担60%的责任,乙船承担40%的责任。甲船损失有:船舶损失300万美元,船上货损400万美元,油污损失200万美元;乙船损失有:船舶受损200万美元,船上货损200万美元,油污损失100万美元。

根据各船的责任比例,甲船应赔偿乙船所受损失的60%,即:

乙船的船舶损失 = 200×60% = 120(万美元)
乙船的船上货损 = 200×60% = 120(万美元)
乙船的油污损害 = 100×60% = 60(万美元)(注:油污保险不赔)

故甲船应赔乙船300万美元。

根据各船的责任比例:乙船应赔甲船所受损失的40%,即:

甲船的船舶损失 = 300×40% = 120(万美元)
甲船的船上货损 = 400×40% = 160(万美元)
甲船的油污损害 = 200×40% = 80(万美元)(注:油污保险不赔)

故乙船应赔甲船360万美元。

(二)保险人赔偿数额的计算

根据上例,"交叉责任"赔偿办法的计算结果如下:甲船的保险人要赔偿乙船300万美元中的240万美元,油污损害的60万美元不在保单承保范围之内,由船东自负。乙船的保险人要赔偿甲船360万美元中的280万美元,同理,余下的80万美元油污损害由船东自负。这样计算赔偿后,整个赔偿计算工作尚未结束,因为保险对船舶碰撞本身的物质损坏要负赔偿责任,而对方只负责赔偿其中的一部分,余下的损失未赔部分需要各自的保险人给予赔偿。因此,甲船保险人还应对甲船船舶损坏尚未得到的60%部分

给予赔偿,具体计算如下:

$$300(甲船损失) - 120(对方船赔的) = 180(万美元)$$

$$甲船保险人在此案中共赔 180 + 240(赔乙方船货) = 420(万美元)$$

乙船保险人还应对乙船船舶损害尚未得到的40%部分给予赔偿,具体计算如下:

$$200(乙船损失) - 120(对方船赔的) = 80(万美元)$$

$$乙船保险人在此案中共赔 80 + 280(赔甲方船货) = 360(万美元)$$

三、"交叉责任"的赔偿采用"单一责任"的支付方式

根据国际上惯用的海事处理规则(*Code of Marine Insurance Terms* 91),船舶碰撞后双方赔款时要采用"单一责任"(single liability)的赔偿办法,增加了船东及其保险人在计算保险赔偿时的麻烦。为此,一些人常将"交叉责任"赔偿办法和"单一责任"赔偿办法的概念搞混,使其学习、研究及实务操作不知所云。实际上,只要把它们的概念搞清楚,就容易理解了。

"交叉责任"赔偿办法是碰撞双方纯粹的赔偿计算方式;"单一责任"赔偿办法是碰撞双方赔偿支付的结算方式。作为船东和保险人,必须了解和掌握什么是"交叉责任"赔偿办法,什么是"单一责任"赔偿办法,才能在碰撞责任的赔偿处理中准确无误地解决碰撞责任项下的保险赔偿问题。

"单一责任"赔偿方法是在"交叉责任"赔偿方式计算出赔偿数额的基础上,为避免双方你赔我、我再赔你产生支付手续的麻烦而采用的一种"轧差赔付"结算方法,也称"充抵赔付"方法。

为便于理解,同样用上面"交叉责任"的例子。甲船应赔乙船300万美元;乙船应赔甲船360万美元。用"单一责任"的赔偿方法,就是只要乙船赔给甲船60万美元,船舶双方就可以结案了。要注意的是,甲船或乙船各自由于这种"单一责任"支付方式,在相互"轧差"中所充抵掉的对方赔款或支付出的赔款,必须从各自的保险人那里获得。因为保险对碰撞责任的赔偿是按"交叉责任"赔偿办法计算的,而按"单一责任"支付方式来实际赔款时,保险人应赔的那部分已在该支付方式中充抵掉了,保险人必须将其充抵掉的那部分补上。

在上面的例子中,甲船的保险人应赔420万美元,乙船的保险人应赔360万美元,那么,甲船总共应得多少赔款?乙船应得多少赔款?甲、乙两船的船东自己承担多少赔偿损失?计算结果是,甲船应得480万,乙船得300万美元。

乙保险人赔甲船船货损失　　280万美元
甲保险人赔甲船舶损失的60%　　180万美元
乙船船东赔甲船的油污损害　　20万美元(因甲船船东要赔乙船60万)
甲船共得　　480万美元

甲船保险人赔乙船船货损失　　240万美元
乙保险人赔乙船船舶损失的40%　　80万美元
　　　　　　　　　　　　　　320万美元
减去乙船东要赔给甲船油污损害　　20万美元
乙船共得300万美元

"单一责任"轧差后,乙方支付给甲方油污的 60 万美元,乙方可以直接从乙方保险人实际要支付(给甲方)的 360 万美元中提出,余下的 300 万美元正是乙方应获得的款,而甲方拿到的 60 万美元加上甲保险人应支付的 420 万美元,正好等于甲方应获得的款 480 万美元。

此外,根据保险合同,保险不承担赔偿油污损害责任的损失,因此,甲船船东自己承担由于油污损害责任的赔偿损失 180 万美元,计算方法如下:

甲船油污损失 200 − 80(乙船赔甲船的 40%) + 60(甲船赔乙船的 60%) = 180(万美元)

乙船的船东自己承担由于油污损害责任的赔偿损失 120 万美元,计算方法如下:

乙船油污损失 100 − 60(甲船赔乙船的 60%) + 80(乙船赔甲船的 60%) = 120(万美元)

从上述计算方法可以看出,碰撞责任的赔偿是复杂的,这里仅涉及船舶保险人的赔偿,如果将货物保险人、船东保赔协会等加进来计算就更复杂了。另外,所举之例涉及的损失也仅是船舶物质损失、货物损失、污染损害等损失,如果再涉及人身伤害、船期损失、共同海损等损失的赔偿,计算将更加复杂。因此,作为船舶保险人和船舶被保险人,必须弄清此种计算方法,才能在赔偿时正确计算出自己应承担的赔偿数额。

为便于读者更清楚地了解和掌握这种计算方法,现以表格方式列明各方应承担的赔偿款项,具体见表 17 − 1 和表 17 − 2。

表 17 − 1 交叉责任赔偿表　　　　　　　　　单位:万美元

甲船损失	船舶损失 300	船上货损 400	油污损失 200
一、乙船保险赔 40%	120	160	
二、甲船保险赔 60%	180		
三、甲船货物保险赔 60%		240	
四、乙船东赔偿 40%			80
五、甲船东自己承担 60%			120
乙船损失	船舶受损 200	船上货损 200	油污损失 100
六、甲船保险赔 60%	120	120	
七、乙船保险赔 40%	80		
八、乙船货物保险赔 40%		80	
九、甲船东赔 60%			60
十、乙船东自己承担 40%			40
甲船保险共计赔偿	420(二、六)		
甲船货物保险共计赔偿	240(三)		
乙船保险共计赔偿	360(一、七)		
乙船货物保险共计赔偿	80(八)		
甲船东自己承担	140(五、九)		
乙船东自己承担	120(四、十)		

表 17-2 单一责任赔偿表　　　　　　　　　　　　　单位:万美元

甲船损失	船舶损失 300	船上货损 400	油污损失 200	总计
乙船赔 40%	120	160	80	360
乙船损失	船舶受损 200	船上货损 200	油污损失 100	
甲船赔 60%	120	120	60	300
单一责任赔偿轧差乙赔甲				60
甲船保险赔偿	一、甲船保险赔乙船被轧差掉的 120			
	二、甲船保险赔乙船货被轧差掉的 120			
	三、甲船保险应赔甲船损失的 280			
	合计:420			
甲船东自己承担	油污损失 200 - 轧差应得 20 = 180			
甲船货物保险赔偿	货损 400 - 甲船的轧差 120 - 轧差应得 40 = 240			
乙船保险赔偿	一、乙船保险赔甲船的船损 120			
	二、乙船保险赔甲船的货损 160			
	三、乙船保险应赔乙船损失的 80			
	合计:360			
乙船东自己承担	油污损失 100 + 轧差付的 20 = 120			

第六节　保险处理碰撞事故应注意的问题

船舶碰撞案件发生的原因错综复杂,每个案件都不尽相同,特别是对碰撞责任案件的处理,所涉及的问题更加广泛,作为船舶保险人,必须掌握船舶碰撞事故处理的基本要领。

一、及时掌握船舶碰撞情况

船舶发生碰撞后,保险人的消息来源渠道主要有 5 个:被保险人(船东)、保险的海损检验代理人、海事律师、新闻媒体以及互联网。目前来看,尽管保险条款中规定,被保险人有义务将已获知的保险事故在 24 小时之内及时通知保险人,但随着科技的发展,互联网和新闻媒体信息的传递已在很大程度超过了被保险人、保险海损检验代理人及律师们的传递速度。特别是船舶发生重大碰撞案件时,互联网和新闻媒体信息传递的速度更快。

保险人无论是通过什么样的渠道获得消息,都要立即与被保险人(船东)联系,了解保险船舶出事的详细情况,其中,主要询问船舶当时的安危;保险船舶的各种文件;碰撞的原因;对责任的预测及理由;船舶货载及价值;是否需要救助;对方船、货的损失估计情况等。与此同时,应即刻通知保险人在当地委请的海损检验代理人立即登船检验,复印航海日志、海事声明和海事报告,必要时还要聘请当地的或其他地方的海事律师前去做调查取证工作,有一些案件还需要双方检验人对碰撞双方船舶进行联合检验。

上述各项调查工作旨在掌握案件的第一手材料和弄清楚情况,便于案件的下一步处理。为使调查工作顺利进行,也要求被保险人(船东)给予全力配合。此外,保险人要提醒和告诫他们迅速通知船上的船长,航海日志及有关记录仪的记录不得随意由对方复印,尽可能对外保密。

二、做好案件的取证工作

案件的取证是处理船舶碰撞案件的一项非常重要的工作,它既涉及自己一方由此来判断碰撞双方责任的大小,也涉及日后付诸法律决定胜负的关键,因此,要确保案件取证工作的顺利进行。

首先,要聘请一个对船舶海事案件处理谙熟且有经验的海事律师。实践证明,一个好的律师不仅对证人如何提供证词有极大的帮助,而且对日后案件每一步的处理也能给予明确的建议。好的律师能够根据案件的情况,抓住对方的过失,判断双方各自应承担的责任,有利于对案件最终处理走向的掌握。如果聘请一个刚接触或不太懂海上航运的海事律师来处理船舶碰撞案件,就会在办理案件时发生许多意想不到的问题。例如,错误判断船舶过失责任、不知如何合理地计算船舶的船期损失、不清楚各种人员伤害的赔偿规定、不知如何谨慎书写碰撞证词等,在这种情况下,如果保险人和被保险人对碰撞海事也无处理经验,极可能使整体案件的处理失去方向,甚至耽误保险人提供担保的时间,不能将被扣船舶及时释放,造成船期损失扩大,或耽误扣船时机,不能向对方获取合适担保等。

其次,证词和有关文件的提供要防止出现纰漏。保险人与被保险人在律师向法院提交证词和相关文件之前,要反复与律师磋商证词和所提供文件的内容是否正确。如果证词出现纰漏,在法庭听证时将会引起许多麻烦,后果也会受到影响。

三、谨慎选择管辖权

管辖权的选择对船舶碰撞赔偿案件的处理非常重要。船舶碰撞责任赔偿案件涉及海事请求保全、扣船与放船、责任划分、责任限制等法律诉讼问题,因此,在一个国家或一个地方谨慎仔细地选择一个有利于自己、熟悉海事处理、具有管辖权的法院行使管辖权非常重要。

(一)利于自己

如果保险船舶赔偿责任大,需要申请责任限制,要选择责任限制低的国家行使管辖权,反之,则选择责任限制高的国家行使管辖权(有关责任限制赔偿问题请见第十八章船东责任限制)。

(二)选择熟悉海事处理的法院

实践证明,选择一个熟悉海事处理的海事法院,有利于案件合理、顺利地解决,反之,则会拖延结案时间,额外耗费法律费用支出,甚至做出莫名其妙的判决。例如,1979年我国××轮在新加坡停泊期间被两艘已发生碰撞的外籍船舶连续碰撞受损,案件在新加坡审理。案件很清楚,××轮属锚泊船,过失责任应全部在对方两艘船,判决起来并不复杂,时间也不会很长,但该案到1999年才结束,最终的判决更令人惊讶:"从所提供的证据上看,××轮与××轮各自损失的部位碰不上,因此,双方不存在赔偿问题。"

(三)选择具有海事处理管辖权的法院

根据1952年5月10日订于布鲁塞尔的《关于船舶碰撞民事管辖权若干规定的国际公约》,船舶发生碰撞,如果诉讼,下列法院具有管辖权(公约第1条):"(a)被告经常居住地或营业所在地的法院;(b)或扣留过失船舶或能依法扣留的属于被告的任何其他船舶的法院,或能实施扣船和已提供保证金或其他保证的法院;(c)或碰撞发生在港口或内河水域时的碰撞地法院。"

船舶发生碰撞责任赔偿案件,必须选择具有管辖权的法院进行诉讼,否则,尽管选择了一个利于自己的、熟悉海事处理的法院,最后也将因其不具有管辖权而重新打官司。

四、谨慎办理海事保全(担保函)

船舶碰撞责任赔偿案件的解决均需要一定的时间,一般情况下需要两到三年,稍复杂的案件均要通过法律诉讼才能解决。由于解决这种赔偿问题需要较长时间,因此,在船舶发生碰撞之后或案件解决之前,双方需要交换合适担保或相互扣对方船以获得满意担保,完成各自在法律上的海事请求保全。

海事请求保全的表现形式为责任人(债务人)提供的经济担保。它基本有3种方式:保险公司(保赔协会)担保函、银行担保函以及现金担保。索赔人需要哪种担保函,可根据具体情况选择。从严厉程度来看,现金担保最严厉,银行担保函次之,保险公司(保赔协会)担保函的严厉程度最轻,因为保险担保本身不产生货币时间升值的损失和支付利息的损失。一般情况下,保险追偿索要的担保以具有资金实力的保险公司(保赔协会)、银行的担保函为主,现金担保只有在对方负100%责任且金额很小对方无异议或涉及法律先行赔付的情况下才能采取,否则各国海事法院一般是不支持的。这里需要注意的是,韩国法院对现金担保方式是经常支持的。

实务中的具体工作应注意的有以下几项。

(一)海事保全必须在索赔时效内取得

《1910年碰撞公约》第7条规定:"损害赔偿的起诉权时效两年,自事故发生之日起算",我国《海商法》规定的时效也为两年。海事请求保全在两年之内必须采取各种法律措施取得,如过了诉讼时效,对方不但不会再提供担保函,保险船舶损失的追偿也将成为不可能。

(二)采取扣船措施确保海事请求保全的实现

为确保对方能尽快提供所需的担保函,实现海事请求保全,保险人要会同被保险人(船东)以保险船舶船东的名义,在具有管辖权的国家根据《关于扣留海运船舶的国际公约》申请扣船,将对方船舶扣留在那里,直到取得了合适的担保函,再释放所扣的对方船舶。

(三)担保函的内容必须合适

担保函内容是否合适,主要是看担保的金额是否能补偿保险船舶的各种损失、担保函中关于管辖权和法律的选择要求是否利于我方、担保函是否有期限等。担保函的期限必须是截至案件最终结束才行。

(四)索赔损失的数字要基本准确

索要担保函时,索赔数字要基本准确,宜偏高,不宜偏低,偏低会产生实际损失不能得到全部追偿的结果。国际公约规定,追偿的最后金额不得超过担保的金额,许多西方国家的法律也以此为鉴(也有些国家允许二次扣船再行索要担保),因此,索赔时,提赔的数字要基本准确。

五、做好案件的协商或诉讼工作

海事追偿案件涉及的金额较大,追偿的内容包括保险船舶的各类损失,涉及各方的利益,保险人做好案件的协商或诉讼工作非常重要。首先,保险人要会同被保险人商议对外的全部索赔项目和损失金额;其次,在仔细研究各种文件和证词(包括法律程序中交换的对方所提供的文件或证词)的基础上,研究协商方案,必要时请律师参加;最后,做好出庭准备工作。

保险人在追偿工作中要注意,不能随意将海事追偿案件完全交由被保险人自行处理,避免由于被保险人因没有足够的海事追偿经验导致案件处理出现偏差,引发结案时对追偿款分配的争议。

六、如何处理对方的索赔

应对对方索赔的工作如同我方对外索赔一样,不同的是,保险理赔人员的工作由索赔转向审核。在对外提供担保时,要尽量准确核定对方的索赔数字是否合理,无论提供哪种方式的担保,不宜过高,因为对外所提供的担保在业务中反映的是未决赔款,在财务上反映的是一种债务的承担。担保金额过高,业务赔付率会上升,既影响厘定保险费率的合理性,也直接影响效益经营的实现。那种认为担保只是一纸保证而无视担保金额多少的认识是错误的。

思考题

1. 船舶碰撞的定义是什么?我国《海商法》与国际公约关于船舶碰撞的概念相同吗?
2. 什么是4/4碰撞责任和3/4碰撞责任?两者的最高赔偿限额相同吗?
3. 什么是碰撞责任的"交叉责任"?"单一责任"指的是什么?
4. 管辖权如何选择?
5. 如何索要海事担保?
6. 你同意碰撞包括避碰风险吗?为什么?

第十六章

共同海损

共同海损英文全称是"general average"(简称 G/A)。共同海损是海损损失的一种,有别于单独海损。共同海损是海上特有的一种相互分摊补偿制度,该制度目前业已被国际航运、保险、贸易界人士共知。学习、研究与掌握共同海损的相关知识对船舶保险人来说至关重要。

第一节 共同海损的由来

一、共同海损原始的思想基础与概念

共同海损制度由来已久。西方学者认为,共同海损与海上保险有相当深的渊源,称它是海上保险的萌芽。

"共同海损"这一概念的形成是在欧洲,它由雏形逐渐走向完善经历了很长的时间。以保险基础思想为课题的研究可追溯到公元前约 3000 年的古巴比伦时期,而共同海损作为单独课题研究,萌生于公元前约 2000 年地中海航运遵循的"一人为众,众人为一"的补偿原则,西方称这一原则为共同海损思想的萌芽。可以说,这一原则也是它的原始思想基础,它主要的起因是风险的客观存在和人们共同防范风险意识的不断增强以及渴望灾后的损失能够得到相互间的补偿,这与我们古语常说的"同舟共济""有福同享,有难同当"的思想基本一致。

共同海损最初以文字形式列明是在世界上最古老的海商法《罗地安法》(*Rhodian Law*)中。《罗地安法》规定,"如果为了减轻船舶的负担,将所载货物抛弃入海,因为这项抛弃是为了集体利益而采取的,所以这种损失应由全体受益方分摊",这种规定类似于共同海损中的补偿分摊原则。从《罗地安法》仅仅是对抛弃货物做的规定上也可以看出,当时运输货物的船舶抗风险能力较低,在遇见灾难时,仅能以减轻船舶的载重量作为保证船舶和货物安全的措施。后来古罗马又对《罗地安法》的规定做了补充,规定由于意外事故造成的损失仍然由损失方自行负责,给共同海损和单独海损做了概念上的划分。但真正对共同海损的词义和概念的形成起决定性作用的是英国的《奥利昂判例卷》。在这个判例法中,有 3 项内容涉及共同海损损失的补偿问题:一是船舶处于危难之中,为了船、货、人员的安全,船长有权抛货,损失由船、货收益方按比例分摊。二是船舶遭遇大风浪时,船长为了抢救船、货,可以砍断桅杆或锚链索具,这些损失也像抛货一样受到分摊补偿,货主应在货物卸离船舶以前支付分摊金额。三是船舶发生抛货,船上的全部货物和动产,除了供船员饮水使用的必要银杯,或已裁剪的布料及穿旧的衣服外,都应均等地参加分摊,共同海损由此结束了其原始雏形期,进入修订、补充的成型阶段。

二、现代共同海损的概念

英国的《奥利昂判例卷》虽对共同海损词义和概念的形成起了决定性作用,但它仍没将"共同海损"一词作为法律定义和概念使用。首次给共同海损下法律定义的是16世纪中叶法国颁布的《海上指导》。"《海上指导》原是一部保险法律,却第一次给共同海损下了如下定义:'保险人对货物装船以后发生的费用、灭失和损坏有向货主赔偿的责任。这些费用、灭失和损坏统称为海损,并可分为几类。第一类称为共同海损,是为了救护船舶和货物采取抛货、砍断锚链、船帆或船桅而引起的损失和费用。由于这类海损是由船舶和全体货物共同分摊赔偿的,因此称为共同海损。'这一定义以举例的方式(抛货、砍断锚链和船桅)来说明共同海损的含义,却成了在其后很长一个时期几乎欧洲所有航运国家制定海商法关于共同海损定义上的依据。"①

随着航运事业的发展,特别是高科技在航运中的运用,现代航运和海上贸易与帆船时代的海上航运与贸易有着巨大变化。共同海损的定义所包含的内容已不再像古代和15世纪那样,仅包括货物抛弃那样简单了,共同海损的理算更为复杂,含义和内容也更加广泛。例如,一艘现代化远洋货轮运载不同托运人的几百笔或上千笔货物,在印度洋遭遇风浪袭击发生危险时,为了保证船及船上的货与人员的安全,船长除了可以采取抛货的措施以外,还可以通过现代化的通信设备,与距离较近的船舶联系求救,或直接向邻近的国家呼救,如果前来救助的人使这艘远洋货轮转危为安,那么就会产生救助报酬或救助费用,这种报酬或费用即属于共同海损损失。此外,为了确定该航程中几百笔不同货物应对救助费用应摊付的金额,船方还得雇请一位专业的海损理算师,收集各个货主出具的保证其日后能履行损失分摊义务的担保以及对救助报酬或费用进行共同海损理算。理算产生的理算费也计入共同海损损失之内,由船、货分摊。

英国《1906年海上保险法》对共同海损的定义是:共同海损损失是由共同海损行为直接后果造成的共同海损费用和共同海损牺牲。这个定义很简单,扼要地将共同海损的含义刻画出来。

我国《海商法》第193条将共同海损定义为:共同海损是指在同一海上航程中,船舶、货物和其他财产遭遇共同危险,为了共同安全,有意地合理地采取措施所直接造成的特殊牺牲、支付的特殊费用。我们的这个定义可以说是参照英国《1906年海上保险法》制定的。共同海损的定义经过长达一个世纪的不断补充和完善,现代共同海损制度关于共同海损的定义已基本完成。目前,世界上主要的航运国家所制定的海商法律都对"共同海损"下了定义,虽然在措辞上有所不同,其实质内容并无差别。

三、共同海损成立的先决条件

(一)危险必须危及同一航程的船舶、货物以及其他财产的共同安全

共同海损成立的前提条件是:危险已对船、货的共同安全构成威胁,不具备这个条件,共同海损不能成立。例如,在海上运输的船舶,主机突然失灵,船舶失去控制,危险已威胁着该船及其所载货物的共同安全,如果不及时采取某种措施处理,船舶将随波逐流,发生意想不到的新事故。在这种情况下,共同海损成立的前提条件已经具备。但是,假如这条船是一艘

---

① 王恩韶、许履刚:《共同海损》,大连海事大学出版社1996年版。

冷藏船,发生故障的是冷藏机,那么就不具备这个前提条件,因为冷藏机故障只会对冷藏舱内冷藏货物的安全构成威胁,对船舶的安全丝毫没有影响。

(二)措施必须是为了解除共同危险而有意采取的并且是合理的

危险已对船、货共同安全构成威胁,或发生以后就需要采取必要的措施来防止或解除这种危险。防止或解除这种危险的方法和措施较多,例如,搁浅后的抛货,减轻船身重量便于起浮,呼叫拖轮前来救助;在时间和条件允许的情况下,船舶也可绕航至某港口避难或为防止沉没、抢滩座浅等。但有一个原则不能违反,即措施必须是为了共同安全所采取的,并且事后验定在当时其措施是合理的。例如,一艘载货船舶途中发生碰撞事故,船体破损,机舱进水,失去自航能力,船舶必须委请第三方拖带到邻近的、有修船能力的港口进行修理,否则很难完成该航次的运输任务。在共同海损理算中,船舶绕航到邻近港口修理的措施可视为是为了共同安全而采取的合理措施。拖带和为拖带而进行的临修所产生的费用也可认入共同海损,由利益方分摊。

假定该船体虽有破损、机舱进水,但船舶仍有自航能力,这时船舶却叫拖轮前来拖至有能力的港口修理,就会出现拖带所产生的费用不被认入共同海损的问题。因为在这种情况下,尽管你的出发点是为了共同安全,但所采取的措施并不合理。因此,船东在处理共同海损事故时,要注意所采取的措施是否属于共同海损行为,即防止或解除危险的措施是否合理。

(三)牺牲和费用必须是共同海损措施直接引起的,既是特殊的又是额外的

共同海损的发生属于航运中的非正常事件,采取措施防止或解除共同危险必然直接涉及船舶本身及所载货物的损坏和各种费用的额外支出。对这种损坏和费用,专业用语为"共同海损牺牲和费用",但是一定要注意,这种牺牲和费用必须具备直接的、特殊的和额外的特点,必须是由"共同海损行为"直接引起的,否则,它就不能作为共同海损牺牲和费用处理。例如,船舶为了共同安全,中途变更航线,绕航某一港口避难或修理所产生的临时性修理费用或进入港口的费用以及船舶停留期间的船员工资、伙食、燃油和物料消耗,均可视为共同海损措施直接引起的费用损失。因为不是为了共同安全,该船不会变更航线绕航驶往该港作为避难港,其绕航消耗的费用是正常运输计划外的额外支出。如果该船绕航仅是为了抢救船上的伤病船员引起的,那么,这种费用则不能被认入共同海损的费用损失,因为船舶和所载货物不存在共同危险,不具有构成共同海损的先决条件,也就不存在共同海损费用损失问题。

"共同海损牺牲"一般是指船舶为了船舶上各利益方的共同安全或将损失降到最低程度所采取的共同海损行为后,引起财产物质的直接损坏及耗损。例如,防止船舶下沉或便于船舶搁浅的起浮,将船舶所载货物或其他物品抛到海里,旨在减轻船体重量,这种抛弃货物及其他物品的损失可视为共同海损牺牲。再如,为了防止船舶下沉,采取抢滩座浅而造成船底损坏的损失也属于共同海损牺牲范畴。要注意的是,这种行为必须具有特殊性。如果你抛的是发生海难时已受损的货物(抛弃费用可认入共同海损),或者你抛弃的目的与解除共同危险无关,也不应作为共同海损牺牲论处。

以上3个条件是构成共同海损的基本要素条件。我们应该看到,船舶发生共同海损每次的损失都不同,涉及的利益方也不尽相同。因此,共同海损的实体内容是比较复杂的。

根据被广泛使用的《约克—安特卫普规则》的规定,共同海损牺牲和费用是共同海损行为的直接后果。但是,在我国《海商法》及《北京理算规则》中并没有对共同海损行为给予直

接的定义,而是通过对共同海损牺牲和费用性质和内容的规定来达到对共同海损总的概念上的规范。

第二节 共同海损的理算

海损的损失可分为两部分:单独海损损失和共同海损损失。无论哪一种损失发生,均需要进行理算,因此,海商界派生出一个海损理算行业,专门从事海损理算工作。共同海损理算(G/A Adjustment)是一个比较复杂的审核和计算过程,具有公平性,需要"理算人"根据业内普遍认同的"理算规则"进行理算。

一、共同海损的理算人

国际上一般将理算人分为3种,海损理算人(average adjuster)、损失理算人(loss adjuster)和能源理算人(energy adjuster)。海损理算人主要从事海损理算,一般不到现场做检验工作;损失理算人主要从事建筑工程、房屋及其他陆上财产损失的理算,他需要到现场做检验定损工作;能源理算人主要从事海上石油开发、勘探、钻井、采油等损失的理算,其工作性质同损失理算人一样,需要到现场做检验定损工作。

海损理算人在国外很早就出现了。英国的海损理算人 William Richards & Sons 公司在1813年就成立了。该公司在20世纪70年代以前一直作为海损理算界的领头羊为国际海商界所认知。20世纪70年代以后,两次改弦更张,成为现今的理查德·林得利公司(Richards Lindly)。

我国由于远洋和外贸行业在20世纪70年代以前发展缓慢,因此,到1969年才有专业的共同海损理算人——中国国际贸易促进委员会海损理算处。2000年以后,随着我国保险业的迅猛发展,保险公估人(实为损失理算人)异军突起,成为保险业的同盟行业。

共同海损理算比单独海损理算要复杂得多。共同海损案件发生后,理算人要对损失进行详细的材料收集、审核,并划分出哪些是单独海损,哪些是共同海损,计算谁应分摊多少。此外,还需做收集各个货主出具的、保证其日后能履行损失分摊义务的担保等复杂和烦琐的工作。由于收集、审核、划分、计算等工作涉及各受益方的利益,其合理性、公平性就显得非常重要。也正因为如此,聘请专业的海损理算人进行共同海损理算已成为保险人、船东和货主处理共同海损案件的习惯。对简单小额的共同海损损失,有能力的保险人为节省理算费用,经船东和货主同意,也可由保险人依照《理算规则》进行理算。

理算人理算的结果要编制《理算报告》交给各受益方。如各方无异议,将按《共同海损理算报告》理算出的结果,向损失垫付方支付其应摊款(传统的专业术语称为摊水费)。

二、《约克—安特卫普规则》

共同海损理算规则是理算人进行共同海损理算的依据。由于共同海损理算在不同的国家有着不同的发展进程,有的国家有理算规则,有的国家没有理算规则,但各国规则的基本精神都大同小异,具体理算上甚至没有差别。

目前,世界各国理算人奉为经典的理算依据是著名的《约克—安特卫普规则》。这个规则虽然不是一个国际私法公约,但由于其历史性的沿革,已被国际航运、贸易和保险界广泛认同与采用。

(一)《约克—安特卫普规则》的产生

共同海损分摊作为一项原则,早在公元前 916 年就被《罗地安法》(Rhodian Law)所确认,但人们对分摊的具体理算办法(或规则)争论不休,其主要原因是,共同海损理算与共同海损当事人的利益休戚相关。船东们认为,凡与共同海损有联系的损失均要进行分摊,主张放宽范围;货主们认为,共同海损的范围要有限制,不能随意扩展。学术上,船东们主张"共同安全"和"共同利益的结果";货主们主张"以共同安全为限"。由于这两种不同观点的存在,各国法律对共同海损问题的规定也不尽相同,在不同的国家理算,共同海损各利益方所摊付的金额也不同。船东与货主不休的争论所出现的这种情况不仅给共同海损理算带来了困难,也影响了国际海运业的顺利发展,因此,在欧洲,统一理算规则的要求非常强烈。

1860 年 5 月,英国社会科学促进会起草并由 Brougham 勋爵、劳合社主席、伦敦船东总会、各商会和其他代表航运、保险等机构联名签署了一封致欧洲海运国的公开信,要求在欧洲主要海运国间适用统一的共同海损理算规则,结果导致格拉斯哥会议的召开。格拉斯哥会议形成了旨在统一共同海损理算规则的若干项决议,称"格拉斯哥决议"(The Glasgow Resolutions)。1864 年 9 月,关于统一共同海损理算问题的大会在约克城举行,大会通过了 11 条规则,称为《约克规则》(The York Rules);同时,会议建议各国海商界在船舶租约和货物运输提单中订入下列条款:"共同海损索赔应按 1864 年约克制订的国际海损规则进行理算。"这个条款为后来通过的以合同方式统一共同海损理算工作提供了文字依据。13 年后,即 1877 年,修改《约克规则》的会议在比利时的安特卫普城召开,这次会议通过了 12 条规则,并将《约克规则》改名为目前海商界众所周知、一直延续至今的《约克—安特卫普规则》(The York – Antwerp Rules)。

随后,这个规则经过各国海商法专家的努力,又进行过 1890 年、1924 年、1950 年的几次修订。到 1974 年重新修订时,这个规则已基本完善,被海商各界普遍接受和使用。尔后,由于《1989 年救助公约》增加了救助报酬的支付要包括"救助人在防止或减轻对环境损害方面的技能和努力"的损耗,并增加了对救助人的"特别补偿条款",使传统的"只有共同海损行为直接后果的损失或费用才能作为共同海损(《1974 年约克—安特卫普规则》Rull C)"的分摊原则受到冲击,为此,1974 年以后,《约克—安特卫普规则》又经过了两次修订:一次是针对适应《1989 年救助公约》的修订,1990 年到 1994 年期间产生的《1990 年约克—安特卫普规则修正案》和在其基础上修订并已经实施的《1994 年约克—安特卫普规则》;一次是针对货物利益方的要求,在 2004 年国际海事委员会第三十八届大会上通过的《2004 年约克—安特卫普规则》(该规则尚未实施)。

(二)《1974 年约克—安特卫普规则》的主要内容

《1974 年约克—安特卫普规则》由 1 条解释规则、7 条字母规则和 22 条数字规则 3 部分构成。

1. 解释规则(rull of interpretation)。该规则规定,共同海损理算适用字母规则和数字规则,"凡与这些规则相抵触的法律和惯例不适用"。除首要规则(rull paramount)和数字规则已有规定者外,共同海损应按字母规则理算。"

2. 字母规则(letter rulls)。字母规则从 A 到 G 共有 8 个条款,对共同海损的行为和准则做了原则性规范,主要内容包括:①界定共同海损行为的定义;②界定共同海损的定义;③界定共同海损分摊的各受益方,包括船东、货主和承运人;④界定共同海损的范围及例外;⑤界定共同海损索赔方须负的举证责任;⑥界定共同海损理算的分摊价值基础应以航程终止时和终止地的价值为准。

3. 数字规则(numbered rulls)。数字规则用罗马大写数字标示,共有22条,主要是针对共同海损分摊划分了具体理算的原则,规范了各种项目理算的界限标准,它列明了具体项目中哪些损失和费用能够认入共同海损,哪些不得认入共同海损。数字规则是理算师理算时所遵循的主要依据,也是共同海损各利益方衡量和审核《理算报告》是否正确的主要依据。

(三)《1994年约克—安特卫普规则》的主要内容

《1989年救助公约》对《1910年救助公约》做了原则性修订,增加了防污染特别补偿的内容,导致《1974年约克—特卫普规则》数字规则第6条救助报酬受到《1989年救助公约》第13条第一款(b)项和第14条规定的影响,出现了理算制度和救助制度不衔接的现象,因此产生了对其进行修改的想法。

《1974年约克—安特卫普规则》数字规则第6条救助报酬规定:"航程中各有关方所支付的救助费用,不论救助是否根据合同进行,都应认入共同海损,但以救助在同一航程中所涉及的财产脱离危险为限。"《1989年救助公约》第13条评定报酬的标准中第一款(b)项规定:"救助人在防止或减轻对环境损害方面的技能和努力",也就是说,评定救助报酬时要考虑救助人在救助中防止或减轻对环境损害方面的技能和努力,与理算规则数字规则第6条有抵触,因为数字规则仅强调"所支付的救助费用",对"减轻对环境损害方面的技能和努力"不给予报酬。《1989年救助公约》第14条特别补偿条款规定的是关于如何处理减轻对环境损害方面所付出努力的报酬的具体补偿标准。这种规定由于理算规则不对"减轻对环境损害方面的技能和努力"给予报酬而不予认可。

鉴于上述情况,国际海事委员会受国际海事组织的委托,于1989年10月就修改《1974年约克—安特卫普规则》数字规则第6条的问题向各国海商法协会征求意见,结果大多数国家不同意将《1989年救助公约》第14条规定的特别补偿加进共同海损,但接受《1989年救助公约》第13条评定报酬的标准中的第一款(b)项规定,"救助人在防止或减轻对环境损害方面的技能和努力"可给予报酬,尔后形成了《1990年约克—安特卫普规则修正案》。该修正案将数字规则第6条原来的一款内容改为A、B两款内容:A款中保留了原来的内容,增加了一款规定,"认入共同海损的费用应包括《1989年救助公约》第13条1款(b)所属的考虑到救助人在防止或减轻对环境损害方面的技能和努力而付给救助人的任何救助报酬。"B款规定:"根据上述公约第14条4款或任何其他实际上类似的规定由船东付给救助人的特殊补偿不得认入共同海损。"此款规定原则上将不涉及共同危险的防污或环境损害的救助排除在理算以外。

1994年10月2日至8日,国际海事委员会在澳大利亚悉尼召开第35届大会,通过了以《1990年约克—安特卫普规则修正案》为基础修订的《1994年约克—安特卫普规则》。为使数字规则第6条A、B两款的内容与字母规则相互具有逻辑性,《1994年约克—安特卫普规则》在字母规则C款中增加了一段内容,该段条文规定:"环境损害或因同一航程中的财产漏出或排放污染物所引起的损失或费用不得认作共同海损。"

此外,《1994年约克—安特卫普规则》还就共同海损的索赔通知、理算所需文件的期限、计算利息的时间、转运时船舶与货物分摊价值的计算方法等做了补充与修订。

(四)《2004年约克—安特卫普规则》

由于货物保险人长期认为传统的《约克—安特卫普规则》过分偏重于船方利益,有失公允,因此,国际海上保险联盟(IUMI)于1998年在柏林开会,拟订一份名为《共同海损应如何修改》的文件，并于1999年正式致函国际海事委员会，要求修改《1994年约克—安特卫普规则》。尽管该建议受到一些船东和海损理算师以共同海损分摊制度已为海商各界所熟知并运行良好为由表示反对，由于各利益方的代表争论非常激烈，最终在2004年5月31日至6月4日国际海事委员会在加拿大温哥华召开的第三十八届大会上以投票方式通过新的《2004年约克—安特卫普规则》。

《2004年约克—安特卫普规则》的修订过程是"共同安全派"和"共同利益派"之间的又一轮较量。从规则的内容上看，它能得以通过是双方妥协的产物，虽然如此，对船东的不利影响还是明显的。由于该规则偏重于货方利益，船方不太可能主动将《2004年约克—安特卫普规则》列入提单条款中，相关国家的法律和规定也不会做类似修改，因此，有可能该规则会被搁置一旁，长期遭受冷落，除非航运活动的主动权掌握在货方手中时，才有可能迫使船方普遍采用。

三、《北京理算规则》

中国远洋事业真正发展起来是在20世纪60年代初，在此之前，我国共同海损的理算一直处于空白状态。随着远洋贸易的发展，中国国际贸易促进委员会在1969年设置了海损理算处，作为当时中国唯一的海损理算人。该理算处在我国保险、贸易、远洋等各有关部门的参与和努力下，开始办理共同海损理算业务。当时的理算是依据《1950年约克—安特卫普规则》进行的，而后在总结实践经验的基础上，于1975年1月制定并公布了具有中国特色的《中国国际贸易促进委员会共同海损理算暂行规则》（简称《北京理算规则》），从此，中国海损理算业走上了独立发展的道路。

我国在1975年1月1日制定了《北京理算规则》，该规则共计8条，较简单。《北京理算规则》经过了40年的实践，虽然已被世界上一些航运组织和各国的有关方面所重视，但尚未被其他国家广泛采用。《北京理算规则》与《约克—安特卫普规则》的主要差异如下。

（一）《北京理算规则》扩大了理算人权力

《北京理算规则》第2条规定："对作为共同海损提出理算的案件，如果构成案件的事故确系运输契约一方不能免责的过失所引起，则不进行共同海损理算。但可根据具体情况，通过协商另作适当处理。"这一条款似乎授予了理算人对共同海损事故有认定的权力。这一条款的增加在性质上与《约克—安特卫普规则》有明显差别。用《北京理算规则》作为理算依据的后果很可能出现不同于用《约克—安特卫普规则》做理算依据的后果，实践中应该说各有利弊。

《北京理算规则》增加的这条事故认定条款要求有人事先对案件的性质做是否属于共同海损的认定，然后才能理算。事实上，除了简单的共同海损案件外，一般均是由船东宣布共同海损后，就按运输合同或保险合同中的规定交由理算人进行理算了。按照这一条款的规定，理算人一理算就意味着已认定案件属于共同海损案件了，因此，理算人理不理算就成为认定是否属于共同海损案件的定性标准，进而扩大了理算师的权力。

《北京理算规则》增加的这条事故认定条款虽然体现了公平原则，但实践中，由于各国法律没有赋予理算师这种认定共同海损的权利，因此，这种认定并不具有法律效力，反而会使各利益方对认定结果产生疑虑，或不服其认定，重新选择理算人进行理算。

《约克—安特卫普规则》不需要理算人认定事故性质，只强调理算。只要有人申请共同海损理算，理算人就给予理算。由此可以看出，《约克—安特卫普规则》有利于申请方，但其理算结果会因为共同海损行为、分摊数额是否合理等因素而产生争执,常常会被某个受益方拒绝执行。由于《约克—安特卫普规则》有利于申请方,容易让申请人接受,因此,从商业经营的角度出发,世界上大多数理算人都选用《约克—安特卫普规则》进行理算,使其业务量不会受到影响。

我国《海商法》出台后,对认定事故是否是由于运输契约一方不可免责的过失所造成的权力已经界定,不属海损理算人的权力范围,而由法院和仲裁判定,因此,理算人理不理算成为认定是否属于共同海损案件的定性标准已不再具有实际意义,《北京理算规则》的第 2 条已成为无效条款。

此外,实务中,多数保赔协会已经将船东不可免责的过失所造成的货方拒绝赔付的共同海损分摊包括在其责任范围内。这使即使产生共同海损的事故是由于运输契约中一方不可免责的过失造成的,共同海损大多数情况下仍然存在理算的必要。针对上述情况,我国理算人在该规则尚未修订的情况下采取了灵活的方式,理算时,这两种规则可由申请方选择。

(二)《北京理算规则》的特点

《北京理算规则》对清楚共同海损的人来说文字易理解,但由于内容过简,对初学理算的人来说,作为理算依据进行理算困难较大;《约克—安特卫普规则》条文烦琐,文字难懂,但内容分列较细,为理算人员提供了细微的理算依据。

(三)《北京理算规则》的修订

《约克—安特卫普规则》随着国际海上相关公约的变化一直在不断修订。《北京理算规则》自诞生以来,从未因国际相关公约和国内法律的变化而修订过。虽然中国国际贸易促进委员会曾于 20 世纪 90 年代初提出要重新修订《北京理算规则》,但由于种种原因,未能实现。为适应国内外海商事业发展的需要,也为了中国共同海损理算业的发展,我国 1975 年的《北京理算规则》也需要在基本保持原有特色的基础上就文字和内容进行修改。

从历史发展的角度来看,尽管《北京理算规则》由于历史条件等客观原因存在一些不足,但其为我国共同海损理算事业的发展做出的卓越贡献功不可没。

四、共同海损的理算方法

共同海损理算的目的主要是,计算各受益方对共同海损损失应分摊的支付金额。根据法律和理算规则的规定,共同海损各受益方应摊额的计算要以共同海损损失金额、各受益财产的实际价值为基础,按计算公式计算出分摊金额。

共同海损损失金额以实际共同海损损失金额为准;各受益财产的实际价值以船舶航行的终止时间和航行的终止地点当时各受益财产的实际价值为准。共同海损理算公式如下:

$$各受益方的共同海损分摊金额 = \frac{各受益方分摊金额}{受益财产实际价值总额} \times 共同海损损失金额$$

例如,一艘保险价值或保险金额为 450 万美元的船舶,从日本驶往新加坡去卸货。船舶在去的途中触礁受损,无法再继续航行,绕航上海港作为避难港,并在那里应船级要求,须卸货进行永久性修理,以便完成其航程。可认入"共同海损"理算的费用包括:从绕航开始到修理好、装完货、进入原航线的这段时间产生的进出港口及在那里额外停留的港口费用,以及船舶额外停留期间的船员工资、伙食、燃油和物料消耗。根据该例再做如下假定:

1. 共同海损损失共计 40 万美元,其中:

(1)船舶在上海的永久性修理费用为 120 万美元;

(2)港口使用费和船员工资、伙食等的费用为10万美元;

(3)在上海修船需卸货和重装费用为10万美元;

(4)船舶燃油、物料消耗费用为20万美元。

2.船舶在新加坡估价为80万美元(扣除船舶触礁损失120万美元),其分摊价值为330万美元;

3.船上所载货物未损,其分摊价值按其实际价值(原来 CIF 发票价值)为1000万美元;

4.共同海损总分摊价值为1330万美元。

具体理算的结果如下:

船方摊付:40(共同海损金额)×330÷1330 = 9.92(万美元)

货方摊付:40(共同金额)×1000÷1330 = 30.08(万美元)

上面仅是用一个简单的例子介绍理算方法,实务中,如涉及船舶以新换旧产生扣减部分的补偿金额时,由于分摊价值减少,它的理算也会麻烦些。

第三节 船舶保险与共同海损

共同海损与海上保险的关系非常密切。共同海损本身是一种补偿制度,但这种补偿制度只能解决损失由获救的各受益方负责摊付补偿的问题,不能从根本上解决共同海损已损失的部分需要得到补偿的问题,因为在这种补偿制度下,各受益方的摊款本身的损失还需要各自承担,而损失方本身也要以受益方的身份对损失进行分摊。实际上,共同海损的整体损失没有在这个制度下得到补偿。对受益方分摊的损失来讲,实实在在的是其海上运输中存在的一种经济损失风险。要彻底解决这些补偿问题,就必须对共同海损的损失进行保险。此外,共同海损事故发生后,船舶经修理还须继续航行至最后的目的港卸货。如在续航过程中,船舶再次发生事故导致船和货又发生损失,使原共同海损的分摊价值减少,原共同海损垫付者的损失能否得到应得的足额分摊补偿产生了风险。为了保证共同海损能够按当时的分摊价值计算各利益方的分摊金额,必须单独为共同海损办理"共同海损费用保险"。

一、船舶保险承保共同海损的范围

目前,世界上从事海上保险业务的保险公司都将共同海损作为海上风险的一种承保风险列明在海上船舶和货物运输险条款之中,其承保范围是被保险人在共同海损中的分摊损失。我国的船舶保险和远洋货物运输保险也是如此。此外,共同海损费用保险是作为单独的保险承保。

(一)船舶保险承保的责任范围

人保公司1986年修订的《远洋船舶保险条款》第1条(二)款2项①规定:"本保险负责赔偿被保险船舶的共同海损、施救及救助费用的分摊部分。被保险船舶若发生共同海损牺牲,被保险人可获得对这种损失的全部赔偿,而无须先行使向其他各方索取分摊额的权利。"该款明确了船舶保险人承保的共同海损的风险标的是,共同海损船方应分摊的那部分损失。

(二)"共同海损费用保险"承保的责任范围

我国没有共同海损费用保险的正式条款,使用的是英国海损理算人协会和伦敦承保人协会同意以协会名义颁发的"共同海损费用保险条款"。目前,我国船东在发生共同海损案件以后,投保"共同海损费用保险"的需求很少。因此,有些长期从事海上保险的人士还不知道有这种保险。实践中,这种风险是很可能发生的。

历史上,英国法院有过这样一个判例:一艘叫"PENLEE"的船舶在自古巴到欧洲的航程中遭遇到飓风受损后被迫驶入 HORTA 港进行修理。由于挂靠避难港,产生了共同海损损失。当船舶修理完毕驶离避难港几天后,该船连同船上货物在火灾中全部灭失。"PENLEE 轮"船东就船舶挂靠避难港 HORTA 所产生的共同海损损失向相关货方要求共同海损分摊,最后付诸法律。此要求遭到了上诉法院的拒绝。法院的理由是:根据《约克—安特卫普规则》的规定(规则 17 和 G),共同海损分摊应根据财产在航程终止时的价值……由于在航程终止时财产的价值为零,分摊就不存在。同时,案件判决时法官指出,发生费用的人存在损失的风险,他可以通过保险将他的利益变成到达的利益。这就是说,此种损失的风险可以通过将航程中的共同海损费用通过保险来得到保护。这种特殊的保险就是共同海损费用保险。

实际上,船东不愿投保此种保险主要是存在侥幸心理,总认为船舶第二次再发生事故的可能性不大。如果这种侥幸心理长期存在,恐要付出代价的,因为这种案件时有发生,不以人们的意志为转移。

共同海损费用保险的保险标的是已发生的共同海损费用及救助费用;保险金额是已支付或应付的共同海损费用的总额(由于应支付部分会变动,需要在理算报告书中按后来的实际垫付金额调整);保险期限是从船舶离开避难港开始至目的港卸货完毕止。

共同海损费用保险,保险人承担的赔偿项目有:

1. 在避难港的港口费用,包括引水、拖轮、系解缆、吨税、卸货、储存和重装、看护等费用;

2. 避难港进行的船舶修理(临修或永修);

3. 避难港进行的货物的重整费用;

4. 船员的工资及加班费;

5. 船员的伙食及消耗的燃料,但仅限于在航程中得到补充的部分;

6. 救助报酬、担保费用以及有关的法律费用;

7. 拖至第二避难港或目的地的拖轮费以及为完成航程而租用设备的费用(如发电机水泵);

8. 在到达目的港前任何挂靠港发生的共同海损费用;

9. 上述各项费用相关的海损理算师的费用;

10. 保险的费用。

一般情况下,共同海损已发生的牺牲部分不需再投保了。

二、保险对共同海损损失的赔偿

保险人赔偿共同海损损失的依据是《共同海损理算报告》,因此,在《共同海损理算报告》没有完成之前,各方的摊付费用尚属未知数,而共同海损的损失及其他各种费用已由船方或货方先行承担及垫付。出现的问题是,共同海损案件发生后涉及的问题较多,有时《共同海损理算报告》要拖一到两年才能完成,保险人要等理算报告出来后再兑现保险赔偿,时间拖得太长,船东和货主在经济上受不了。因为这种先行承担及垫付所产生的支出往往会影响船东正常的经营,或导致其资金拮据,陷入经营窘境。大家知道,参加保险的目的是保险标的在损失后能够得到保险及时地补偿,以便能迅速地恢复生产。尽管任何保险赔偿都是事后的,但及时赔偿是非常重要的。为确保共同海损损失能够得到及时补偿,船舶和货物的保险人对共同海损赔偿时均采取以下办法。

(一)救助费用(报酬)可以先行赔付

救助产生的救助费用或报酬可以先行赔付,不须等《共同海损理算报告》出来后再按摊付的金额赔偿。如前所述,《共同海损理算报告》需要一定的时间,而船东支付的救助费用一定是在《共同海损理算报告》出来之前,保险人先行赔付救助费用的做法旨在尽快赔偿船东或货主在共同海损中为实施紧急救助垫付的巨额救助费用,以减轻其经营压力。必须注意的是,船方支付的救助费用或报酬不能包括货方的,如果包括,要事先征得保险人同意,也不能先行赔付,只能等待理算人的《共同海损理算报告》出来后才能赔付。

例如,一艘价值300万美元的船舶,载运价值1000万美元的货物在航行中发生共同海损事故,救助成功,货物未损,船舶受损严重,约损失80万美元。救助人根据其救助付出和获救价值向船方索要包括货方在内的400万美元的担保函。这种情况下,船方必须征求其船舶保险人的意见,因为船舶的价值低于货物的价值太多,船方没必要替货方承担如此大的经济担保责任,船舶保险人也不会因此为货方代出这种大额担保。通常情况下,大额的救助报酬及救助费用均采取船货分别向救助人提供担保函并分别支付的做法。如果救助报酬或费用不算太高,且货主极为分散,为使船舶及时恢复航行,船舶保险人会同意代货方出具担保函的,也只有保险人同意后,保险才能对执行此担保所支出的救助报酬或费用给予全部赔偿(理算报告出来后再由保险人扣回货方应摊款),而不需等共同海损报告出来再做扣减赔偿。

(二)共同海损牺牲可以先行赔付

保险人给予共同海损牺牲先行赔付的原因主要是,这种损失作为实际损失,假定在没有共同海损的情况下,为确保船舶的航行安全,保险人也要在正常的风险下承担赔偿责任,因此无须等理算报告出来后再赔偿。同理,如果是货物发生共同海损牺牲,货物保险人也要给予先行赔付。

第四节 如何审理共同海损案件

共同海损案件的产生、理算及摊款的执行涉及的问题较为广泛和复杂,作为船舶保险人,如何审定和处理共同海损案件是理赔工作的重要内容之一。

一、审定船舶发生海事时是否载运货物

共同海损的案件是涉及船、货的,在条款没有特殊规定的情况下,审理时,首先要审查被保险船舶当时船上是否载货。载货则构成"共同海损"的条件,无货则不构成共同海损的条件。以船上是否载货作为判定"共同海损"的前提条件,在正常情况下是最简单的。如果条款有特殊规定(如"到付运费"情况下,运费方作为利益方时可视为共同海损),也会出现无货也发生共同海损的现象。例如,货主租一条船从巴西空载去美国运一批货回来,运费订明在交货时交付,船在去美国途经巴拿马时发生海事,船舶对损失部分进行了修理,而后完成了整个运货航程。这样一来,船方就会提出共同海损的损失应由货方、船方、运费方三方摊付,否则拒绝交货。理由是,船去美国是为了运载货方的货,船舶绕航修理的目的是平安地将货运回来,这种绕航措施属于共同海损行为,因此共同海损成立。

二、审定船方的共同海损行为是否合理

本章第一节已介绍过,共同海损的产生必须由共同海损行为所致,共同海损是否成立取决于共同海损行为是否合理。只要共同海损成立,那么,所产生的各种合理的费用和牺牲都将认入共同海损并给予保险赔偿,因此,保险人在处理共同海损案件时,对船方在共同海损发生以后所采取的措施是否属于合理的共同海损行为要做认真的审查。这种审查的主要依据是本章第一节所提到的构成共同海损的3个基本要素。这个问题说起来简单,实际审定起来有时较困难。例如,1983年4月,湖北某轮船公司所投保的"扬子江号"轮载货从九江至中国香港,行至长江张家洲南水道2#白浮处,由于船上2号发电机发生故障,突然停电,舵机失灵,由于当时船舶速度较快,惯性大,船舶向左岸冲去,在距左岸石嘴仅约350米左右时,船长命抛左锚,减小船舶的冲力,避免触坡。事后,经检查,锚链断掉10节,锚丢失。该案船东以共同海损为由向保险人索赔锚和锚链的损失时,保险公司内部争议很大。争论的焦点主要是,船长所采取的抛锚措施能否构成共同海损行为?锚和锚链的丢失是否属于共同海损的风险赔偿范围?一种意见认为,该轮采取抛锚减缓船速的措施属于船舶遇到危急情况下应采取的一种正常措施,不能构成共同海损行为。另一种意见认为,从案情上看已危及船货的安全,船长命令抛锚已超出了正常工作范围,应该说,共同海损行为已经成立。笔者认为后一种意见是正确的。理由在于:锚抛在水中滑动减缓船速来避免海难发生可以说是一种正常的措施,但对正常的船舶来说,这种措施并不是主要的,所起的作用只是一种附加的配合作用。可是当船舶失控以后,抛锚措施则变成了唯一的办法,这样就会出现一种与正常情况不同的后果,抛锚不会顾及常规条件,锚具的各个连接处以及锚具各部位本身的抗拉力远远承受不了船舶本身的冲力及水下障碍物的剐撞而断掉。这种后果可以说是能够预料到的。在狭窄航道中,航行的船舶失控后向岸边冲去,这种抛锚措施是减缓速度唯一可采取的措施,否则随时会发生碰撞事故。所以说,该案的共同海损行为是合理的,共同海损应成立。该案最后得到了保险公司的赔偿。

目前,我国对共同海损行为的认定偏重于合理性,而美国则偏重于危险性,强调案件发生时是否有共同危险,假如有共同危险存在,即使"共同海损"行为有错误,共同海损也可成立。例如,美国有一个案例(WORDSWORTH):当时船艏尖舱进水,船长误认为是船艏尖舱有破洞所致。为了共同安全,船长命令将艏尖舱的水排干,以便堵洞。排水中损坏了货物。水排干后,发现水是从左舷锚链筒漏入的,不排水,锚链筒也能修理。该案经法院判决属于共同海损。理由是:共同危险是存在的,只是船长搞错了而已。这个案件在我国不可能按共同海损案件处置,因为结果证明其措施不具合理性。

从上面的案例可以得出一个简单的审定共同海损的结论,即首先要判定是否有共同危险,其次根据习惯做法或有关规定来判定共同海损行为或措施是否合理。如果这两个条件均成立,那么,共同海损就可以立案,就可以根据理算规则中的具体细则审定理算报告中的各种损失和费用的摊付是否合理、正确。

三、审定共同海损的损失和费用是否正确

这项工作主要包括两项:

一是根据理算规则逐项核查理算人出具的《理算报告》中列明的各项损失金额是否合理、正确。这项工作做起来要非常细致。保险人收到《理算报告》后,要根据自己掌握的各种

相关文件及赔款计算书,首先要核查《理算报告》中单独海损项目的损失是否正确。其次要核查共同海损项目中所列各项损失是否合理。

二是各利益方应分摊金额是否合理。由于共同海损项目中的一些损失保险人已经在《理算报告》出来之前支付过,理算人是否在理算时做了扣减?例如,救助报酬或救助费用往往是在《理算报告》出来之前保险人业已支付过了。因此,理算时,对保险人的摊付款要做相应的扣减。

第五节 共同海损损失的主要项目

目前,世界各国现行的理算规则或相关法律就共同海损所做的原则性规定均是在《约克—安特卫普规则》的基础上制定立的,因此,世界各国对可认入共同海损的损失和费用的规定几乎没有差别,归纳起来有以下项目:

1. 为共同安全而采取的抛弃和牺牲。
2. 为共同安全抛弃和牺牲所造成的损坏。
3. 灭火使船舶、货物遭受的损坏。
4. 为共同安全有意搁浅所致的损坏。
5. 救助报酬。
6. 有意使机器、锅炉冒受损坏的危险而设法起浮船舶所致机器和锅炉的损坏。
7. 作为燃料烧掉的船用材料和物料损失。
8. 避难港等地的费用,其中包括:
(1)港口使费,转港修理的费用;
(2)卸载和重装费用;
(3)存仓和储藏费用。

但(1)、(2)两项费用必须是在航程未终止或未放弃的情况下才完全认入共同海损。如果船到避难港,船东宣布终止航程,那么,这两项费用仅包括卸载费用。

9. 绕航及在避难港停留期间的船员工资、给养和其他费用。
10. 搬移、卸载、储存、重装和积载货物燃料造成的船上财产或货物的损失。
11. 船舶临时性修理费用。
12. 运费损失(通常是指"到付运费")。
13. 船、货的损失检验费用。
14. 船、货方在避难港的代理人费用。
15. 船、货方的邮电费用。
16. 船东监修人费用。
17. 代替费用。
18. 共同海损费用保险费。
19. 共同海损利息和共同海损垫款手续费。
20. 理算师的理算费用。

作为一个合格的保险理赔人员,上述20项都要逐项审定。损坏的情况和费用的高低怎样属于合理,与理赔人员的经验积累、对事后调查取证及信息采集所掌握的情况有直接关系。例如,共同危险是否确实存在?哪些属于共同海损损失?哪些属于共同海损牺牲?当地的装卸费、修船费标准是多少？航运市场情况怎样？转运引起的代替费用应该是多少？等等。这些知识和信息对保险理赔人员来说要在工作中经常注意、了解、收集和积累。

过去曾有人说，保险理赔人员掌握了共同海损理算就等于摘取了海上保险的王冠。这种说法的正确与否暂不去论证，但足以说明保险理赔人员学习和掌握共同海损的重要性。

思考题

1. 共同海损成立的3个先决条件是什么？
2. 世界上通用的共同海损理算规则是什么？
3. 满载货物的船舶发生共同海损后，一般情况下利益方有几个？
4. 共同海损案件中，如果货方对共损报告有异议，不同意支付所摊付的费用，船舶保险人对船舶应摊的费用是否还要赔偿？如果赔偿，理由是什么？如果不赔偿，理由是什么？

第十七章

海上救助

海上救助(salvage)是拯救海难的一种救援制度,它对海上人命和财产安全起到了保证和保障作用,对促进海上航运、贸易业的顺利发展起到了至关重要的作用。海上救助产生的救助报酬和救助费用作为一种损失风险一直与海上保险有着密切的关系。

第一节 海上救助的概念

海上救助亦称海难救助。海上救助的概念与人们理解的一般救助的实质内容没有差别,都是指事故与灾难发生后自己无法解决而求助别人来帮助或别人主动来帮助解脱困境的事件,不同的是,海上救助发生在海上。由于海上救助是海上保险的一种风险保障,因此,作为保险从业人员,必须对海上救助引发的救助费用与救助报酬的支付涉及的众多问题有所了解与掌握。

一、海上救助的概念和定义

(一)海上救助的定义

海上救助的概念是由海上救助的适用范围和海上救助的特点组成,在海上救助概念的基础上形成海上救助的定义。我国《海商法》或国际救助公约已明确规定了海上救助的适用范围和海上救助的特点。我国《海商法》第171条规定:"本章规定适用于在海上或者与海相通的可航水域,对遇险的船舶和其他财产进行的救助。"第172条规定:"(一)'船舶',是指本法第三条所称的船舶和与其发生救助关系的任何其他非用于军事的或者政府公务的船艇。(二)'财产',是指非永久地和非有意地依附于岸线的任何财产,包括有风险的运费。"第173条规定:"本章规定不适用于海上已经就位的从事海底矿物资源的勘探、开发或者生产的固定式、浮动式平台和移动式近海钻井装置。"第174条规定:"船长在不严重危及本船和船上人员安全的情况下,有义务尽力救助海上人命。"《1910年国际救助公约》(*Salvage Convention of* 1910)第1条规定:"救助服务适用于海上和内河航行。对遇难的海船、船上财物和旅客财物、货运费的救助,以及海船和内河船舶相互间的上述救助,不论属于哪一种,也无论发生在任何水域,都适用下列规定。"第11条规定:"对海上遭遇生命危险的人员,即使是敌人,只要对其船舶、船员和旅客不致造成严重危险,每个船长均须施救。"该公约对不适用的船舶也做了相应规定。

根据法律和相关公约的规定,海上救助主要适用于海上或者与海相通的可航水域中,救助船舶对被救助船舶及其所载人员、货物、运费的遇险救助和对不包括海上用于勘探开发的固定式或浮动式的平台及钻井等装置的其他财产的遇险救助。

将法律和相关公约规定归纳起来可以看出,海上救助主要有以下3个特征:①海上的船舶和其他财产确实有风险,损失会随时发生或增加;②风险不能由船舶本身的力量解脱,必须由别人实施救助摆脱;③救助关系不涉及用于军事的或者政府公务的船艇和勘探开发等各种平台或钻井设施。

基于上述海上救助的适用范围和海上救助构成的要件,本书将海上救助定义如下:海上商用船舶及其他财产遇险后,无法摆脱困境,必须额外支付报酬或费用,由第三者前来帮助解除危险的一种救助行为。

(二)海上救助的行为方式及作业内容

海上救助有主动救助和请求救助两种形式。主动救助是指救助人(船)获悉、看见求救信号、路遇遇难船舶而自愿前往救助的行为。请求救助是指遇难船舶通过通信设备联系救助人(船)前来救助的行为。

实践中,海上救助所实施的救助作业包括两项内容,一种是救助作业,一种是打捞作业。前者是对海上遇难的人员和财产进行的各类救助,后者主要是针对沉入水下的财产进行起浮或打捞。但后者在事故发生后不亟须打捞的情况下,往往不属于法律规定的救助行为。

二、海上救助法律制度的产生

(一)海上救助法律制度产生的条件与基础

救助行为原本产生于人类在生产、生活中由于道德和道义上约束而自愿做出的行为。例如,一个小孩掉到河里喊"救命",就会有人毫无顾忌地跳到河里将他救起;邻居起火,你也会拿起灭火器或水盆前去救火。这种救人、救火行为均属于救助行为。这种行为已习惯成为人们基本的行为观念,至今这种观念也尚未改变。早期的海上救助行为原本也属于道德行为的范畴,但由于海上航运和海上救助的特殊性,存在转变成商业性服务行为的基础(人命救助除外),使海上救助能够作为收费性质的商业服务行为得到人们广泛的认同。

1. 海上救助必须存在。海上航运时刻面对变幻莫测的海上风险,生命和财产随时都有可能发生危险,为确保人命和财产安全或尽可能使危险和损害降到最低程度,必须要有海上救助。

2. 海上救助必须有专业的救助人。海难发生后,不单是用船拖带,大多数涉及船舶的排水或灭火、货物的卸载和重装、船体的起浮或打捞等项工作专业技术性要求非常很强。为确保海上人命和财产的救助取得成功,就必须有专业的救助人。要保证专业的救助人能够长期存在,必须对其要有经济措施给予支撑,需要给他们支付报酬。

3. 海上救助须有巨大经济投入。作为救助行业,救助人要实施及时有效的救助,必须事先准备好大量的人力、物力。由于海上的客观环境,海上救助人对事先准备人力、物力的资金投入是巨额的。要保证救助人的经济投入能够有所回报,需要对海上救助给予报酬。

4. 海上救助要冒巨大风险。海难往往是在恶劣的海况下发生的,因此,海上救助工作的风险也是巨大的。在救助过程中,救助人员和船舶不仅要抢救遇难船的人员和财产,同时也要冒着自身受害的风险,对这种付出是需要给予经济补偿的。

(二)海上救助法律制度的产生

海上救助作为一种法律制度出现,其雏形体现在古老的《罗地安法》的规定中:"为了拯救船舶而需要支付的费用,应由船的整体来负责。"海上救助的成形则体现于1910年9月23日在布鲁塞尔第三次海洋法外交会议上公布、1913年3月1日生效的《1910年统一海上援助与救助的若干法律规定的公约》(Convention for the Unification of Certain Rules Relating to Assistance and Salvage at Sea, 1910),简称《1910年国际救助公约》。

《1910年国际救助公约》第1条开宗明义的规定:"救助服务适用于海上和内河航行。"该公约第2条规定:"有效果的每项救助行为,有权获得公平的报酬。如提供的服务无利益效果,无任何报酬。"这两条规定明确指出,海上救助是一种商业服务行为。在这一前提下,海上救助收费理所当然,但是它只有在救助成功的前提下,法律上才允许其索要报酬,不成功则不允许索要报酬。

《1910年国际救助公约》出台后,世界许多国家均效仿该公约的内容制定国内相关海商法律。该公约经过两次修订,目前使用的是1989年修订的《1989年国际救助公约》(International Convention on Salvage 1989)。《1989年国际救助公约》与以往最大不同的地方是增设了"特别补偿条款",它冲破了原有的"No Cure No Pay"救助原则,对遇险船舶或货物在防止污染环境的救助实行"No Cure Also Pay"的救助原则,目的在于鼓励救助人对遇险船舶进行救助时要预防发生环境污染或消除污染,对国际海洋环境保护具有非常积极的意义。我国现行的《海商法》第179条规定:"救助方对遇险的船舶和其他财产的救助,取得效果的,有权获得救助报酬;救助未取得效果的,除本法第一百八十二条或者其他法律另有规定或者合同另有约定外,无权获得救助款项。"

由于海上救助补偿制度能够作为商业行为出现,大大鼓励了人们对海难救助的积极性,为此,一些大的沿海国家都建立了专业的海难救助打捞公司,一旦在航船舶发生遇难事故,有能力的救助方或在航的其他船舶均会前往遇事地点救助。我国目前拥有3家国有的专业救助公司,分布在烟台、上海、广州,担负着我国沿海水域的海难救助工作。

三、国际救助公约

海上救助的国际公约主要有《1910年国际救助公约》和《1989年国际救助公约》。《1989年国际救助公约》是根据1981年对1910年公约进行修订的草案制定的。由于这两个公约的内容有所不同,世界各国出于客观上存在的政治和经济方面的原因,加入的公约也有所不同,但其国内立法及相关规定基本上都引入了公约的部分内容或接受公约的原则。我国1993年以前虽然不是救助公约的缔约国,但海上所使用的救助合同格式和《海商法》《海上交通安全法》中关于救助的规定等均接受了公约的原则。《1989年国际救助公约》出台后,我国政府于1993年12月29日加入《1989年国际救助公约》。

由于《1989年国际救助公约》是在《1910年国际救助公约》的基础上修订的,"无效果、无报酬"的救助原则与规定在财产救助时仍旧适用,因此,研究与探讨救助问题时仍引用《1910年国际救助公约》的条文。

(一)《1910年国际救助公约》

《1910年国际救助公约》是由世界各国于1910年在布鲁塞尔召开的海洋外交会议上签订的第一个国际海上救助公约,该公约1913年生效。截至1997年2月,共有成员国93个,我国没有加入该公约。该公约明确规定了海上救助中救助人和被救助人的权利和义务,并确立了海上救助应遵循的基本原则。《1910年国际救助公约》自生效以来,一直是海上救助方面的重要法律,其主要内容有以下几个方面:

1. 明确公约的适用范围。《1910年国际救助公约》既适用于在海上、与海相通的水域所发生的救助,也适用于在任何其他水域所发生的救助。

2. 确定"无效果、无报酬"原则。救助人只要救助成功,即可获得报酬,至于报酬的具体数额,则没有明确规定,通常的报酬数额是获救财产的一部分,但不得超过获救财产的价值。

3. 确定计算报酬的标准。按救助人救助时所冒风险的程度,救助人的实际损失(包括时间和费用支出)和获救财产的价值等。

4. 确定无偿救助人命原则。单纯救助人命而没有救助任何财产,救助人无权向获救人员索取报酬。相反,如果既救助人命,又救助财产,则可以从获救财产中因救助人命而获得较高的报酬。

5. 规定了救助报酬请求权的诉讼时效。此项请求权的诉讼时效为 2 年,自救助行为终止之日起算。

(二)《1981 年救助公约草案》

国际海事委员会(Comittee Maritime International,CMI)于 1981 年在《1910 年国际救助公约》的基础上修订了新的公约条文,并于同年 5 月加拿大蒙特利尔召开的第三十二届国际会议上通过,称为《1981 年救助公约草案》。该草案增加了一些新内容,主要有以下几个方面:

1. 提出"环境污损"的概念。环境污损是指因污染、爆炸、沾污、火灾或类似重大事故对水中资源和人类健康造成实质性的有形损害。

2. 规定救助人和被救助人的义务。《1981 年救助公约草案》将防止在救助中对环境造成污损作为救助人的法律义务。例如,公约草案规定:"遇难的船长和所有人应当采取及时的和合理的行动,安排救助工作,并应在救助过程中与救助人充分合作,尽最大努力防止和减少环境污损。""救助人应尽最大努力救助船舶和财产,并应谨慎小心地进行救助工作,同时还应尽最大努力,防止和减轻对环境的污损的情况。"

3. 增加了"特别补偿条款"。救助人对可能污损环境或业已污损环境的船舶或物资进行救助即使不成功,只要救助人没有过失,也应获得特别补偿。相反,如果防止或减轻污损,救助成功时,则可获得不高于实际救助费用两倍的特别补偿。此条款对原有的"无效果、无报酬"的救助原则是重大的突破,但仅适用于防止或减轻环境污损的情况。

4. 关于留置权的规定。被救船舶和货物所有人在救助工作完成后,应向救助人提供满意的担保,否则,救助人对获救船、货有留置权。

5. 关于诉讼管辖权的规定。因救助报酬而提起的诉讼,下列法院均有管辖权:①被告主要营业地法院;②被救财产到达的港口所在地法院;③被救财产扣押地法院;④报酬担保所在地法院;⑤救助地法院。但是这一规定并不排除当事人双方同意将争议提交某一特定的法院审理或仲裁机构裁决的权利。

(三)《1989 年国际救助公约》

《1981 年救助公约草案》得到各国政府海事组织的认可,并于 1989 年 4 月 17 日至 28 日在伦敦召开的外交会议上做再次修订并通过,称为《1989 年国际救助公约》。《1989 年国际救助公约》于 1996 年 7 月 1 日生效。

《1989 年国际救助公约》是在《1910 年国际救助公约》的基础上修订的,相比《1910 年国际救助公约》,《1989 年国际救助公约》在以下几个方面做了较大的修改和补充:

1. 扩大了公约的适用范围。首先,扩大了救助案件的范围。《1910 年国际救助公约》仅适用于救助船舶或被救助船舶属于缔约国所有的救助,这意味着救助当事人之一方的船舶必须属于缔约国所有的救助才可适用该公约。《1989 年国际救助公约》第 2 条则规定:"本公约适用于在公约成员国提起的有关公约所辖事项的诉讼或仲裁。"也就是说,即使救助当事人的船舶都不属于公约成员国,只要其中一方在某一公约成员国内提起诉讼或仲裁,该公约同样适用于该案件。

其次,救助水域范围扩大。《1989年国际救助公约》规定的适用水域为"可航水域或任何其他水域"(公约第1条〈a〉款)。这里的"任何其他水域"是指不与海相通的内陆水域,使该公约所指的救助不再仅指海上救助,而延伸到内水。

2. 增设了"特别补偿条款"。"特别补偿条款"的增设是救助公约的重大发展,它冲破了《1910年国际救助公约》的"No Cure No Pay"救助原则,对遇险船舶或货物在防止污染环境的救助实行"No Cure Also Pay"的救助原则,其目的在于鼓励救助人对遇险船舶进行救助时要预防发生环境污染或消除污染。在环境保护和污染损害的救助报酬上实行"No Cure Also Pay"的救助原则,对国际海洋环境保护具有非常积极的意义,也因此带来了与其相关的救助合同条款、共同海损规则、船舶保险条款乃至各国相关法律等的修订。

《1989年国际救助公约》第14条是关于"特别补偿"规定的,其中,第1款和第2款的规定可以概括为以下3点:

(1)救助人如果救助了危及环境的船舶或货物,尽管救助不成功,或效果不明显,且未能防止或减少环境污染,根据第13条规定获得的救助报酬如果低于救助人所花费用时,救助人有权获得由船东支付的相当于其所花费用的特别补偿。

(2)救助人的救助作业如果防止或减少了环境污染,船东向救助人支付的特别补偿可增加到救助人所花费用的130%。

(3)法院或仲裁机构如果认为公平合理,并考虑到第13条第1款所列的有关因素,还可将特别补偿增加到救助人所花费用的200%。

该条款不仅适用于油轮,而且适用于任何对环境构成污染损害的船舶或货物,因此,危险和有毒货物、船上燃料等均属于适用的范围。另外,救助对环境不构成污染损害的船舶或货物所采取的预防措施而产生的费用不能获得特别补偿,因为这种措施本来就是救助人在救助作业中必须采取的,是救助人应尽的义务。

3. 增设了许多重要条款,如救助当事人的义务条款、评定救助报酬的标准条款和船长有权代表船舶和船上财产所有人签订救助合同条款等。

从公约的修订过程可以看出,修订公约最重要的目的是更好地保护海洋环境和鼓励救助人对遇险船舶和其他海上财产的救助,也说明世界各国对海洋环境保护的要求越来越强烈,环保意识越来越强,同时,从救助公约的产生及发展也可以看到,要确保海上航行安全和防止海上环境污染,海上救助作业需要得到保护。我国《海商法》第182条也有此种"特别补偿"的规定:"救助人进行前款规定的救助作业,取得防止或者减少环境污染损害效果的,船东依照前款规定应当向救助方支付的特别补偿可以另行增加,增加的数额可以达到救助费用的30%。"

我国已是《1989年国际救助公约》的缔约国。截至目前,正式批准或加入该公约的有加拿大、中国、丹麦、爱尔兰、沙特阿拉伯、埃及、瑞士、伊朗、阿拉伯联合酋长国、墨西哥、英国、尼日利亚、阿曼、美国、意大利、佐治亚、约旦、马绍尔群岛、印度、瑞典、挪威和澳大利亚等国。可以预测,该公约将吸引越来越多的国家成为其成员国,从而减少国与国之间的法律冲突,使各国救助法日趋统一,这将有利于对国际海洋环境的保护。

第二节 海上救助合同

当今的海上救助无论采用哪种救助方式实施救助,都需要以商业合同的形式明确救助人与被救助船舶或财产所有人双方的权利和义务,确定救助报酬的支付办法。救助合同从性质上可分为救助合同和雇用合同两种。

一、"无效果无报酬"合同

救助合同是以"无效果无报酬"(No Cure No Pay)作为支付救助报酬基础的合同,又称为"无效果无报酬"合同。同时,救助合同的签订往往是在被救船舶处于危险状态下被救方被迫签约的,在这种条件下,合同中订明救助报酬的金额显然对被救助方是不公平的,因此,"无效果无报酬"救助合同中不应订明救助报酬金额,而应待事后提交法院或仲裁机构解决,因此,保险人从担保无限额的角度又称这种合同为"开口合同"(open form)。

"无效果无报酬"合同作为海上救助支付救助报酬的基础,具有悠久的历史。早在1891年,英国的一名律师兼仲裁员威廉·沃尔顿(William Walton)先生发现,无论是救助前还是救助后,救助人和被救助人常常为救助报酬、双方责任等问题起争执。有时在救助之前发生争论,还会耽误救助的时间。从解决此种有碍于航运事业发展的问题的角度出发,他首创了救助合同的固定文本。在这个合同文本中,他提出了"无效果无报酬"作为救助报酬的支付原则。尔后,这一原则得到了海商各界人士的认同,并于1908年诞生了劳合社的"无效果无报酬"救助合同。这一原则也为后来的国际救助公约及各国相关海上救助的立法和救助合同的制定提供了法律基础。

世界各国目前所采用的救助合同格式虽然不完全一致,但作为支付救助报酬的"无效果无报酬"基本原则的精神是相同的,都印有"No Cure No Pay"字样,因而合同内容大同小异。使用这种格式化标准合同不需要救助人和被救助人临时根据双方要求拟写合同文本,只要在救助前或进行中救助人与被救助人以书面或口头形式明示同意使用就可以了。双方仅就使用哪一国的救助合同,必要时加上选择哪国管辖权这一合同条款达成协议就可以了。

我国贸促会海事仲裁委员会制定的救助合同也采用"无效果无报酬"原则,即印有"无效果无报酬"的字样。

二、雇用合同

雇用合同是按救助人的实际支出附带商业利润计算报酬的合同,又称"费用合同"。这种合同往往是在船舶及财产虽然有风险但不紧急的情况下,由双方当事人在救助前签订的。

海上船舶遇难后往往会发生虽有风险但没有必要请求紧急救助的情况。在海况好时,船舶舵机失灵无动力、处于漂浮状态或船舶遇冰区难以驶出某水域等情况下,遇难船可以有充裕时间与救助人签订这种雇用性质的救助合同,甚至可以采取投标方式选择救助人和确定救助价格。

雇用合同属于纯商业性的合同行为,这种合同项下的收费不计风险报酬部分,仅是根据救助人耗费的人员工资和船舶马力小时计算出的商业价格,因此这种合同项下的支出称为"救助费用"(salvage charges),不称为"救助报酬"(salvage remuneration)。雇用合同相比"无效果无报酬"合同的优点是,支出的救助费用比"无效果无报酬"合同支出的救助报酬要少得多,类似于或稍高于船舶正常的拖带费用;其缺点是,这种合同不管救助人的救助是否成功,被救助方均要付费。

第三节 海上救助报酬

海上救助的案件多种多样,救助方耗费的人力、物力以及所冒的风险也各有不同,报酬如何支付才算公平合理、以什么为标准计算以及它的依据是什么,法律和救助公约对支付原则和支付依据均做了原则性规定。

一、支付原则

救助报酬支付有两项原则,一是无效果无报酬原则;二是救助报酬不能超过获救财产价值原则。《1910年国际救助公约》第2条对这两项原则做了明确规定。《1989年国际救助公约》的规定对此也没有改变,由于有"特别补偿"的原因,增加了"除另有规定外"的文字内容,其第12条规定的支付报酬的条件为:"有效果的救助作业方有权获得报酬";"除另有规定外,救助作业无效果,不应得到本公约规定的支付款项"。第13条第3款规定:"报酬金额不包括应付的利息及可追偿的法律费用,不得超过获救船舶和其他财产的价值。"我国《海商法》第179条规定:"救助方对遇险的船舶和其他财产的救助,取得效果的,有权获得救助报酬;救助未取得效果的,除本法第一百八十二条或者其他法律另有规定或者合同另有约定外,无权获得救助款项。"第180条规定:"救助报酬不得超过船舶和其他财产的获救价值。"

二、支付依据

判定救助报酬的支付是否公平、合理的依据,主要应考虑以下4个关键因素:
一是财产面临危急的程度,这是指船舶和财产遇险时危及其安全风险的高低;
二是获救效果的程度,这是指获救船舶和财产市场实际价值的高低;
三是救助人所冒风险的程度,这是指救助人前往救助所冒的责任风险和财务风险。
四是救助人的技能和努力程度,这是指救助过程中,救助人的人力、物力、时间合理消耗的多与少。

上述4个因素中,程度高者支付的报酬高,反之则低,两者呈正比例关系。应该说,这种判断救助报酬是否公平、合理的标准和依据既体现了对救助人实施救助的人力、物力的耗费及所冒的风险给予的补偿,也是对人们能够积极从事海难救助行业的一种重要鼓励手段。

三、公约和法律的具体标准和依据

《1989年国际救助公约》第13条规定:①获救的船舶和其他财产的价值;②救助人在防止或减轻对环境损害方面的技能和努力;③救助人获得成功的程度;④危险的性质和程度;⑤救助人在救助船舶、其他财产及人命方面的技能和努力;⑥救助人所花的时间、费用及遭受的损失;⑦救助人或其设备的责任风险及其他风险;⑧提供服务的及时性;⑨用于救助作业的船舶及其他设备的可用性及使用情况;⑩救助设备的备用状况、效能和设备的价值。

我国《海商法》第180条规定:"确定救助报酬,应当体现对救作业的鼓励,并综合考虑下列各项因素:(一)船舶和其他财产的获救价值;(二)救助方在防止或者减少环境污染损害方面的技能和努力;(三)救助方的救助成效;(四)危险的性质和程度;(五)救助方在救助船舶、其他财产和人命方面的技能和的努力;(六)救助方所用的时间、支出的费用和遭受的损失;(七)救助方或者救助设备所冒的责任风险和其他风险;(八)救助方提供救助服务的及时性;(九)用于救助作业的船舶和其他设备的可用性和使用情况;(十)救助设备的备用状况、效能和设备的价值。"

上述国际公约和各国法律对支付救助报酬的具体标准和依据的规定归纳起来主要有4个基本条件:一是被救财产的价值;二是获得效果的程度;三是救助人和被救的人与财产所处的风险状况;四是救助人工作时的人、财、物、时间的损耗情况。此外,出于对海上环境的保护,国际公约和各国法律均规定,救助人对构成环境污染损害危险的船舶或者船上货物进行的救助,救助人有权获得救助报酬。由于这种补偿旨在鼓励救助人在救助时积极采取防污等措施,确保被救标的不发生污染环境的损害,与纯海上污染损害救助的性质有区别,因此,国际公约和各国法律乃至救助合同均有最高补偿的限额规定。

需要注意的是,人命的救助不需支付救助报酬。对人命的救助,国际公约和各国法律均规定是一种义务。《1910年国际救助公约》第11条规定:"对于在海上遭遇生命危险的人,即使是敌人,只要对船舶、船员和旅客不致造成严重危险,每个船长均需施救。"第9条规定:"不得向获救人员索取报酬。"《1989年国际救助公约》第16条规定:"1. 获救人无须支付报酬,但本条规定不影响国内法就此做出的规定。2. 在发生需要救助的事故时,参与救助作业的人命救助人有权从支付给救助船舶、其他财产或防止或减轻环境损害的救助人的报酬中获得合理份额。"

我国《海商法》第185条的规定与国际救助公约的规定雷同,"对获救人员不得请求报酬"。救助公约和各国海商法中一般都定有在确定报酬时"要考虑救助人救助人命的技能和努力"和有权与财产救助所得报酬"公平的分配份额"。实践中,救助人常常是一个人,不存在份额分配问题,因此,除客轮的救助外,考虑此因素提高救助报酬的案例并不多。

四、救助报酬需由仲裁机构或法院裁定

由于"无效果无报酬"的救助合同中未订明救助报酬的金额,是一个"开口合同",因此,救助报酬金额要待事后提交仲裁机构或法院解决。但是这种开口合同是要附加一个保全措施作为合同的附件,即由被救助方提供经济担保。这种担保有时有金额,有时无金额,主要取决于救助人的要求。担保即使有金额也不意味着就是救助报酬的合理金额。担保金额的多少,被救助方有权提出更改意见,但救助报酬最后的金额须由仲裁机构或法院裁决。实践中,救助双方为节省法律费用,会根据救助的实际情况私下协商达成一个救助报酬的支付金额。

第四节 劳合社救助合同

劳合社救助合同的全称是"劳合社救助合同标准格式"(Lloyd's Standard Form of Salvage Agreement)。该合同是一个典型格式化的"无效果无报酬"标准合同,也是世界海上救助活动中"无效果无报酬"救助合同的代表,是当今国际海上救助普遍采用的标准格式合同。该合同将"无效果无报酬"原则印制在合同的最前面,因此海商各界人士习惯称其为"无效果无报酬"合同,又习惯称其为"劳合社开口救助合同"(Lloyd's Open Form ,LOF)。目前,各国

普遍使用的是2000年"劳合社救助合同标准格式"合同(以下简称LOF2000)。

自1908年劳合社第一次正式启用其标准格式的救助合同开始到LOF2000,已有近百年的历史。在这期间,该合同先后修订了11次,LOF2000已是经过数次修订完善的版本。其中,从LOF80开始,"无效果无报酬"支付原则有了性质上的改变。LOF80中增加了救助人"保证赢利条款"(safe net clause)[①],也正由于增加了这个"保证赢利条款",从LOF80起,救助合同已不再属于完全的"无效果无报酬"性质的救助合同了。

一、LOF80救助合同

1980年以前,救助合同(LOF72)对防污或污染的防护及救助行为不支付报酬,使救助人对防止油污投入的大量人力和物力难以在救助中得到赔偿,严重影响了救助人在救助活动中采取防污、清污措施的主动性和积极性。但是自20世纪60年代末以来,世界各国海洋环境保护意识不断增强,特别是1978年3月利比里亚籍巨型油轮"阿莫克·卡地兹"(AMDCO CADIZ)在法国布雷斯特海外触礁,发生严重的油污事件,震惊各国政府及海商和环保各界,使世界各国都对遇难船舶的油污损害问题越来越重视,因此,海上救助也列为防止油污工作的重点之一。迫于环保形势的压力与要求,为了鼓励救助人在救助作业中做好防污或污染的防护及救助工作,1980年,劳合社救助合同重新做了修订,出台了LOF80救助合同。

LOF80救助合同增加了一个新条款,即"保证赢利条款"。根据这一条款,如果救助油轮未成功,或部分成功,或救助工作受阻未完成,救助人的成本费用可向船东索赔,并可获得最高不超过成本费用15%的额外补偿,进而鼓励了救助人对油轮的救助。LOF80救助合同中增加的"保证赢利条款"改变了救助合同原有的纯"无效果无报酬"的性质,但必须谨记,对财产的救助仍按"无效果无报酬"原则合理地支付救助报酬。

二、LOF90救助合同

LOF90救助合同又将"保证赢利条款"做了补充和完善,修改为"特别补偿条款"(special compensation clause)。LOF80和LOF90的两次修订都是从保护环境和鼓励救助人的角度出发,给予救助人特别补偿。两者的区别有:

第一,LOF90规定的补偿既适用于满载的油轮,也适用于任何对环境构成污染威胁或损害的船舶或货物,而LOF80规定的补偿仅适用于满载或部分满载的油轮。

第二,LOF90规定的补偿数额是救助人所花救助费用的30%,甚至最高可增加到100%,而LOF80规定的补偿数额则不得超过救助人所花救助费用的15%。

第三,LOF90规定,救助人有义务尽最大努力在履行救助服务时防止油类或任何其他污染物质或减少对环境的损害,而LOF80仅要求救助人在救助作业中尽最大努力防止船舶漏油,对其他污染物质并未提及。

三、LOF95救助合同

LOF95救助合同是劳合社1995年在LOF90基础上修订的救助合同。LOF95的修订主要是因"卓格星"(The Choko Star)轮救助案的发生。该案的争议是,船长是否有权代表船上其他利益方与救助人签订救助合同或协议。

---

① 也有人将"保证赢利条款"译为"安全网条款"。

1986年5月27日,装载散装大豆由阿根廷驶往意大利的"卓格星"号轮在巴那河搁浅。在该轮无法自行起浮的情况下,5月30日,船长委请了救助人并签订了LOF80。在救助报酬的仲裁过程中,货主主张船长无权代表其委请救助人。仲裁员在裁决中则认为,根据船长和救助人之间签订的LOF80,船长有权代表货主委请救助人。裁决后,货主不得不支付了他那部分救助报酬,但是货主随后将案件诉至高等法院,要求返还其所支付给救助人的全部款项,理由是船长或船东与救助人代表货主签订这种不考虑货主利益的救助合同是极不公平的,故他们不应受该合同的约束。法官在法庭上认定,海上救助中,船长或船东与货主之间存在由其代表货主签订救助合同的默示权利,并提出LOF就是具有这种默示权利的合同。该案最后到了上诉法院,上诉法院的判决认为,船长有权作为货主的必然代理人代表其与第三方(救助人或其他人)签订救助合同的这种情况是没有根据的,货主是不受救助合同约束的,除非船长作为真正的必然代理人身份得到确认。

从这个案例可以看出,救助合同不是法律,虽然LOF95以前的救助合同都明确规定船长有权代表船舶及船上财产所有人签订救助合同,但船长的这种权利并不能够得到法律的支持和援助。运输和救助分属两个不同性质的商业行为,从重新签订合同的角度出发,遇难船上的任何财产的所有人权益都是独立的,相互间不存在默示权利。因此,仅以一种惯例思维产生的合同条文在法律面前是无效的。

实践中,船长无权代表货主签署救助合同会给救助工作的及时开展带来极大不便。这个问题已在"阿莫克·卡地兹"(AMDCO CADIZ)油污案件中发生过,并已引起相关国际组织的重视。国际海事组织(IMO)于1979年底委托国际海事委员会(CMI)开始研究如何修订《1910年国际救助公约》的问题,其中就要解决这个问题。《1989年国际救助公约》第6条第二款规定:"船长有权代表船东签订救助合同,船长或船东有权代表船舶所载财产的所有人签订此种合同",这就使船长或船东的这一权利在法律上得到了认定。此公约在1996年以前虽尚未生效,但已被一些国家的立法借鉴或引用。英国1994年通过并于翌年1月1日生效的《商务航运(救助与污染)法》基本借鉴和引用了《1989年国际救助公约》,使当时尚未生效的《1989年国际救助公约》在英国率先具备了法律地位。由于这一法律的出现和国际救助公约的重新修订,迫使劳氏委员会不得不对LOF90再度进行修订,推出了LOF95,以适应调整了的海上救助法律制度。

目前,在救助活动中船长或船东代其他权利方签订LOF95基本不会再发生类似的权利纠纷事件,因为《1989年国际救助公约》已经生效。凡在该公约成员国内发生的救助案,都要依据公约的规定处置上述问题,如果使用劳合社救助合同,其产生的救助报酬的仲裁和判决必须在英国劳合社仲裁庭仲裁或法院判决,也不会出现与公约相悖的问题。

此外,LOF95把《1989年国际救助公约》的相关规定印制于合同之后,明示了船长和船东的这一权利,对参加《1989年国际救助公约》成员国的船东和其他利益方来说,在签这种救助合同时应该知道这一权力的合法性。LOF95的主要内容包括:

第一,由遇难船舶船长代表船舶、货物或运费所有人签订救助合同,船舶、货物、运费所有人有义务保证合同的执行,各负其责。

第二,救助成功,救助人获取报酬;救助仅获部分成功,救助人也享有合理的报酬;因救助报酬引起的争议,或因执行合同发生的其他争议,应提交英国劳氏委员会仲裁。

第三,救助人为了救助的目的,可以合理地免费使用遇难船舶的某些设备,但不应使其遭受不必要的损坏。

第四，救助工作终了后，救助人应立即或尽早通知劳氏委员会收取担保金，在收取担保金之前，救助人对获救财产享有留置权。

四、LOF2000 救助合同

2000 年，劳合社对 LOF95 又进行了修订。该合同目前已在海上救助活动中普遍使用。此次修订的原因主要是，"保证收益条款"在具体执行过程中使船舶的救助方、船舶保险人和保赔协会之间在确定救助报酬问题上产生了一些矛盾，引起了多起仲裁案件。为此，1999 年初，国际保赔协会集团（IGA）和国际救助人联盟（ISU）制定了一个"特殊补偿保赔条款"（Special Compensation P&I Clause，简称 SCOPIC），介绍给使用 LOF95 的救助双方。该条款的主要内容是：

第一，救助双方可在救助过程中的任何时间选择援引 SCOPIC 条款，援引之前，救助活动完全按照原来"无效果无报酬"原则进行。

第二，船东需在援引 SCOPIC 条款后的两天之内提供 300 万美元的担保。

第三，SCOPIC 条款项下救助报酬的计算基于救助的时间和物质支出（包括拖轮、救助人员和设备等）再加 25%；

第四，船东、船舶和货物的保险人及保赔协会有权派人监督整个救助过程并提出不同意见。

修订后的 LOF2000 救助合同完全采纳了上述内容，但将 SCOPIC 条款作为可选择性条款由合同双方签订合同时选择并注明在主合同的表格中。

本书援引了原英国律师行 Holmen Fenwick & Willam 首席合伙人 Archie Bishop 先生在 www.hfw.com 网刊载的 LOF2000 的介绍，归纳如下：

1. LOF2000 比以前的合同更加简洁、直白。合同只有一页纸，两面都有合同内容。第一页使用 BIMCO 表格形式（合同方须签署的部分），连接背面共有 12 个条款，措辞比过去更简单。一些条款并入了新的劳氏救助与仲裁条款（LSSA CLAUSE）。

2. LOF2000 尽管合同内容有改变，但是原来合同方的权利义务没有实质性的变更。

3. SCOPIC2000 条款的有关修改主要是澄清已发现的一些错误理解并弥补了一些漏洞。

（1）错误理解方面主要有两种：一是起用 SCOPIC 后，特别补偿条款（救助公约第 14 条）是否继续有效产生误解。实际上，SCOPIC 条款是完全取代公约第 14 条的，新的 2000 版本对此予以了明确。二是关于对 SCOPIC 条款第 9 条的理解给予了明确。根据新的版本，合约方可以根据第九条（Ⅰ）款同时解除 LOF 和 SCOPIC，而根据第 9 条（Ⅱ）款，船东只能解除 SCOPIC 条款。

（2）弥补了以下漏洞：一是原来对拖轮由于为装载必要的施救设备、供应、人员等原因产生的拖延或绕航是否给予补偿未做明确规定，现在则规定在 SCOPIC 附录的"拖轮与其他驳船条款"的（a）（Ⅳ）款中；二是原来便携式（手提式）设备是不收费的，除非被实际使用，而该条款的（e）款明确规定要计费，如便携设备若被合理使用，则按全部费率收取报酬，若配备了但未被使用，则按 50% 的费率标准收费。这两项都可以继续获得 25% 的额外津贴。

实际上，修订后的 LOF2000 救助合同格式，主合同的内容比以往的合同更简单，但"SCOPIC"条款及其细则内容又使整个合同增加了许多复杂的内容，如果对救助合同不熟悉的船东与船长要在紧急状态下签订这个合同，短时间内很难弄清全部合同的内容，尤其是要搞清 SCOPIC 条款及其细则内容以及两者间的不可分离性（犹如安特卫普共同海损理算规则一样，字母规则条款与数字规则条款同时适用）。

第五节　救助担保与仲裁

一、救助担保

救助成功以后,救助人将根据它所付出的"成本与劳务"和"救助的效果与获救价值"之间的估计比值向获救方索要救助报酬。由于救助报酬的核定没有具体的统一标准,仅有一个基本统一的参考因素标准,因此,具体的救助报酬金额需要救助人与获救方协商解决。为解决因协商而拖延被救船舶的及时修理或恢复航行,避免因协商的拖延产生获救方事后发生无法支付救助报酬的财务问题,救助人往往在救助成功后首先向获救方索要第三方代其提供的救助担保,取得获救方的财务保证。救助人将直接与获救方索要担保,并协商担保格式内容,但前提条件是获救方属于大公司,支付信誉较高。

一般情况下,救助人有自己独立的救助合同或在救助中双方达成"无效果无报酬"救助协议,由于劳合社救助合同已得到国际海商各界的普遍认同,因此,国际海上救助使用劳合社救助合同的较多。如使用标准的劳合社救助合同,根据该合同的规定,救助人在完成救助服务后应按其提出的报酬金额马上通知劳合社委员会,由他们代救助人向获救方索要担保,并使用标准的劳合社救助担保格式。劳合社委员会具体执行索要担保的部门是其下设的救助仲裁和担保部(Salvage Arbitration and Guarantees Branch),该部门一旦接到救助人的通知,即可根据救助人的要求向获救方索取担保。在索要担保时,如他们对出具担保的担保人在履行担保能力方面有怀疑,他们将要求担保人在劳合社保险市场为担保投保"保函保全保险"。实务中,大多数救助人往往在未通知劳合社委员会时就会直接要求被救助人向其提供担保,而后再通知劳合社予以备案。

二、救助仲裁

救助报酬协商不成时,需要通过仲裁解决。以劳合社救助合同为例,劳合社救助合同规定,救助报酬协商不成将在英国仲裁,仲裁员由劳合社委员会指定。仲裁员主要从具有丰富海事经验、精通法律的皇家大律师(queen's counsel)和海事专家律师(barrister)中选定。从事抗辩的专家律师和具体办案的事务律师(solicitor)则由各自选择聘请。根据英国法律,事务律师在法庭上不具有抗辩资格。

仲裁庭(tribunal)组成后,开庭仲裁一般要等一年的时间。经验表明,由于海难事故的减少,以救助为生的专业救助人已难以维持其救助船舶的正常支出,为鼓励救助行业的存在,保障海上安全,在救助仲裁中,仲裁人以此为由使救助报酬的裁决结果向救助方倾斜。但实务中,救助人往往倾向于协商解决,希望能及时获得救助报酬,不愿等待一年时间。由于救助人的这种心态,获救方往往通过协商来降低救助人索要的救助报酬。

进入仲裁程序后,仲裁将按下述程序进行。

(一)双方律师互阅文件

在仲裁之前,救助双方的律师要互相调阅文件,将各自掌握的情况公布出来,便于双方对事实的认定。在双方律师互阅文件并确认获救价值后,将文件正式提交仲裁庭。双方律师要互阅的文件包括:

1. 律师从船上取证的文件。如船舶的航海日志、轮机日志、船长报告、船员证词、电报日志、检验报告、修船账单等。

2. 获救财产的价值证明。获救财产的价值证明十分重要,是仲裁人裁决的重要考虑因素。获救价值通常是按船舶及货物在救助结束时当地的市场价值计算。船舶按完好时的条件由船舶买卖经纪人估价,减去船舶海损后的修理费用和其他费用作为船舶的获救价值;货物是以 C.I.F 到岸价格的发票金额作为获救价值,如有货损,则减去货损价值。

(二)仲裁裁决

仲裁人裁决时主要依据救助方和获救方提供的有关材料,仲裁人根据救助合同的规定,有权要求双方提供他认为合适的情况,如口头证词和相关证明等,在开庭时,救助合同双方当事人和律师均要出庭做陈述与辩护。一般情况下不要求证人出庭,只有在审理重大和复杂的案件时,仲裁人才要求证人出庭。陈述与辩护后,仲裁庭合议。仲裁一般不做当庭裁决,仲裁庭的裁决书一般在庭审后一个月做出。

此外,裁决前,救助方已索要的担保金额是不能提交该仲裁庭的,原因有两个:一是担保金额对仲裁人做裁决会有影响,因此,只有在裁决以后,双方才可以把担保的金额告之仲裁庭;二是根据英国法律,仲裁庭有权惩处救助人索要救助担保金额过高的行为。实务中,如救助人索要担保金额过高,被救方可以向仲裁庭提出书面抗议书,仲裁庭做出裁决后才可拆开装有抗议书的信封,再确定救助人索要担保金额是否过高,是否处罚救助人。例如,1980年10月1日,斯里兰卡籍"LANKA KALYANI"轮救助案,救助人要求该货物的保险人——中国人民保险公司为其承保的获救的进口货物提供42万美元的银行担保,该金额大大高于裁决的22万美元救助报酬,由于该保险公司提出抗议后,仲裁庭裁定救助人补偿担保人由于其要求过高的担保金额所造成的担保人银行担保手续费用的损失。

(三)救助报酬的币制与利息

过去的救助合同规定,救助报酬支付的币制如双方事先未能达成协议,则以英镑作为裁决报酬的货币。LOF2000 格式则采取任何仲裁和保证所约定的币制。由于 SCOPIC 条款的使用,必须预先提供 300 万美元的担保,因此,目前用美元作为币制的较多。

过去的救助合同规定:救助报酬的利息根据商业利率来确定,计算时间是从救助服务终止 6 个月后开始直到裁决之日止,如获救方裁决后 21 天内未支付报酬,超过期限要付额外利息。由于 LOF2000 格式的条款基本要与《1989 年国际救助公约》配合使用,因此其利息的计算要依照公约的规定执行,《1989 年国际救助公约》规定:"救助人根据本公约应得给付利息的权利,应按受理该案的法院或仲裁庭所在国的法律确定。"一般情况下,各国法律都要求判决后 21 天内付款,过期限均要加付利息,仅是利息的计算高低各有不同,须在实务中注意。

(四)仲裁费用

仲裁庭在裁决时,除对救助人的救助费用裁决外,还要对仲裁庭的仲裁费和劳合社委员会的费用做出裁决,这些费用称为法律费用。一般救助仲裁案件的法律费用均由获救方支付,如果救助人拒绝获救方在协商期间提供的救助报酬金额(open offer)产生的仲裁,而裁决后裁决金额少于获救方提出的金额时,获救方将此情况通知仲裁庭,仲裁费用将被裁定为救助人支付,而不再由获救方支付。

三、上诉仲裁

LOF2000 救助合同第 13 条规定,救助人或获救方如对原裁决不满,可要求上诉仲裁。所有上诉仲裁案件由唯一的上诉仲裁人仲裁。上诉仲裁人往往由资深的英国皇家大律师担任。上诉仲裁同样依据原仲裁人所用的证据和材料,除非是在特殊情况下,一般不提供新的证据。另外,原仲裁人要向上诉仲裁人说明原仲裁的理由和依据。

上诉仲裁程序与原仲裁一样,在仲裁开庭时,通常有4人或6人坐在仲裁桌前,这些人有代表救助人和获救方的业务律师(一般是船东和货方使用一个律师),有双方业务律师委请的出庭抗辩的大律师,由双方大律师向上诉仲裁人递送事先同意的文件、照片、海图和出事点标记等证明材料,每一份文件都由双方大律师通读一遍,然后进行争辩。救助方大律师重点强调救助的困难和危险程度以及表现救助成功的及时、救助质量和效果,而获救方律师则指出船舶处于安全的程度,救助人提供低速度、低效率的救助服务。经过三四个小时的仲裁,仲裁人在两三个星期后将通知裁决的结果。

第六节 保险人如何应对救助案件

船舶保险承担了"救助报酬和救助费用"的赔偿责任,因此,船舶保险人要十分注意对保险船舶救助案件的处理。

一、救助合同的签订

1. 不要随意签订"无效果无报酬"救助合同。"无效果无报酬"救助合同是一种基于考虑救助人风险在内的众多因素而支付报酬的商业合同,支付报酬的要价很高。"雇用合同"纯属考虑救助人的人力、物力、时间、消耗而支付费用的商业性合同,因此,产生的救助费用比较低。实务中,当船舶发生海事,船长乃至船东为了船上人员生命和财产的安全,急于与救助人签订救助合同的心情是时刻存在的,同时,从商业经营的角度出发,救助人也迫切希望被救助人与其签订"无效果无报酬"的救助合同。对此,保险人要对每笔救助案件给予高度重视,否则会因保险人的疏忽导致最后为此付出高额的赔款。因此,在获知船舶救助案后,保险人必须迅速通过案件发生地的当地代理,核查案件的真实情况,如证实船舶的危险并不构成紧急状态,就要立即与被保险人(船东)联系,说明原因并劝其立即通知船长不要签订"无效果无报酬"救助合同,力争签"雇用合同",否则,船长会由于迟延等不到指示而签"无效果无报酬"救助合同。

2. 不要随意同意使用SCOPIC条款。首先,要向船长介绍SCOPIC条款的内容,告诫船长如果遇难时船舶不可能会发生污染事件,不要在合同中同意使用这个条款,因为只要船方同意使用这个条款,救助人的救助报酬往往会索要得很高,因为根据这一条款,救助人所动用的各种救助设备尽管未被使用,也要支付报酬,甚至还会发生不管有无必要,乱加使用,以求得救助报酬赔偿的现象,此外,还必须提供300万美元的担保。如果船长在对SCOPIC条款的内容不清楚的情况下已同意使用,船东或保赔保险人(因为这部分的赔偿属于保赔保险范畴)要尽快依据该条款第9条(Ⅱ)款的规定撤销使用该条款。

3. 要向船长和船东经常宣传如何签订救助合同。在防灾防损工作中,保险人要经常向船长和船东进行海上救助如何签救助合同的宣传,介绍"无效果无报酬"合同和"雇用合同"的区别;告诫他们,在哪种情况下应签哪一种合同,总之,尽量不要签"无效果无报酬"合同,争取签"雇用合同",以节省费用开支。要让船长和船东对如何签订救助合同有一个清醒的概念,同时也要让他们懂得如何利用法律和国际公约的规定来维护自己的权益。例如,有些海难并不十分严重,救助人逼迫船长签"无效果无报酬"合同,这时就可以拒签这种合同,如果救助人不同意，被救船可以拒绝救助，请其他救助人救助船舶。再如，国外官方设置的海上救助部门完成救助以后并不收取费用，如美国的海岸警卫队、日本的海上防卫厅等。目前，尽管这些部门随着各国政府经费开支的缩减有开始收费的趋势，但还没有按"无效果无报酬"合同收费的苗头。

二、救助担保的出具

我国《海商法》第180条规定："被救助方在救助作业结束后，应当根据救助方的要求，对救助款项提供满意的担保。"救助合同无论最终采用哪种方式，均需被救助方提供经济担保，确保救助报酬或费用得以实现。正常情况下，救助担保是由被救船舶或货物的保险人出具，在出具担保时，保险人要注意以下问题：

1. 出具担保的时间要保证迅速。保险人安排出具担保的时间是否迅速决定了救助后船东和货主是否能够尽快解除救助人由于救助对被救财产产生的留置权。因为，根据国际公约和法律规定，在被救方不提供经济担保的情况下，救助人对被救财产具有海上留置权。我国《海商法》第180条规定："在未根据救助人的要求对获救的船舶或者其他财产提供满意的担保以前，未经救助方同意，不得将获救的船舶和其他财产从救助作业完成后最初到达的港口或者地点移走。"第190条规定："对于获救满90日的船舶和其他财产，如果被救助方不支付救助款项也不提供满意的担保，救助方可以申请法院裁定强制拍卖；对于无法保管、不易保管或者保管费用可能超过其价值的获救的船舶和其他财产，可以申请提前拍卖。"《1967年统一海上留置权和抵押权若干规定的国际公约》第4条E款规定："救助、清理船舶残骸以及共同海损分摊提出的索赔请求"可以对船舶行使留置权予以保证。法律和国际公约的这种规定使救助人在救助完成后被救助方对救助产生的救助报酬或救助费用不提供财务上的担保时，有权扣留被救财产，直至被救方提供担保时止。如果在法定的时间内拒不提供担保，救助人可以将扣留的被救财产拍卖，偿还救助报酬或救助费用。因此，为防止发生救助人行使留置权的情况，及时解除其由于救助对被救财产产生的留置权，使船东和货主能尽快对被救财产做处置，在无特殊情况时，保险人安排出具担保的时间要确保迅速。此外，一旦由于出具担保拖延，救助人行使留置权，会使船舶增加更多的船期损失，还会产生对船舶和货物的监护费及一些可预知的由保险负责赔偿的各种损失。因此，迅速出具担保是非常重要的。

2. 要注意担保格式的使用。救助担保往往是一个由救助人制定的标准的担保格式。由于救助担保仅涉及担保人对被救助方的赔偿责任做保证，因此，救助担保的内容比其他担保的内容要简单得多，一般仅包括3项内容：

(1) 救助方不能扣留被救财产，已扣的要立即中止；
(2) 确定救助报酬或救助费用的数额采用协商或仲裁方式；
(3) 管辖权的选择和法律的适用。

国际上，救助人所采用的"无效果无报酬"合同一般是劳合社标准救助合同，因此，劳合社的救助担保格式也成为国际救助活动中经常使用的担保格式。保险人在出具这类担保时，只要是劳合社的标准救助担保格式，就无须再审查了，否则，就要参照该格式进行修改。

需要注意的是，根据现行的法律和国际公约，船长有权代表船上各利益方签订救助合同，但是救助人索要担保时，船方和货方之间不具有相互代替担保之义务，因此，有时救助人索要的担保必须有担保金额，船舶保险人感到金额过大不宜接受时，可以向救助人要求仅提供船方的担保,货方的担保则由货方的保险人提供。

三、救助报酬和救助费用的审定

1. 救助报酬和救助费用是否合理。救助报酬和救助费用是否合理,法律和国际公约已有明确规定。实务中,要掌握下面两个基本原则、一个经验和一个注意。

两个基本原则是:①价值原则。获救财产的价值越大,救助报酬的比例就相应减小,但实际支付金额大;获救财产的价值越小,救助报酬的比例就相应增加,但实际支付金额小。②风险原则。救助所冒的风险越大,救助报酬的比例就越高,实际支付的金额也越大;反之,则救助报酬的比例越低,实际支付的金额也越小。

一个经验是:根据以往的经验,正常的财产救助报酬不会低于获救财产价值的5%,最高不会超过获救财产价值的30%,但对老旧船的空船(无货载的情况)救助,基本都会发生救助报酬超过船舶当时的实际市场价值而出现船舶保险推定全损的赔偿。

一个注意是:根据国际保险法律规定或习惯做法,人命救助、防污救助不在保险赔偿范围内,应属于保赔保险范围,但我国现行的《86年船舶保险条款》中没有明确免除此种补偿的文字规定,如按理解船舶碰撞责任的思维,用我国《海商法》规定的海上救助报酬补偿的内容来对保险条款中的救助报酬下定义的话,保险人的赔偿责任将会扩大,此外,《81年远洋货物运输险条款》中也未将救助的保险责任用文字明确免除防污的救助补偿,也会出现保险责任扩大的问题。保险人在审定时,主要研究和分析救助人的救助效果如何,特别要注意时间、救助措施、获救价值、救助风险等因素,因为时间的长短决定了船、货会不会进一步发生损失,也体现了救助人的整体救助技能水平;救助措施决定了救助人的实际消耗是否得当;获救价值和救助风险决定了支付报酬的基本点是高还是低。

2. 救助和救助合同签订时有否逼迫性。审查救助合同签订时,双方是否公允,是否带有逼迫性,是保险人确定支付救助报酬和救助费用是否合理的基本要素。法律和国际公约规定,如果认定合同是在危险期间并在危险威胁下订立的,合同可以视为无效合同。我国《海商法》第186条(二)款规定:"不顾遇险的船舶的船长、船东或者其他财产所有人明确的和合理的拒绝,仍然进行救助的",无权获得救助款项。第187条规定:"……救助方有欺诈或者其他不诚实行为的,应当取消或者减少向救助方支付的救助款项。"合同签订时发生的有逼迫性的情况,通常是船长经验不足和救助人漫天要价、不尽快实施救助的情况。保险人在审定时如能确认合同签订时有逼迫性,就要视具体情况,以被保险人(船东)的名义委请律师到法院起诉救助人,请求判定合同无效。

3. 救助报酬和救助费用基本上属于共同海损。救助报酬和救助费用是因救助行为所致。当船舶载有货物时,救助行为多属于共同海损行为,因此,救助报酬和救助费用作为损失,应属于共同海损损失。共同海损损失需要各利益方分摊,因此,当救助完成后,在船方替其他利益方出具担保的情况下,需要向各利益方索要共同海损担保,以便共同海损理算时能确保各利益方分摊的款项不会因时间的长短而灭失。

四、船舶保险人应掌握的技能

1. 保险人必须熟悉救助市场的情况。熟悉世界各救助市场的情况是保险人处理救助案件及审查救助报酬和救助费用是否合理的必备要件,它包括各市场救助能力的大小、救助费用的高低和救助公司的生存与发展状况。只有掌握这些信息,才能在保险船舶遇难需要救助时帮助被保险人及时委请经验丰富、能力强、服务好且救助报酬或救助费用要求合理的救助人联系救助事宜,才能在审查救助报酬或救助费用是否合理时有所比较和鉴别,并做出正确判断。例如,国际市场由于海难减少,海上救助行业的经营举步维艰,有些公司有倒闭的可能,为此,从拯救救助业使其能继续生存的角度出发,各国均采取积极的保护措施,因此,法院在对救助报酬和救助费用的判决上首先要考虑救助人的利益,使保险人支付的救助报酬和救助费用趋于上涨。不了解这种情况,就会额外支出许多法律费用用于上诉,希望能将救助报酬和救助费用降低到单方所臆想的数额,结果是徒劳的。

2. 要注意各国对国际公约的适用。保险人在处理救助案件时要特别注意哪些国家适用《1989年国际救助公约》,哪些国家不适用《1989年国际救助公约》,避免签订救助合同后出现不必要的争议。

总之,保险人对海上救助要有一个整体的了解和认识,才能既减少保险船舶的损失,又能根据具体情况维护自己的利益。

第七节 海上救助公约

海上救助国际公约主要有《1910年国际救助公约》《1989年国际救助公约》。《1989年国际救助公约》是在《1910年国际救助公约》的基础上修订的,于1996年7月14日生效。《1910年国际救助公约》对海上救助的影响最大,历经80多年才进行修订。在《1989年国际救助公约》未生效前,《1910年国际救助公约》已被那些未加入公约的国家在其国内立法及有关规定中引入公约的部分内容或接受公约的原则。中国不是《1910年救助公约》缔约国,而是《1989年国际救助公约》的缔约国,在加入《1989年国际救助公约》前,我国也在海上救助的相关立法上接受了《1910年国际救助公约》中的一些原则。

一、《1910年国际救助公约》

《1910年国际救助公约》的全称是《1910年统一海上援助与救助的若干法律规定的公约》(Convention for the Unification of Certain Rules Relating to Assistance and Salvage at Sea, 1910)。该公约于1910年在布鲁塞尔召开的海洋外交会议上签订,1913年生效,是第一个海上救助公约,截至1997年2月,共有成员国93个。该公约明确规定了海上救助中救助人和被救助人的权利、义务以及海上救助应遵循的基本原则。其主要内容有下述几个方面。

(一)公约的适用范围

《1910年国际救助公约》规定,该公约既适用于在海上、与海相通的水域所发生的救助,也适用于在任何其他水域发生的救助。

(二)"无效果无报酬"原则

《1910年国际救助公约》规定,救助人只要救助成功且有效,即可获得报酬,并规定报酬数额是获救财产的一部分,最高不得超过获救财产的价值。

(三)确定计算报酬的标准

《1910年国际救助公约》规定,救助报酬的计算标准要以救助人救助时所冒风险的程度、救助人的实际损失(包括时间和费用支出)和获救财产的价值等因素作为计算标准。

(四)确定无偿救助人命原则

《1910年国际救助公约》规定,单纯救助人命而没有救助任何财产,救助人无权向获救人员索取报酬。但是救助中既救助人命,又救助财产,则对人命救助者可以从救助财产的报酬中"取得公平的分配份额"。

(五)规定救助报酬请求权的诉讼时效

《1910年国际救助公约》规定,救助报酬请求权的诉讼时效为2年,自救助行为终止之日起算。

《1910年国际救助公约》自1913年生效以来,一直是调解海上救助方面的重要法律依据,同时也是世界各国建立海上救助制度的参照。近百年来,该公约对促进国际海上救助法律制度的统一起到了积极的推动作用,做出了非常重要的贡献。

二、《1989年国际救助公约》

随着世界海洋科技的发展、各国环保观念的增强以及救助标的不断变化,国际海商各界人士感到,长期未做过修订的《1910年国际救助公约》已不太适应海上救助形势发展的客观要求。特别是1978年3月16日,利比里亚籍巨型油轮"阿莫克·卡地兹"(AMOCO CADIZ)在英吉利海峡法国海岸一侧搁浅,溢出23万吨原油,造成历史上最大的海上油污事件,引发了救助人在救助中为防止油污而采取的措施在无效果的情况下能否有权收取报酬的问题。1979年9月,国际海事委员会(CMI)受国际海事组织(IMO)的委托,根据海上救助出现的各种问题进行研究,并在《1910年国际救助公约》的基础上起草新的公约草案。新的公约草案于1981年5月在加拿大蒙特利尔召开的第三十二届国际海事委员会的会议上通过,称为《1981年国际救助公约草案》。我国也派代表团出席了蒙特利尔会议,并对公约草案表示赞成。该草案比照《1910年国际救助公约》增加一些新的内容。这些新内容主要有以下几个方面。

(一)提出"环境污染损害"的概念

环境污染损害是指因污染、爆炸、沾污、火灾或类似重大事故对水中资源和人类健康造成实质性的有形损害。

(二)重新规定了救助人和被救助人的义务

《1989年国际救助公约》将防止在救助中对环境造成污损作为救助人的法律义务。例如,公约规定:"遇难的船长和所有人应当采取及时的和合理的行动,安排救助工作,并应在救助过程中,与救助人充分合作,尽最大努力防止和减少环境污染损害。""救助人应尽最大努力救助船舶和财产,并应谨慎小心地进行救助工作,同时还应尽最大努力,防止和减轻对环境的污染损害。"

(三)增加了"特别补偿"条款

救助人对可能污染环境或业已污染环境的船舶或物资进行救助即使不成功,只要救助人没有过失,也应获得特别补偿。相反,如果防止或减轻污染损害,救助成功时,则可获得不高于实际救助费用两倍的特别补偿。

(四)关于留置权的规定

被救船舶和货物所有人在救助工作完成后,应向救助人提供满意的担保,否则,救助人对获救船、货有留置权。

(五)关于诉讼管辖权的规定

因救助报酬而提起的诉讼,下列法院均有管辖权:

1. 被告主要营业地法院;
2. 被救财产到达的港口所在地法院;
3. 被救财产扣押地法院;
4. 报酬担保所在地法院;
5. 救助地法院。

但是这一规定并不排除当事人双方同意将争议提交某一特定的法院审理或仲裁机构裁决的权利。

1989年4月17日至28日,国际海事组织在伦敦召开外交大会,讨论并通过了《1981年国际救助公约草案》,正式定名为《1989年国际救助公约》。该公约在《1981年国际救助公约草案》的基础上进一步做了修订与完善,与《1910年国际救助公约》相比,《1989年国际救助公约》增设了许多新条款,扩大了公约的适用范围,其中最引人注目的是特别补偿条款。归纳起来,《1989年国际救助公约》在以下几个方面对原公约做了较大修改和补充。

第一,扩大了公约的适用范围。

1. 扩大了救助案件的范围。《1910年国际救助公约》仅适用于救助船舶或被救助船舶属于缔约国所有的救助。这意味着救助当事人之一方的船舶必须属于缔约国所有的救助才可适用该公约。《1989年国际救助公约》第2条则规定:"本公约适用于在公约成员国提起的有关公约所辖事项的诉讼或仲裁。"也就是说,即使救助当事人的船舶都不属于公约成员国的,只要其中一方在某一公约成员国内提起诉讼或仲裁,该公约同样适用于该案件。

2. 扩大了救助水域的范围。《1989年国际救助公约》规定的适用水域为"可航的水域或任何其他水域"(公约第1条〈a〉款)。其中,"任何其他水域"的概念可以包括不与海相通的可航内陆水域,进而使该公约所说的救助不再仅指海上救助,而延伸到了内陆水域。

第二,增设了特别补偿条款。

《1989年国际救助公约》增加了特别补偿条款,对遇险油轮和其他污染环境的船舶或货物的救助改为"无效果有报酬"救助原则,冲破了《1910年国际救助公约》的"无效果无报酬"救助原则。《1989年国际救助公约》第14条是关于特别补偿的规定,其中,第1款和第2款的规定可以概括为以下3点:

1. 救助人如果救助了危及环境的船舶或货物,尽管救助不成功,或效果不明显,且未能防止或减少环境污染,根据第13条规定获得的救助报酬如果低于救助人所花费用时,救助人有权获得由船东支付的相当于其所花费用的特别补偿。

2. 救助人的救助作业如果防止或减少了环境污染,船东向救助人支付的特别补偿可增加到救助人所花费用的130%。

3. 法院或仲裁机构如果认为公平合理,并考虑到第13条第1款所列的有关因素,还可将特别补偿增加到救助人所花费用的200%。该条不仅适用于油轮,而且适用于任何对环境构成污染损害的船舶或货物,因此,危险和有毒货物、船上燃料等均属于适用的范围。另外,救助对环境不构成污染损害的船舶或货物所采取的预防措施而产生的费用不能获得特别补偿,因为这种措施本来就是救助人在救助作业中必须采取的,是救助人应尽的义务。

第三,增设了许多重要条款。

《1989年国际救助公约》增设了许多重要条款,如救助当事人的义务条款、评定救助报酬的标准条款和船长有权代表船舶和船上财产所有人签订救助合同条款等。

《1989年国际救助公约》的修订与生效标志着国际统一海上救助法律制度的工作进入了一个新的阶段。由于该公约增加了环境保护条款,迎合了沿海国家越来越重视海洋环境保护的要求,因此,正式批准或加入《1989年国际救助公约》的有加拿大、中国、英国、美国、意大利、印度、瑞典、挪威和澳大利亚等近30个国家。有理由相信,该公约将吸引更多的国家加入。《1989年国际救助公约》的修订与生效不仅有利于各国救助法律的日趋统一,减少国际上的私法冲突,也有利于对国际海洋环境的保护。

思考题
1. 什么是海上救助?
2. 海上救助合同从性质上可划分为哪几种合同?它们的区别是什么?
3. 雇用合同产生的费用属于施救费用吗?
4. 救助合同中的英文"open form"的含义是什么?
5. 保证利益条款的"safe net clause"是指什么?

第十八章

船东责任限制

船东责任限制是一种不同于普通民事损害赔偿的特殊海事赔偿制度。它之所以特殊,是因为在这一制度下,当一艘船舶发生重大责任赔偿事故时,船东可以按照该制度的相关规定,有条件地就该船享有类似有限责任公司一样申请限制赔偿责任的权利,对超出责任限制限额的部分免除赔偿。这一制度旨在于鼓励船东从事海上运输,稳定和发展国际航运事业。

第一节 船东责任限制制度建立的原因

海上航行七分险,过去的海上航运常称为冒险。尽管随着科技的进步和机械化船舶的诞生,航海安全越来越有保障,但由于船舶本身永远处于动态的状况下以及海上客观环境风险的存在,海上运输的风险事故终究要比陆地运输更易发生,损失也大得多。船舶一旦发生诸如碰撞和触碰他船及码头引发巨额经济赔偿,或者由于驾驶和管理船舶的疏忽造成货损而引发各种巨额经济赔偿,都将对船东的经营产生相当大的影响及损害,轻者经营效益减少,重者无力偿还债务导致破产。

为鼓励船东从事海上运输,减轻和缓解这种威胁,避免经营出现窘境,促进和维护国际航运事业的发展,早期航运发达的国家英国在1734年就通过了《乔治法案》,确立了船东责任限制制度。在这一制度下,不论受害人有多少,受害人的损失有多大,他们向船舶进行海事索赔请求时,只能在法定限额内得到赔偿,超过限额的部分,只要事故不属于故意行为的,肇事船的船东就可以有条件地向法院申请免责,不予赔偿。船东责任限制制度的建立在一定程度上对鼓励船东坚定从事航运业的信心、稳定和促进航运业的发展、适应国际海上贸易往来的要求起到了非常的积极作用。而后各国纷纷建立了船东海事赔偿责任限制制度,以维护船东的切身利益。由于各国限制责任的条件与计算方法不同,船东在各国所享受的权益也有差异,为了便于船东在世界各地享有趋于一致的责任限制制度,国际海事委员会于1924年8月25日在布鲁塞尔通过了一个《关于统一海上船东责任限制若干规则的国际公约》(简称《24年公约》)。

因《24年公约》未达到公约生效条件的批准国家数,该公约一直未生效,但建立国际统一的限制责任制度的呼声已为国际海事委员会1957年出台的《船东责任限制国际公约》奠定了基础。而后,联合国政府间海事协商组织[简称海协(IMCO)]对1957年公约在许多方面做了重大的修改,大幅度提高了船东的责任限制额,并于1976年11月19日由45个国家和14个国际组织派代表出席的外交会议上通过了《海事索赔责任限制公约》(简称《76年公约》)。该公约已于1986年12月1日起生效。《76年公约》可以说是目前国际上普遍遵循的基本限制责任制度的标准。

第二节 船东责任限制的主要内容

船东责任限制的实体内容主要有申请赔偿责任限制的条件、责任限制的范围以及设立基金和限额计算办法。

一、申请条件

申请条件的内容有两个方面,一是责任限制主体,一是责任限制主体在什么样的条件下才享有申请权利。

(一)责任限制主体

我国《海商法》第204条规定:"船舶所有人、救助人,对本法第二百零七条所列海事赔偿请求,可以依照本章规定限制赔偿责任。前款所称的船舶所有人,包括船舶承租人和船舶经营人。"第206条规定:"……海事赔偿请求承担责任的保险人,有权依照本章规定限制赔偿责任。"根据《海商法》的规定,在我国,海事责任限制的主体仅是船舶所有人(包括船舶承租人和船舶经营人)、救助人和对海事赔偿请求承担责任的保险人,只有他们才具有责任限制的申请权。

(二)具体申请条件

我国《海商法》第209条规定:"经证明,引起赔偿请求的损失是由责任人故意或者明知可能造成损失而轻率的作为或者不作为造成的,责任人无权依照本章规定限制赔偿责任。"根据此规定,责任限制主体一旦在海事请求案中被发现有故意或明知作为而不作为的,将丧失享有赔偿责任限制的权利。第215条规定:"享受本章规定的责任限制的人,就同一事故向请求人提出反请求的,双方的请求金额应当相互抵消,本章规定的赔偿限额仅适用于两个请求金额之间的差额。"这一规定对船舶碰撞案来说,船舶所有人作为责任限制主体是否具备申请责任限制条件尤为重要。

二、责任限制的范围

责任限制范围的内容主要是,规定责任限制主体对哪些债权可以享受赔偿责任限制,对哪些债权不能享受赔偿责任限制。这两种可以享受赔偿责任限制的债权法学理论中称为"限制性债权",不能享受赔偿责任限制的债权则称为"非限制性债权"。

(一)限制性债权

我国《海商法》第207条规定了限制性债权的范围:"下列海事赔偿请求,除本法第二百零八条和第二百零九条另有规定外,无论赔偿责任的基础有何不同,责任人均可以依照本章规定限制赔偿责任:

1.在船上发生的或者与船舶营运、救助作业直接相关的人身伤亡或者财产的灭失、损坏,包括对港口工程、港池、航道和助航设施造成的损坏,以及由此引起的相应损失的赔偿请求;

2.海上货物运输因迟延交付或者旅客及其行李运输因延迟到达造成损失的赔偿请求;

3.与船舶营运或者救助作业直接相关的,侵犯非合同权利的行为造成其他损失的赔偿请求；

4. 责任人以外的其他人为避免或者减少责任人依照本章规定,可以限制赔偿责任的损失而采取措施的赔偿请求以及因此项措施造成进一步损失的赔偿请求。

前款所列赔偿请求,无论提出的方式有何不同,均可以限制赔偿责任。但是,第4项涉及责任人以合同约定支付的报酬,责任人的支付责任不得援用本条赔偿责任限制的规定。"

(二)非限制性债权

我国《海商法》第208条规定了非限制性债权:"本章规定不适用于下列各项:

1. 对救助款项或者共同海损分摊的请求；
2. 中华人民共和国参加的国际油污损害民事责任公约规定的油污损害的赔偿请求；
3. 中华人民共和国参加的国际核能损害责任限制公约规定的核能损害的赔偿请求；
4. 核动力船舶造成的核能损害的赔偿请求；
5. 船舶所有人或者救助人的受雇人提出的赔偿请求,根据调整劳务合同的法律,船舶所有人或者救助人对该类赔偿请求无权限制赔偿责任,或者该项法律做了高于本章规定的赔偿限额的规定。"

三、设立基金

任何责任限制主体到法院申请赔偿责任限制,法院一旦准予责任限制主体的申请,就会要求申请人按照申请的赔偿限额以现金交纳方式存放在法院,作为申请人的责任限制基金。

我国《海商法》第213条规定:"责任人要求依照本法规定限制赔偿责任的,可以在有管辖权的法院设立责任限制基金。基金数额分别为本法第二百一十条、第二百一十一条规定的限额,加上自责任产生之日起至基金设立之日止的相应利息。"第214条规定:"责任人设立责任限制基金后,向责任人提出请求的任何人,不得对责任人的任何财产行使任何权利;已设立责任限制基金的责任人的船舶或者其他财产已经被扣押,或者基金设立人已经提交抵押物的,法院应当及时下令释放或者责令退还。"

根据上述法律规定,申请人在法院设立这种基金,等于申请人把海事保全以现金方式直接交给了法院。实践中,凡是申请人到法院申请责任限制的,几乎都是由申请人先提起法律诉讼,且其所涉及的赔偿金额巨大的案件。申请人采取在债权人起诉之前先行起诉的方式主要是因为,不同的国家有不同的责任限制规定,有的高,有的低。因此,申请人利用海事管辖选择权的便利,选择一个责任限制赔偿数额低的国家先行起诉,目的是用法律手段迫使索赔人接受低的责任限制赔偿数额来维护自身的利益；同时,申请人通过这种先行诉讼并设立赔偿限制责任基金的方式,还可以解决船舶或其他财产被索赔人依法扣押的问题。对行使管辖权国家的法院来说,方便了其日后裁决的强制执行。

四、限额计算办法

船东的赔偿限额在各国的立法中有所不同,归纳起来有两种,一种是以船舶吨位为基础计算限额；另一种是以船舶发生索赔事件时的实际价值为基础计算限额。前者称为吨位制计算法,后者则称为价值制计算法。

(一)吨位制计算法

1957年《船东责任限制国际公约》规定的计算方法为:

$$船舶的"限则吨位" \times 每吨的赔偿标准 = 船东的赔偿最高限额$$

1976年《船东责任限制国际公约》规定的计算方法为:

船舶的(GRT)吨位 × 每吨的赔偿标准 = 船东的赔偿最高限额

在这一公式中,每吨的赔偿标准按吨位数的大小分几个层面,吨位越大,每吨的赔偿标准也越高。

(二)价值制计算法

价值制计算法的具体规定是,案件发生时船东的赔偿最高限额要以船舶当时的市场实际价值作为赔偿最高限额,如果船舶发生损失,要按受损船舶当时的市场实际价值计算。

对责任限制申请人来说,上述两种方法各有利弊。

第一,吨位制计算法的利弊。吨位制计算法的优点是,赔偿限额大大低于赔偿事件发生时船舶的价值,船东在发生巨额赔偿时支付的金额大幅度减少。其缺点是,当赔偿事件发生时,船舶本身无论是否有价值,船东都要按吨位制计算赔偿,特别是当船舶发生沉没或毁损没有价值,仍要按吨位计算赔偿给受害方。

第二,价值制计算法的利弊。价值制计算法的优点是,当赔偿事件发生时,如船舶也受损,根据当时船舶市场价值情况计算出的赔偿限额往往低于吨位制计算方法计算出的限额,如果船舶已无价值,船东也就无须再赔偿了。其缺点是,当船舶本身价值很高时,特别是现代化大型集装箱运输船的诞生,每条船的价值都很高,如按船舶价值制计算船东享受的责任限制,这类船舶的赔偿限额将会很高。

第三节 船东责任限制的限额计算方法

海事赔偿责任限制作为海上活动中的一种特殊法律赔偿制度,各国在立法时对责任限制的申请条件、申请范围和设立基金等方面的规定都基本趋于一致,但限额计算方法却不相同,主要是受国际上两种计算方法的影响。目前,采取吨位制计算法的国家比较多,采取价值制计算法的只有几个国家。我国在1993年《海商法》未实施前采用的是"以船舶价值运费和开航以后船舶受损未经修复所应得的赔偿为限"的价值制计算法[①]。《海商法》实施后,我国采用的是吨位制计算法。

目前,世界上多数国家都是以采用吨位制计算方法为主。为了使吨位标准在计算上能够统一,多数国家在立法时基本上都参照了1976年《船东责任限制国际公约》的吨位使用标准,将计算吨位统一为船舶的总吨位(GRT),或者直接引用或适用该公约。

一、限制赔偿计算方法的演变

责任限制赔偿的吨位制计算方法和价值制计算方法在历史上有一个演变过程。以英国为例。英国是现代海上立法较早的国家。早在1734年英国通过的《乔治法案》中就确立了船东责任限制制度采用价值制计算法,规定仅以船舶航次终了时的船舶价值和运费为限。经过大半个世纪,英国《1851年船东责任限制法》仍旧采用价值制计算法。但是,随后的《1854年商务航运法》则规定,以船舶吨位为计算基础确定赔偿限额,将价值制计算法改为吨位制计算法。

---

① 本规定不包括人身伤害。见1959年9月19日中国交通部颁发的《中华人民共和国交通部关于海损赔偿的几项规定》。

由于海商法具有国际性的特点,世界各国在立法时都相互借鉴或直接引用他国法律条文,因此,世界其他一些国家制定的相应法律的演变发展也与英国的类似。

由于价值制计算法和吨位制计算法不同,各国之间的责任限额必然存在差异,有高有低。这种差异驱使船东一旦发生重大海损赔偿责任事故,就要寻找那些有利于自己的管辖权国家提起诉讼,而受害方则寻求那些有利于他们的管辖权国家提起诉讼,进而增加和引发各国之间的司法管辖权冲突,导致受害的船东和货主以及保险人为此增添许多麻烦和额外支出许多法律费用。为此,国际上要求统一船东责任限制计算办法的呼声不断。为缓解和减少各国之间管辖权冲突的矛盾,解决出现的具体问题,方便航运和贸易的发展,国际上先后制定过3个有关海事赔偿责任限制的国际公约,它们分别是:1924年《关于统一海上船东责任限制若干规则的国际公约》、1957年《船东责任限制国际公约》和1976年《海事索赔责任限制公约》。

(一)1924年《关于统一海上船东责任限制若干规则的国际公约》

1924年《关于统一海上船东责任限制若干规则的国际公约》(以下简称《24年公约》)采用"价值制"与"吨位制"计算方法并用的制度。该公约虽经法国、比利时、挪威等11个国家的批准,但因未达到公约生效条件的国家数而一直未生效。

(二)1957年《船东责任限制国际公约》

1957年《船东责任限制国际公约》(以下简称《57年公约》)采用的是吨位制计算方法,限责吨是船舶的净吨位加机舱容积吨,并考虑和参照以往物价的变动对《24年公约》所定的责任限额的实际水平的影响,规定用金法郎作为限额计算单位。该公约是国际上有关责任限制方面第一个生效并得到最广泛承认的公约。1986年以前,该公约已在40多个国家生效,它对统一责任限制的法律起到了积极有效的促进作用。

(三)1976年《海事索赔责任限制公约》

1976年11月19日,《海事索赔责任限制公约》(简称《76年公约》)由联合国政府间海事协商组织(IMCO)起草,并在由45个国家和14个国际组织派代表出席的外交会议上获得通过。该公约已于1986年12月1日起生效。《76年公约》虽然仍采用吨位制计算方法,但计算单位是使用特别提款权(special drawing right, SDR)。此外,《76年公约》不仅大幅度提高了船东的责任限制额,还对责任限制的主体和计算吨位的定义等方面做了重要的变更。

上述3个公约中,《24年公约》没有生效,成为责任限制公约历史上的一部废品;《57年公约》在《76年公约》未生效前普遍被欧洲国家采用;《76年公约》生效后,《57年公约》仍有一些国家继续使用,因此实践中,必须特别注意如何选择管辖权的问题。

1986年12月1日之前,按照《57年公约》的规定,作为计算基础的吨位是指船舶净吨位加上机舱容积,1986年12月1日之后,这个吨位就改为船舶的总吨位了。目前,世界多数国家认可并引用的责任限制规定是国际海事委员会和政府间海事协商组织先后制定的《57年公约》和《76年公约》。目前,我国政府均未参加这两个公约,但我国《海商法》的海事赔偿责任限制章节的法条中有类似《76年公约》的规定。

二、我国限制责任赔偿的计算方法

我国《海商法》未出台之前,船东的赔偿责任限制采用的是价值制计算法,"以船舶价值运费和开航以后船舶受损未经修复所应得的赔偿为限"作为船东的最高赔偿限额,但人身伤害的赔偿除外。《海商法》颁布实施后,我国采用的是吨位制计算法,限制吨位以总吨位为计算基础;限额计算单位为特别提款权,特别提款权兑换人民币的折算率按裁决或协议当日国家外汇主管机关规定的国际货币基金组织的特别提款权对人民币的折算率。具体法律规定如下:

《海商法》第 210 条规定:"除本法第二百一十一条另有规定外,海事赔偿责任限制,依照下列规定计算赔偿限额:

(一)关于人身伤亡的赔偿请求

1. 总吨位 300 吨至 500 吨的船舶,赔偿限额为 333 000 计算单位;

2. 总吨位超过 500 吨的船舶,500 吨以下部分适用本项第 1 目的规定,500 吨以上的部分,应当增加下列数额:

501 吨至 3 000 吨的部分,每吨增加 500 计算单位;

3 001 吨至 30 000 吨的部分,每吨增加 333 计算单位;

30 001 吨至 70 000 吨的部分,每吨增加 250 计算单位;

超过 70 000 吨的部分,每吨增加 167 计算单位。

(二) 关于非人身伤亡的赔偿请求

1. 总吨位 300 吨至 500 吨的船舶,赔偿限额为 16 700 计算单位;

2. 总吨位超过 500 吨的船舶,500 吨以下部分适用本项第 1 目的规定,500 吨以上的部分,应当增加下列数额:

501 吨至 30 000 吨的部分,每吨增加 167 计算单位;

30 001 吨至 70 000 吨的部分,每吨增加 125 计算单位;

超过 70 000 吨的部分,每吨增加 83 计算单位。"

我国《海商法》的规定是完全引入《76 年公约》的条文。根据《海商法》的规定,以一艘 10 000 总吨的船舶为例,分别说明我国限制责任的人身伤亡和非人身伤亡的赔偿计算方法。

(一)人身伤亡的赔偿计算方法

10 000 总吨的船舶的请求限额由 3 部分组成:

1. 500 总吨最低限额 333 000 计算单位;

2. (3 000 总吨 − 500 总吨) × 500 计算单位 = 1 250 000 计算单位;

3. (10 000 总吨 − 3 000 总吨) × 333 计算单位 = 2 331 000 计算单位;

上述三项相加等于 3 914 000 计算单位,2005 年 5 月 13 日国家外汇主管机关规定的国际货币基金组织的特别提款权对人民币的折算率是:一个特别提款权等于人民币 12.4374 元,该轮的人身伤亡的赔偿限额最高为 48 679 983.60 元。

(二)非人身伤亡的赔偿计算方法

10 000 总吨的船舶的请求限额由两部分组成:

1. 最低限额 167 000 计算单位;

2. (10 000 总吨 − 500 总吨) × 167 计算单位 = 1 586 500 计算单位

这两项相加等于 1 753 500 计算单位,按上述特别提款权对人民币的折算率计算,该轮的非人身伤亡的赔偿限额最高为 21 808 980.90 元 。

(三)人身伤亡和非人身伤亡同时发生的赔偿计算方法

我国《海商法》第 210 条(三)款规定:"依照第(一)项规定的限额,不足以支付全部人身伤亡的赔偿请求的,其差额应当与非人身伤亡的赔偿请求并列,从第(二)项数额中按照比例受偿。"根据该款的规定,这种赔偿限额是由上述人身伤亡的赔偿和非人身伤亡赔偿项组成,

计算方法如下:

$$3\ 914\ 000(项1)计算单位 + 1\ 753\ 500(项2)计算单位 = 5\ 667\ 500\ 计算单位$$

这两项相加等于 5 667 500 计算单位,按上述特别提款权对人民币的折算率,该轮的赔偿限额最高为 70 488 964.50 元人民币。

必须注意的是,在责任限责中,人身伤亡的赔偿优于非人身伤亡的赔偿,也就是说,人身伤亡的限责金额不能满足其赔偿时,非人身伤亡的赔偿限责也要适用对人身伤亡进行赔偿,只不过非人身伤亡赔偿的不足部分要按与非人身伤亡的赔偿请求并列,按其在非人身伤亡赔偿限额中的请求数额中所占比例受偿。例如,假定人身伤亡赔偿请求为 250 万人民币,这部分限额为 200 万人民币;非人身伤亡赔偿请求为 350 万人民币,这部分限额为 150 万人民币。首先,200 万全部在人身伤亡限额项下先取得赔偿;其次,不足的 50 万参与非人身伤亡赔偿请求计算结果应为:

$$50 \div (50 + 350) \times 150 = 18.75(万)$$

两者相加,人身伤亡赔偿请求共获得 218.75 万元人民币的限责赔偿,而非人身伤亡赔偿请求仅能得到 131.25 万元。如果每种赔偿请求不超自己请求项下的限额,则各自在自己项下的限额内得到赔偿。

三、《57 年公约》限制责任赔偿的计算方法

《57 年公约》采用的是吨位制计算法。根据该公约第 3 条第七款规定,它的吨位计算基础是"对于蒸汽机船舶或其他机动船舶应采用净吨加上为确定净吨而从总吨中减去的机舱所占空间";"对于其余一切船舶,应采用净吨"。

船舶的净吨加上机舱容积作为限制吨位(经验测算值为船舶总吨位的 2/3),限制吨位的限额计算单位为金法郎①。这里仍以一艘 10 000 吨的船舶为例来分别说明其限制责任的人身伤亡和非人身伤亡的赔偿计算方法。一艘 10 000 总吨的船舶,它的净吨和机舱容积假定测算为 6 800 限责吨,那么,6 800 限责吨作为总的限责吨位,具体计算公式如下:

1. 财产损失:公约规定每一限责吨为 1 000 金法郎。

$$6\ 800\ 限责吨 \times 1\ 000\ 金法郎 = 6\ 800\ 000(金法郎)$$

2. 人身伤害:公约规定,人身伤害每一限制吨位为 2 100 金法郎。

$$6\ 800\ 限责吨 \times 2\ 100\ 金法郎 = 14\ 280\ 000(金法郎)$$

3. 财产与人身共同受伤害。该公约第 3 条一款(3)规定:"如事故既引起人身请求,又引起财产请求,则按船舶吨位计算赔偿限额为 3 100 金法郎,其中第一部分以每吨 2 100 金法郎计算的款项专门用于支付人身请求,而第二部分以每吨 1 000 金法郎计算的款项则用于支付财产请求。如果第一部分款项不足以支付全部人身请求,其未付的差额应按其与财产请求的比例排列,在第二部分财产请求款项下支付。"根据这一规定,财产与人身共同受伤害的最高赔偿限额为 21 080 000 金法郎,具体计算方法如下:

$$6\ 800\ 限责吨 \times 3\ 100\ 金法郎 = 21\ 080\ 000(金法郎)$$

财产与人身共同受伤害的事件中,对人身伤亡赔偿不足部分的赔偿规定与计算方法和我国的规定与计算方法一样,此处不再赘述。

---

① 《57 年公约》第 3 条第六款规定:"本条所述法郎,应系指含 65.5 毫克 900‰纯金的货币单位而言"。

四、《76年公约》限制责任赔偿的计算方法

我国在制定《海商法》有关限制责任制度时基本引用了《76年公约》的主要内容,因此,我国限制责任赔偿的计算方法和该公约的计算方法是一致的,并无差别。相对《57年公约》来说,《76年公约》虽然仍采用了吨位制的计算方法,但赔偿限额比《57年公约》提高了很多。

首先,它将《57年公约》规定的船舶净吨位加机舱容积吨作为限责吨,改为以船舶的总吨位计算,将限责吨位扩大了1/3,大大提高了船东的责任赔偿限额。

其次,将船舶以总吨位数划分成几个档,然后将不同档的船舶按不同吨位设定每一总吨的责任限额计算标准,限额计算标准由原来的金法郎改为特别提款权。

第四节 我国《海商法》船东限制责任规定与国际公约的主要差别

一、责任限制主体的区别

我国《海商法》规定的责任限制主体为船东(包括船舶承租人和船舶经营人)、救助人和海事赔偿请求承担责任的保险人。

《57年公约》规定的责任限制主体仅为船舶的所有人,但救助人不再救助时,可作为责任限制主体申请限制责任。

《海商法》与《76年公约》规定的责任限制主体基本没有差别。

二、责任限制吨位基础的区别

我国《海商法》责任限制的吨位基础是船舶的总吨位。

《57年公约》规定的责任限制的吨位基础是船舶的净吨加上机舱容积。

《海商法》与《76年公约》规定的责任限制的吨位基础没有差别,都是采用船舶的总吨位作为计算基础。

三、责任限制适用船舶吨位标准的区别

我国《海商法》责任限制适用船舶的吨位标准是300总吨以上的船舶,不足300总吨的船舶不适用。此外,《海商法》第210条第五款规定:"不以船舶进行救助作业或者在被救船舶上进行救助作业的救助人,其责任限额按照总吨位为1 500吨的船舶计算。"

《57年公约》的规定适用一切船舶,计算后不足300限责吨的船舶,按300限责吨的船舶标准计算。

《76年公约》的规定适用一切船舶,不足500总吨的船舶,按500总吨的船舶标准计算。

四、责任限制计算单位的区别

我国《海商法》责任限制的计算单位为特别提款权;《57年公约》规定的责任限制的计算单位为金法郎;《76年公约》规定的责任限制的计算单位与我国《海商法》的规定一样。

五、责任限制计算办法的区别

我国《海商法》规定的责任限制的计算办法不仅与《57年公约》规定的计算办法完全不同,并且增加了单独的"旅客索赔的责任限制"条款。

我国《海商法》第211条规定:"海上旅客运输的旅客人身伤亡赔偿责任限制,按照46 666计算单位乘以船舶证书规定的载客定额计算赔偿限额,但是最高不超过25 000 000计算单位。"《57年公约》没有对旅客做单独的规定。

我国《海商法》与《76年公约》规定的责任限制的计算办法一样,但《76年公约》对非属国际货币基金组织成员加入公约的国家,在计算单位的数量上做了高于公约限额的规定。

第五节 船舶保险与船东责任限制

一、保险人如何运用责任限制

(一)责任限制请求只适用于差额

船舶保险重大案件发生后,保险人首先应考虑该案是否可以享受责任限制。这就需要保险人根据法律规定的各种责任限制计算办法,测算保险船舶的限责金额。船舶碰撞案件往往是双方船舶都有损失责任,各方均会向对方提出索赔,因此在测算时,要特别注意法律和公约的规定。我国《海商法》第210条第五款规定:"享受责任限制的人,就同一事故向请求人提出反请求的,双方的请求金额应当相互抵消,本章规定的赔偿限额仅适用于两个请求金额之间的差额。"这一规定与国际公约的规定并无差别。也就是说,测算后的金额不大于"请求金额之间的差额",是不能享受责任限制的。

(二)管辖权国家的选择和法律的适用

如果测算下来的结果符合公约规定的享受责任限制的条件,应根据《76年公约》和《关于船舶碰撞民事管辖权若干规定的国际公约》(1952年5月10日订于布鲁塞尔)的规定,立即查明对案件处理具有管辖权的各个国家的法律规定及计算办法彼此是否有差异,是否对自己有利,而后再确定选择由哪个国家行使管辖权,适用哪国法律。

(三)制订实施方案

1. 我方享受限责。对属于我方保险船舶过失的案件,除非发生的事件属于无法选择管辖权的,如碰撞码头、固定建筑物等,在有选择管辖权的情况下,必须选择适用《57年公约》或类似该公约限额的管辖权国家,能够相对降低赔偿金额。为防止对方选择在适用《76年公约》或类似该公约限额的管辖权国家,采取扣船行为建立该国的管辖权,我方可先行采取法律行动,主动在参加《57年公约》的国家申请责任限制,建立责任限制基金。

2. 对方享受限责。若对方享受限责,我方要先行采取法律行动,选择在适用《76年公约》或类似该公约限额的管辖权国家采取扣船的行为建立该国的管辖权;防止对方选择在适用《57年公约》或类似该公约限额的管辖权国家先行采取法律行动。

二、保险人应注意的问题

(一)被保险人有时不愿适用限制责任

各国海商法和国际公约对船舶碰撞的限制责任申请都规定了前提条件,"双方的请求金额应当相互抵消",仅"适用于两个请求金额之间的差额"。实践中,船东在特定的情况下,尽管赔偿巨大,也不愿意申请限制责任,其主要原因在于:保险不赔本船的"船期损失"以及限责请求仅适用于两个请求金额之间的"差额"。

船舶发生碰撞后,往往为了修理损坏部位耽误正常的营运,在此期间的支出和无法取得正常情况下的赢利的损失称为"船期损失"。"船期损失"是船舶保险主险中不予承保的风险,但该损失可以向碰撞的对方船请求赔偿。

在交叉责任中,责任限制规定仅"适用于两个请求金额之间的差额"。这个"差额"实际上是船舶碰撞赔偿后"单一责任"计算方式测算出的结果。由于这种"单一责任"赔偿方式,船东应能从对方船得到一些"船期损失"的赔偿,在测算时会被轧差抵消掉,而这部分损失保险项下并不承担赔偿责任。

现举例说明如下:假定甲船舶损失共计50万美元,其中,船舶损失20万美元,船期损失30万美元。乙船舶损失共计300万美元,其中,船舶损失250万美元,船期损失50万美元。甲船对碰撞事故承担80%的过失责任,乙船承担20%的过失责任。假定甲船的限额为200万美元。经测算,结果如下:甲船要赔偿乙船损失300万美元的80%,共计为240万美元,乙船则要赔偿甲船损失50万美元的20%,共计10万美元。两船之间的差额为230万美元,超过了甲船的限责金额,船东能享受责任限制。如果船东享受了此种责任限制,保险人承担的碰撞责任最多仅有200万美元,再赔偿本船的船舶损失20万美元。本船应由对方船赔偿的船期损失保险人不再赔偿。假定不申请限责,其结果如下:甲船保险人要赔偿乙船船舶损失250万美元和船期损失50万美元的80%为240万,减去乙船赔给甲船损失10万美元赔偿中船舶损失应由甲船保险人摊回的4万元,共赔偿236万元,即船东可以在船期损失30万美元的索赔项下拿回6万美元。

通过比较可以看出,是否享受限责,会产生保险人与船东利益不平等的结果。申请限责的情况下,船东虽然拿不到船期损失项下的赔款,但保险人可以减少16万美元的赔款;不申请限责的情况下,船东多得4万美元的赔偿,保险人却要以多付16万美元的赔款为代价。如果乙船的船舶损失比所举的例子更大,甲船的船东虽然还会增加其船期损失项下的赔款,但甲船保险人也会付出更多的赔款代价。

因此,在互有过失责任的案件中,只要船期损失大,船东有时会由于利益关系不愿打责任限制官司。但是保险合同规定,保险人只承担依法产生的赔偿责任,被保险人不得损害保险人的利益,因此,保险船舶只要能限制责任赔偿,无论船东愿不愿意,都必须引用限责打官司。

(二)利用限责存在的差异维护保险人和被保险人的利益

由于各个国家都有自己的法律,而具有各自的特色,"限制责任"的规定也不完全一样,特别是在对外籍船引用其法律时均有特殊规定,因此,船舶发生碰撞赔偿案件以后,选择在哪国诉讼,适用哪国的法律,由哪国行使管辖权对自己有利,是被保险人和保险人在处理海事案件时务必要注意的。如经办人员对各种情况非常熟悉,非常有经验,他就能在案件发生后选择到一个有利于自己的、具有管辖权的国家对案件进行管辖。在这个国家打官司会使案件取得较好的效果。例如,1978 年 12 月,人保公司承保的我国远洋船舶"广水"轮与西班牙籍"BENCENO"轮在土耳其附近公海雾中发生碰撞事故,我方船、货等损失共约 320 万美元,"BENCENO"轮损失小,但船新价值高,吨位小。根据船东和保险人对案情的初步分析,该案"BENCENO"轮应负 70% 以上的碰撞过失责任,面对我方如此大的损失,我们认为,"BENCENO"轮必定要使用责任限制,限制其赔偿责任。经测算结论如下:如适用《57 年公约》(注:此时《76 年公约》还未生效),按吨位制计算办法限制其赔偿责任,由于"BENCE-NO"轮限制吨位较小,计算结果是,对方船仅赔我方约 20 万美元,距离我方的损失差距太大。但对方船舶是一条 1978 年造的新船,船价 600 万美元,此次事故虽有损失,但对船价影响不大,如能采用船价加运费的价值制的计算办法,我方就能从对方处得到足额的赔偿。因此,该案我方能否从对方处得到足额的赔偿,取决于管辖权国家的选择问题。为此,保险人和被保险人商定此案必须在一个用价值计算方法限制赔偿责任的国家建立管辖权,以确保我方 320 万美元的损失得到合理的赔偿。经过保险人、船东、律师、保险代理人等多方的努力和调查(包括对"BENCENO"所在船队姊妹船的跟踪调查),用了近一年时间,离海上扣留船舶期限前一个星期内,将"BENCENO"船的姊妹船扣在荷兰,取得了"BENCENO"船通过银行出具的 840 万荷兰盾的担保函,为我方确保能够得到足额赔偿奠定了坚实基础。选择荷兰的管辖权的主要原因是,当时荷兰的法律规定,对外籍船舶的索赔请求可以按索赔方的要求定,而不受任何公约的约束。因此,在荷兰扣船,我方提出以对方船舶的船价作为赔偿限额,对方只能接受。由于该案在选择管辖权的问题上处理得当,经协商,该案按对方船承担 85% 的碰撞责任,我方承担 15% 的碰撞责任比例,由对方赔我方连同利息在内共计 320 万美元结案。

思考题

1. 建立船东责任限制的目的是什么?
2. 吨位制和价值制的计算基础是什么?
3. 我国《海商法》是以吨位制还是以价值制作为计算限责基础的?
4. 我国《海商法》与《57 年公约》的限责计算基础有什么不同?

第十九章

船东保赔保险

船东保赔保险(以下简称保赔保险)属于船东的海上责任保险。从风险保障的角度来看,保赔保险不属海上财产保险范畴。理论上讲,由于保赔保险历史上一直沿袭"不以营利为目的的共保机制",因此,它是海上活动中有别于商业保险的一个单独的保险制度。保赔保险全称是船东保障与赔偿保险(ship - owners protection & indemnity insurance)。

保赔保险承保的风险是船东在经营船舶过程中由于其责任或过失依法产生的对第三者的赔偿责任和造成船舶发生普通船舶保险不承保的风险与损失。从对船舶的保障来讲,保赔保险起到了完善和补充的作用,因此业内人士也将其承保的风险称为"一般船舶保险所不予承保的风险"。

由于保赔保险产生的历史原因和背景,国际上形成了以船东保赔协会(P & I Club)作为保险人承保该险种的主要渠道。由于保赔保险承保的风险能对船舶保险起到完善和补充作用,国际上有的保险公司也以商业保险的形式开办了此险种。是由中国人民财产保险股份有限公司(原中国人民保险公司)正式开办的。[①]

第一节 船东保赔保险的历史

一、船东保赔保险的起源

船东保赔保险起源于英国。19世纪初期,英国公众认为,任何人的粗心大意造成的损失都必须受到赔偿的惩罚,因此,公司与雇主对客户或其雇员的疏忽责任进行保险是违反公共政策的。1814年,Delanoy v. Robson 案的附论指出,"对可能是由于被保险人的过失行为造成的后果进行保险将是一个不合法的保险"。

由于当时的法律环境,使保险商不能根据船东的保险需求承保其各类责任风险,但客观上,船东在经营船舶运输业务中面临的各类责任风险,诸如雇用合同项下人员伤亡和侵权行为项下的船舶碰撞责任等赔偿责任风险,给他们经营带来的威胁和损害是客观存在的,而且是无时无刻的,有时甚至相当巨大,因此,船东对这种风险加以保障的需求是强烈的。也正是由于公众的排斥,促使船东们产生了自发组织海上责任风险保障制度的思想,因此,保赔协会的发展有一个从"俱乐部"到"协会"的历史演变过程。

---

① 本章第三节与第四节均以人保公司1993年1月1日修订的《船东保障和赔偿责任险条款》为基础,主要承保的风险和责任与保赔协会的规定无重大区别,但在某些具体条款上所包括的内容和赔偿的限额会由于时间的推移和风险内容的变化,与协会条款有差异,因此,具体的实务处理要以承保时的合同条款与规定为准。

1832 年,为了对抗当时"劳合社"保险人收费过高和打破其垄断水险市场的局面,在"劳合社"诞生地——劳埃德咖啡馆,船东 John Holman 先生提议:船东们要自行采取互助形式,建立一家非营利性的保险组织承保船舶保险业务。此提议得到船东们的同意,并随后成立了船东们的第一家保险组织,称为"互助俱乐部(Hull Mutual Club)"。参加"俱乐部"保险的人被称为"会员"(实际上是类似被保险人的一种称谓)。

1854 年,英国通过了商船法,摒弃了原来公众对疏忽责任不允许保险的诉求,要求船东对人身伤亡及船舶碰撞责任都要负责。新的法律对航运责任提出了新的要求,使船东们对投保船舶责任风险的要求更加强烈。于是,在 1854 年底的一次俱乐部例会上,一位叫 John Riley 的船东提议,会员要自己组织一个船东互助协会,以承保法律要求船东承担的责任风险。这个建议一提出,立刻得到会员们的一致赞同,并在随后的 1855 年 5 月 1 日正式成立了船东互助保障与赔偿协会(Ship Owners Mutual Protection & Indemnity Society),专门承保船东责任险。由于该协会脱胎于互助俱乐部,因此业内人士仍以俱乐部做其称谓,只要你一提 P&I Club,都会知道你说的是船东互助保障协会,参加协会的被保险人仍以"会员"做其称谓。

船东互助保障协会是世界上第一家船东保赔保险协会①,由于当时的历史条件,协会承保的风险基本是会员船东对旅客人身伤亡责任及船舶险的附加碰撞责任保险,因此当时称其为"保障协会"。

1855 年以后,英国又先后成立了几家保障协会。由于保障协会以非营利为目的以及当时公众对责任风险的认识与法律环境的约束等原因,使保赔保险在保险领域或保险市场长期成为一个单独的保险保障服务体系。

二、保赔保险的发展

保赔协会发展到今天已有 150 多年的历史。发展至今,全世界仅有二十几家,其中,仅有十来家协会经过多年的发展,成为向世界范围内的船东提供各种船舶责任的风险保障。它们的发展在风险责任与组织架构上都有一个演变的过程。

1870 年,Western Hope 号轮在好望角沉没,英国上诉法院对船上货物的灭失判船东负有责任。这个案例不仅开创了海商法律认定船东对货物负有责任的先例,也使货主们从 1871 年开始纷纷向船东提起货损索赔。面对这一项新的责任风险,船东增加了新的保险需求,于是,1873 年,英国又成立一家承保船东对货损责任的保赔协会——船东互助赔偿协会(Ship Owners Mutual Indemnity Club)。随后,由于市场竞争的原因,各家保障协会纷纷效仿,将船东货损责任的风险也列入了承保范围。当时,英国各家协会为了区分协会之间的风险承保差异,凡承保货损风险的船东保障协会均改名为保障与赔偿协会(简称保赔协会)。

随着保赔协会的发展,保障协会逐渐被淘汰。目前所说的保赔协会就是指承保货损风险和其他船东责任险的协会,所指的保赔保险即是这种协会承保的各种风险。英国尚存的保赔协会基本都是承保货损风险和其他船东责任险的协会。

随着世界各国航运和海商法律制度的日益完善与发展,航运比较发达的国家效仿英国,先后成立了本国的船东保赔协会,同时,由于航运的国际化,带来了保赔协会国际化运营的

---

① 船东互助保障协会后来更名为不列塔尼亚保赔协会(Britannia Protection & Indemnity Association),因此,不列塔尼亚保赔协会至今仍以其具有悠久的历史而感到骄傲,并以此"老字号"作为赢得客户认定其保赔保险服务的品牌。

变革。目前,大多数保赔协会的会员已从以本国船东为主发展为世界各地的船东都可以加入成为会员,逐渐发展成国际上的保赔保险组织。

截至2015年,世界上有20多家船东保赔协会,具有国际性质的大中型协会共有13家,其中,英国8家,挪威2家,瑞典1家,美国1家,日本1家。仅英国与北欧保赔协会吸收的会员船东就占全世界商用船队的80%以上。

此外,由于英国从1855年到《1906年海上保险法》出台这段时间,保险法律环境变化巨大,人们对海上保险中的人为疏忽与过失责任的风险有着不断变化的认识过程,使商业性质的海上保险逐渐承保保赔保险中的一些责任风险,如船舶保险中船舶碰撞责任、人为疏忽造成的机械损害等。特别是英国《1906年海上保险法》出台后,英国劳合社市场的保险船舶所提供的"港口保险"(port risks insurance)开始承保船员的伤亡和残骸打捞风险。

在我国,由于保险特殊的历史环境,中国人民保险公司自20世纪70年代到现在就一直开展保赔保险业务。为打破国外保赔市场的垄断,提高我们在世界保赔保险中的话语权,根据我国远洋船队的发展情况,我国在1984年成立了中国船东保赔协会。

第二节 我国的保赔保险及市场现状

一、我国保赔保险的发展历史

20世纪60年代初,新中国远洋事业刚刚起步,1961年成立了中国远洋运输公司。当时,船东对保赔保险缺乏一定的认识,远洋船舶仅投保了船舶保险,没有投保保赔保险。20世纪70年代末,中国开始了远洋油轮运输,由于受当时政府间海事协商组织早在1969年11月29日出台的《国际油污损害民事责任公约》(1975年6月19日生效)第7条规定的影响,中国的远洋油轮开始投保油污责任险。《国际油污损害民事责任公约》第7条规定:"在缔约国登记的载运2 000吨以上散装货油的船舶,船东必须进行保险或取得其财务保证,如银行保证或国际赔偿基金出具的证书等。"世界各主要港口所在国基本上都加入了该公约。按照公约的要求,凡经营的油轮进出该公约缔约国港口及水域,必须具有油污保险或有财务担保,否则,港口国当局有权拒绝其进入。一些未加入该公约的国家也基本效仿公约的相关规定,对进入其港口水域的油轮制定了类似要求。尤其是美国,它不仅要求油轮具有油污保险,还必须同时持有财务保证。

基于上述原因,当时的人保公司应中远公司的要求,参照国外保赔协会油污责任风险的内容,于1976年1月1日制定了简易的《油污和其他保赔责任险条款》,承保当时远洋运输中的少量油轮,并通过美国保险集团控股的美亚保险公司(American Home)在美国的花旗银行办理了财务保证。当时油污责任险的分保接受人是英国联合王国保赔协会[The United Kingdom Mutual Steamship Assurance Association(Bermuda)Limited]。此外,尽管该公约仅是针对油轮的,但它使世界各港口国对进出港的营运货轮也提出了油污保险的要求,因此,为使我国尚未投保油污险的货轮通过港口国的检查,当时的人保公司为我国的货轮出具了《油污和其他保赔责任险》的名誉保单,风险由船东自己承担。

我国真正意义上的保赔保险开始于1976年年底,它以1976年12月1日人保公司制定的保赔保险条款为标志。①

  我国船东真正认识到船舶投保保赔险的重要性,是由于1979年我国远洋货轮"英山"号在日本北海道水域触礁、断裂、溢油引起日本方面几百万美金的索赔,由此萌发了成立中国船东保赔协会的想法。4年后中国船东保赔协会于1984年1月1日正式成立,制定了中国船东保赔协会入会章程(即保赔保险条款)。该协会注册在民政部,行政关系隶属交通部,由中国远洋运输公司代行管理职能。当时协会的会员包括中国远洋运输公司系统下的各个船公司和与其合资的几家地方船公司。

  中国船东保赔协会的成立结束了人保公司在此险种上的垄断经营,揭开了中国保赔保险发展的新局面。随着我国远洋事业的不断发展以及远洋船队数量的增加,我国保赔保险无论是在业务发展还是市场建设方面都有了长足的进展。目前,航行于国际悬挂中国旗的远洋船舶已基本投保了保赔保险。

二、我国保赔保险的现状

  目前,我国保赔保险的主要承保主体有两家——中国船东保赔协会和中国人民财产保险股份有限公司。前者承袭了国外非营利的共保机制,而后者是以商业保险的经营方式运作;前者由于其得天独厚的客户资源,已成为保赔保险市场的主要承保人,后者则利用其良好的市场品牌,以地方经营的船队为业务资源发展保赔保险。由于中国船东保赔协会与人保公司的经营性质不同,在承保费率的计算方面所采取的方法也有所不同。目前,两者的发展各有千秋,也各有不足,但两者都能发挥各自的长处,满足不同船东的需求。由于承保的方向有差异,主要的客户群体也有所不同,因此,中国船东保赔协会和人保公司的竞争并不十分明显,不会产生替代问题。

  目前,我国保赔保险的法律环境尚不完善,市场监管一直处于空白状态。我国的《保险法》与《海商法》就保赔协会的成立与保赔保险的法律适用未做明确的界定。从理论上讲,中国船东保赔协会作为保险领域的一部分,应该在监管保险的部门注册,受保险监督管理委员会的监管,但它却在我国民政部注册,按社会社团组织的管理规范管理其业务活动。民政部就其职能来说,不可能设立对这种以保险合同条款为背景的监管部门,尤其是它无法对协会的偿付能力、投资、会员的利益进行监管。可以说,由于保赔保险在我国尚没有明晰的市场定位,存在法律监管空白,使我国保赔保险整体上难以协调发展,特别是在海洋环境保护的保险保障上,也不能充分发挥保险的社会补偿职能。

  由于保赔保险的监管空白,市场主体没有明确的法律界定,市场行为也没有规范可言,国外保赔协会可以自由进入我国保赔保险市场争揽业务。目前,国外保赔协会在我国直接承保保赔险业务的情况较为普遍。

  可以说,如果我国的保赔保险能够得到有效监管,保险公司与保赔协会协同配合与支持,我国的保赔保险就能建立起一个"以服务客户为中心,以服务全局为己任"的保险保障服务体系,对国家的海洋、江河及湖泊的污染防治与治理工作将有极大的益处。

---

① 在该条款出台前,人保公司早在20世纪50年代初就与波兰华尔他保险公司共保中国—波兰轮船公司船舶的保赔保险,当时使用的是英国西英保赔协会的条款,该条款于1993年1月1日对条款的结构和条文进行了全面的修订,而后于2007年又做了部分修订并沿用至今。

第三节　保赔保险承保的风险

保赔保险承保的责任风险范围很广，现已超过 20 项风险内容。世界上各家保赔协会承保的风险内容基本趋于一致。归纳起来，保赔保险协会承保的风险可分为 3 类：合同责任风险、侵权行为责任风险以及其他应履行的责任风险。

一、合同责任风险

合同责任风险主要产生于雇用合同和运输合同两类责任。

（一）雇用合同责任

雇用合同责任是指船东因聘用船长和其他船员而签订的雇用合同项下产生的合同责任。这种合同责任主要体现为"对人的责任"。"对人的责任"在一般的船舶保险条款中均作为保险合同除外责任的风险，保赔保险对此种责任是明确承保的，但界定了承保范围。雇用合同责任主要包括：

1. 船员的人身伤亡。保赔保险负责根据合同或协议规定被保险船舶船员的人身伤亡、疾病的损害或赔偿的责任以及由此伤亡或疾病所发生的合理的医药、住院或丧葬费用。但此类合同或协议必须事先得到本公司的认可。船员伤、亡、病的赔偿，包括因伤、亡、病所支付的医药、住院、丧葬费或其他费用。

2. 派遣费用。保赔保险负责船员因伤不能继续留船工作而产生的遣返费用及替工的派遣费用，包括医护人员的护送费用、遣返途中旅馆住宿费用等船东应支付的其他费用以及由保险人认可的船员雇用合同或其他劳务合同产生的被保险船舶船员的派遣费用及替工的派遣费用。

3. 船舶海事造成船员失业的赔偿。保赔保险负责船舶发生实际全损或推定全损后造成船员失业，根据雇用合同船东应对前往及离开该船的任何入会船员承担支付一定工资或补偿的赔偿责任。

（二）运输合同责任

航运商务合同责任是指船东根据各种直接涉及海上运输活动的商务活动项下依法应由其承担的赔偿责任。运输合同责任具体包括：

1. 非船员的受伤、生病和死亡。保赔保险负责船东由于保险船舶的疏忽行为或不作为引起任何人受伤、生病或死亡，依据所签合同或法律应承担的赔偿责任，包括受伤、生病、死亡而支出的医药、住院或丧葬费用等。非船员的界定范围包括在船上从事装卸货物的码头工人、修船人员、引水员以及旅客等。合同责任项下的人身伤亡的赔偿责任，船东可以依据各国法律规定和国际公约，享受责任限制最高的赔偿金额。如根据 1974 年海上旅客及其行李运输的《雅典公约》，保赔协会赔付旅客的人身伤亡的赔偿限额为每人每次 70 万法郎。

2. 生命救助费用。保赔保险负责第三者救助船上任何人员生命而在法律上应支付给第三者的款项，但此款项必须是不能从入会船的船舶保险或货主或货物保险人那里得到补偿。

3. 个人物品的丢失、损坏。保赔保险负责包括船员在内任何人的个人物品在保险船舶上丢失或损坏引起的损失，依据合同或法律规定应由船东承担的赔偿责任，但对现金、流通证券、稀有金属、玉石、财宝等贵重物品，保险协会一般均不予赔偿。

4. 船上货物损坏。保赔保险负责依据运输合同由于船东在保险船舶承运货物的过程中,未恪尽职责照料货物而造成货物发生各种损失及产生各种费用应承担的赔偿责任。实务中,船东对货物的赔偿责任是保赔保险业务承保的最主要的风险,据各家保赔协会的统计,这种责任风险基本占各家保赔协议总赔款的40%以上。船上货物损坏的赔偿责任具体包括以下责任和费用:

(1)船上货物灭失、短少、损坏;

(2)损坏货物应由船东负担处理产生的额外费用,但只限于那些船东无法从其他任何方面取得赔偿的费用;

(3)直达提单或转船提单中规定应由船东对不是由保险船舶装运而由其他运输工具装运的货物遭受灭失、短少、损坏承担的赔偿责任。

5.船东无法收回的共同海损分摊。根据运输合同,船舶发生共同海损时,各利益方必须对共同海损垫付方的损失按比例分摊赔偿。实践中,由于某个利益方出现某种原因,或由于船东管船、管货的疏忽或过失使船东垫付的共同海损费用产生无法收回的分摊风险时有发生,保赔保险对此风险造成的损失负责赔偿。

二、侵权行为责任风险

保赔保险承保的侵权行为责任范围较广泛,是保赔保险业务中极为重要的风险承保责任。由于侵权责任造成的损害涉及的赔偿与合同责任的赔偿不同,侵权行为造成的损害赔偿金额巨大,也是船东在航运经营中最担心发生的风险。

(一)船舶碰撞、触碰(包括浪损)等赔偿责任

1.人员伤害。保赔保险负责保险船舶碰撞、触碰(包括浪损)造成第三方船上包括旅客在内的人员伤亡的赔偿。这种责任的赔偿较复杂,因为《船东限制责任国际公约》未对个人做限定赔偿,仅是一个累计限额,因此,个人赔偿金额高低的浮动空间较大,一般要依据雇用合同的规定和受害人国家的法律进行赔偿。但如果人员伤害发生在没有参加公约的国家,侵权行为造成人员伤亡可能就要赔上百万美元甚至更多。

2.浪损和避碰等行为造成他方财产的损失或损坏保赔保险负责赔偿。

3.间接损失和间接费用。碰撞、触碰(包括浪损)等侵权行为造成第三方浮动、固定物体(包括码头及其建筑物)损失、损坏而不能营业产生的营业损失及支付的间接费用,保赔保险负责赔偿。

(二)船舶避碰造成他船损失的赔偿责任

船舶在航行时经常与各方向来船发生避让行为,确保双方船舶安全通过,但有时这种避让会导致一方船舶的疏忽或过失造成另一方船舶出现偏离航道搁浅或碰撞他船或物体受损,产生侵权的赔偿责任。保赔保险对此种责任产生的损失与费用负责赔偿。

(三)污染损害的赔偿责任

保赔保险负责由于保险船舶排放或溢出的油料或任何物质造成,或由于有排放或溢出油料或任何物质的危险所产生的下列责任、损失、损坏或费用。具体包括:

1.保险船舶的污染损害造成的损失及应由船东承担的赔偿责任;

2.由船东造成,或船东应予承担的损失、损害或费用,包括船东为执行某些协议规定的义务而产生的费用;

3.为防止或避免污染发生,或为减少和减轻污染所造成的损失或损害,合理采取任何措施产生应由船东承担赔偿的费用以及因采取这些措施使财产遭受损失或损害,应由船东对

此承担的任何赔偿责任;

4. 船东为执行任何政府或当局为防止或减少污染或污染风险所下达的任何命令或指示产生的费用和责任。

(四)清理船舶残骸的赔偿责任

保险船舶在承保期间因海事沉没发生实际全损或推定全损成为残骸时,船舶保险人在赔偿损失后往往放弃保险全损赔偿后对该船舶残骸享有的物权,残骸所有权人为船东,如残骸影响了航道或港口的航行安全,有关海事当局将发出清理残骸的命令。保赔保险负责船东因处理残骸产生的下列费用:

1. 按残骸所在地的法律或规定,对残骸强制执行起浮、清除、移动、拆毁或设置照明、标记等所支付的费用,以及为此产生的被保险人应负的责任;

2. 由于残骸(或其装载的货物和财产)的存在或被强制移走,或由于未能使残骸起浮、清除、拆毁及未能设置照明、标记而使船东担负的任何责任,包括因该残骸上的油或其他有害物质的排放或泄漏所产生的责任。

三、其他应履行的责任

在合同以外,保赔保险承保的责任风险主要是根据有关国际公约或一些国家海商法律的规定,船舶发生违约行为履行履约义务而由船东承担的风险责任。

(一)罚款

罚款仅由于下列原因产生,任何法院、法律或有关规定对被保险船舶或船员的罚款(罚款仅限于被保险人根据法律规定对船员应承担的罚款,船舶或船员走私或被保险船舶超载的罚款不予赔偿),具体包括:

1. 违反有关法律或规定未能提供或保持安全的工作场所或条件;
2. 短卸、溢卸货物或未遵守有关物品申报或提供有关船舶及货物文件的规定;
3. 违反海关规定;
4. 违反移民法规;
5. 油或其他危险物质的排放或泄漏所造成的污染;
6. 除上述第 1 至第 5 款规定外的船员或船舶代理人在履行其职务时的疏忽或过失。

(二)安置偷渡者和避难者

船舶根据法律和国际公约的规定,为安置偷渡者或避难者所产生的任何费用。

(三)检疫

因船舶发生传染性疾病而产生的额外费用,包括检疫和消毒费用及其他额外的燃料、船员工资、伙食物料和港口费用。

(四)船舶保险合同不予负责的风险

1. 船舶保险合同承保船舶碰撞责任的赔偿"3/4"余下的、由船东自己承担"1/4"赔偿的那部分风险责任。

2. 由于保险金额低于保险价值,船东在共同海损中不能从保险人得到足额赔偿的损失风险。

保赔险承保的其他相关风险还包括绕航费用;船舶上的财产损失;海事调查费用;施救和法律费用;救助人的特别补偿以及对救助人的特别保险。

第四节 保赔保险的除外责任和赔偿限制

一、保赔保险的除外责任

与船舶保险一样,保赔保险也有不予承保的风险。保赔保险不予承保的风险主要有:

1. 战争、内战、革命、叛乱、骚乱或由此引起的内乱或任何交战国之间的敌对行为;

2. 捕获、扣押、羁留或没收(船员的不法行为或海盗除外)及由此引起的结果;

3. 水雷、鱼雷、炸弹、火箭、炮弹、爆炸品或其他类型武器(因船舶运输此类武器而产生的责任或费用除外),但由于政府命令或经保险人同意为防止或减少承保责任或费用而使用上述武器产生的责任、损失或费用除外;

4. 任何核燃料、放射性制品、核废料、核装置或核武器的污染、辐射、泄漏、沾染等产生的责任、损失或费用,但对装载于保险船舶承运的供工业、农业、商业、医学或科学上使用的上述物质产生的责任、损失或费用除外;

5. 保险船舶承运违禁品、偷越封锁线、从事非法贸易以及全部情况认为该船舶所进行的或与该船舶有关任何不谨慎、不安全或不适当的运输;

6. 船东的任何故意行为;

7. 船东根据保赔保险条款提出索赔的任何利息及船期损失;

8. 被保险船舶的任何损失或损坏:在被保险船舶上属于被保险人拥有的设备或由与其联合的公司或与其同属一个管理人的公司拥有或租用的任何财产损失或损坏:

9. 任何运费、租金或租约取消的损失和滞期费的索赔;

10. 任何为被保险船舶提供救助而产生的救助费用或其他费用以及被保险船舶对他船进行救助或拖带产生的任何损失;

11. 任何为被保险船舶提供救助而产生的救助费用或其他费用以及被保险船舶对他船进行救助或拖带产生的任何损失;

12. 任何船舶险保险单承保风险所列的责任和费用。

上述第7,8,9和10的除外责任风险不影响船东根据绕航、人命救助、无法收取的共同海损分摊或由船东承担的共同海损分摊、对救助人的特别补偿以及施救和法律费用向保赔保险人提出的保险索赔。

二、保赔保险的赔偿原则与限制

(一)保赔保险的赔偿原则

1. 及时通知原则。保赔保险规定,船东必须将已发生的索赔和可能发生索赔的各种情况及时通知保赔保险人,否则,保赔保险人有权拒赔。例如,伦敦保赔协会在其会章前单独用一个扉页注明:"Prompt notice of any claim or threatened claim should be given to the Managers, A. Bilbrough & Co. Ltd."(任何的索赔和有威胁索赔需要尽快通知经理人——比勒堡有限公司)。

2. 事先认可原则。与船舶保险一样,船东在与索赔方确认其赔偿责任之前,必须得到保赔保险人的同意,否则,保赔保险人有权拒赔。

3. 船东先付原则。保赔保险规定,保赔保险人一般不代船东直接支付赔款,只有船东赔付后,保赔保险人才按船东的实际损失金额赔偿给船东。这种赔偿做法不同于普通意义上的财产保险。但以下两种情况除外:

(1)保赔保险人与索赔人直接达成协议;

(2)保赔保险人代船东出具了海事担保。

4. 船舶保险赔、保赔保险不赔原则。保赔保险从其产生、发展到现在,已成为船舶保险的补充,承保船舶保险不予承保的风险,对此,保赔保险条款基本都定明船舶保险项下能够得到赔偿的损失保赔保险都不予赔偿的规定。但要注意,保赔保险承保时要审定其船舶保险条款承保的内容,确定赔偿的界限。

(二)保赔保险的限制

1. 双重保险的限制。保赔保险规定,船东在投保保赔保险时,同时又向其他保险人投保同类风险,保赔保险不负责船东可从其他保险人处获得赔偿的任何责任或费用。

2. 免赔额的限制。保赔保险的免赔限制主要体现为人员伤亡、疾病项下的医疗费用和运输合同项下的货损货差以及罚款项下的赔偿上。保赔保险设定免赔额的目的及其作用与船舶保险的目的及作用相同,主要是减少小额损失的赔偿,避免产生大量的索赔工作。免赔额可以在投保时由双方商定。

3. 赔偿金额限制。保赔保险承保的责任风险种类很多,其中一些风险产生的赔偿责任巨大,为保护自身利益,保赔保险人对下列责任风险在合同中设定最高赔偿限额(限额可在投保时由双方商定):

(1)污染:每次事故 10 亿美元;

(2)船员伤亡:每人每次事故 3 万美元[①];

(3)其他:每一事故的赔偿责任以被保险人依据法律限制的赔偿责任为限。

4. 保证条款的限制。保赔保险在条款中制定了保证条款。保证条款在法律中具有严格不得违反的地位。违反保证条款意味着合同自动丧失效力,一旦违反保证条款,自违反保证时起,保险人对以后被保险人发生的任何损失都不承担赔偿责任,保赔保险条款的保证条款主要有下列内容:人保公司的条款第四节第一款规定:"被保险人保证在本保险有效期内保持经本公司在船舶投保时认可的船级。保险船舶发生可能影响船舶适航的损坏时,应立即通知船级社,并及时遵守、执行和满足船级社的规范、规定、要求、限制或建议的内容或条件。当被保险船舶将变更船级社及至变更日时止,被保险船舶尚有未执行的原船级社,对其提出有关要求、限制或建议时,被保险人须立即通知本公司。"

第五节 保赔保险实务

保赔保险实务在工作流程上与船舶保险的实务流程没有太大区别,仅是在几个承保和理赔工作项目中的着重点有所不同。

[①] 此规定是人保公司针对我国一些船公司的雇佣合同对船员无明确赔偿规定而制定的。

一、承保

保赔保险承保的是船舶运输中产生的责任风险,特别是货损货差的责任经常发生,因此,保赔保险的承保风险评估工作,对船舶的船龄、船型、船级、船旗、吨位和构造等情况要比船舶保险的要求严格,尤其是对船舶本身的航运技术状况的审查与检验。此外,保赔保险在理赔时应遵循船东先付原则,必须在承保时对船东的经营及信誉与资金情况做细致的调查与了解。

保赔保险的保险费交纳办法与船舶保险的保险费交纳办法有明显的差异。

(一)风险评估

1. 船舶相关的整体基本状况。保赔保险的船舶整体基本状况是指船舶本身在营运活动中的基本情况,主要包括:

(1)船舶航行区域和挂靠港口的情况。

(2)船舶承运货物的情况。通常情况下,承运散装货的船舶比承运杂货的船舶发生的货损索赔要少。

(3)船舶营运方式。期租还是程租,租约的内容如何。

(4)船舶管理情况,如船员是否经常培训、船舶是否定期保养等。

(5)船舶过去5年的赔付记录。

(6)船员的国籍和技术水平。

(7)船上是否载有旅客或其他人(如实习生等)。

(8)船东经营情况,包括其赢利、贷款偿还、资金流动的情况。

2. 船舶的技术状况。保赔保险对船舶技术状况的评估比船舶保险的船舶技术状况评估要严格得多,特别是对船龄超过12年的老龄船舶,尽管在承保时老龄船舶具备船舶的各种有效技术证书,保赔保险人通常也需要验船师对船舶进行状况检验(condition survey),才能确定是否承保。

(二)保险费交纳办法

理论上讲,保赔协会经营保赔保险不以营利为目的,与商业保险经营保赔保险有性质上的区别,但在经营中也同样会发生超过预计的巨大损失赔偿案件,使协会经营收支难以平衡。为确保稳健经营,有效防止不确定的风险损失,协会对其会员的入会会费(保险费)采取了预付、(亏损)追加、离会加缴的方法。

1. 预付会费(advance call)。协会每年按业务年度的各种支出测算每个会员船东入会的费率。按测算出的费率计算的会费(保险费)称为预付会费,亦称预付保险费。由于预付会费是由会员船东在船舶投保或会员船舶续转保险时先向协会交纳的,因此,会员可根据具体情况讨价还价。

2. 追加会费(supplementary call)。协会每年按业务年度和历年提转的未决赔款对协会经营亏损的影响测算出每个会员船东应补交会费的费率。按这一费率计算出的会费(保险费)称为追加会费,亦称追加保险费。追加会费虽然在承保或续转时就已定明,但并不立即交纳,是否收取还要随着协会连续3年经营的好坏来决定。会员对追加保费是不能讨价还价的。追加会费一般在入会后的第二年开始支付。从这个角度出发,协会的追加会费类似于商业保险中的"特别未决赔款准备金"。

3. 离会费用(release call)。为避免发生会员船东转换协会必然出现翌年难以收取追加会费的情况,协会章程(条款)规定,凡离开协会的会员,必须要无条件交纳离会费用。离会费用的高低由协会每年测定,交纳时,离会的原会员船东不能讨价还价。一般情况下,离会费用高于追加会费,但不会偏离太多。

由于各家保赔协会经营的指导思想不同,保赔协会在制定预付保费和追加保费费率时的指导思想也不尽相同。根据协会"合理预交,亏损追缴"的交纳会费(保险费)原则,一些保赔协会认为,预付保险费多,协会可以把暂时不用的钱用于投资,弥补保险费不足或经营亏损,因此,这些协会制定的预付保险费率较高,追加保费费率较低。而另一些协会则认为,预付保险费部分应尽量计算合理,不能高于实际支出,宁愿亏损后多征追加保险费,这样的好处是,不仅使会员船东在入会问题上没有过多的资金压力,同时也体现了协会是完全为会员船东着想而提供服务,会吸引更多的船东加入协会。

商业保险公司制定保赔保险的保险费率主要是根据保险船舶的赔付记录和分保市场的费率情况,但由于保险公司对保赔保险安排的分保成分较大,并基本分保给国际上的某家保赔协会,往往在制定费率时偏重于参考市场的费率情况。同时,保险公司的费率基本是以固定费率为主,没有追加费率,因此,保险公司所制定的费率往往要考虑保赔协会追加会费的因素。一般情况下,保险公司的费率往往会高于协会预交会费的费率,略低于预交会费和追加会费两者相加的费率。在保险公司投保保赔保险的好处是,被保险人离开时不用支付退保的费用(离会费用)。

二、理赔

保赔保险的理赔工作主要应注意以下几个方面的问题。

(一)人身伤亡、疾病

保赔保险中的人身伤亡责任限额与人寿保险中的赔偿额是两个完全不同的概念。寿险中的赔偿额是指当被保险人在发生保险合同约定的保险事故时,保险人依保险合同规定向被保险人支付的赔偿金额。保赔保险中的人身伤亡限额则是指船东按照合同和法律对船员或船上其他人员的人身伤亡应承担赔偿责任的限额。作为一种赔偿限额,不是说发生了人身伤亡事故,保险人都要按限额赔偿,只有在船东按照雇用合同、运输合同和出险当地的法律赔偿超过或等同规定的限额时,保赔保险才按限额赔偿,否则,人身伤亡的赔偿只能在限额内按实际赔偿损失进行赔偿。在对致残或死亡进行赔偿时,保赔保险人必须要求船东提供被赔偿者或其家属收到此项赔偿的亲笔收据后方可赔付。

需要注意的是,我国一些船公司有的船员雇用合同未对人身伤亡做明确规定的,则需参照《最高人民法院关于审理涉外人身伤亡案件损害赔偿的具体规定(试行)》在保赔保险条款规定的限额内进行赔偿。该规定分别就伤残和死亡两种情况明确了船东或经营人应赔偿的范围和具体计算办法。

(二)货损赔偿

货损赔偿是保赔保险理赔工作中常见的索赔项目。货损赔偿的理赔工作所需的索赔文件较为烦琐,保赔保险人需要对其进行非常细致的审查。

首先,要搞清船舶的租约(charter party)和证明货物所有权的提单(bill of lading)的内容,便于确定船东在运输货物过程中的地位及真正的货物所有人;

其次,要详细审查提单是否是清洁提单、货物发票是否与提单上标明的价钱一致、货物离港前的检验证书和到港后的检验证书、货物装船和卸船时的理货报告，便于确定货物的实际价值与损失的实际情况；

最后，要详细审查和研究船上的航海日志、装卸记录，便于确定船东是否违反运输合同承担未恪尽职责（due diligence）造成货物损失的赔偿责任。

此外，理赔时，保赔保险人还要注意下面几个问题：

1. 经保赔保险人同意，船东与货主就货损达成赔偿协议后，船东应尽快付款，因为保赔保险对延迟付款引起或造成的进一步损失不负赔偿责任。

2. 船舶发生绕航要提前通知保赔保险人，因为保赔保险对因绕航造成的货损不负赔偿责任。

3. 船舶将所载的货物交予无正本提单的收货人（亦称"无单放货"）引起的损失，保赔保险不负赔偿责任。

4. 提单误述引起的索赔，保赔保险不负赔偿责任，例如，明知货物在装船时存在缺陷，船长或大副仍签发清洁提单。

5. 冷藏货物受损，保赔保险人要审查船舶冷藏运输设备适货的技术状况是否符合货物和发货人对货物提出的装运条件。

必须注意的是，国内运输中，我国长期采用承运人对所运输的货物负全责的制度，是用"运单"作为运输合同。"运单"中没有"提单"中承运人免责条款，因此，船舶在承运国内货物时，船东对货损货差除人力不可抗拒的风险所致外，要负全部赔偿责任。双方在协商保险时，对此风险情况要加以明确。

（三）绕航

我国保赔保险关于绕行的赔偿范围的规定主要是因带有下列救助或救援的原因而产生的合理费用，包括港口费用、伙食、物料、燃油、保险费及船员工资和津贴。

1. 被保险船舶上的船员或其他人发生疾病、受伤或死亡而必须靠岸进行处理或更换船员；

2. 将偷渡者或避难者送上岸。

国外保赔协会承保的绕行还包括因海事或海上救助人命等发生的绕行。

（四）救助人命

根据国际救助公约和各国相关法律的规定，单纯救助人命救助方不得向被救助方就其所付出的努力与消耗要求救助报酬，但在人命和财产同时被救时，救助方对其所付出的努力与消耗依法有权从救助报酬中获得合理的份额，如果此份额不能从船舶或货物的保险人那里获得赔偿，则应在保赔保险项下负责赔偿。

（五）碰撞责任

保赔协会在此项风险中，主要是以承保 1/4 碰撞责任为主并承保下列责任，如船舶保险投保的是 4/4 碰撞责任，保赔保险只负责碰撞责任比例赔偿的下列责任：

1. 打捞船舶或货物残骸的费用；

2. 人身伤亡所引起的医疗、丧葬等费用；

3. 对水域的污染；

4. 不能从船舶保险人处得到赔偿的碰撞责任部分，但仅以该船舶按实际价值足额投保后超出的部分为限；

5. 碰撞固定或浮动物体的延迟或丧失使用的间接费用；

6. 与碰撞有关的避碰行为不当、浪损造成第三方船的损失。

(六)清除残骸

1. 清除残骸必须是法律或规定强制船东进行残骸的打捞、清理或拆除等,船东主动或自愿的打捞所产生的费用及进一步的责任不能在保赔保险项下得到赔偿。

2. 船舶成为残骸的事故发生在保险承保期内,即使港口当局强制打捞残骸的命令时间已过保险的承保期,保赔保险也要对清除残骸的强制打捞负责。尤其是对船舶残骸设置灯浮的要求,往往要有持续多年的执行期,保赔保险要负责这期间所发生的费用。

(七)罚款

理赔时,罚款索赔的处理应掌握以下两项原则:

1. 罚款一定是针对船东的,对船员的罚款不属于承保范围,除非法律规定船东有责任支付这种罚款(有的协会条款对船员的罚款包括在内);

2. 船员的故意行为引起的罚款不负赔偿责任,除非发生了港口当局或海关滞留船舶的情况,此时船东支付的罚款才能获得赔偿。

(八)油污损害

船舶油污损害的赔偿责任是保赔协会承保责任中最重要的组成部分。防止船舶海洋环境污染问题已为世界各国所重视。目前,在协会赔偿纪录中,油污索赔所占的比重呈逐年上升的趋势,已超过人身伤亡赔款的比重,成为仅次于货损索赔的第二大类索赔。

由于船舶油污案件涉及环保问题,使油污赔偿案件的处理变得非常复杂与麻烦。特别是世界各国关于环保中的水产损害问题并没有具体、明确的法律界定,更增加了解决的难度。因此,保赔保险人和船东在处理油污案件时要着重注意下面几个问题:

1. 掌握第一手材料。油污案件往往会在短时间内造成巨额的油污损害,因此,案件发生后,应立即派人前往积极调查取证,掌握第一手材料是日后处理好案件的关键工作。

2. 做好油污清理工作。油污案件发生后,要积极配合港口当局及环境保护部门做好油污的清理工作。这项工作可以直接减少油污损害,并能够防止油污损害的扩大,有利于减少日后的赔偿。

3. 做好环境资源的调查。油污损害一般分为"直接的损失与费用"和"间接的损失与费用"两部分。"直接的损失与费用"包括对海上和沿岸的设施、水产养殖物品的沾污产生的毁损、清污产生的材料费与劳务费;"间接的损失和费用"包括油污造成水产养殖、渔业生产、渔业资源、旅游资源及其他海洋资源预期的损失和费用。环境资源的调查主要围绕"间接的损失和费用"包括的范围进行,要严格核查事故地的水产养殖、渔业生产、渔业资源、旅游资源的真实状况,例如,渔业资源是否如索赔方所提赔的那样丰富,即使如此丰富,事故发生时,也会因季节的关系,有些洄流鱼类未必存在,是否对它们有洄流影响也要根据污染油本身的蜡与硫的含量及分解期限的长短来确定;对渔业生产的损失也要根据前一年的生产量来分析其损失,特别是事故发生在渔场禁捕期时,索赔就要大打折扣。

做好环境资源的调查最能有效地解决"间接的损失和费用"的索赔,也是防止索赔人漫天要价的最有效办法与措施。但无论怎样,损失必须是能够用货币计量的,否则不能予以赔偿,如所污染的海水清洁度的恢复预期是无法用货币计量赔偿的。

4. 要利用责任限制。油污索赔案的索赔金额巨大,必须利用船东油污责任限制制度。船东油污责任限制制度规定了船东对油污案件的最高赔偿限额。目前,世界大多数国家对船东油污责任限制制度的立法均以《1969年国际油污损害民事责任公约》为基础。该公约规定,赔偿责任限额按每一船舶吨位2 000金法郎计算,但总额不超过2.1亿金法郎(船舶吨位是指船舶净吨加上为计算净吨而从总吨中扣除的机舱所占的容积)。而后,该公约于1992年产生了一个议定书即《〈1969年国际油污损害民事责任公约〉1992年议定书》。这个议定书大幅度地提高了船东的赔偿责任限额,即不超过5 000吨位的船舶,限额为300万特别提款权;超过5 000吨的船舶,每超过一吨增加420特别提款权。议定书从1996年5月30日起生效,我国参加了该议定书,并从2000年1月5日起对我国生效。申请油污赔偿限责与申请其他限责一样,需要在申请法院设立赔偿基金。

此外还要注意的是,油污索赔不同于其他索赔,索赔人可以直接向油污责任险的保险人提出法律诉讼,请求油污损害赔偿,因此,保险人在处理油污案件时对此要有所准备,做好应诉工作。

(九)担保的提供

保赔协会的章程中没有规定协会必须代船东出具各类损害赔偿的诉讼保全,也就是说,保赔协会为船东代出担保不是合同的法定义务。保赔协会的章程中一般都有下面的规定:"The Association may, but shall in no case be obliged to, provide on behalf of a member security to prevent arrest or obtain release from arrest or otherwise in respect of an entered ship."(协会可以,但在任何情况下无义务以会员的名义为防止扣留或释放被扣入会船舶或与入会船舶有关的其他原因出具担保。)该条明确规定,出具担保不是保赔保险人的法定义务,但在确定责任的前提下,保赔协会一般都会与船舶保赔保险人一样,代船东提供担保服务,因为它体现了保险人的保险服务水平。

三、保赔保险的分保

世界保赔保险市场的中心在英国,各国保赔保险的再保险业务也以分保给英国的保赔协会为主。这主要是由于世界各保赔保险市场承保主体太少。目前,我国保赔保险与国外保赔协会的分保方式与船舶保险的分保方式类似且简单。人保公司对外的分保方式采用比例合同分保方式;中国船东互保协会对外的分保方式采用超赔合同分保方式。人保公司自行对外直接办理分保,中国船东互保协会是通过经纪人对外办理分保。

比例分保方式和超赔分保方式各有优缺点,前者可以最大限度地化解保险经营的风险,但自留的巨大油污风险仍需要另行安排分保;后者经营风险和自留风险虽然偏大,但有利于大风险的分出。采用哪种分保方式,要根据保赔保险人的经营情况而定。

第六节 保赔协会的业务管理

保赔协会的经营管理与保险公司一样,主要体现在市场营销、理赔服务与风险控制与防范上。

一、承保与理赔服务

在市场营销与承保方面,保赔协会经常主动派人前往船公司进行保赔保险的宣传与展业,并随时都会与要求入会的船东进行洽谈;在理赔管理方面,保赔协会(包括协会的通信代理)提供24小时服务,一旦入会船舶发生问题,会员船东或入会船舶随时可以与协会取得联系,得到帮助。如发生海损事故,协会可以及时帮助确定损失程度和损失原因、与索赔人交涉解决案件的办法、代会员船东出具海事担保等。由于具体的承保理赔工作与船舶保险的承保理赔工作基本相同,此不再赘述。

二、风险控制与防范

(一)应对通胀风险

由于未决赔款准备金币值会因通货膨胀因素而减弱应对实际赔款的偿付能力,协会每年都要根据市场通货膨胀的实际情况,测算出一定幅度,在续保时向每个会员船东收取。这种应对通胀而收取的费用称为普调费率(surface change)。

(二)建立业务风险的分保机制

与保险公司一样,保赔协会对承保的业务需要办理分保。由于保赔保险的特殊性,保赔协会的分保主要在协会之间进行,对具有特大巨灾责任的油污风险,需要在"劳合社"市场办理分保。保赔协会的分保费用约占保险费总收入的20%左右。

由于再保险具有扩大承保能力的效能,因此,任何一家保赔协会,即使在某一业务年度发生几起超过自留额的巨额索赔,也不至于严重影响该协会的正常经营,同时也使协会对会员船舶的责任赔偿,除油污责任有10亿美元的最高赔偿限额外,一般都采取无限额赔偿制度。也就是说,依法应赔多少就赔偿多少。目前,少数的协会,如西英保赔协会对油污以外的其他损失都采取以1亿美元限额为限。

(三)防灾防损

保赔协会对防灾防损工作非常重视,主要体现在以下几个方面:

1. 为会员草拟和修改各种航运文件。保赔协会特别注意会员船东在航运中使用的运输合同和租船合同的内容。保赔协会拥有一批熟知航运法律法规的专家,他们经常为会员船东做修改合同的工作或提供一些修改合同的建议,以尽量减少合同文字的疏忽或责任不清带来的责任风险。

2. 出版刊物。保赔协会定期或不定期出版各种刊物,向会员介绍航运的最新情况与应注意问题、案例的分析与经验的总结、航运法律法规的发展动态以及保赔协会最新的经营情况等,以便提高会员船东对防灾防损的认识。协会的主要刊物有:协会经营年报(Annual Report)、通函(Circulars)、防损简报(Loss Prevention Bulletin)、谨慎运输(Carefully To Carry)、指导手册(Handbook)、新闻报道(News Letter)。

3. 安全调查。保赔协会设有安全调查部门,提供对入会船舶因遭受各种犯罪行为产生的损失进行调查和防损服务。其服务内容主要是,对货损货差调查出的原因要提出日后防范的措施与办法。

4. 举办研讨会。保赔协会经常到大的会员船东公司或会员船东集聚的地方举办各种防灾防损的研讨会,并培训相关人员,增强会员船东对防灾防损的认识,提高他们防灾防损的能力。

(四)建立通信代理网

保赔协会为了更好地为会员船东提供服务,在世界主要商业港口城市设立了保赔通信代理,形成了协会海外服务的网络。由于绝大多数的入会船舶来自英国以外的国家,因此,入会船舶的承保评估与保赔保险理赔服务的前期工作几乎均由通信代理来承担。同时,由于他们工作质量的高低将直接影响保赔协会承保工作与理赔服务的质量,所以协会非常重视对他们的管理,也关注他们的工作。基于协会的要求,协会在委请通信代理时,一般会寻求当地对贸易、航运、法律等事务都具有一定知识与处理能力的公司担任。各家保赔协会都有自己的通信代理网，如联合王国保赔协会在世界范围内委请了400多家通信代理。任何保赔协会都会将自己的通信代理名单印刷成册，寄发给入会船东与入会船舶。可以说，协会的通信代理网是保赔协会管理架构的海外延伸。

在具体的服务方面，根据保赔保险合同的规定，入会船舶在港口或海上遇到各种困难或发生海事，可以立即与当地的保赔通信代理联系，寻求它们的帮助。通信代理将视具体情况安排船检、货检、律师等，同时，它们也会尽快与协会联系，取得协会的指示，在当地采取各种相应的措施。

在权责方面，协会通信代理无权对索赔案件确定赔偿金额，但可作为协会的代表与当事人直接协商，或者在索赔单据上批注意见转递协会，如有协会指示与授权，他们即刻执行或做出赔偿的决定。

在管理方面，保赔协会经常召开通信代理会议，通报情况，交流经验，以便提高通信代理的工作质量，更好地为会员船东服务。同时，协会也要求通信代理及时地将当地的航运信息，特别是海商法律、法规的现状与变动情况向协会报告，便于协会及时调整业务方略与条款的修订。较大的保赔协会为加强海外服务网络的管理，还在入会船舶经常跑的港口和会员船东密集的所在地派驻代表或设立分部，如联合王国保赔协会在美国、日本、新加坡、中国都设有代表处；西英保赔协会在中国香港设有分部，在雅典派驻代表。

第七节　保赔协会集团和保赔协会集团协议

一、国际保赔协会集团

20世纪20年代，由于当时各保赔协会的承保能力有限，为了分散每个保赔协会的经营风险，英国的9家保赔协会决定，按再保险的运行模式签订了一份在协会之间相互安排分保业务的协议，将各家协会超过一万英镑的索赔在这9家协会间按比例分摊，一万英镑以下的索赔各协会自行承担。这个协议不仅提升了各家协会自身的偿付能力，也将这9家协会有机地联合在一起，并以协议为基础建立了"保赔集团"。这个协议也称为"集团协议"（pooling agreement）。"集团协议"要求集团内成员要贯彻互助原则，公平合理地厘定费率，这在一定程度上有效地避免了保赔协会之间的竞争。由于这一协议的产生，使集团内的各家协会都能够得到充分的分保支持，使它们的承保能力和偿付能力大大增强，市场竞争优势迅速提高，因而使保赔集团基本形成对欧美保赔保险市场的垄断。

由于保赔集团的这种优势，使瑞典、挪威与美国等国的保赔协会也先后要求加入这个保赔集团。为扩大对世界保赔保险市场的垄断经营的局面，英国保赔集团吸收它们加入，进而演变成当今的"国际保赔协会集团（International Group of P & I Clubs）"，"集团协议"也改为"国际保赔协会集团协议"（the International Group Agreement）。从此，国际保赔集团就以其特殊的组织形式不仅垄断了世界保赔保险市场的直接业务，也垄断了保赔保险的再保险市场。正因为保赔协会与国际保赔集团的这种特殊性，使各家保赔协会在保险市场中树立了有别于保险公司的独特地位。

到20世纪50年代，国际远洋事业快速发展，各家协会的会员船东不断增多，会费也不断增加，使各保赔协会得以发展壮大，承保能力（自留额）不断提高，但是，随着各国海商法律的不断健全,船舶单船吨位的不断加大,引发的赔偿额也越来越高,使各保赔协会都感到,仅靠国际保赔集团以协会之间的力量办理再保险难于应对,因而决定由保赔集团向伦敦保险市场分保巨灾风险,由此改变了保赔集团风险在内部分担的局面。

20世纪70年代后,国际上发生了数起由海事引起的巨额索赔案件,不仅对各保赔协会的稳健经营造成了冲击,对保赔集团的风险管理与控制也构成了威胁。特别是20世纪80年代中后期,由于海事案件频频发生,加上大的油污索赔案的发生,赔案的累积曾使各保赔协会在20世纪80年代末90年代初有近4年的时间出现了经营危机。有风险基金准备的保赔协会不仅赔掉了多年积累的风险准备金,还要大幅度增加会员船东的追加会费;没有风险基金准备的保赔协会只能通过提高会员船东的追加会费的办法来缓解经营困难,最高的追加会费达到了150%。巨灾风险的冲击使保赔协会认识到,面对不稳定因素的风险,有必要重新安排再保险计划,再保险不仅要随时调整自己协会和保赔集团的自留额,对自己协会的自留额所承担的赔偿责任也要考虑直接向保险市场投保,获取"损失终止(stop loss)"保险保障,由此也改变了协会风险只向保赔集团分保的局面。

总的来说,保赔协会的分保方法与保险公司的习惯分保做法相比有它的独特之处,它基本满足了保赔协会能以较低的费率承担承保风险的责任。保赔协会的分保费用约占保险费总收入的20%左右。目前,任何一家保赔协会即使在某一业务年度中发生几起超过自留额的巨额索赔,也不至于严重影响该协会的正常经营。

值得注意的是,国际保赔集团成立后,由于它的分保优势及带来的利益更为突出,也使它垄断市场的意识得到膨胀,后来成立的保赔协会要想加入这个集团,集团往往采取拖延的抵制政策,以防止集团的利益被他人分享。例如,日本保赔协会用了10年的时间才被接受为其成员,中国保赔协会已有26年的历史,至今仍未被接纳为集团成员。但在抵制期间,各家保赔协会并不放弃新协会的业务,他们采取接受分保的方式拓展或吸引新协会将业务分给他们。到目前为止,国际保赔协会集团内的成员已垄断了国际保赔保险市场90%以上的业务(包括通过再保险的控制)。

由于国际保赔协会集团通过内部成员之间的分保方式有效地整合了集体的财力,解决了各成员的经营风险保障问题,增强了各成员的承保能力和赔偿能力,使协会的信誉倍增。目前,凡属于该集团的各家协会代船东出具的海事担保已被大多数国家的索赔方接受;协会出具的油污财务担保——兰卡(Blue Cards)也被《1969年油污民事责任公约》缔约国普遍作为同意颁发船舶FMC证书的油污保险依据,要求苛刻的美国也同意接受协会出具的担保。

截至2004年,随着内部成员的淘汰与更新,国际保赔协会集团现仅有13名成员,其中8家是英国的,2家是挪威的,1家是美国的,1家是日本的,1家是瑞典的。

二、国际保赔协会集团协议

国际保赔协会集团协议是集团内各成员共同遵守的商业游戏规则。此协议主要包括两项内容:集团与各成员的分保安排和集团成员间的反不正当竞争规定。集团与各成员的分保安排规定,各成员有向集团分保的权利,集团具有接受分保和安排分保的义务。集团成员间的反不正当竞争规定是该协议最重要的部分,它约束了集团内的任何成员都不能在相互竞争中自由对入会船东报价。例如,已加入某一协会的船舶想转入另一家也属于集团的协会,后者必须按照前者原来的费率承保(包括续转时,前者对转会船舶新开出的费率),其目的是避免协会之间为争取业务出现竞相降价、降低费率承保业务的不正当竞争行为,影响和损害协会的市场形象,冲击其市场的垄断地位。有了这个协议,既减少了各协会之间的不正当竞争,也提升了集团对保赔市场的垄断能力。

国际保赔协会集团对保赔保险的长期垄断引起了有关当局的注意,1975 年,欧洲共同体(欧盟)通知保赔协会集团,称集团的协议违反了欧洲共同体"罗马条约"第 85 条的反垄断法,破坏了该法"旨在改善服务和分配,给消费者带来好处的鼓励竞争原则"。除非重新订立一个含竞争条款的协议,否则,根据"罗马条约",该协议将被废除。

鉴于欧盟的抵制,国际保赔协会集团被迫正式宣告该协议终止执行。实际上,国际保赔协会集团在实务操作上仍按协议办理,因为集团内部如没有统一的风险分保规定和反不正当竞争规定,各成员的经营后果是难以设想的,市场垄断经营的地位也难以维持。由于欧盟与集团之间的这种相互抵触,带来以后数年以反不正当竞争规定与反垄断法为主要内容的争执。

为适应欧盟的要求,1981 年,国际保赔协会集团委托律师起草了一份新的协议书,连同一份相关的备忘录提交欧盟批准,同时决定无论欧盟是否批准,协会集团内部也先试行。1982 年 7 月,欧盟表示对协议中的某些观点持保留态度,与此同时,希腊的船东协会和航运合作委员会也不断地向欧盟提出赞同的观点。而后,经过欧盟和保赔协会集团在伦敦和布鲁塞尔的一轮会谈,国际保赔协会集团最终同意对 1981 年新协议书进行了修改,新的协议于 1984 年月 7 月 31 日生效执行。1984 年底,该协议又按欧盟的意见,对新船报价的规定做了修订,其主要内容是,集团内的任何保赔协会在承保集团内其他协会的船舶时,可以自由开价,只要费率厘定合理,就不被视为违反协议的规定。

欧盟于 1985 年 12 月 16 日正式同意国际保赔协会集团的这个协议。这个协议全称为《1985 年国际集团协议》(*The International Group Agreement* 1985)。该协议从 1985 年 2 月 20 日起使用 10 年,而后又做了一些修改和补充,使用至今。

三、国际保赔协会集团成员名单

根据国际保赔协会集团内成员 2003/2004 年船东入会吨位的多少,其名单排序如下(协会的下述排名截至 2009 年并没有发生什么太大的变化,只是各家协议入会吨位有所变化):

1. 联合王国保赔协会[The United Kingdom Mutual Steam Ship Assurance Association (Bermuda) Limited]

成立时间:1888 年

总部所在地:英国 伦敦

承保吨位:124 200 000 吨(其中,船东入会吨位 94 200 000 吨)

保险费收入:305 000 000 美元

2. 布列塔尼亚保赔协会(The Britannia Steam Ship Insurance Association Limited)

成立时间:1855 年

总部所在地:英国 伦敦

承保吨位:88 700 000 吨

保险费收入:208 000 000 美元

3. GARD 保赔协会(挪威语名称为 Assurance Foreningen GARD)

成立时间:1906 年

总部所在地:挪威 阿伦达尔

承保吨位：112 100 000 吨（其中，船东入会吨位 71 900 000 吨）

保险费收入：240 000 000 美元

4. 日本保赔协会（The Japan Ship Owners' Mutual Protection & Indemnity Association）

成立时间：1950 年

总部所在地：日本 东京

承保吨位：61 790 000 吨（其中，船东入会吨位 54 060 000 吨）

保险费收入：118 306 000 美元

5. 标准保赔协会［The Standard Steamship Owners' Protection and Indemnity Association（Bermuda）Limited］

成立时间：1970 年

总部所在地：英国 伦敦

承保吨位：55 000 000 吨（其中，船东入会吨位 48 000 000 吨）

保险费收入：138 000 000 美元

6. 西英保赔协会［The West of England Ship Owners Mutual Insurance Association（Luexmbourg）］

成立时间：1870 年

总部所在地：英国 伦敦

承保吨位：64 000 000 吨（其中，船东入会吨位 47 000 000 吨）

保险费收入：202 000 000 美元

7. 汽船保赔协会［The Steamship Mutual Underwriting Association（Bermuda）Limited］

成立时间：1909 年

总部所在地：英国 伦敦

承保吨位：59 800 000 吨（其中，船东入会吨位 42 500 000 吨）

保险费收入：205 000 000 美元

8. 北英保赔协会（The North of England Protecting and Indemnity Association Limited）

成立时间：1886 年

总部所在地：英国 纽卡斯尔

承保吨位：45 000 000 吨（其中，船东入会吨位 37 000 000 吨）

保险费收入：145 000 000 美元

9. SKULD 保赔协会（挪威语名称为 Assurance Foreningen SKULD）

成立时间：1897 年

总部所在地：挪威 奥斯陆

承保吨位：52 200 000 吨（其中，船东入会吨位 27 600 000 吨）

保险费收入：128 000 000 美元

10. 伦敦保赔协会（The London Steam-Ship Owners' Mutual Insurance Association Limited）

成立时间：1866 年

总部所在地：英国 伦敦

承保吨位：28 056 396 吨（其中，船东入会吨位 27 226 340 吨）

保险费收入：81 000 000 美元

11. 美国保赔协会(The American Steamship Owners Mutual Protection & Indemnity Association, INC)

成立时间:1917 年

总部所在地:美国 纽约

承保吨位:17 500 000 吨(其中,船东入会吨位 15 225 000 吨)

保险费收入:77 000 000 美元

12. 瑞典保赔协会(瑞典语名称为 Sveiges Angfartygs Assurans Forening)

成立时间:1873 年

总部所在地:瑞典 歌德堡

承保吨位:14 800 000 吨

保险费收入:82 821 000 美元

13. 船东保赔协会[The Shipowners' Mutual Protection and Indemnity Association Limited (Luxembourg)]

成立时间:1855 年

总部所在地:英国 伦敦

承保吨位:8 825 749 吨

保险费收入:80 000 000 美元

思考题

1. 船东保赔保险是否属于海上财产保险的范畴?为什么?
2. 船东保赔保险的主要承保哪些风险?请列出 5~7 种。
3. 从风险保障的角度来看,船东保赔保险可分为几类?分别是什么?
4. 船东保赔保险保险人垫付被保险人的赔款吗?
5. 国际船东保赔协会集团共有几家会员?

第二十章

劳合社保险市场

提起英国的"劳合社市场(Lloyd's Market)",在保险界无人不知,无人不晓。自"劳合社市场"成立以来,不仅其自身直接承保保险业务,世界各国的保险公司几乎都要利用"劳合社市场"这一个平台将自己承保的巨额风险以再保险的方式转移出去。目前,"劳合社市场"已成为世界保险市场中的一个优秀品牌,也是保险界多数人士希望前往参观、学习与交流的地方。

第一节 劳合社保险市场的由来

一、劳合社的起源

17世纪资产阶级革命使英国的航运业得以迅速发展,在客观上需要一个商人之间相互进行交易和互通航运消息的场所。

大约在1688年,英国商人爱德华·劳埃德先生深知当时的商人非常关注有关航运的情况,利用当时伦敦商人经常喝咖啡时交易的习惯,在离泰晤士河口不远的城堡街开了一家咖啡馆。咖啡馆地址选得很好,离英国各航海部门都不远,许多船长、船东、贸易商人、银行老板和高利贷者们到这个咖啡馆谈论贸易、航运、借贷等方面的问题。为了更多地招揽顾客,搞活咖啡馆的业务经营,劳埃德先生经常派人到码头了解船舶进出港及海难的消息,为顾客传递他们所关心的信息。鉴于该咖啡馆集聚了众多的海上保险客户,并能得到航运方面的各种信息,海上保险商和保险经纪人也被吸引进来,成为咖啡馆的常客,并促使他们在此品尝咖啡的同时办理保险业务,承保船舶和货物运输保险。也正是由于保险商人与保险经纪人的加入,这个咖啡馆逐渐演变成为公认的海上保险交易场所。

由于当时客观的历史条件,针对高风险的海上保险,承保时保险商联合在一起,均以共保的方式承保。当某船出海需要保险时,投保人或保险经纪人在一张纸上(即后来惯称的"承保条")注明投保的船舶或货物以及投保金额,然后由保险经纪人将承保条递给每个喝咖啡的保险商,每个保险商在承保条上注明自己承保的份额,并签上自己的名字,直至该承保条的保险金额100%被各保险商认领承保,如没有得到100%的确认,剩余的份额风险由被保险人自担。1696年,咖啡馆为了招揽更多的客人,又以油印方式出版了专门报道有关航运贸易消息的《劳埃德新闻》小报,每周出版3次,据说共发行了76期。在当时通信落后的情况下,咖啡馆能够提供准确的航运信息,给从事海上航运和贸易的人们提供了极大方便,因此也使劳埃德咖啡馆逐渐成为英国当时的海上航运信息传播中心。

此后,在1734年,爱德华·劳埃德的女婿出版了《劳埃德动态》周刊,后改为《劳合社日报》(Lloyd's List)，专门刊载海运与保险新闻、船舶进出港日期、船舶海难通告及海商法律的变化，直至今天，《劳合社日报》仍在伦敦出版，在海商法界仍颇负盛名。

后来，咖啡馆里的 79 名商人看到了海上保险活动的商机，每人出资 100 英镑，于 1774 年在伦敦城租赁了皇家交易所的房屋，在劳埃德咖啡馆保险商人经办的业务基础上成立了"劳合社"。

至于爱德华·劳埃德先生，他死于 1713 年，他本人从没干过保险。劳埃德咖啡馆于 1844 年不再经营了，但劳埃德咖啡馆的名字及其对海上保险的贡献载入了保险发展的历史史册，同时，以 Lloyd's 命名的作为社团经办保险业务的组织形式被保留下来。

针对这种社团经办保险业务的组织形式，我国保险界人士很早就将英文 Lloyd's 意译成中文"劳合社"，而不直译成"劳埃德"。第一位将"劳埃德"意译成"劳合社"的译者现已无法查找，但这足以说明，我国老一代保险工作者不仅对保险有深层次的研究，并且对中英文之间的意译掌握也有相当高的水平。

1871 年，英国议会通过了"劳合社"法案，批准劳合社成为一个保险社团组织。"劳合社"正式成为一个保险社团组织出现在英国的保险市场，但"劳合社"法案规定，劳合社的成员只限于经营海上保险业务，约束了"劳合社"保险业务向非水险业务扩张。直至 1911 年，英国议会取消了这个限制，批准劳合社成员可以经营包括水险在内的一切保险业务，从此以后，"劳合社"作为保险社团，规模越办越大，变成了世界保险的主要市场。"劳合社"成立后，地址几经搬迁，现今劳合社大楼坐落在英国伦敦金融区中心。

二、劳合社保险市场

劳合社是一个集中办理保险的场所。就其性质而言，劳合社不是一个保险公司，而是一个社团组织。劳合社保险市场实行的是会员制。1994 年以前，劳合社的承保人都是自然人，或称个人会员(individual member)。1994 年以后，劳合社允许公司资本进入市场，进而出现了公司会员(corporate member)。现在劳合社会员可以是保险公司，也可以是企业。会员根据保险市场的繁荣、兴衰情况有进有出，会员数量每年都会有变化。2005 年，劳合社共有 2 330 名会员，其中，公司会员 705 名，个人会员 1 625 名。这些会员在市场中分别按自己对保险的投资方向自由组成多个辛迪加作为保险人，每个辛迪加的会员数量不等，有的辛迪加会员数量较少，不到 10 名会员；有的辛迪加则拥有几百名会员。1983 年，劳合社市场中的辛迪加数量有 400 多个，后来由于公司会员的加入，使劳合社市场的承保能力逐年增加，个人会员的数量相对减少，辛迪加的组织结构也由单一险种承保转化为多险种承保，到 1994 年以后，辛迪加的数量锐减到不足 200 家，到 2005 年，辛迪加仅有 62 个。最新资料表明，目前，辛迪加的数量已增加到 71 个。

劳合社市场的管理机构称为委员会，亦称理事会，劳合社由其会员选举产生的委员会来管理。委员会下设签单、理赔、法律部门，为会员处理签发保险单和保险理赔工作，并制定保险单、保险证书等标准格式等。委员会还下设出版部，出版有关海上运输、商船动态、保险海事等方面的期刊和杂志，向世界各地发行。此外，为便于掌握各地的保险信息，加强与客户的联系，劳合社在 100 多个国家设有办事处。

劳合社的会员们并不直接到市场上做业务，而是由会员所在的辛迪加雇请一个承保人出面代表它们做保险生意，业务来源是靠伦敦市场的保险经纪人介绍。每年承保人向会员们报告亏损赢利情况。实际上，劳合社只是一种将保险经营者集中在一起办理保险的场所，会员们在经济利益上与劳合社毫无关系。就如高档会馆和高档高尔夫俱乐部一样,既为会员提供场所,又对会员的进入、退出设有严格的约束机制。

三、劳合社市场的诚信度

劳合社委员会要求每个参加劳合社的会员必须在事前向劳合社交付保证金。按现在的规定,每个投资者必须有价值10万英镑的资产保证,并交纳37 500英镑保证金,同时,每年至少要有15万英镑保险收入。劳合社历来规定每个社员要对其承保的业务承担无限的赔偿责任,但由于劳合社近年累计亏损80亿英镑,现已改为有限的赔偿责任。

劳合社将会员们交纳的保证金汇集成保证基金,如果发生赔款,某个会员偿付不了而损害劳合社的名誉时,劳合社就将动用这种基金代付赔款,因此,劳合社作为一个保险社团组织,对外的诚信度很高。历史上几次震惊世界的大灾难几乎都与劳合社保险有关,并如数得到赔偿。例如,1906年美国旧金山大地震引起火灾,被保险人得到了它的赔偿;1912年英国巨型客轮"大力神"号触冰沉没,1 500人丧生,劳合社为此付了250万美元赔偿费;1937年德国"兴登堡"号飞船在美国上空爆炸,也是由劳合社承担保险并赔偿数百万美元;1983年,劳合社承保的民航客机有28架失事,赔偿了3亿多美元。以上种种赔偿并未动摇劳合社的根基,于是劳合社保险誉满全球,人们都称赞它为"保天下第一险"。尽管保险费率有时偏高,客户也愿意在劳合社投保。

1997年,世界著名的评估机构标准普尔公司首次披露其对"劳合社"的市场评级为A+。目前,世界上从事国际性业务的保险公司均以是劳合社会员来显示其诚信度和承保能力是一流的。特别是一些具有"劳合社会员"资格的保险经纪人,在世界各地承揽业务时往往也会因"劳合社"这块金字招牌得到客户们的认可,由其来安排保险事宜。

劳合社保险市场作为一种市场场所的品牌,展现给人们的是:守信、可靠、保险,这也是劳合社保险市场在国际保险市场竞争中经久不衰的原因。

四、劳合社的水险市场

劳合社市场最早是从水险发展起来的,因此,劳合社市场长期以来一直作为世界水险市场的承保中心。劳合社承保水险的辛迪加曾一度占市场辛迪加总量的40%,其业务量约占劳合社总业务量的20%多。世界上约有15%的海上保险业务是由劳合社承保的(主要是再保险业务比较多)。2005年,劳合社保费收入约100亿英镑,海上保险业务保费收入占13%,(比2004年的7%增加了6%)。2005年以后的几年中,海上业务占比一直维持在20%左右,没有太大变化。

劳合社承保的水上风险范围很广,责任较大,包括世界上几乎所有远洋船舶的船东保赔责任险的巨额赔偿风险都通过船东保赔协会在劳合社办理了再保险。可以说,劳合社水险市场仍处当今国际水险市场的领军地位。

令人回味的是,劳合社几经搬迁,但一个古式船用铃铛式的小铜钟一直悬挂在英国劳合社大楼内的。该铜钟是在1799年从一艘沉没于荷兰沿海的船舶上打捞上来的。该钟挂在劳合社担负着一项不寻常的使命。钟声响一下报喜讯、佳音,如1984年,此钟发出了一声喜悦的响声,宣告美国航天飞机成功地收回了人造卫星返回地面,保险因此次飞行赚了5 000万美元;1985年,该钟发出了两声悲哀地鸣叫,宣告朝鲜一架波音—747客机被苏联击落,劳合社要向"大韩航空公司"赔偿2 680万美元。但无论该钟敲响的目的什么,每一个响声都告诉人们,劳合社保险市场是从海上保险发展起来的,现代保险制度是从海上保险制度发展建立起来的。

第二节 劳合社保险的承保模式

一、劳合社的保险人

劳合社本身虽然不是一个保险集团,但人们目前理解的"劳合社",既是一个保险市场的代名词,也是一个真实的保险主体,因为在劳合社里的确可以购买到各种保险,事实上,劳合社是由多个辛迪加组成的保险社团,因此一提到"劳合社",人们都知道它是做保险的。

在劳合社里,保险业务的承保都要通过一个个辛迪加来具体完成。一个辛迪加,即一个保险人。每个辛迪加在承保业务时往往是将一个保险标的风险责任分散给其内部的几家会员承担。有时,由于一个辛迪加的承保能力有限,则由几个辛迪加共保一个保险标的。这种承保方式,保险的专业术语称为"共保"。在"共保"时,每个辛迪加都须在保险单上进行批注,注明其对保险标的承保比例是10%还是20%。这种批注式的保险单在辛迪加之间称作承保条。为了更有效地分散各自承担的巨额风险,会员相互之间还直接办理再保险业务(各辛迪加之间还相互提供再保险)。

二、劳合社的保险业务来源

劳合社市场的每个辛迪加都不直接到市场中去争揽业务,主要是依靠其国内外保险经纪人的推荐和介绍,因此,它们的业务来源于世界范围。英国保险市场活跃着大量的保险经纪人。因保险合同较为复杂,人们往往很难熟悉保险合同的内容,为避免保险合同双方因合同内容出现理解上的纠纷,因此,在市场上活跃的保险经纪人是英国保险市场业务来源的主要渠道。在英国,一般情况下,被保险人办理保险往往要找经纪人充当其保险顾问,做保险人和被保险人之间的媒介,保证他能在保险合同项下获得应享有的合法权益。而劳合社市场以外的保险公司如我国保险市场,尽管有经纪人制度存在,大多数保险业务都是由保险人自己或通过自己的保险代理人直接与客户商谈。

劳合社保险市场的业务主要分为4大类:水险、非水险、航空和汽车保险,但其承保的风险项目可以说包罗万象,从太空卫星、超级油轮、大型建筑物、海上石油开发的钻井平台,到影星的眼睛、钢琴家的手指、脱衣舞女郎的大腿与可怕的疾病,均可作为保险承保的标的。只要市场上对某种风险产生了保障需求,只要你能支付得起保险费,富有创新进取精神的劳合社承保人很快就会设计出相应险种。但劳合社有两种风险不承保,即长期寿险和信用风险。

三、劳合社的保险单

劳合社设计的条款和报单格式在世界保险业中具有广泛的影响。1982年以前,劳合社市场承保水险业务有两种保险单,一种是劳合社设计的古老而又著名的"劳合社 S.G. 保险单(Lloyd's S.G. Policy)";一种是伦敦承保人协会(The Institute of London Underwriters)设计的"公司水险保单(Company Marine Policy)"。

(一) S.G. 保险单

S.G. 的英文是 "Ship and Goods"。S.G. 保单格式是由劳合社委员会批准印制的一种仅可由劳合社保险人使用(劳合社法规定)的标准保单格式。它诞生于1779年1月12日，涅槃于1982年，在保险市场上有200多年的历史，在国际保险业具有很大的影响力。S.G. 保险单由保单和条款构成。S.G. 保险单既可以用来承保船舶保险，也可以承保货运保险，只要在保单的保险标的一栏中注明是船舶还是货物就行了。《1906年英国海上保险法》将其作为附件附在法律后面，作为标准的保险单格式内容供参照使用。过去，从事保险的人要不知道S.G. 保险单的内容，就会被视为根本不懂什么是保险。20世纪80年代之前从事保险培训，不论国内、国外，还是国内外交流，都要从S.G. 保险单的内容谈起。S.G. 保险单包括承保责任、施救费用、放弃、保险标的定值和附注(主要注明货物运输险在哪种情况下有哪些单独海损不赔)等十几项内容的条款。

按现在的观点来看，S.G. 保险单上的条款是一个较为费解的合同条款，说它是一个完整的合同条款，它又不详尽，说它不完整，却又被当时保险双方所接受。早期英国著名大法官Mansfield 在1812年时就称其为"一种非常奇怪的文件"。一直到英国《1906年海上保险法》出台，人们才认为它具有完整性，并被该法作为法律认定的标准合同条款范本附载在英国的《1906年海上保险法》后面。实际上，这种完整性得益于法律中使用的"凡保险单另有规定外，均适用本法规定"的字样，使它的缺欠得到了充分的弥补。由于法律给予了强有力的依托，S.G. 保险单在海上保险发展的200年历史长河中一直未做大的改动，但是这种保险单必须先研究《1906年海上保险法》才能搞清整体内容的情况对被保险人来说是不公平的，它给被保险人带来了很多麻烦，也给人们对海上保险的认识增加了神秘色彩，而且不利于海上保险的发展，因为被保险人不是保险专家，不可能看了保险单还需查阅《1906年海上保险法》的规定，即使查了，由于法律很长，也不可能一下就搞清到底是怎么一回事情，让人无法理解海上保险。

实际上，被保险人对S.G. 保险单的这种情况早就不满，英国的法律界自1791年至1937年间所收集的对该保单的辱骂和批评的语言，称其是"一个奇怪，非常奇异、荒谬、表达不清、生硬、残缺、费解、无法理解、含糊不清的文件，由一个带有幽默感且私心很重的疯子，以过去祈祷的方式，用相当不严谨的方法拟定"①。但苦于劳合社在海上保险市场的地位，加上英国总想维护其市场权威的面子，不想修订其内容，才使S.G. 保险单得以长期存在。

随着科技的进步，世界经济已向透明化发展，任何保守的势力都将被历史发展的车轮碾碎，保险也不例外。由于要求修改S.G. 保险单的呼声越来越高，越来越强烈，促使联合国贸易和发展委员会对各国海上保险条款及法律进行了研究，形成了一份《海上保险——海上保险合同的法律和文件问题》的报告，并于1975年5月在联合国贸易和发展委员会会议上提出。该报告在承认海上保险的发展主要是受英国法律背景的影响的基础上，尖锐地批评了S.G. 保险单存在的问题。此后，英国保险市场经过6年的反省，劳合社废弃了文字既古老又晦涩难懂的S.G. 保险单，自1982年后开始使用新的劳合社保险单。

新的劳合社保险单仍旧既可以承保船舶保险，又可以承保货运保险，但这个保单中仅有关于约束劳合社内部辛迪加的条款，保单中的保险标的、保险金额以及批注或更改等内容则在保单格式中填写，使用的保险条款则可以印制在保单上或贴附在保单上，较过

---

① 郭同订等译:《欧梅与海上保险》，法律出版社2002年版，第10页。

去更为简单,是名副其实的保险单格式。

可以说,S.G.保险单的这种改变是世界各国保险界人士不断反对的结果,也是英国为维护其海上保险权威地位不得不妥协的结果。①

(二)伦敦承保人协会保单

伦敦承保人协会保单是由伦敦承保人协会制定的。伦敦承保人协会(The Institute of London Underwriters,ILU,)1884年成立于伦敦,是由20几家保险公司发起成立的,其宗旨是拟定英国市场通用的海上保险条款,研究承保技术,增进保险项下的各方利益,之后于1998年与伦敦国际保险和再保险市场协会(The London International Insurance and Reinsurance Market Association,LIRMA)合并成为伦敦国际承保人协会(The International Underwriting Association of London,IUA)。

原伦敦承保人协会下设3个委员会:技术和条款委员会、船舶共同委员会和货物共同委员会,其中,技术和条款委员会是负责拟定和颁布海上保险条款的部门。

由于劳合社法规定,S.G.保单不能被劳合社以外的保险人使用,为此,该协会也制定了一个保险单——伦敦承保人协会保单。该保险单从一开始就与劳合社保险单的格式有所区别,较劳合社保险单格式简单,纯属于一种格式,仅有一个承保人说明,使用时既可在保单上印制条款,也可以加贴协会保险条款。因此,当世界各国兴起自办海上保险,在制定保险单时基本都参照该格式,所使用的条款则由各国根据协会条款修订的条款或者直接使用协会条款,因此,绝大多数国家的海上保险单条款与协会条款基本保持一致。该保单格式在1982年以后,由于协会船舶、货运保险条款的修订,改为"公司水险保险单"一直延续至今。

四、海上保险主要使用的协会条款

英国伦敦承保人协会制定的海上保险条款习惯上称为"协会条款"。据考证,最早的协会条款见于1888年。目前,英国海上保险使用的条款主要分为4类:

一是协会船舶保险条款,包括船舶定期(time)险条款、船舶航次(voyage)险条款、船舶港口(port)险条款、船舶战争和罢工险条款、船舶建造险条款等。

船舶定期险条款又分一切险(all risks)、全损险(total loss only)、单独海损绝对不赔险、损坏绝对不赔险4个条款。每个险别都有各自单独完整的条款。

二是协会货物运输保险条款。1982年以前,货物运输保险包括协会货物运输一切险(all risks)、协会货物运输水渍险(with average)、协会货物运输平安险(free from particular average)、协会货物运输战争和罢工险等条款。到1982年以后,伦敦承保人协会为了适应国际保险市场的需要,完善其承保制度,将货运险条款修订为A、B、C三个条款,分别代替一切险、水渍险和平安险。

三是协会运费保险条款。协会运费保险条款与船舶保险类似,也分为定期、航次、战争和罢工险等条款。

四是协会各种附加险条款。除了协会的主要条款外,协会还制定了许多附加险条

---

① 因为在1978年年底到1985年年初的时间里,联合国贸易和发展委员会所设的航运立法工作委员会一直在召开会议,做统一海上船舶(货物)保险条款的工作。英国为维护其技术权威,先于联合国贸易和发展委员会1985年3月正式条款出台前,于1982年和1983年就先后修订了协会货运险条款和协会船舶保险条款。英国修订的条款改变了以往的架构,增添了许多新的内容,可以相对脱离英国《1906年海上保险法》而单独在合同中使用。

款作为主要条款的补充。这些附加险条款是根据市场情况的客观变化和被保险人的要求制定的。例如,协会船舶保险附加封锁险条款、协会核动力污染条款在以前是没有的,由于1967年埃及和以色列爆发战争,发生苏伊士运河的封闭事件和核动力船出现后,协会才制定承保这两种风险的附加险条款。从另一个角度来看,只要协会附加险增加到一定程度,就意味着主条款将要进行修订,因为一些附加险承保的风险不可能长期游离于主条款之外。

第三节 劳合社在我国建立的子公司

鉴于劳合社本身的经营特点,劳合社在历史上不像大的保险公司一样在海外设立分支机构,但随着经济全球化的快速发展和我国保险市场的崛起,使劳合社近30多年来一直非常关注中国的保险市场。自20世纪80年中期以来,劳合社主席开始访问我国,并于2000年11月28日在北京设立代表处。这是劳合社第一次在没有自己营业机构的国家设立代表处。而后,劳合社又正式向保监会递交申请,寻求在中国设立境内再保险分支机构的许可。最后,经中国保监会批准,劳合社决定在我国上海设立其子公司——劳合社再保险(中国)有限公司,并于2007年4月16日挂牌营业。

劳合社再保险(中国)有限公司由16家辛迪加投资组成,注册资本2亿元人民币,被允许开展中国境内的再保险业务、中国境内的转分保业务和国际再保险业务。在运营上,该公司基本上与劳合社市场的运营模式一样,每个辛迪加各做各的业务,任何业务在辛迪加之间都可以共保方式或再保险方式安排,但主要还是以其伦敦总部做支撑。在业务经营上,主要集中于产品责任风险和海事、航空领域的保险。

由于劳合社再保险(中国)有限公司不能做直接业务,仅通过再保分入的业务量也不大,面对中国这样一个大的保险市场,劳合社为了寻求商机,决定将再保险公司改为直接可以做业务的公司,后经中国保监会同意,于2010年9月15日批准劳合社再保险(中国)有限公司更名为劳合社保险(中国)有限公司。目前,劳合社保险(中国)有限公司在我国既可以做再保险业务,也可以做直接承保业务。

值得研究的是,劳合社虽然可以作为一个保险投资者成立一家保险公司,但其内部的运作模式等于是投资了一个小的保险市场,并非公司,而从事活动的辛迪加也并非法律实体,而是加盟到劳合社中来的企业和个人投资者的非公司实体。就我国现行的保险法律而言,对劳合社再保险(中国)有限公司的这种运营方式尚未有一个明确的法律约束,因此,如何监管便成为一个课题。目前而言,也只能对它做到资信方面的监管,定期审查其16家辛迪加股东的资信情况与劳合社每年的运营情况来认定其承保能力,以弥补法律上的空白。

劳合社与中国保险市场具有很长的再保险合作关系。在过去几十年的时间里,我国的保险公司在水险、航空险和建工险等高风险业务方面办理再保险分出业务时,国外再保险的主要接收人一直是以劳合社市场为主。目前,劳合社市场仍然是我国保险业再保险的主要分保渠道。可以说,由于再保险的特质,通过国际再保险市场给我国保险市场所提供的境外承保能力间接地提升了我国保险业自身的承保能力。在这方面,劳合社市场对我国保险业的发展起到的作用是巨大的。

思考题

1. 劳合社是保险机构吗？它有一个什么样的组织架构？
2. 劳合社过去使用的是什么保单？你能简单说出该保单的内容吗？
3. 英国市场有几种保单格式？
4. 伦敦承保人协会海上保险条款的主要险种有哪些？

第二十一章

与船舶保险、保赔保险相关的法律法规

第一节 与远洋船舶保险相关的法律法规

与船舶保险相关的法律法规在前面的章节中已经分别介绍了,下面介绍的是船舶保险承保与理赔实务中经常涉及的、保险人必须对其主要内容有所了解的法律法规。

一、《中华人民共和国海商法》

《中华人民共和国海商法》(以下简称《海商法》)于1992年11月7日在第七届全国人民代表大会常务委员会第二十八次会议上通过,于1993年7月1日生效。该法共15章278条,其中,第十二章"海上保险合同"分6节40条,是专门对海上保险合同的订立、解除和转让、被保险人的义务、保险人的责任、保险标的损失和委付、保险赔偿的支付等做出的规范,是海上保险活动应遵循的准则。《海商法》借鉴并吸收了相关的国际惯例、公约以及相关国家海商法的立法思想,是一部与国际通行做法接轨的法律。该章的某些条文在立法时借鉴了人保公司《86年船舶保险条款》的内容,其中,"除外责任""向第三者追偿"的条款尤为明显。

《海商法》与船舶保险实践的联系非常紧密,它不仅是保险人在以后修订海上保险条款时做参照的重要依据,也是保险人处理和解决承保和理赔工作中相关问题的依据,因此,从事船舶保险业务的人员极有必要学习和了解《海商法》。

要注意的是,《海商法》主要适用于远洋船舶,对沿海内河船舶的约束力是有限的。原因在于:

第一,我国沿海、内河船舶运输均实行承运人负责制。在承运人负责制下,承运人没有远洋运输提单项下可以享受的免责条款,即承运人要对除天灾以外的原因造成承运货物的损失负全部赔偿责任。因此,《海商法》中规定的承运人责任不适用于沿海、内河船舶。

第二,远洋船舶保险是定值保险,沿海、内河船舶保险是不定值保险;远洋船舶保险的条款在制定上要与国际惯例保持一致,沿海、内河船舶保险条款则不受此种限制,其风险、责任、赔偿等内容与远洋条款有重大区别,因此,《海商法》的有些规定不适用于沿海、内河船舶。

第三,远洋船舶保险各种赔偿案件的司法实践不仅要根据《海商法》,还要按照国际习惯及相关国际公约的规定办理,而沿海、内河船舶保险各种赔偿案件的司法实践则是按照我国沿海、内河船舶的航运法规与制度办理的。

由于上述原因,第1条虽然规定《海商法》是"为了调整海上运输关系、船舶关系,维护当事人各方的合法权益,促进海上运输和经济贸易的发展,制定本法",但在司法实践中,有些条文对沿海船舶还难以适用,如在我国沿海运输中不使用提单,而使用运单,因此,沿海运输的承运人不能享受提单中法律允许的豁免责任。

我国《海商法》第2条规定:"本法所称海上运输,是指海上货物运输和海上旅客运输,包括海江之间、江海之间的直达运输。"显然,内河、湖泊等可航水域不从事"海江之间、江海之间"直达运输的船舶不在《海商法》的调整范围之内。

目前,投保了沿海内河船舶保险的船舶,无论是专门从事沿海运输的船舶,还是从事海江、江海之间直达运输的船舶,虽属于《海商法》的调整范围,但在保险理赔问题上采用的是不定值保险的赔偿办法,这种办法应属法律中的"另有约定"。

二、《中华人民共和国保险法》

《中华人民共和国保险法》(以下简称《保险法》)修订过两次,现行的《保险法》是2009年2月28日,十一届全国人民代表大会第七次会议通过并于同年10月1日起实施的。新中国第一部保险法的出台是在1995年6月30日,并于同年10月1日实施。《保险法》的出台对规范保险活动,保护保险合同当事人的合法权益,加强对保险业的监督管理,促进保险业的健康发展,发挥了积极的重要作用。《保险法》第一次修订是在2002年10月28日,由第九届全国人民代表大会常务理事会第三十次会议通过的《关于修改〈中华人民共和国保险法〉决定》,并于2003年1月1日实施的。第一次修订的目的主要是适应我国加入世界贸易组织对保险业承诺的要求,同时打开了保险资金不可以向企业投资的禁锢,增添了保险资金投资的新渠道。

现行的《保险法》是第三次修订的,其修订的目的是进一步完善商业保险的基本行为规范和国家保险监督制度的主要框架,促进保险事业的健康发展,该法针对保险业和保险监管的实际做出了较多的新规定。

实务中需注意的是,根据《保险法》的规定,海上保险适用于《海商法》的规定,《海商法》没有规定的才适用该法。远洋船舶保险属于海上保险,因此,远洋船舶保险项下的各种争议首先要适用《海商法》。

三、《中华人民共和国海上交通安全法》

《中华人民共和国海上交通安全法》于1983年9月2日在第六届全国人民代表大会常务委员会第二次会议上通过,1984年1月1日生效。该法共12章53条,是规范海上交通管理,保障船舶、设施和人命财产安全,维护国家权益的法律。该法的主要内容如下:

第一,明确了对沿海水域的交通安全实施统一监督管理的机关是中华人民共和国港务监督机构(即现在的中国海事局及其派出机构),并赋予其作为海事纠纷调解人的权力(第十章第四十六条)和发布打捞清除沉没物命令的权利(第八章第四十一条)。

第二,规范了船舶登记证书(第二章),船上人员(第三章),航行、停泊和作业(第四章),水上水下安全保障(第五章),危险货物运输(第六章),海难救助(第七章),打捞清除(第八章)等事项中主管机关和当事人的权利和义务。

第三,明确了海事调查处理的程序(第九章)和当事人违反此法的法律责任(第十章)。

根据该法的规定,海上船舶必须无条件地恪守该法在船舶检验和登记,船舶、设施上的人员,航行、停泊和作业,安全保障,危险货物运输,海难救助,打捞清除等方面的各项规定,因此,保险人在承保和理赔时要注意保险船舶有无违反该法的情况,以便决定是否承保或者确定被保险人是否应履行其法律义务与责任而承担保险项下的赔偿责任。

四、《中华人民共和国船舶和海上设施检验条例》

《中华人民共和国船舶和海上设施检验条例》于1993年2月14日由国务院令第109号颁布,共7章34条。

国家对船舶和海上设施进行检验,是为了保证船舶、海上设施和船运货物集装箱具备安全航行、安全作业的技术条件,保障人民生命财产安全和防止水域环境污染的一项重要手段,具有强制性。这种检验所颁发的证书属于法定检验证书,该条例所涉及的检验均属于法定检验的范畴。

船舶的法定检验是对船舶技术状态的鉴定,船舶能否通过这种检验,获取相应检验证书,取决于船舶实际的安全技术状态。不具备相应证书的船舶说明它技术状态存在问题,因此,船舶是否具备相应的检验证书,对保险人来说非常重要,承保证件审查时要特别注意,尤其是海事发生后的检验,如未按规定进行检验,将构成不试航,保险将免除赔偿责任。

该条例保险人需要了解和掌握的相关条文有:

第七条:中国籍船舶的所有人或者经营人,必须向船舶检验机构申请下列检验:(一)建造或者改建船舶时,申请建造检验;(二)营运中的船舶,申请定期检验;(三)外国籍船舶改为中国籍船舶的,申请初次检验。

第九条:中国籍船舶须由船舶检验机构测定总吨位和净吨位,核定载重线和乘客定额。

第十一条:中国沿海水域的移动式平台、浮船坞和其他大型设施进行拖带航行,起拖前必须向船检局设置的或者指定的船舶检验机构申请拖航检验。

第十二条:中国籍船舶有下列情形之一的,船东或者经营人必须向船舶检验机构申请临时检验:(一)因发生事故,影响船舶适航性能的;(二)改变船舶证书所限定的用途或者航区的;(三)船舶检验机构签发的证书失效的;(四)海上交通安全或者环境保护主管机关责成检验的。

第十三条:下列中国籍船舶,必须向中国船级社申请入级检验:(一)从事国际航行的船舶;(二)在海上航行的乘客定额100人以上的船舶;(三)载重量1 000吨以上的油船;(四)滚装船、液化气体运输船和散装化学品运输船;(五)船东或者经营人要求入级的其他船舶。

第十四条:船舶经检验合格后,船舶检验机构应当按照规定签发相应的检验证书。

第二十四条:任何单位和个人不得涂改、伪造检验证书,不得擅自更改船舶检验机构勘划的船舶载重线。

五、《中华人民共和国船舶登记条例》

《中华人民共和国船舶登记条例》于1994年6月2日由国务院令第155号颁布,1995年1月1日起实施,共10章59条。该条例是国家为加强船舶的监督管理,保障船舶登记有关各方的合法权益而制定的。该条例第8条明确规定,中华人民共和国港务监督机构是船舶登记的主管机关。未经合法登记注册的船舶,等于船舶不具备法律给予财产保护的资格,就保险而言,也就不具备合法的保险利益。保险人在订立船舶保险合同时,船舶未进行合法登记的,均视为不具备合法的保险利益,不予以承保。由于保险活动的复杂性,本着审慎的原则,保险人要根据保险惯例,提示投保人对此要如实履行告知义务。

该条例需要了解和掌握的有关条文如下：

第五条和第六条规定："船舶所有权的取得、转让和消灭，""船舶抵押权、光船租赁权的设定、转移和消灭，未向船舶登记机关登记的，不得对抗第三人。"

第七条：中国籍船舶上应持适任证书的船员，必须持有相应的中华人民共和国船员适任证书。

第九条：船舶登记港为船籍港。船舶登记港由船东依据其住所或者主要营业所所在地就近选择，但是不得选择2个或者2个以上的船舶登记港。

第十条：一艘船舶只准使用一个名称。船名不得与登记在先的船舶重名或者同音。

六、《中华人民共和国海船船员考试发证规则》

《中华人民共和国海船船员考试发证规则》于1987年2月24日由中华人民共和国交通部(87)交水监字15号文件发布，1988年1月1日起生效。该规则共11章91条，是国家为促进船员提高技术业务水平，保障海上人命和财产的安全，保护海洋环境，根据《中华人民共和国海上交通安全法》和《1978年海员培训、发证和值班标准国际公约》的要求制定的。该规则对海上船员考试的发证机关、申请适任证书者的资格、证书的印制、证书的式样、证书的签发、证书的类别（分A、B、C三类）与格式、证书的有效期限以及证书的等级、职务、船舶种类做了详尽的规定，并对船舶类型、航区划分、适任证书的概念进行了定义。

保险人在承保船舶或在保险船舶出险时，业务人员应根据该规则的有关规定对船员证书的合法性和有效性进行查验，防止船舶保险以后出现船上船员不适任的情况，或者是发生伪造海上资历以及涂改、伪造、转让、出借或出售证书的情况。

第二节 与内河船舶保险相关的法律法规

一、《中华人民共和国内河交通安全管理条例》

《中华人民共和国内河交通安全管理条例》（以下简称《内河交通安全管理条例》）于2002年6月19日国务院第60次常务会议通过，以国务院第355号令公布，自2002年8月1日起实施。该条例共11章95条。该条例是国家为加强内河交通安全管理，维护内河交通安全，保障人民群众生命、财产安全而制定的一项法规。在我国内河通航水域从事航行、停泊、作业的一切船舶、排筏、设施和人员及其所有人和经营人必须遵守该条例。只有了解和掌握该条例有关章节具体条文的内容，从事沿海内河船舶保险的业务人员才能更好地处理船舶保险赔案。

《内河交通安全管理条例》第一章是总则部分，表述了制定该条例的目的和所要规范调整的范围，划分了国家交通管理部门和海事管理机构、地方海事管理机构和县级以上政府、乡（镇）政府各自应对水上安全监督管理的职责。

《内河交通安全管理条例》第二章规定了船舶准许航行必须具备的条件和船员必须持有合格的职务证书或合格证件；船东和经营人必须对其所有的或者经营的船舶的安全负责。

《内河交通安全管理条例》第三章规定了船舶航行、停泊和作业的安全标准。

《内河交通安全管理条例》第四章规定了危险货物的监管。

《内河交通安全管理条例》第五章规定了渡口与渡口船舶的管理。

《内河交通安全管理条例》第六章规定了关系船舶安全的航道、航标、禁航区、管制区等保障要求。

《内河交通安全管理条例》第七章规定了救助要求。

《内河交通安全管理条例》第八章规定了事故调查处理程序。

《内河交通安全管理条例》第九章规定了海事管理机构监督检查的责任。

《内河交通安全管理条例》第十章规定了违反该条例的各种处罚标准。

《内河交通安全管理条例》第十一章界定了条例中某些用词的含义。

二、《中华人民共和国水路运输管理条例》

《中华人民共和国水路运输管理条例》(以下简称《水路运输管理条例》)于1987年5月12日国务院国发(1987)46号文件发布,并于1997年12月3日进行修订。该条例共4章33条,主要是针对我国水路运输的管理和运输秩序做的规定,适用于我国沿海、江河、湖泊以及其他通航水域内从事水路运输和水路运输服务的单位和个人。

《水路运轮管理条例》规定,经营运输的船公司必须按规定"领取运输许可证和营业执照"。沿海内河船舶保险在承保时要了解、查验被保险人是否具备合法的运输许可证和营业执照,防止承保从事非法运输的船舶,确保保险活动不违反社会公共利益。

《水路运轮管理条例》的出台为促进我国沿海、内河船舶保险业务的发展创造了良好的法律环境,该条例第20条规定:"从事营业性运输的个体(含联户)船舶必须按照国家有关规定办理保险。"这一规定等于强制保险,要求营业性运输的个体(含联户)船舶必须办理保险。但实践与此要求差距甚大,未保险的营业性运输的个体(含联户)船舶比比皆是。

此外,该条例对承运人的责任和义务也做了原则性规定。保险人如承保承运人责任险,有必要了解条例中的相关内容,同时还要了解和掌握与此条例配套的由交通部颁布的《水路运输管理条例实施细则(1998年3月6日修正)》的内容。

三、《内河船舶船员考试发证规则》

《内河船舶船员考试发证规则》于1992年4月7日由中华人民共和国交通部令34号发布,并于1993年1月1日起生效。该规则共5章71条,是国家为加强内河船舶船员的技术管理,提高船员技术业务水平,根据《内河交通安全管理条例》制定的。

《内河船舶船员考试发证规则》的主要内容有:①将内河船舶按船舶总吨及主推动力装置功率划分为一至五个等级;②对各等级船舶船员的职务设置做了相应的规定。保险人按规则查验船舶和船舶证书是否与实际情况相符,主要目的在于确定保险船舶是否具备适航性。

四、《内河航区分级规范》

《内河航区分级规范》于1985年由中华人民共和国船舶检验局(85)船规字第460号文公布,1986年1月15日起施行。该规范共3章23条,其主要内容有:

第一,根据水文和气象条件,将内河船舶航行区域划分为A,B,C三级,其中,某些水域根据水流湍急情况又划分为急流航段,即J级航段。

第二,对我国主要通航内河及水系的航区等级做了详尽规定。同时还规定,低等级航区的船舶一般不得在高等级航区内航行,各级航区的船舶如不满足急流航段的特殊要求,亦不得航经该急流航段。

航区分级规范在内河船舶保险业务中,是保险人确定费率的主要依据之一,水文和气象条件差的航区费率偏高,好的航区费率偏低。当保险船舶出险后,保险人要注意查验保险船舶有无超越船舶证书载明的最高航行风险区域。

第三节 与保赔保险相关的知识及法律

一、提单

提单是海上运输合同的具体文书,承运人在运输过程中对所承运的货物应承担什么样的义务与责任在提单中均载明。保赔保险中,船东的货损货差责任主要是由于船东违反提单条款规定产生的,因此,从事保赔保险的人员要熟悉提单(包括从事海上货物运输保险的人员),特别是承运人应履行的义务与责任、可享受的免责等条款。

(一)提单的概念

我国《海商法》第71条规定:"提单,是指用以证明海上货物运输合同和货物已经由承运人接收或者装船,以及承运人保证据以交付货物的单证。提单中载明的向记名人交付货物,或者按照指示人的指示交付货物,或者向提单持有人交付货物的条款,构成承运人据以交付货物的保证。"根据法律规定,提单是海上运输合同的证明,是承运人接管货物或将货物装船的证明,是承运人保证据以交付货物的证明,是货物所有权的证明。

(二)提单的内容

1. 提单的正面记载事项,包括船名,承运人,托运人,收货人,通知方,装货港,货物的名称、标志、包件的数量与种类、重量或体积等,运费及其他费用,提单的签发,货物的外表状况等内容

2. 提单的背面条款,一般包括管辖权条款,承运人责任条款,运费及其他费用条款,装货、卸货和交货条款,留置权条款,赔偿金额条款,危险货物条款,甲板货、活动物条款,集装箱货物条款,冷藏货物条款,选港条款,转运、换船、联运转船条款,共同海损条款,新杰森条款,双方互有责任碰撞条款等。其中,承运人责任条款最为重要。

(三)提单的转让规定

我国《海商法》第79条规定:"(一)记名提单:不得转让;(二)指示提单:经过记名背书或者空白背书转让;(三)不记名提单:无须背书,即可转让。"

二、《海牙规则》

《海牙规则》是《关于统一提单若干法律规定的国际公约》的简称。《海牙规则》是为统一国际提单中货物承运人、托运人最低限度的义务和最大限度的权利以及货物损失通知与诉讼时效等内容而制定的公约。该公约是德、英、美一些国家早在1924年在比利时的布鲁塞尔签订的,其生效日期为1931年6月2日。该公约规定的主要原则是世界各国贸易商与航运公司签订运输合同(提单)时,界定各自义务与责任的基本原则与基础。

《海牙规则》起源于英国航运界与以美国为代表的进出口商人在早期贸易中因经济利益产生的摩擦。19世纪末,英国拥有强大的商船队,在航运立法方面的影响力非常大,具有绝对的话语权。根据英国的"贸易自由"原则,船东为保护其利益,在海运提单中规定了许多船

东免责条款,结果使货主几乎承担了货物在海上运输过程中的一切风险,引起贸易界的强烈不满。而当时的美国,航运资本势力较小,进出口商人的势力较大,因此,进出口货物的运输大部分被英国船公司把持。由于提单中的众多免责条款不符合美国进出口商的利益,美国联邦法院便以"违反公众行为准则"为由,否认英国提单中船东过失责任免责条款的有效性,仅承认"合理的"免责条款。事实上,是否合理需要法院的裁决,而普通的商人很难根据提单条款确定提单持有人的实际权力。1893年,美国通过了《哈特法》(Harter Act)。该法规定,如果船东已经尽到应尽的责任,使船舶适航,则船东对其船舶航行或管理方面的过失所造成的损害或灭失均不负责,但对货物的装载、照料和缴付等方面的过失不能免除责任。这一规定基本上奠定了统一提单的原则基础。

由于英国不愿其"契约自由"原则受到限制,于是有人主张制定一套性质与《约克—安特卫普规则》类似的规则纳入提单。而后,国际法协会所属的海商法委员会(Maritime Law Committee)于1921年5月17日在荷兰海牙召开会议,制定了《海牙规则》,并建议普遍采用这一规则。后来,海商法委员会为了使其能获得广泛的采用,利用海上国际法会议之机对《海牙规则》进行了两次修改,并取得世界各国的支持,最后于1924年8月25日由各国正式签订,签订的公约名称虽然是《关于统一提单若干法律规定的国际公约》(International Convention for the Unification of Certain Rules of Law Relating to Bill of Lading),但人们仍习惯称其为《海牙规则》。《海牙规则》的主要内容有4项:

一是界定了货物的承运人、托运人在运输货物整体期间各自应承担的义务与责任(公约第3条1,2,3,5,6款);

二是承运人可以免除的责任(公约第4条2款);

三是承运人对货物灭火损害的赔偿限额(公约第4条5款);

四是诉讼时效(公约第3条6款)。

承运人责任主要包括:①船舶适航,包括船舶本身适航、船员和船上设备适航以及载货处所的适航;②妥善和谨慎地管理货物,承运人应当妥善、谨慎地装载、搬移、积载、运输、保管、照料和卸载所运货物;③承运人责任期间为自货物装上船舶开始至卸离船舶为止的一段时间,但这一规定不妨碍运输合同双方订立另外的协议。

承运人可享受的免责有:①承运人的受雇人驾驶船舶或管理船舶中的过失;②火灾,但承运人本人的过失除外;③海上风险;④天灾;⑤战争行为;⑥公敌行为;⑦君主、统治者或人民的扣留、拘禁或依法扣押;⑧检疫限制;⑨货物托运人或其代理人的行为或不为;⑩罢工、停工或劳动限制;暴乱或民变;救助或企图救助海上人命或财产;货物的固有瑕疵或缺陷所造成的损失;包装不当;标志不当或不清;谨慎处理所不能发现的潜在缺陷;非承运人过失的其他原因。

关于承运人赔偿责任限制,该公约规定,在任何情况下,每件或每单位的赔偿限额为100英镑。

关于诉讼时效,该公约规定,除非从货物交付之日或应交付之日起一年内提起诉讼,承运人和船舶在任何情况下均被免除对灭失或损害所负的一切责任。

三、《海牙—维斯比规则》

《海牙—维斯比规则》的产生主要是由于时间的推移,通货膨胀的影响,货物的价格比过去已逐渐提高,货主感到《海牙规则》的赔偿限额太低,有提高赔偿限额的要求。因此,国际海事委员会于1959年决定着手对《海牙规则》进行修订,最后于1968年23日在布鲁塞尔召开的第十二届海洋法外交会议上通过《修订统一提单若干法律规定的国际公约的议定书》。之所以将其简称为《海牙—维斯比规则》,主要是因为在1963年签该议定书时,国际海事委员会为借用中世纪维斯比法的名声,将签订地点定在维斯比城而得名。

《海牙—维斯比规则》与《海牙规则》最主要的区别是,提高了船东单位责任限额,即由原来的每单位100英镑改为10 000金法郎或每公斤30金法郎,两者以较高者为准。而后,该规则又于1979年再次修订,将10 000金法郎改为666.67特别提款权(SDR)或每公斤2特别提款权。其他的区别此处不再赘述。

四、《汉堡规则》

《汉堡规则》的全称是《1978年联合国海上货物运输公约》。该公约可以说是发展中国家与货主不满航运发达国家长期垄断航运市场、轻视货主利益的行为而进行长期斗争的结果。

由于《汉堡规则》建立的出发点政治色彩较浓,因此,这部公约从起草、筹建到签订一直由联合国贸发会下设的国际航运立法工作委员会主抓。该公约从1969年4月开始历经10年的时间,一直到1978年3月31日在德国汉堡通过。该公约与《海牙规则》最大的差别是对承运人实行完全过错责任原则,从根本上改变了《海牙规则》及《海牙—维斯比规则》的责任原则。

《汉堡规则》自1993年11月开始生效。由于世界上绝大多数航运发达国家均未加入该公约,因此,该公约一直没能在世界航运业得到广泛的认可和应用。目前,此公约仅在海商学术界作为一种学术探讨,但其内容对类似我国内河使用"运单"的各个国家的国内立法还是有着实际的借鉴意义的。

五、租船合同

租船是航运经营管理中一项较为复杂的工作,保赔保险承保的责任与其关系极为密切,因为被保险人用于经营的船舶有时是租赁的船舶,有时还会将自己的船舶出租给他人使用,因此,从事保赔保险的人员需要了解租船合同,特别是要在实务中研究租船合同中的出租人责任条款、合同解除条款、留置权条款或承租人责任终止条款、共同海损条款及提单条款,这对承保理赔工作极为有益。

(一)租船合同的概念

租船合同简称"租约",是指船舶出租人向承租人提供配备船员或不配备船员的船舶、船舶的部分舱位,装运约定的货物从一港运至另一港,由承租人支付约定运费的合同总称。

法律界定的租船合同仅指"定期租船合同"和"光船租赁合同",航次租船合同则界定在运输合同中。其原因可能是,前者是以租期时间长短按天计收租金,后者是以运费价格为基础按货物的重量计收租金。在学习和研究时要注意它们各自在法律中所界定的范围。

(二)租船合同的种类

根据租船方式的不同,租船合同可分为两类:一种是定期租船合同;一种是光船租赁合同。

1. 定期租船合同。根据我国《海商法》规定,定期租船合同是指船舶出租人向承租人提供约定的由出租人配备船员的船舶,由承租人在约定的期间内按照约定的用途使用并支付租金的合同。

定期合同的特点是：承租人负责船舶的经营，支付营运费用与租金；出租人仅负责按约定提供适当船舶和配备船员。

2. 光船租赁合同。根据我国《海商法》规定，光船租赁合同是指船舶出租人向承租人提供不配备船员的船舶，在约定的期间由承租人占有、使用和营运，并向出租人支付租金的合同。

光船租赁合同的特点是：出租人仅负责向承租人提供合适的船舶供其使用，船舶的经营管理和船上人员配备及包括租金在内所付的一切费用均由承租人负责。

(三)租船合同的格式

1. 定期租船常用的合同格式。

(1)《统一定期租船合同》(Uniform Time Charter)，租约代号为"波尔的姆"(BALTIME)，由波罗的海国际航运公会于1909年制定。由于20世纪初波罗的海地区的航运资本投入大，航运业发达，因此，制定的合同格式比较偏袒出租人的利益。

(2)《定期租船合同》(Time Charter)，租约代号为"土产格式"(PRODUCE FORM 或 NYPE)，此格式由美国土产交易所(New York Produce Exchange, NYPE)制定于1913年，后经多次修改。该格式在船舶出租人和承租人双方权益方面显得比较公正，因此在世界范围内得到了广泛的应用。现在普遍使用的是1946年10月3日修订的范本。1993年，该格式又进行了修改，但目前应用的范围还不广泛。

2. 光船租赁合同的格式。目前，世界上普遍使用的光船租赁合同的格式是《标准光船租赁合同》(Standard Bareboat Charter)，租约代号为 BARECON。该格式是由波罗的海国际航运公会于1974年制定的。

(四)租船合同的主要内容

定期租船合同和光船租赁合同的主要内容差别不大，其主要内容包括出租人和承租人的名称、船名、船籍、船级、吨位、容积、船速、燃油消耗、航区、用途、租船期间、交船和还船的时间和地点以及条件、租金及其支付等事项。这些事项被合同中的下列条款所涵盖：

1. 船舶说明条款；

2. 交船条款；

3. 租期条款；

4. 合同解除条款；

5. 货物条款；

6. 航行区域条款；

7. 出租人提供的事项条款；

8. 租金支付条款；

9. 还船条款；

10. 停租条款；

11. 出租人的责任与免责条款；

12. 使用与赔偿条款；

13. 转租条款；

14. 共同海损条款；

15. 新杰森条款；

16. 双方互有责任碰撞条款；

17. 战争条款；

18. 仲裁条款；

19. 佣金条款。

(五)租船合同应注意的事项

定期租船的"土产格式"合同没有明确规定船东与租船人之间针对货损货差的责任划分,极容易使合同双方发生争议。为此,国际保赔协会集团针对此格式问题与纽约土产交易所达成了一个"协会间协议"(Inter-Club New York Produce Exchange Agreement),该协议的主要内容是:

1. 因不适航造成的货损货差——100%属于船东责任；

2. 因装卸不当(包括积载、处理、绑扎等)造成的货损货差——100%属于租船人的责任；

3. 因短卸、失窃和溢卸等造成的货损货差——船东与租船人各负担50%。

由于该协议界定了双方的责任,简化了货损货差的理赔程序,缩短了理赔时间,受到各有关方的欢迎。保险理赔时对此要遵照执行。

六、航次租船合同

(一)航次租船的概念

根据我国《海商法》的规定,航次租船合同属于运输合同的范畴,是指船舶出租人向承租人提供船舶或者船舶的部分舱位,装运约定的货物,从一港运至另一港,由承租人支付约定运费的合同。

航次租船合同的特点有:

1. 出租人负责船舶营运并负担费用；

2. 规定货物的名称或种类、数量及装卸港口；

3. 承租人可租用船舶的全部舱位或部分舱位,运费一般按货物数量计算；

4. 出租人除负担船舶的责任外,还应对货物负责；

5. 规定用于货物装卸的期限和装卸时间的计算办法,并计滞期费和速遣费。

(二)航次租船合同的格式

航次租船合同常用的格式有:

1. 《统一杂货租船合同》,合同代号为"金康"(GENCON),这一格式的条款比较明显地维护出租人的利益,可适用于各种货物的航次租船,被世界各国广泛采用；

2. 《巴尔的摩 C 式》,此格式广泛用于北美地区的正常谷物运输；

3. 《油船航次租船合同》,专门适用于油船航次租船。

(三)航次租船合同的主要内容

航次租船合同的内容主要包括出租人和承租人的名称、船名、船籍、载货重量、容积、货名、装货港、受载期限、运费、滞期费和速遣费等。航次租船合同的主要条款包括:

1. 船舶说明条款；

2. 预备航次条款；

3. 出租人的责任条款；

4. 运费的支付条款；

5. 装卸货条款；

6. 滞期费和速遣费条款;
7. 合同解除条款;
8. 留置权条款或承租人责任终止条款;
9. 双方互有责任碰撞条款;
10. 新杰森条款;
11. 共同海损条款;
12. 提单条款;
13. 罢工条款;
14. 战争条款;
15. 仲裁条款;
16. 佣金条款;
17. 计算滞期费和速遣费条款。

七、国际上的油污公约、协定和法律

自20世纪60年代中期起,防止和消除海洋污染是各沿海国家越来越重视的课题,为保护和惩戒海上航运船舶,世界各国相继制定了防止海洋污染的法律法规,既保证船东对油污事件的巨额赔偿有所限制,不能因债务过大导致航运终止,又要使船东对污染受害者的损失和消除污染支付的费用承担一定的赔偿责任。船舶污染是保赔保险承保的责任,了解与熟悉国际上主要的公约、协定和法律,对保赔保险业务的经营及提高国内相关立法的认识很有必要。

(一)《1969年国际油污损害民事责任公约》

《1969年国际油污损害民事责任公约》产生的直接原因是1967年3月18日在英吉利海峡发生的"托里·坎洋"(Torry Canyon)号油污事故,约有6万吨原油流入海中,造成英国、法国和荷兰海岸的大面积污染,损失约1 500万美元。依据当时的法律,油污受害人只得到了300万美元的赔偿,相当于损失的1/5。为此引发如何保障油污受害人得到全部或充分的赔偿问题,进而促成了《1969年国际油污损害民事责任公约》(以下简称《油污责任公约》)的产生。该公约是由政府间海事协商组织于1967年5月份开始研究,并于1969年11月29日在布鲁塞尔召开的海上污染损害法律会议上通过。该公约1975年6月19日生效,我国于1980年1月30日参加了该公约。

《油污责任公约》虽然称为"油污损害民事责任公约",但实际上它如同船东责任限制公约一样,是一个保护船东利益的公约。因为根据这个公约,严重大面积的油污受害人仍无法得到足够的赔偿。只不过赔偿额比以前的法律规定高了些而已,对保赔保险的赔偿有极大好处,因为它有了法定的油污最高赔偿限额。

该公约适用公约缔约国实际载运散装油类货物的任何类型的海运船舶和海上船艇,主要内容包括:

1. 船舶油污损害的赔偿范围,具体包括:
 (1) 污染造成的灭失或损害;
 (2) 采取预防措施的费用;
 (3) 采取预防措施造成的进一步灭失或损害。

2. 赔偿责任限额。按每一船舶吨位2 000金法郎计算,但总额不超过2.1亿金法郎,船舶吨位是指船舶净吨加上为计算净吨而从总吨中扣除的机舱所占的容积。

3. 强制保险。载运 2 000 吨以上散装油类货物的船舶，必须持有一份《油污损害责任保险或其他财务保证证书》(Certificate of Insurance or Other Financial Security in Respect of Civil Liability for Oil Pollution Damage)，证明其依照公约规定对所承担的油污损害赔偿责任已进行保险或取得某种财务保证。

4. 管辖权及诉讼。该公约规定，油污损害发生地的缔约国法院具有对油污案件的管辖权，受害人可直接向船舶油污责任保险人(保赔协会)或其他财物保证人提起诉讼。诉讼时效为 3 年，自损害发生之日起算，但最长不超过损害发生之日起 6 年。

该公约生效后，1984 年曾做过两次修订，目前执行的是 1992 年修订的《〈1969 年国际油污损害民事责任公约〉1992 年议定书》，与 1969 年公约相比，1992 年议定书大幅度地提高了船东的赔偿责任限额，即不超过 5 000 吨位的船舶，限额为 300 万特别提款权；超过 5 000 吨的船舶，每超过一吨增加 420 特别提款权。同时，该议定书简化了修改责任限额的程序，并扩大了有关船舶、地域和预防措施的使用范围。1992 年议定书从 1996 年 5 月 30 日起生效，我国也参加了该议定书，并已于 2000 年 1 月 5 日起对我国生效。

(二)《1971 年设立国际油污损害赔偿基金公约》

《1971 年设立国际油污损害赔偿基金公约》是一个补偿性公约。该公约的标题下面注明"是对《1969 年国际油污损害民事责任公约》的补充"。该公约于 1971 年 12 月在布鲁塞尔关于设立国际油污损害赔偿基金的会议上通过，1978 年 10 月 16 日生效。我国没有加入该公约。

《1971 年设立国际油污损害赔偿基金公约》与其他公约相比，在性质上有极大的不同，其他公约以调整和规范海上行为为目的，该公约则如同保险基金一样以组织补偿为目的。该公约第 2 条一款规定："一个用于油污损害的国际赔偿基金被称为'国际油污赔偿基金'，以下称'本基金'，基于下列目的建立：

(a)在责任公约不提供保护的范围内提供油污损害赔偿；

(b)解除加入责任公约的船东的额外经济负担，但这种解除必须具备保证符合海上安全和其他公约所规定的条件；

(c)执行本公约中所列举的有关目的。"

根据《1971 年设立国际油污损害赔偿基金公约》第 4 条的规定，缔约成员国的受害人在下列 3 种不能按照责任公约得到全部或足够赔偿情况时，可以向该基金提出索赔：

1. 因《油污责任公约》项下对损害无责任。

2. 责任人不能按责任公约履行其财务义务以及《油污责任公约》第 7 条规定的财务保证(保险或保赔协会提供的)不能了结或不足以满足损害赔偿的要求；受害者采取合理措施寻求补救，按《油污责任公约》仍不能得到全部赔偿。

3. 损害超过《油污责任公约》或其他国际公约的赔偿限额。

基金最高赔偿的限制规定有两种：

一是任何油污损害的赔偿最高不超过 4.5 亿金法郎(注：该限额是涵盖《油污责任公约》限额的)；

二是人力不可抗拒引起的油污损害最高不超过 4.5 亿金法郎。

该公约规定，对上述限额可根据损失经验和币值变化改变，但最高不能超过 9 亿金法郎，不能低于 4.5 亿金法郎。

基金最高赔偿的限制在1976年修订的《议定书》上将4.5亿金法郎改为3 000万特别提款权,9亿金法郎改为6 000万特别提款权。而后,1984年该公约进行重新修订,即《1984年设立国际油污损害赔偿基金公约》,将赔偿提高到1.35亿特别提款权。

由于该公约是一个建立基金公约,因此,凡加入该公约的国家都要交纳摊款。摊款是按照缔约国每年上岸的原油和燃料油的吨位数量计算,因此,摊款应由缔约国内各相关受益人承担。目前我国尚未加入这个公约。

八、国际民间油污协定

国际民间油污协定有两个:《1969年油轮所有人自愿承担油污责任的协定》和《1971年油轮油污责任暂行补充协定》。这两个协定与两个国际油污公约如同两对一胎孪生兄弟,都是后者是前者的补充,前者仅属限责规范性质,后者则属补偿性质,需要参加者交纳摊款。不同的是,国际油污公约是政府行为,民间油污协定是民间的企业行为。

(一)《1969年油轮所有人自愿承担油污责任的协定》

《1969年油轮所有人自愿承担油污责任的协定》(Tanker Owners Voluntary Agreement Concerning Liability for Oil Pollution, TOVALOP)是由世界7家石油运输公司于1969年1月7日签订的。这7家公司分别是:英国油船公司、埃索运输公司、海湾石油公司、飞马石油公司、壳牌国际石油公司、加利福尼亚标准石油公司和德士古公司。该协定于1969年10月6日生效,后来该协定为与1975年生效的《油污责任公约》保持一致,在1978年6月1日进行了修订并同时生效,修订后称《1978年油轮所有人自愿承担油污责任的协定》。

1978年的协定规定,油轮所有人在每一事件中的最高赔偿限额以船舶净吨位加机舱容积吨计算,每吨160美元,最高不超过1 680万美元,两者以少者为准。而后,随着国际环保意识的提高和油轮越来越大,带来的油污损害也越来越严重,使协定已不能满足越来越高的油污索赔要求,为此,该协议于1986年又进行修订,并签署了一个《补充协定》(TOVALOP Supplement)。

《补充协定》于1987年2月20日生效。根据补充协议,5 000总吨以下的油轮,赔偿限额为350万美元;5 000总吨至140 000总吨的油轮,每吨增加473美元;140 000总吨以上的油轮,最高赔偿限额为7 000万美元。

目前,世界上从事油料运输的船舶绝大多数都参加了这个协议,因为该协议诞生后,世界各大石油公司联合禁止租用未加入该协定的油轮。根据该协定,参加者必须要有一定的财务保证,凡是投保了保赔保险的油轮,一般均有保赔协会代为办理加入手续。我国的远洋油轮基本上都通过保赔协会加入了这个协定。

(二)《1971年油轮油污责任暂行补充协定》

《1971年油轮油污责任暂行补充协定》(Contract Regarding and Interim Supplement to Tanker Liability for Oil Pollution, CRISTAL)是《1969年油轮所有人自愿承担油污责任的协定》的补充,但它是由石油公司发起签署的,其目的是减轻公众由于油污损害对石油公司的不满和减少油轮公司在运输中发生油污损害带来的过重的经济赔偿负担,确保海上石油运输可持续进行。该协议于1971年1月4日签订,同年4月1日生效。

目前,该协定使用的是1986年重新修订版,英文缩写为CRISTAL CONTRACT。1986年的协定生效于1987年2月20日。根据1986年协定的规定,5 000总吨以下的油船的赔偿限额为3 600万美元;5 000总吨至140 000总吨的油轮,每吨增加733美元;140 000总吨以上的油轮,最高赔偿限额为 1.35 亿美元。

该协定是补偿性协定,因此,加入该协定如同加入《1971 年设立国际油污损害赔偿基金公约》一样,需要交纳摊款。目前,我国的石油公司没有加入这个协定。

由于我国没有参加《1971 年设立国际油污损害赔偿基金公约》,无论我国的油轮还是外国的油轮,在我国海域发生油污,我国的油污受害人仅能享受限责下的有限补偿,而不能得到基金给予的限责外的补偿,但是如果油轮加入了 TOVALOP,石油公司加入了 CRISTAL,油轮不论在哪里发生油污事件,油污的受害人都能得到 CRISTAL 的赔偿。例如,1983 年 11 月 25 日,青岛港发生"东方大使"外国油轮油污事件,我国相关索赔方的索赔金额为 3 000 多万元人民币。根据《油污责任公约》,索赔人从该船的保险人——伦敦保赔协会那里仅能得到 645 万元人民币的赔偿。由于货主菲律宾石油公司加入了 CRISTAL,船东加入了 TOVALOP,因此,索赔人从 CRISTAL 那里又得到了 1 129 万元人民币的补偿,使赔偿总金额达 1 775 万元人民币。如果船东未加入 TOVALOP,货主未加入 CRISTAL,索赔人仅能得到保赔协会 645 万元人民币的赔偿。

九、美国《1990 年油污法》

(一)《1990 年油污法》之前的情况

1990 年之前,美国在防油污方面适用《联邦防止水污染法》(FWPCA),该法对船东在防油污方面的要求与《油污责任公约》类似,但不是仅针对油轮的,对所有的船舶都适用,并要求进入美国水域的各种船舶提供由美国联邦海事委员会(Federal Maritime Commission)颁发的证书,简称 FMC 证书。该证书要注明船舶的油污保险人,它的作用与《油污责任公约》要求油船持有《油污损害责任保险或其他财务保证证书》的作用类似,但仅证明持有该证书的船舶已投保了油污保险。该证书不具有财务担保的法律责任,索赔人不可据此证书按照保证程序申请法院对保险人(保赔协会)直接执行赔款。

FMC 证书的具体办理机构是美国海岸警备队(The U. S. Coast Guarder)。船舶办理该证书一般是由船东在美国的代理协助办理,办理证书时需要向美国海岸警备队出示该轮加入保赔协会的证明文件。

(二)《1990 年油污法》出台的原因

1989 年,在美国阿拉斯加沿岸发生了"埃克森·瓦迪兹"重大油污案,造成了上亿美元的经济损失,使原本准备参加《油污责任公约》的美国转而出台了《1990 年油污法》(Oil Pollution Act 1990),对进入美国水域船舶的船东施加了非常严格的责任与义务,对船舶重大过失造成的油污损害,剥夺了船东享受责任限制的权利,同时在赔偿限额的两种不同计算方法中取高者,与国际习惯取低者的做法有差异,明显加大了船东的赔偿责任。

(三)《1990 年油污法》的主要内容

1. 责任主体,包括船舶的所有人、经营人和光船租船人;

2. 责任范围,包括:

(1)清污费用,包括清污时和清污后产生的额外公共支出;

(2)对自然资源、财产造成的损害(包括经济损失);

(3)任何人因不能使用被破坏的自然资源而遭受的生活上的损失;

(4)由于损害造成的收入减少(包括税收)、赢利能力和利润的损失。

3. 责任限额,具体如下:

(1) 3 000 总吨以上的油轮,每吨 1 200 美元或 10 000 000 美元,两者取较高数额者;
(2) 3 000 总吨以下的油轮,每吨 1 200 美元或 2 000 000 美元,两者取较高数额者;
(3) 其他船舶,每吨 600 美元或 500 000 美元,两者取较高数额者。
以上金额可随通货膨胀每三年进行一次调整。

4. 责任限制权利的丧失,具体如下:
(1) 事故是由于责任方的故意或重大过失或违反美国的有关法律(如避碰规则)引起的;
(2) 责任方没有或拒绝向美国有关当局报告事故的发生并为清污提供必要的协助。

(四)财务担保

《1990 年油污法》要求进入美国水域的船舶一律要提供财务证书(Certificate of Financial Responsibility,COFR),并要求船上要备有"油污应急计划",供美国海岸警备队随时检查。

该法案生效之前,美国政府曾与国际保赔协会集团进行过多次谈判,希望该集团的各家保赔协会能够代船东出具 COFR 证书,但国际保赔协会集团拒绝了美国的要求,理由是该法实行的是严格责任制,船东很难享受责任限制。COFR 证书实际上是一个"开口"的无金额限定的财务担保,由此导致索赔人据此证书按照保证程序申请法院对保险人(保赔协会)直接执行赔款,其后果不仅不利于保赔协会的正常经营,也将打破协会一贯坚持的"船东先付"原则。

由于美国政府与国际保赔协会集团之间出现上述僵局,使一些专门代船东出具财务担保的掮客公司应运而生,如"FIRST LINE"(后被 SIGCO 取代)和"SHORELINE"等。船东只需出示入会证书并交纳一定的费用,便可从他们那里取得最高为 4 亿美元的财务担保,这种担保条款约定,如船舶在美国水域发生油污,担保公司不承担任何赔偿责任,仍由船东或其保赔协会负赔偿责任。因此,办理这种担保,担保公司要求船东提供船舶加入保赔协会的证书或证明。由于这种担保有明确限额,又不会影响担保的执行,因此,保赔协会同意其会员船东通过此种渠道办理入会船舶进入美国所需的财务担保,也愿意为这些入会船东提供办理所需的入会证书、相关法律咨询等方面的服务。实际上,这种财务担保是美国政府与国际保赔协会集团之间相互妥协的结果,只不过不是它们之间直接达成的协议而已。

第二十二章

相关条款、诉讼名词解释

第一节 相关条款解释

一、殷琪玛丽条款

殷琪玛丽条款(Inchmaree Clause),亦称疏忽条款(Negligence Clause)。殷琪玛丽条款是过去的称谓,而疏忽条款是目前市场上的标准称谓。

殷琪玛丽条款是指船舶保险条款中承保的人为疏忽、潜在缺陷等风险,其实质内容是保险人同意将具有陆地与海上共性的风险确立为海上保险承保的风险内容。

殷琪玛丽条款的起因源于1880年的"调查者"号轮(The Investigator)。当时该轮的一台蒸汽发动机由于锅炉在正常压力下爆炸毁损,原因是轮机员保养、操作过失所致。英国上议院判被保险人可以获得赔偿,理由是蒸汽发动机的爆炸与火灾的风险类似。该条款取名于"殷琪玛丽"号轮船。1887年,该轮在往锅炉里注水时,由于船员的操作疏忽,使进水泵发生故障,结果水未能进入锅炉,造成锅炉毁损。该案在英国上议院判决时推翻了爆炸与火灾风险类似的理由,归咎于人为疏忽是岸上与海上具有共性的风险,不属海上风险,不属当时保单承保的海上风险(perils of sea)的范围,保险人不应承担赔偿责任。

伦敦保险人认为,人为疏忽可以作为一种风险列入船舶保险承保的风险范围中,因此于1888年船舶保险的保险单中加入了承保人人为疏忽风险的条款,该条款借用了"殷琪玛丽"号轮船的名字,称为"殷琪玛丽条款"。而后,该条款不断补充与完善,逐渐形成目前国际船舶保险市场中通常使用的标准疏忽条款。

二、"海盗"风险

"海盗"(piracy)风险原本是船舶战争险条款中承保的内容,由于联合国贸易和发展委员会的《统一船舶保险条款》将"海盗"从战争险条款中剔除而列进主条款中来,《83协会条款》也做了如此修订,因此,我国《86船舶保险条款》在修订时也将此风险作为海上的普通风险列在主条款的承保范围内。

从20世纪90年代初开始至今,"海盗"在南中国海靠菲律宾、马来西亚、越南、马六甲海峡、加勒比海等地区死灰复燃,打劫过往船只,并越发猖獗起来。美国《新闻周刊》1985年1月曾报道,1978年至1982年,仅记录在案的海盗袭击案件就有200多起;1981和1982年的两年中,因海盗袭击,船东和保险公司的损失达五百多万美元;1980到1984年的4年中,至少有十多名船员和旅客因此而丧生。从20世纪90年代到21世纪初的十几年里,这种风险危害依然在这些地区频繁发生,为此,日本、新加坡、马来西亚等国一直采取措施打击海盗行为,保护海上航行安全。

以前海盗的袭击对象主要是过往船舶上船员、旅客的财物和所载货物,对船舶的主要机器设备及船体的损害事件还不多见。但自2008年以来,发生在亚丁湾的索马里海盗事件却与以往的海盗行为不同,他们敢冒天下之大不韪,明目张胆地通过劫夺船舶、扣押船员来索取赎金,甚至明知已有各国派出舰队在那长期护航,也冒生命危险与之对抗,到目前尚未平息。

海盗定为国际犯罪行为一直在世界各国存在争议。1958年,联合国海洋法会议曾试图将海盗定为国际犯罪行为,但终因国家之间有分歧而未成功。尽管发生了索马里海盗事件,但该行为仍未有定论。如果海盗真能被视为国际犯罪行为,各国必然会加大联合打击力度,即使不能杜绝,也会将其势头打压下去,还海上航运之安全。

海盗行为实际上与海上发生的暴力盗窃行为在性质上没有根本的区别。从行为学的角度来看,海盗属于不良动机下的专业性质的犯罪行为,暴力盗窃则属于不良动机下具有专业与非专业性质的犯罪行为,但都必须以其行为具备暴力手段为前提,因此,理论上讲,暴力盗窃应包括海盗。但由于过去海盗的猖獗使人们有着难以忘怀的厌恶经历,因此,受传统习惯的影响,人们总认为海盗对受害者的伤害要大(实际上,侵犯伤害的后果无差异),总把海盗说得比暴力盗窃严重。这种影响截至目前仍对法律界定其各自的概念带来了客观上的障碍,在世界范围内仍达不成统一的法律概念。如果没有这种客观的传统影响,两者概念的界定不会有太大的困难。

实际上,两者都是出于不良动机、采取暴力手段抢劫财物据为己有。如要做区别,它们的不同仅是抢劫的环境和行为方式不同。顾名思义,海盗的抢劫环境选在海上,行为方式为明目张胆、明火执仗;暴力盗窃抢劫环境既包括陆地,也包括海上,行为方式既具有海盗的全部特征,有时也不一定采用明目张胆、明火执仗的方式,不是以海上抢劫为主,其原因是,暴力盗窃的行为人所使用的运输工具受海洋条件的限制。如何区分海盗与暴力盗窃在国际上一直存在争议,有一种观点认为,应以公海和领海线划分,在公海发生的属海盗,在领海发生的属暴力盗窃。对此种理由,虽未考证,其理由可能是基于公海属于国际法范畴,领海属于国内法范畴,一次划分较为简便。但这种理由明显不充分,海盗没有疆域界限,只要救援无法迅速赶到,行为人就可以采用明目张胆、明火执仗的方式进行抢劫。因此有人认为,从目前海盗使用的工具与海上的客观情况来看,以港口及锚地(内陆港口除外)划分是合适的,港口及锚地以外发生的均属海盗行为。

三、新杰森条款

新杰森条款是提单和租约中的条款,它主要是因货主与承运人之间对承运人在运输中犯有过失引发的共同海损损失,货主是否须承担共同海损损失的分摊义务的争论而产生的。

1897年,美国法院审理"伊洛瓦迪"(Irrawaddy)轮共同海损案件时,根据《哈特法》(Harter Act)中关于承运人的义务、职责和权力的规定,判决承运人对驾驶船舶过失可以免责,但不可向货方索要共同海损的摊付款。

为保护承运人利益,承运人在提单中加入了共同海损疏忽条款,以保证货方在即使承运人有过失或疏忽的情况下也要付摊款。而后,美国法院有两个判例对该条款的法律效力产生了质疑,一个是以违反公共秩序为由否定这个条款的法律效力;一个是以货方既然有权要求船方分摊共同海损,承运人也就有权要求货方以冲抵船方的共同海损摊款为由,间接承认该条款的法律效力。

美国是一个判例法的国家,不同的判决会使法院以后办案缺乏准确的依据,为此,1910年,法院在受理"杰森"共同海损争议的上诉案时,上诉院请最高院对共同海损疏忽条款的效力表明态度。最高院认为,既然《哈特法》已在过失所致的共同海损问题上修正了公共秩序,便扫除了使该条款合法的障碍。这个判决肯定了该条款的法律效力,并称其为杰森条款。自此,凡到美国去的船舶,承运人在提单中都加入此条款,以保护自己的利益。

1936年,美国出台了《海上货物运输法》。针对该法的规定,承运人对杰森条款进行了修改与补充,修订后的杰森条款称为"新杰森条款",它们的区别是,仅增加了姊妹船之间的救助视同非姊妹船之间的救助,所产生的救助报酬,各受益方要按共同海损的分摊原则进行分摊。

第二节 相关诉讼名词解释

法律(law):拥有立法权的国家机关依照立法程序制定和颁布的规范性文件。

法院(court):行使审判权的国家机关。法院有广义和狭义之分。广义的法院是指各种审判机关,包括普通法院、特殊法院、军事法院等;狭义的法院是仅指普通的民事法院。我国法院分最高法院、高级法院、中级法院、基层法院4个层次。我国海事法院相当于中级法院,下面未设基层法院。

起诉(sue):起诉是指当事人在自己的合法权益受到侵犯时,请求法院对特定案件做出裁判的诉讼行为,俗称"打官司"或"告状"。我国《民事诉讼法》规定,必须符合以下3个条件,才有资格向法院提出诉讼请求,起诉才能成立:

一是原告是与本案有直接利害关系的个人、企业、事业单位、机关团体;

二是有明确的被告、具体的诉讼请求和事实根据;

三是属于法院管辖范围和受诉法院管辖,同时还要有明确的被告,具体诉讼标的、理由和目的。

原告人(the plaintiff):原告人是被告人的对称。原告人是先提起诉讼,请求法院审判的一方当事人,通常是指民事案件中为保护自己的权益而提起诉讼的人。

被告人(the defendant):被告人是原告人的对称。被告人是原告人请求法院追究责任的人。在法律未认定前,被告人并不意味着有责任。

诉状(the memorial):原告人提出的起诉书;被告人提出的答辩书和反诉书,原告人再提出的驳复等,统称为诉状。诉状是说明和明确争执的事实与问题的法律文件,包括每一方自认为可以凭借的、所请求的法律结果和补救办法,不包括法律论点或证据。

答辩书(the statement of defence):被告在收到原告的起诉书后,应在规定期限内提出答辩。

反诉(countersuit):反诉是诉讼程序中被告人对原告人提起的独立反请求行为。反诉提出后,原告人已经提起的诉讼称"本诉"。为了节省时间,法院可就反诉和本诉合并同时审理。反诉请求一般应在本诉开庭审理前提出,最迟也应在法官做出判决之前提出。法院合并审理时,对两个诉讼进行分别审查,分别判决,如本诉的原告人放弃并终止本诉程序,不影响反诉程序的终止,反之,同理。

证人(witness):证人是了解案件事实情况而被通知到案作证的人。证人在诉讼中依法享有一定的权利,承担一定的义务及责任。例如,在权利方面,有使用本民族语言文字的权利,有查阅询问笔录及更正与原述不符的笔录的权利,对出庭作证所花的费用请求偿付的权利。在义务方面,证人有受司法机关通知到场作证的义务,有据实陈述和正确回答所提问题的义务,对司法机关询问的情况和本人陈述的内容有保守秘密的义务。证人如有意作伪证或隐匿罪证,要负法律责任。

披露(互阅)文件(disclosure):诉讼期间,诉讼的双方律师依法可以相互调阅对方的各种证件,如船上的各种记录文件等或货方的各种单证等。

庭审(court hearing):庭审是指由法官主持,当事人参加的案件审理活动。庭审的开庭日期由法院排定,如当事人因故无法出庭,可以由双方律师商定日期,申请法院更改。

判决(punishment or judgement):法院对诉讼当事人的请求所做的有拘束力的决定。

裁定(Adjudicate):法院在案件审理或判决执行过程中,就程序问题或部分实体问题所做的决定。

判决(裁定)书(award):法院就诉讼程序或某些实体问题做出裁定时制作的诉讼文件,以便当事人和上级法院据以准确地了解裁定的内容。裁定书应写明所议定的事实、做出裁定的理由以及其他应予记载的事项。

缺席判决(judgement by default):缺席判决是指法院于一方当事人未到庭陈述、辩论的情况下所做的判决。法院通常在对案件进行调查并搜集证据的基础上确定开庭审理日期,通知当事人届时出席,并对案件充分发表意见和展开辩论,然后进行判决。但在有的情况下,当事人一方经多次合法传唤,无正当理由而拒不出席审判,为了早日结案,及时保护应受保护的当事人的利益,法院在案情已弄清的情况下做缺席判决,终结本案诉讼程序;如案情尚未弄清,法院不能缺席判决。缺席判决与正常的判决有同等的法律效力。

调解(mediation):调解是通过说服教育的方法,使纠纷在当事人双方互相谅解的基础上获得解决。调解按性质可分为两类:一是法律调解,是指在法院主持下的调解,亦称"法院调解",调解一经成立,与确定裁判有相同的法律效力;二是法律外调解,是指在有关机关、企业、团体等主持下的调解,这种调节不具法律效力,靠当事人自觉履行。

胜、败诉(win or loose a suit):胜诉是指法院对诉讼当事人做出有利判决的称谓;败诉是指法院对诉讼当事人做出不利判决的称谓。若原告人一方得到不利的判决时,为原告人败诉;若被告人得到不利判决时,为被告人败诉。

上诉(appeal):上诉是指当事人不服地方各级法院的一审裁判,依照法律规定的程序和期限,提请上一级法院重新进行审理的诉讼行为。我国《民事诉讼法》规定,上诉必须符合以下条件:

第一,原审的原告人或被告人中的一方或双方对原审判决、裁定不服,有权提起上诉;

第二,上诉必须在上诉期内(我国规定,对判决提起上诉的期限为15日,对裁定提起上诉的期限为10日)提出;

第三,上诉需要有上诉状,诉状中要写明当事人的姓名、原审法院名称、案由和案件的编号以及上诉的请求和理由。上诉状要通过原审法院提交(也可直接向二审法院上诉)上诉庭,并按对方当事人的人数提交副本,上诉行为才告完成。

申诉(apply for a retrial):申诉是指当事人认为已发生法律效力的判决、裁定、调解仍有错误,并就其向原审法院或它的上级法院提出再审的请求。申诉不是诉讼的必经程序,法院对申诉人的申诉如认为不需对案件进行再审,不需要通知申诉人,并且在申诉期间不影响判决或裁定的执行。我国《民事诉讼法》第178条规定:"当事人对已经发生法律效力的判决、裁定认为有错误,可以向原审法院或者上一级人民法院申请再申,但不停止对判决、裁定的执行。"

传票(summons):传票是司法机关为传唤诉讼当事人或其他特定人于指定时间到案所发的诉讼文件。传票上载明受唤人的姓名、性别、地址和传唤的事由,到案的时间、地点以及其他应予记载的事项。传票必须先期送达。

拘票(writ):拘票在民事纠纷的诉讼程序中,是指法院为确保当事人的利益在判决后能得以执行,根据当事人在判决前提出的诉讼保全请求,对被请求人的财产发出扣押或冻结的法律文书。如海事案件为获取被告的担保,原告律师可通过诉讼程序向法院提出申请,由法院向被请求人或船长发出拘票,冻结当事人的财产或扣押船舶。被请求人如能提供担保,拘票则由法院收回。根据我国《海事诉讼特别程序法》第17条的规定,我国海事法院一般通过裁定的方式冻结当事人的财产或扣押船舶,而不采用拘票的方式。

担保(guaranty):提供必要的担保是确保当事人的利益在判决后能得以执行的一种保证,因此,担保必须在案件获得解决前提供。担保的方式为提供现金或者保证、设置抵押或者质押。

国际上通常采取的保全措施主要是要求责任方提供现金担保或银行担保以及保险公司担保。如果这个要求通过协商不能达到,受损方可以直接申请法院扣留有关船舶或所载货物,行使诉讼保全措施。法院在批准原告请求诉讼保全的同时,可以责令原告提供担保,拒不提供者,驳回其请求,原告请求不当致使被告遭受损失,由原告负责赔偿。

拍卖(auction):拍卖是司法机关在债务人无力偿还其债务的情况下,依据法律程序对债务人的财产(或抵押财产)进行市场拍卖偿还债务的行为。对拍卖所得价款,可按法律规定的优先顺序偿付各债权人。例如,对船舶的拍卖,各国都要按本国的拍卖法进行拍卖,我国是按照《中华人民共和国海事诉讼特别程序法》第三章第二节"船舶的扣押与拍卖"中的有关规定处理拍卖和偿付债权人的问题。

抵押(mortgage):抵押是债务人或第三人为其向债权人提供不动产作为清偿债务的担保而不移转占有的法律行为,抵押是担保物权的一种。债务人在债务到期不能履行债务时,抵押权人有权就抵押财产较其他债权人优先受偿。抵押财产所担保的债务因清偿而消灭时,抵押权也随之消灭。债务人不能清偿债务时,抵押人得申请法院拍卖抵押财产,以抵偿其债权,如有剩余部分,应退还给抵押人,不足时仍可与其他债权人同样向债务人继续追索。

管辖权(jurisdiction):管辖权是指司法机关受理诉讼案件的权限界定范围,是划分应由哪一司法机关对诉讼案件具有立案、侦查或审判的权力。管辖权通常按案件性质、审级权限、地理区域等划分,如海事法院对海事诉讼案件具有管辖权,不受理与海事无关的诉讼案件。上海海事法院对发生在上海周边水域的海事具有管辖权,对广州周边水域发生的海事就不具管辖权。

侵权行为(tort):侵权行为是指行为人不法侵害他人人身或财产权利而依法承担民事赔偿责任的行为。侵权行为属于非法的单方行为,是产生债的原因之一,受害人为债权人,而加害人为债务人。构成侵权行为必须具备下列条件:

(1)行为人须有责任能力;
(2)损害事实须存在;

(3)损害的后果确是行为人造成的;
(4)行为人须是故意或过失;
(5)行为本身须违反法律或公共道德。

公证(notarize):由公证机关对发生的法律行为、法律意义的文件、持往国外使用文书等事实做出证明的行为称为公证。驻外使、领馆对公民在国外的法律行为及有法律意义的文件和事实也办理公证事务。

公证的目的主要是让当事人或公众免除对行为人的身份、财产、出示的文件或对某种事件等的质疑与怀疑。

在国际交往中,往往也发生要求当事人提供公证证明的情况,如亲属关系证明、委托代理权证明等,均须相关国家公证机关出具。有些涉外公证文书还要办理领事认证手续。领事认证是外交领事机关在公证文书上证明公证机关或认证机关及其签名或印鉴属实,目的是使一国境内已公证的文书能为另一国境内有关当局所承认。

律师(lawyer):律师是受当事人委托或法院指定,协助当事人进行诉讼或处理其他法律事务的专业人员。对律师的管理,各国规定,律师必须参加律师协会,以便管理和纪律惩戒。在我国,对律师进行监管和纪律惩戒是国家司法部,要取得律师资格,必须要通过司法部统一的资格考试。

英国根据律师执行职权的不同,将律师分为两类:事务律师和专门律师。年资长、有声望的专门律师可由王室授予皇家律师荣誉称号。

(1)事务律师(solicitor)。事务律师是指当事人所聘请的一般辩护律师,承办案件的起诉和辩护的具体事务性工作(签发传票、向对方送达文书、向法院递状、搜集证据以及与对方事务律师商谈等)就法律问题向当事人提供意见,并代当事人草拟法律文书(如不动产买卖、租赁、抵押等契约)。事务律师只能在郡法院以下基层法院出庭辩护,经大法官指示,也可在刑事法院出庭,但高等法院管辖的案件只能由事务律师代当事人聘请专门律师出庭。事务律师只要有一定工作年限,经法律学院考试及格,领取证书,登录事务律师名册即可开业。

(2)专家律师(barrister)。亦译为"专门律师"、出庭律师,俗称讼师、大律师。专家律师具有在高等法院为当事人出庭辩护的专属权利。专门律师分工很细,一般只专长一类案件,他们办案不与当事人直接接触,而由事务律师根据案情性质代当事人委请(请谁,要得到当事人的同意)。专门律师的开业资格要求很严,大学毕业并在4个律师学院之一注册,接受12个月的法律专业教育,并考试及格,才能获得此项资格。

(3)皇家律师(queen's council),亦称皇家大律师。英国对资历深、富有学识和经验的专门律师或个别法院官员或教授所授的荣誉称号。皇家律师应由本人申请,经大法官推荐,由英王批准,出庭时穿丝织的律师法衣(故有"丝衣"之称),坐在法庭审讯栏杆内(一般律师坐在栏杆外面),并须随带一名资历浅的专门律师,后者的费用从皇家律师的收入中支付,故皇家律师收费比一般专门律师贵一倍左右。皇家律师对王室并不需要履行特殊职责。

仲裁(arbitration):俗称公断,是指当事人双方对事件或问题的争执由第三者居中调解,做出判断或裁决。该第三者或为双方选定的仲裁人或为行政机关组织的仲裁机构(分临时与常设两种)仲裁完全是第三者的行为,与调解由当事人自愿达成协议者不同。仲裁主要有民事仲裁、国际仲裁、海事仲裁、对外贸易仲裁等。

仲裁员(arbitrator):仲裁员是仲裁审理的裁决者。原则上,仲裁员应该是精通专业商务和仲裁业务的人。各国仲裁法律一般均规定由双方当事人各自选定一名仲裁员。有的规定只能从常设机构的仲裁员名册或委员中选定,有的未规定范围,也可选外国人做仲裁员。仲裁法规原则上规定,仲裁员与仲裁案件有利益、关系牵连的要回避,禁止担任该案仲裁员。

仲裁庭(tribunal):仲裁庭是对争议案件进行仲裁审理的组织。目前,世界各国对仲裁庭的组织程序的规定基本无重大区别。在我国,根据仲裁法规的有关规定,仲裁庭根据组成该庭的仲裁员人数的不同,分为独任仲裁员的仲裁庭和合议仲裁庭,前者由独任仲裁员进行仲裁审理,后者由双方当事人各自选定的仲裁员两人和该两仲裁员共同推选的首席仲裁员一人集体审理争议。我国《仲裁法》第31条规定,第三名仲裁员由当事人共同选定或者共同委托仲裁委员会主任指定。一般情况下,仲裁庭开庭审理案件要公开进行,但如果当事人双方或一方要求,也可以不公开进行。我国《仲裁法》第40条规定,仲裁不公开进行,当事人协议公开的,可以公开。此规定与国外相反。

仲裁庭对审理的案件可以先采取调解的方式,如调解不成功,在审理终结时对争议做出裁决。裁决既可当庭做出,也可以庭后向当事人发出附有理由的仲裁裁决书。依据法律,裁决是终局的。

仲裁协议(arbitration agreement):仲裁协议是双方当事人同意把争议交付某人或某仲裁机构进行仲裁的共同意思表示,是如何处理与受理特定争议的法律依据,也是强制执行仲裁裁决的前提条件之一。在特定的争议中,仲裁协议对协议当事人和有关第三者具有法律约束力。大多数国家的仲裁立法对此问题都做了明确规定,有仲裁协议存在时,不得向法院起诉。但英国法律规定,仲裁协议不能剥夺法院管辖权。

仲裁条款(arbitration clause):仲裁条款是仲裁协议的形式之一,是合同或条约中关于把争议提交仲裁解决的条文。在贸易的买卖和运输合同中,多数载有"本合同所发生或与合同有关的一切争议,在××地由××仲裁机构进行仲裁"的条款。条约中的仲裁条款对相关合同都有拘束力。

仲裁裁决(arbitrator award):仲裁裁决是仲裁员或仲裁庭对争议进行审理后所做出的决定。各国仲裁立法一般规定,仲裁书应在仲裁审理结束之日起一定期限内(日本规定35天,美国规定30天)以书面形式做出,我国则无此规定。

英、美等国规定,裁决书无须说明理由,我国与德国、日本、瑞典、瑞士、比利时等国则规定必须说明理由。

大陆法(continental law):即罗马法系。古罗马法以成文法为主要形式,是古代奴隶制度与封建制度立法中保护私有制最典型的法律,后为许多国家延续与仿效。1804年公布的《法国民法典》(1807年改称《拿破仑法典》)是一部确认资本主义制度的重要法典,对各国的立法有直接影响。罗马法一般包括法国、德国、奥地利、比利时、荷兰、瑞士、意大利、西班牙、日本以及亚非拉的部分法语国家和地区的法律。我国属于罗马法体系。

判例法(common law):判例法是指英国普通法和具有英国普通法特点的其他国家的法律体系。与以成文法典为根据的罗马法系不同,判例法是由英国历史上的威斯敏斯特法院判决发展起来的。判例法是由法官创建的法,法院判例不仅能作为法律来适用,还在于它本身起着宣扬法律原则的作用。权威的法院判例作为先例,对下级法院具有拘束力。现在采用判例法的国家虽然已有很多成文的单行法,但判例仍继续起着解释和发展立法的作用。

海商法(maritime law):海商法是海上运输中调整船舶及其所有人与其他有关当事人之间关系的法律法规的总称。海商法调整的事项一般包括:船舶的登记、国籍、所有权、船舶证书、船舶买卖和抵押、船长及船员的资格、地位、职责;货物运输合同及双方的权利与义务关系;旅客运输合同关系;船舶租赁关系;船舶拖带关系;由船舶碰撞发生的赔偿责任及其他关系;因救助船舶而发生的报酬及其他关系;共同海损及其理算;船主的赔偿责任范围;海上船舶、货物和运费的保险争议及其解决的程序。海商法是以民法为基础的国内法,但海上运输中的主要部分是国际运输,所以,有关海上运输的国际条约及惯例对各国海商法的内容影响很大。我国的《海商法》于1992年11月7日第七届全国人民代表大会常务委员会第二十八次会议通过,自1993年7月1日起施行。

民事诉讼法(law of civil procedure):民事诉讼法是国家规定的关于办理民事案件程序的法律,具体规定民事诉讼的性质、任务、基本原则与制度以及起诉、审判(包括调解)、执行等程序,它从司法程序方面保证民事法律的正确实施。

民事责任(civil liability):民事责任是指民事法律中的义务主体违反法律规定或合同约定的民事义务,侵害权利主体依法而产生的一种法律后果。其中主要包括:侵权行为或债务不履行所产生的赔偿责任;夫妻、父母、子女间的扶助、抚养和赡养的义务产生的责任。

民事纠纷(civil dispute):民事纠纷是指有关民事权利和义务上的争执,包括财产权益纠纷和婚姻家庭纠纷。民事纠纷主要发生于公民、国有企业、集体企业相互之间。

国际民事诉讼程序(international civil procedure):国际民事诉讼程序是法院在审判涉外民事案件时的程序,主要包括一般原则、送达、期间、财产保全、仲裁以及司法协助等内容。

国际海事委员会(comittee maritime international):国际海事委员会(Comittee Maritime International)1897年在比利时布鲁塞尔成立,总部设在比利时的安特卫普。国际海事委员会是"国际上的一个非政府性组织,其宗旨是通过各种适当的方式和活动促进国际海商法、海事惯例和实践做法的统一"。国际海事委员会由各国(或多国间)海商法协会组成,其向从事海事商业活动的人(个人和团体)或者海商法专家开放。由于国际海事委员会集中了各国海商法律专家,特别是各国海商法协会所派的代表,都在本国具有一定影响力,因此,他们草拟的有关法律草案大都会被各国政府采纳接受。国际海事委员会对国际海事立法起到了积极的推动作用,起草或修订过不少成功的国际公约,包括著名的《国际避碰规则》。

国际法院(The International Court of Justice):国际法院是联合国主要的司法机关,1946年2月在荷兰海牙成立,惯称"海牙法院"。国际法院根据《联合国宪章》和《国际法院规约》进行工作,受理规约参加国的诉讼,所有联合国会员国均为《国际法院规约》当然的参加国。法院只有在当事国同意的情况下才能对诉讼案件行使管辖权,国际法院不受理个人诉讼。国际法院管辖权的范围是:

(1)条约的解释;

(2)国际法任何问题;

(3)任何事实的存在,如经确认即属违反国际义务者;

(4)因违反国际义务而应予赔偿的性质和范围。

国际惯例(the international customs):国际惯例是指在国际交往中,经过长期反复实践逐渐形成的,为大多数国家所接受和认可的,具有法律约束力的不成文的行为规则。这种规则历史上最初为某些国家所采用,其后又为各国所接受和沿用,并公认具有法律效力。例如,外交特权和豁免、领事特权和豁免、无害通过、战俘不得杀害和虐待等准则,都是国际惯例,它为国际条约所确认,并为各国普遍接受和使用。

主权(sovereignty):主权是指一个国家具有的处理其国内事务和国际事务而不受他国干预或限制的最高权力。主权是随着国家的出现同时产生的。就国际法的意义来说,主权是一国最高的权力和尊严,它具有不受外来控制的自由,它是完整无缺、不可分割而独立行使的。但主权不等于一个国家对于国际事务可以随心所欲地处理。国家在对外关系上行使主权,不能违反国际法基本原则,要遵守相互尊重主权和主权平等的原则,否则必然会导致侵犯别国的主权。

英国高等法院(High Court): 英国最高法院由两部分组成:一是高等法院;二是上诉法院。高等法院是根据《1873年审判实施法》设立,而后根据1972年生效的《1971年法院法》,高等法院分设御座法庭、大法官法庭、家事法庭3个法庭。3个法庭内又分设庭属法院和专门法院。高等法院的法官由大法官在至少有十年开业资历的专门律师中选任,由英王任命。

英国最高法院(Supreme Court): 英国最高法院是由高等法院和上诉法院组成的英国高等司法机构,根据《1873年审判实施法》设立。英国的法律规定和实际做法很不一致。如高等法院虽名为最高法院的组成部分,但实际上它和郡法院一样是第一审民事法院,同时又就法律问题受理治安法和郡法院的刑事、民事上诉案件;不服高等法院判决的,上诉到上诉法院;不服上诉法院判决的,上诉到上议院,上议院的判决才是终审判决。英国真正的最高法院是上议院。根据《1971年法院法》,英国已取消"最高法院"的名称。民法系统的审判机关,最低为郡法院,往上为高等法院及其巡回法庭,再上为上诉法院的民事庭。

上诉法院(Appeal Court): 上诉法院是英、法等国家的二审法院。上诉法院内设刑事庭和民事庭,受理不服高等法院、刑事法院、郡法院和其他法庭判决的上诉案件。对民事案件,上诉法院可以维持原判、撤销原判或命令重审,或另外判决。如不服上诉法院的判决,并在上诉法院证明确实涉及普遍的重大法律时,可允许上诉到上议院。

上议院(House of Lords): 亦称"参议院"。英国的上议院由内阁大臣大法官兼任议长,是英国最高的司法机关和终审法院。上诉到上议院的案件必须经上诉法院证明确实涉及普遍的重大法律问题并由上诉法院或上议院同意才能受理。在上议院终身贵族的议员里面,要具有开业15年以上资历的专门律师,或具有两年以上资历的最高法院法官中,经首相推荐,由英王任命为"法律爵士"。上议院法庭的组成不得少于11人,其中包括大法官和曾任高级司法职位的贵族,每一终审案件的审理须由3人组成审判庭进行。

两院制(Bicameral System): 资本主义国家的议会设上下两院制度,最初产生于英国,后为其他资本主义国家广泛采用,但名称有所不同。英国最初叫贵族院和平民院,后改为上议院和下议院,两院都享有立法和监督行政的权力,但又有若干差异。上议院通常较下议院保守,议员的当选资格有许多限制,任期也较长。